# 글로벌사우스의 부상과 국제정치 변동

# 글로벌사우스의 부상과 국제정치 변동

2025년 9월 11일 초판 1쇄 인쇄
2025년 9월 19일 초판 1쇄 발행

엮은이 신범식
지은이 신범식·전재성·신성호·이정환·이왕휘·김홍규·최윤정·장세호·김태균·권기수·김강석·장지향·최경준·박기철·김홍종·김치욱

편집 김천희
디자인 이수경·김진운
마케팅 유명원

펴낸이 윤철호
펴낸곳 (주)사회평론아카데미
등록번호 2013-000247(2013년 8월 23일)
전화 02-326-1545
팩스 02-326-1626
주소 03993 서울특별시 마포구 월드컵북로6길 56
ISBN 979-11-6707-200-9 93340



이 저서는 2024년 서울대학교 국제문제연구소의 지원을 받아 수행된 연구임; 이 저서는 2024년 서울대학교 국가미래전략원의 지원을 받아 수행된 연구임(0563C-20240005).

# 글로벌사우스의 부상과 국제정치 변동

신범식 엮음

신범식 · 전재성 · 신성호 · 이정환 · 이왕휘 · 김흥규 · 최윤정 · 장세호

김태균 · 권기수 · 김강석 · 장지향 · 최경준 · 박기철 · 김홍종 · 김치욱 지음

사회평론아카데미

# 머리말

글로벌사우스(Global South)가 부상하고 있다. 그것도 아주 빠른 속도로 부상하고 있다. 이런 변화가 국제정치 전반에 영향을 끼치고 있으며, 그것이 국제정치 미래에 어떤 변화를 불러올지에 대한 궁금증도 커지고 있다. 이에 대한 다양한 수준과 측면에서의 연구가 그 어느 때보다 필요해 보인다.

이 궁금증에 대한 답을 찾으려는 다양한 노력이 국내외에서 진행되고 있는데, 그런 노력의 하나로 2023년 말 서울대학교 국제문제연구소는 글로벌사우스의 부상에 관해 보다 구체적인 이해를 위한 프로젝트를 기획하였다. 그리고 지난 2024년에 글로벌사우스 부상과 국제정치 변동에 관한 주요국들의 인식과 그 부상을 이끌고 있는 글로벌사우스의 '선발 중견국들'의 대외 전략을 이해하는 동시에 그런 국제정치적 흐름이 한국 외교에 대해 지니는 의미를 검토하는 여러 차례의 세미나를 가졌다. 세미나에는 관련 지역 및 분야의 최고 전문가들이 참여하여 글로벌사우스의 부상을 이해하는 데 필요한 다양한 관점과 풍부한 의견들이 개진되었다. 그 열띤 발표와 토론의 결과를 모아 정리해서 책으로 펴낼 필요성을 느끼고 이 연구서를 출판하게 되었다. 원래 시의성 있는 주제이기에 빨리 출판을 진행하고자 했으나 편자의 게으름으로 이제야 세상에 나온다. 하지만 글로벌사우스 현상은 향후 격동하고 있는 국제정치의 미래를 이해하는 데 핵심적인 키워드가 될 것이라는 점은 분명하며, 따라서 글로벌사우스의 부상과 국제정치 변동에 관한 깊이 있는 이해를 추구하는 독자들에게 이 책은 좋은 길잡이가 될 것을 의심치 않는다.

이 책은 많은 분들의 마음과 정성의 결과물이다. 먼저 정말 바쁘신 중에도 이 프로젝트에 참여해 주신 필진 제현(諸賢)들께 깊은 존경과 감사를 표하고 싶다. 또 세미나에 참여하여 토론과 건설적 제언으로 기여해 주신 여러 선생님들께도 깊은 감사를 드린다. 특히 서울대학교 국제대학원 김태균 교수의 지지와 격려는 이 책의 출판에 큰 도움이 되었음에 깊이 감사드린다. 더불어 본 프로젝트를 서울대학교 국가미래전략원이 후원해 주지 않았다면 이 기획이 실현되기 어려웠을 것이다. 이에 국가미래전략원의 후원에 깊은 감사의 마음을 표한다.

그리고 세미나들을 조직·진행하고 여러 행정 업무들을 처리해 준 국제문제연구소 하가영 주임의 수고와 프로젝트 전 과정과 책 출간까지 세심하게 궂은일들을 묵묵히 감당해 준 서울대학교 평화·통일학 협동과정 석사과정 김유나 조교의 노고에 깊은 고마움을 전한다. 끝으로 바쁜 일정 중에도 출판을 위해 수고해 주신 사회평론아카데미 김천희 소장께도 심심한 감사를 표한다.

2025년 5월<br>필진을 대표하여<br>신범식

# 차례

## 제2부 글로벌사우스와 브릭스의 확장

# 제1장 글로벌사우스: 개념, 역사, 그리고 그 국제정치적 도전

신범식(서울대학교 정치외교학부)

## I. 서론

글로벌사우스(Global South)의 부상과 그에 따른 국제정치적 영향은 최근 국제정치학에서 중요한 이론적, 정책적 주제로 주목받게 되었다. 그러나 이에 관한 이론적 체계화는 여전히 부족한 실정이다. 글로벌사우스에 관한 연구는 다음과 같은 점에서 기존 패권국 또는 강대국 중심의 국제정치론의 빈자리를 채워갈 수 있을 것으로 기대된다.

서구 선진국들을 중심으로 한 글로벌노스(Global North)에서 생산된 이론, 방법론 및 개념들은 글로벌사우스 국가와 사회의 다양한 경험을 충분히 반영하지 못한 채 재생산되어 온 것이 사실이다(Lacin 2024). 특히 현실주의와 자유주의를 포함한 서구 중심의 주류 국제정치학 이론들은 글로벌사우스를 단순히 경제적 발전이 미진한 타자 또는 후진적 집단으로 설정하고, 서구적 규범과 가치가 지배하는 질서의 표준을 그들이 도달해야 할 이상적 기준으로 상정하는 경향을 보였다(Kayaoglu 2010). 이러한 편향은 글로벌사우스 국가들을 독립적 행위자라기보다 서구가 중심인 국제질서 내의 보조적 존재로 한정 짓는 연구 행태로도 나타났다(Zarakol 2022). 서구 편향은 현실주의와 자유주의 같은 주요 국제정치학 주류 이론에서 뚜렷하게 드러나는데, 이러한 이론들은 현대와 원시, 문명과 미개 등 이분법적 인식틀 위에서 형성되어왔다(Zvobgo and Loken 2020). 구성주의 연구조차도 비서구권 국제정치에 관한 관심이 부족한 채 글로벌노스의 안보에 중점을 둔 연구에 집중해 왔다는 비판에서 벗어날 수 없다(Bertucci et al. 2018). 구성주의 국제정치론이 비서구적 규범에 초점을 맞춰 탈식민주의적 전망을 제공한 것은 사실이지만, 인종 문제와 베스트팔렌 체제 이전 비서구 문명권의 경험과 지식 전통을 본격적으로 다루지 못했다는 비판도 제기된 바 있다(Acharya and Buzan 2017). 글로벌사우스가 국제정치학 이론에서 일방적으로 '대상화'되어 왔다는 점은 국제질서의 재구성에 관한 논의에서 비서구 국가들의 기여와 자율성을 과소평가하게 만드는 구조적 원인 중 하나라고 할 수 있다. 이처럼 글로벌사우스의 역사적 경험을 배제하고 주변화하는 서구 중심의 지식 생산 구조는 학문적 불균형과 비대칭을 심화해왔다. 글로벌사우스 연구는 이러한 지식 생산 구조의 한계를 극복하고 보다 다원적인 국제정치학의 이론 지형을 구축하는 지평을 열 수 있다는 점에서 큰 의의가 있다.

특히 한국 입장에서 글로벌사우스 연구는 정책적 측면에서도 중요성을 지닌다. 경제안보, 개발협력, 군사협력 측면에서 글로벌사우스와의 협력은 한국에게 새로운 기회를 가져다줄 수 있다. 식민지 지배 및 해방과 분단을 경험하고, 개발도상국의 시기를 지나 선진국으로의 발전을 이룩한 한국은 서구 선진국들과는 달리 글로벌사우스 국가들과 여러 측면에서 공감대를 형성할 수 있다는 장점을 가지고 있으며, 이런 점에서 지구정치에서 특별한 위상을 차지하고 있다. 이러한 역사적 경험은 글로벌사우스 국가들과의 협력 과정에서 신뢰 기반의 포용적 파트너십을 구축할 수 있는 든든한 기반이 될 수 있다.

결국 글로벌사우스 연구의 확대는 국제정치론의 이론적 공백을 메우는 것을 넘어 사회과학 전반에 편재하고 있는 지식 생산의 비대칭성을 극복하고 새로운 담론 지형을 형성하는 데 기여할 수 있는 중요한 지식 생산 과정이라고 할 수 있을 것이다. 또한 이런 인식 지평의 확장을 통해 한국인들은 국가 발전의 역사를 되돌아보고 그 과정에서 이룬 성취를 통해 글로벌한 기여의 바른 방향을 정초하는 데 필요한 지식을 습득할 수 있을 것이다. 따라서 이 책은 그런 인식 지평의 확장을 위한 첫걸음으로서 최근 들어 더욱 뚜렷하게 전개되고 있는 글로벌사우스의 부상이라는 현상을 분석하고 이를 통해 글로벌사우스의 본질을 밝히는 데 기여하려는 기대와 목표를 가지고 기획되었다.

## II. 글로벌사우스 정의하기

1969년 미국의 정치 운동가이자 작가인 칼 오글스비(Carl Ogelsby)는 "글로벌사우스(Global South)"라는 용어를 처음으로 사용하며 '글로벌노스'가 '글로벌사우스'를 정치적·경제적으로 지배하고 착취한다고 비판했다(Patrick and Huggins 2023). 그보다 앞선 1952년 프랑스의 인구학자 알프레드 소비(Alfred Sauvy)는 미국과 서구를 중심으로 한 '제1세계', 소련과 동구권 위성국들을 중심으로 한 '제2세계'와 구별되는 '제3세계' 용어를 처음 제시하였는데, 이는 식민지 지배로부터 해방된 개발도상국과 비동맹 국가군을 의미했다(Palieraki 2023). 이후 1980년대 신자유주의의 부상과 함께 국제개발 문제에 관한 독립위원회가 작성한 '브란트위원회(Brandt Commission) 보고서'에서 〈그림 1.1〉에서와 같은 브란트라인으로 '노스-사우스(North-South)'를 구분하면서 '사우스' 개념이 대중화되었다(Dirlik 2007).

그런데 글로벌사우스의 정확한 의미나 그 범위에 대한 논의는 다양한 입장에서 다양한 방식으로 정의되고 있어서 합의되기가 쉽지 않아 보인다. 앞서 보았듯이 전통적으로 글로벌사우스는 낮은 경제적 발전 수준, 식민지 경험에 기반한 연대, 그리고 선진국의 지배에 대한 저항이라는 세 기준에 의해 자주 정의되어 온 것이 사실이다. 브란트라인으로 북측과 남측으로 나눠진 세계지도는 경제적 기준으로 선진국과 저개발국 사이의 경계를 보여주는 대표적인 시각 자료이지만, 탈냉전

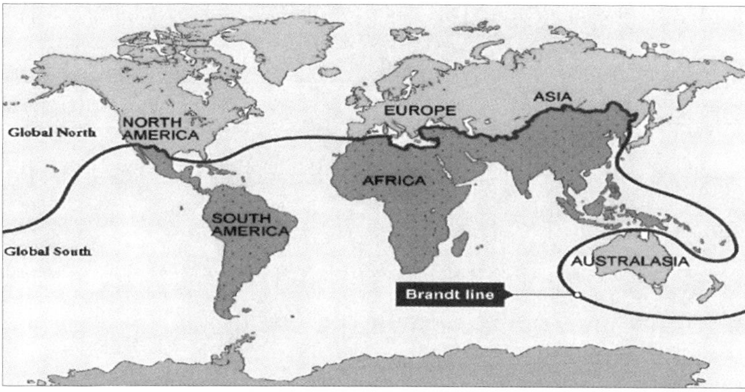


그림 1.1 노스-사우스(North-South)와 브란트라인

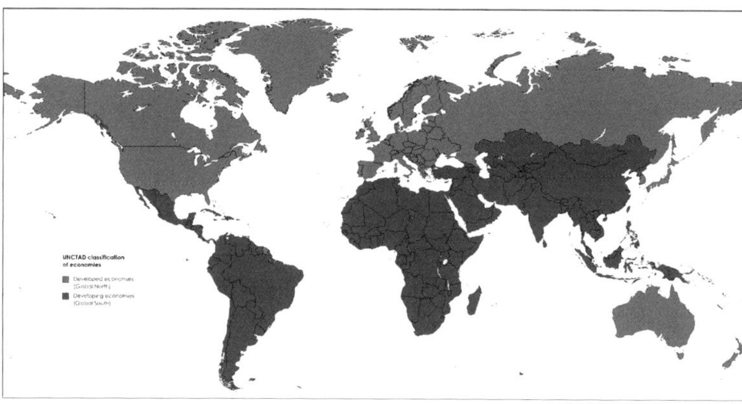


그림 1.2 UNCTAD의 선진국-개도국 구분

이후 이런 구분은 다소의 변화를 겪을 수밖에 없었다.

남-북 구분의 맥락에서 글로벌사우스를 정의하려는 다양한 시도와 그 변주가 있었지만, 본격적으로 글로벌사우스를 정의하기에 앞서 한 가지 강조되어야 할 점은 이를 단순히 경제적 발전 정도나 지리적 지역에 의해 규정되는 국가군으로만 봐서는 안 된다는 점이다. 이를 물질주의적 접근에 따라 일의적으로 명확히 정의하려는 시도는 국가들의 역동적 발전과 변화무쌍한 국제관계의 속성상 불가능할 뿐만 아니라 오히려 그 진화적이고 이질적인 본질을 간과함으로써 복잡한 논쟁을 일으켜 개념적 혼란을 가중시킬 위험이 있다. 따라서 글로벌사우스는 역사적, 정치적, 사회적 맥락을 포괄하는 복합적이고 다층적인 개념으로 이해할 필요가 있다.

이 책에서는 특히 글로벌사우스가 지니는 '국제정치적 함의'에 대해 주목하고 있다. 최근 들어 '글로벌사우스'는 미국과 유럽 및 그 핵심 동맹국들로 이루어진 '범서방'(Global West 또는 Combined West) 연대와 그에 대항하는 반서방 연대의 대립 구도 가운데 그 중간적 위치에 있는 국가들을 지칭하면서 그들이 보여주는 국제정치적 입장의 차별성을 강조하는 용어로 자주 이용되기 시작했다. 즉 주로 지구 북반구에 위치한 선진국에 완전히 동조하지 않는 국가들의 정치적 또는 집단적 의미가 두드러지면서 글로벌사우스라는 용어는 이들이 지니는 그 존재적 의미와 국제정치적 의의를 그들의 역사적 경험 및 유산과 결부시키는 복합적인 개념적 화두로 발전해 가고 있다(신범식 2024). 왜냐하면 글로벌사우스라는 표현은 오랜 시간에 걸쳐 축적된 식민지 경험 및 탈식민주의 역사 그리고 식민지 관련 경험을 공유하는 국가들 사이의 정치적·문화적 연대 의식 속에서 형성된 용어이면서 동시에 최근 국제정치 변동기에 빠르게 성장하고 있는 이들의 영향력을 표현하기에 적절한 용어로 인식되기 시작했기 때문이다. 따라서 글로벌사우스를 지리적·경제적 기준에 의한 기계적 구분으로 드러나는 특정 집단을 지칭하려는 용어로 이해하기보다 장기간의 경험을 담은 역사적 산물로 표출된 국제정치적 용어로 이해하는 것이 좋겠다.

이런 이해에 따르면 글로벌사우스는 단일한 입장이나 고정된 집단으로 환원되기 어렵다. 글로벌사우스는 변화하는 국제정치 질서 속에서 그 의미가 끊임없이 재구성되고 토의되는 '메타범주'로서의 성격을 띠게 되었기 때문이다. 이런 의미에서 글로벌사우스는 단순히 남반구 개발도상국이라는 지리적, 경제적 범주를 넘어 과거 식민지 경험과 정치적 저항을 국제적 연대로 승화시킨 남반구 개발도상국들에 의한 '상상공동체'라고 규정할 수 있을 것이다. 이는 경제적 격차를 넘어서는 문화적이며 정치적인 연대의 의미가 강화되고 있음을 뜻한다(Haug et al. 2021; 김태균 2023).

한편, 강화되고 있는 글로벌사우스의 국제정치적 의의를 다소 부정적 관점에서 파악하는 시각도 있다. 글로벌사우스는 기존 국제질서에 대한 불만과 반항의 표현이라는 것이다. 아이켄베리(G. Ikenberry)는 세계를 미국이 포함된 '범서방'(글로벌웨스트: Global West) 진영과 러시아와 중국으로 대표되는 '범동방'(글로벌이스트: Global East) 진영 그리고 나머지 '범남방'(글로벌사우스: Global South)이라는 세 개의 세계로 구분한다. 가치적 측면에서 이들이 지향하는 바는 비교적 뚜렷이 대조된다. 범서방은 전통적 자유주의와 민주주의를 기초로 한 규칙기반의 자유주의 국제질서를, 범동방은 서구 지배적 국제질서 대신 보다 "민주적인 국제질서"를 구축해 보려고 한다. 이들 사이에 위치한 글로벌사우스는 그 지향점이 명확하지 않지만, 서구 지배적 질서에 대한 비판에서 범동방과 방향을 같이하고 있는 것은 사실이다. 글로벌사우스가 글로벌웨스트에 제기하는 주요 비판은 서구가 스스로 내세운 자유주의적 가치와 원칙을 제대로 이행하지 못했을 뿐 아니라, 자유주의적 현대성을 통해 창출한 물질적 성과를 글로벌사우스와 충분히 공유하지 않았다는 것이다.

그런데 이런 지향을 가진 글로벌사우스의 존재는 범서방에 도전적일 수 있다. 왜냐하면 이들은 다양한 지역적·세계적 구도에서 글로벌사우스가 글로벌웨스트 또는 글로벌이스트와 유연하게 연계하면서 더 큰 연합(coalition)의 형성에 참여할 수 있는 역량을 지니고 있기 때문이다. 이는 글로벌사우스가 일종의 '스윙 집단'으로 세계 정치의 균형을 어느 쪽으로든 기울게 할 수 있는 위치에 있음을 의미하며(Stent 2019; Ikenberry 2024), 만약 이들이 범동방과 연대할 경우 서방은 이를 매우 도전적이며 위험한 상황으로 파악할 수 있다. 따라서 이러한 삼분법적 시각이 글로벌사우스를 기존 국제질서에 대한 불만, 불신, 반항의 표현자로만 정의하려는 경향에는 경계할 필요가 있다. 동시에 이런 시각이 글로벌사우스를 기존 질서의 와해와 새로운 질서의 미도래 사이에서 나타나는 일시적이고 과도기적인 현상으로 치부하려는 시도 또한 바람직하지 않아 보인다. 도리어 탈단극 시대의 글로벌사우스는 국제정치 변동 과정에서 새로운 구조를 형성하는 주요 세력을 형성할 가능성을 현시하고 있기 때문에 더욱 주목할 필요가 있으며, 동시에 이들이 범동방과 범서방 사이에서 고정된 연대의 패턴을 보이기보다 유연한 연대를 통해 국제정치 현실 속에서 구조적 요인으로 작동할 수 있는 세력으로 이해하는 것이 필요하다. 지구정치에서 객체로 존재해 왔던 글로벌사우스가 영향력을 행사하는 구조적 주체로 등장하게 된 것이다.

이처럼 글로벌사우스의 부상을 이해하는 상이한 시각들이 충돌하는 가운데, 글로벌사우스 개념화에 관한 논의는 경쟁적으로 이뤄지고 있다. 국제질서의 변동기에 접어들면서 주요 강대국들은 글로벌사우스를 자국에 유리한 방식으로 정의하고 활용하려 해 왔다. 범서방은 글로벌사우스를 기존 국제질서의 수용자 혹은 제한적 도전자 정도로 한정하며 국제체제 내에서 자신들의 주도권을 유지하는 데 활용하고자 했으며, 중국은 남남협력(South-South Cooperation, SSC) 담론을 활성화하면서 글로벌사우스를 새로운 국제질서의 동반자로 강조하며 자국의 영향력을 확대하려 했다. 러시아는 '서구 대 나머지(The West vs The Rest)' 구도를 내세워 글로벌사우스를 자국의 지정학적 전략 안으로 포섭하려는 노력을 기울이고 있다. 각자의 전략적 목표에 따라 자국에 유리한 방식으로 글로벌사우스를 개념화하고 활용하려는 다양한 접근이 각축하고 있는 것이다.

글로벌사우스 내부에서도 각각 나름의 전략적 이해관계와 목표에 따라 다양한 노선들이 선택되고 있다. 어떤 국가는 경제협력을 통한 실용주의적 노선을 취하면서 자국의 성장을 도모하고, 다른 국가는 정치적 독립성과 자율성을 강조하며 기존 강대국 중심의 국제질서를 견제하는 모양새를 취하기도 한다. 글로벌사우스 내에서 연대를 형성하려는 노력 역시 지역별 및 입장별로 각기 다른 경쟁적 양상을 보이고 있다. 특히 주목해야 할 것이 중국과 인도가 글로벌사우스를 둘러싼 리더십 경쟁을 벌이고 있는 지점이다. 중국은 전통적인 글로벌사우스 국가로서 자신의 정체성을 강조하면서 글로벌사우스와의 공동운명을 강조하는 한편, 인도는 중국을 제외한 다른 모든 글로벌사우스 국가와 함께 '글로벌사우스의 목소리'(Voice of Global South)라는 회의를 개최하면서 자국 리더십을 강화하기 위한 노력을 적극적으로 펼치고 있다. 중국이 글로벌사우스 국가인가 아닌가는 중국과 인도 사이의 중요한 논쟁점이 되고 있으며, 이들 간의 경쟁과 그 결과는 글로벌사우스라는 국제정치의 구조적 변수의 미래에 분명 영향을 미치게 될 것으로 보인다.

이런 검토는 글로벌사우스를 정의하는 일이 단순한 개념적 작업 또는 학술적 논의를 넘어서는 고도의 지정학적 의도와 실천 지향성을 내포한 전략적이며 정책적인 행위의 일환으로 고양되고 있음을 보여준다. 결국 글로벌사우스를 일의적 실체로 이해하기보다 식민지 경험과 유산이라는 역사적 동력과 국제정치적 경쟁 구조 속에서 저항과 연대와 세력균형을 향한 동학 그리고 그를 둘러싼 영향력과 지도력을 향한 각축이라는 다층적인 국제정치의 과정으로 이해하는 것이 필요하며, 이는 국제정치의 구조적 성격과 가변적 성격을 동시에 드러내는 현상으로 이해될 필요가 있다.

## III. 글로벌사우스의 역사적 전개

글로벌사우스의 형성과 발전을 이해하기 위해서는 20세기 초반 탈식민화 과정에서 만들어진 역사적 조건을 먼저 살펴볼 필요가 있다. 1900년 런던에서 열린 제1차 범아프리카 회의에는 미국, 카리브해, 유럽, 아프리카 등 대서양 세계 전역으로부터 온 사람들이 모였다. 범아프리카 회의의 목표는 '전 세계 아프리카인들에게 진정한 시민적·정치적 권리를 보장하는 것'이었다. 이 회의에서 남아프리카 아프리카인들에 대한 영국의 정책은 강하게 비판을 받았다. 이후 1927년 브뤼셀에서 개최된 반제국주의연맹(League Against Imperialism) 회의가 열렸는데, 여기에 남아프리카공화국, 알제리, 인도네시아, 팔레스타인, 이란, 인도, 중국, 페루, 푸에르토리코 등의 대표들이 참석했다(Prashad 2007).

이러한 움직임은 1945년 제2차 세계대전 종전과 함께 본격적인 탈식민화 물결로 전환되었다. 당시 세계 식민지의 대부분은 아시아, 아프리카, 라틴아메리카 대륙에 있었다. 전쟁 중 연합국은 자결권(self-determination)을 천명하였으나 현실에서 식민주의 지배 구조는 쉽게 해체되지 않았다. 이러한 상황에서 인도(1947), 인도네시아(1949), 이집트(1952), 가나(1957) 등과 같은 주요 국가들이 탈식민주의 투쟁의 결과로 독립을 이루었고, 이런 탈식민주의 해방의 사건들이 글로벌사우스 형성의 실질적 출발점이 되었다. 1945년 국제연합(UN) 창설과 함께 개발도상국들이 국제기구를 활용하여 집단적인 목소리를 내기 시작했지만, 초기 유엔 시스템은 여전히 미국, 소련, 영국, 프랑스, 중국 등 5개국에 의해 좌우되었다. 따라서 주변부 국가들은 정치적 독립에 이어 경제적·문화적 독립을 확보하기 위한 연대 구축을 모색하게 되었다.

그런데 글로벌사우스 발전 역사에서 다른 연구에서는 잘 지적되지 않고 있지만 특히 주목해야 할 대목이 있다. 1950년 발발한 한국전쟁이다. 이 전쟁은 신생 독립국들에게 자유주의 대 공산주의 간의 이념적 대립이 군사적 충돌로 발전할 수 있음을 각인시킨 계기가 되었다. 미국과 소련이라는 초강대국의 대리전으로서의 성격을 띠고 있던 이 전쟁을 보며 두려움을 느낀 신생 독립국들은 미국이나 소련 중 어느 측에도 편승하지 않는 독자적 외교 노선의 필요성을 절감했다. 이러한 요구가 집약된 사건이 바로 1955년 인도네시아에서 열린 아시아-아프리카 회의, 즉 '반둥회의'였다. 중국, 인도, 인도네시아 등이 주요 주최국으로 참여하였으며 아시아, 아프리카, 라틴아메리카 등 29개국의 지도자들이 모였다. 네루(인도), 수카르노(인도네시아), 나세르(이집트), 티토(유고슬라비아), 저우언라이(중국) 등 제3세계의 주요 지도자들은 비동맹주의(non-alignment)를 연대의 원칙으로 천명하고 식민주의와 인종차별에 대한 집단적 저항의 뜻을 천명했다. 이들은 평화와 협력을 위한 열 가지 원칙을 채택하며 기본 인권과 유엔 헌장의 원칙 존중, 모든 국가의 주권과 영토 보전 존중, 모든 인종과 국가의 평등 인정, 각국의 자위권 존중, 국제 분쟁의 평화적 해결 등을 강조했다. 특히 '평화공존 5원칙'은 이후 글로벌사우스 외교의 기본 원칙으로 자리 잡았다. 반동회의는 냉전의 양극체제하에서 제3세계 국가들이 경제, 인권, 자결권, 탈식민화, 평화 등을 논의하며 독립적인 정치 비전을 모색한 중요한 사건이었다. 이 회의를 통해 비동맹운동의 기초가 마련되어 제3세계 국가 간 협력이 촉진되었으며, 이후 유엔 내 '77그룹'(G77)이 형성되어 글로벌사우스 연대의 국제적인 기반이 만들어졌다. 이후 1961년 '비동맹운동'(Non-Alignment Movement, NAM)이 창설되었고 이는 냉전 속 제3세계 국가들의 연대를 강화하는 중요한 틀이 되었다. 1964년 유엔무역개발회의(UNCTAD)가 형성되었고 77개 개발도상국이 모여 결성한 77그룹(G77)은 유엔 내 집단적 협상 채널을 구축하였다(김태균·이일청 2018).

1970년대 초 국제 유가는 석유수출국기구(OPEC)의 공동 행동으로 인해 급격히 상승하면서 자원 생산국들이 집단적 협상의 힘을 보여주는 계기가 되었고, 이는 제3세계 국가들에게 자신감을 부여했다(Hosni 1976). 이러한 배경 속에서 개발도상국들은 국제무역과 자원 문제에서 더 공정한 조건을 요구하며 신국제경제질서(New International Economic Order, NIEO)를 제안했으며, 1974년 제6차 유엔 총회는 신국제경제질서(NIEO) 선언을 채택하였다. NIEO는 국제적 거래의 혜택이 주로 선진국에게 돌아가고 개발도상국은 종속적 상황에서 벗어나기 어려운 남북 문제, 즉 국제적 빈곤 문제와 관련해 국제경제질서의 근본적인 변혁이 이루어져야 한다는 기본 원칙을 천명했다(김태균·이일청 2018). NIEO는 단순한 경제적 요구를 넘어 글로벌 거버넌스의 근본적 변화를 지향했으며, 이는 제3세계를 단순한 피해자나 수혜국이 아닌 능동적 행위자로 위치 지우려는 전략적 시도였다는 점에서 큰 의의가 있다. 하지만 NIEO는 서방 국가들의 강한 반발과 글로벌사우스 내부의 정치적 분열에 부딪혀 성공하지 못했다(Golub 2013).

1980년대에 접어들어 제3세계 국가들은 NIEO의 좌절과 함께 새로운 도전에 직면하게 된다. 1979년 두 번째 석유 위기와 함께 세계 경기 침체가 심화되었고, 미국과 영국을 중심으로 시작된 신자유주의 정책의 부상은 국가 개입의 축소, 시장 자율성의 확대, 금융 자본의 자유로운 이동이라는 새로운 규범을 기초로 하는 국제경제질서를 확산시켰다. 이는 1982년 8월 12일 멕시코 재무장관이 국제통화기금(IMF)에 멕시코가 800억 달러에 달하는 부채 상환의 의무를 이행할 수 없음을 통보하는 사건을 계기로 개발도상국 부채 위기를 촉발시키는 배경이 되었다(FDIC 1997). 개발도상국들의 부채위기는 IMF를 비롯한 세계은행(World Bank)의 본격적인 구조조정프로그램(Structural Adjustment Programs, SAPs)을 확산하면서 국제경제 체제의 변환을 가속화하는 계기가 되었다. 이에 따라 개도국들이 1970년대 NIEO를 통해 요구했던 '구조적 종속의 극복'이라는 목표는 사실상 무위로 돌아가면서 서방 자본의 지배력이 강화되었다.

냉전 종식 이후 글로벌사우스 국가들의 외교 공간은 근본적으로 변화했다. 냉전기에 초강대국 간 균형을 활용해 자율적 외교 공간을 확보할 수 있었던 제3세계 국가들은 1991년 소련 붕괴에 따른 양극 체제의 종말로 탄생한 탈냉전기 단극 질서 속에서 미국 중심의 글로벌 거버넌스에 편승하거나 주변화(周邊化)되는 상황에 맞닥뜨리게 되었다. 1990년대 후반과 2000년대 초반 세계화(Globalization)의 심화는 세계무역기구(WTO)의 출범으로 구체화되었고, 이에 따라 글로벌사우스는 오히려 '개발도상국'(developing countries) 혹은 '저개발국가'(Least Developed Countries, LDCs)라는 경제적 지표 중심의 분류에 따라 재정의되었다. 이는 정치적 저항의 상상공동체로서의 제3세계론이 경제적 지위 중심의 범주 내로 축소되는 과정에 다름 아니었다.

2010년 세계은행 총재 로버트 졸릭의 "제3세계는 죽었다"는 선언도 이러한 흐름의 연장선상에 있었다(The New Times 2010). 냉전 시대에 적합했던 제3세계 개념이 탈냉전기의 세계화된 경제체제에서는 현실을 설명하지 못한다는 판단이 확산된 것이다. 이에 따라 글로벌사우스는 단순히 과거 제3세계론이나 비동맹운동의 연장이 아니라 새로운 형태로 재구성될 필요에 직면하게 되었다.

탈냉전기 시대적 도전에도 불구하고 새롭게 탄력을 받기 시작한 남남협력은 글로벌사우스의 새로운 동력을 찾기 위한 노력에 대해 의미 있는 동력을 제공하기 시작했다. 특히 2013년 중국이 일대일로(Belt and Road Initiative, BRI) 정책을 발표하면서 '글로벌사우스'라는 용어는 더욱 본격적으로 확산되기 시작했다. 중국은 일대일로를 통해 마오쩌둥의 '3개 세계론'[1]의 이론적 중추였던 아시아·아프리카·라틴아메리카(AALA)의 연대를 '남남협력' 혹은 '글로벌사우스'라는 이름으로 재활성화하기 시작했다(백지운 2024).

이 시기 글로벌사우스의 부상과 관련하여 가장 주목할 만한 부분은 역시 글로벌사우스 국가들의 괄목할 경제성장과 남남 경제교류의 커다란 성장이다. 〈그림 1.3〉(Mold 2023)에서 보듯, 1990년대 초반까지만 해도 세계 교역량 비중의 60%에 달하던 북-북 교역은 1990년대 이후 급격히 감소하였고, 2007년에서 2009년을 지나면서 남-남 교역이 북-북 교역을 압도하기 시작했다. 이런 역전 현상은 글로벌 금융위기의 발발과 깊은 연관을 가진다는 주장이 제기되었다.

이런 글로벌사우스의 경제적 성장과 남-남 교역의 증대는 파편적

1 마오쩌둥은 1974년 2월 케네스 카운다 잠비아 대통령과의 회담에서 처음으로 미국과 소련을 제1세계로, 유럽과 일본 등 선진국 완충지대를 제2세계로, 그리고 이에 저항하는 아시아·아프리카·라틴아메리카를 제3세계로 구분하는 '3개 세계론'을 언급한 바 있다.

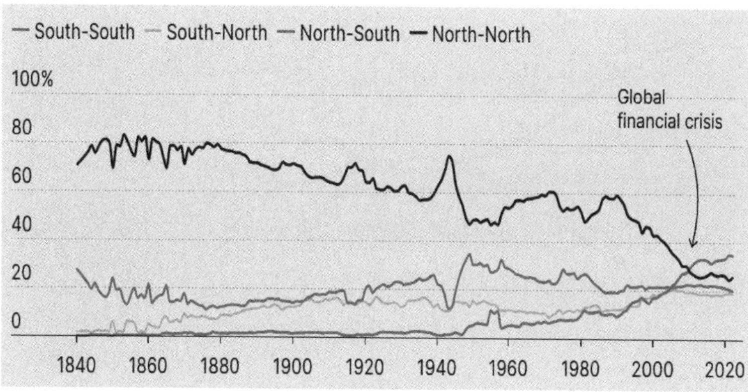


**그림** 1.3 세계 교역량 비중의 변동 (1840-2022)

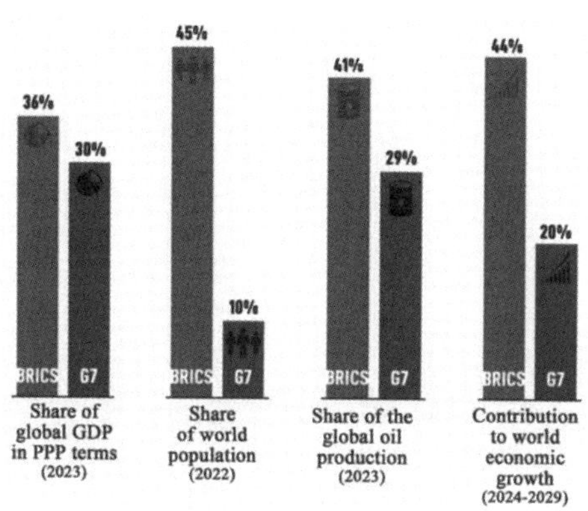


**그림** 1.4 G7과 BRICS의 경제지표 비교 (구매력지수 국내총생산, 인구, 석유 생산, 세계경제성장 기여도)

으로 존재하는 현상으로 남아 있을 수도 있겠지만, 이것이 구체적인 운동 방향과 연관되고 있다면 그 의미는 사뭇 달리 해석될 수 있을 것이다. 〈그림 1.4〉(Global Times 2024/06/11)에서 보듯이 서방 선진 7개국(G7)은 여러 측면에서 경제적으로 브릭스(BRICS) 5개국에 의해 추월당하고 있다. 특히 〈그림 1.5〉(Statista 2025)는 구매력평가지수 기준으로 볼 때 세계 국내총생산(GDP)에서 G7의 GDP는 2018년을 기점으

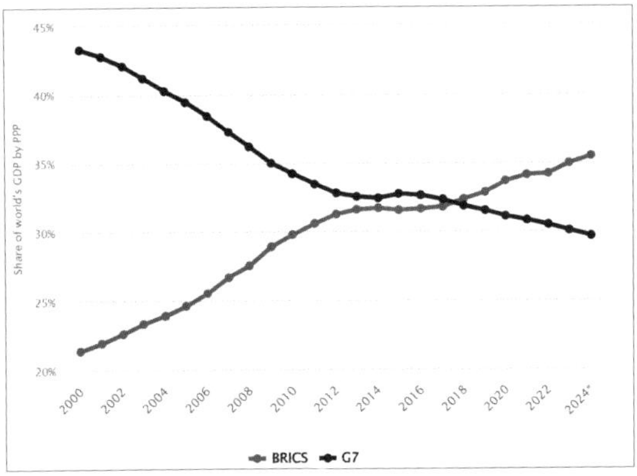


**그림 1.5** G7과 BRICS의 구매력지수 국내총생산의 지구 총생산 내 비중의 비교

로 브릭스 국가들에 의해 추월당했으며, 시간에 따라 그 격차가 커가고 있음을 보여준다. 브릭스의 성격이 범동방 주요국인 러시아와 중국에 글로벌사우스의 주요 선발개도국이 결합된 신흥경제 5개국의 연합체인 만큼 그 성격이 친서방적이라고 말하기는 어려울 것이다. 게다가 브릭스는 2023년을 기점으로 아랍에미리트연합, 이집트, 에티오피아, 이란, 인도네시아가 가입한 10개국 체제로 확장되었으며, 향후 브릭스 가입 의사를 적극적으로 검토하고 있는 글로벌사우스 국가들이 다수 존재하는 것으로 알려져 그 영향력은 더욱 확대될 가능성이 높아 보인다.

러-우 전쟁 이후로 가속화되기 시작한 탈단극 시대로의 전환 과정에서 글로벌사우스는 새로운 역할을 감당하게 될 것으로 보인다. 이는 단순히 과거 제3세계론이나 비동맹운동의 부활이 아니라 새로운 시대에 부응하는 방식으로 '재구성된 글로벌사우스'로서의 역할을 의미한다. 러-우 전쟁에서 글로벌사우스 국가들이 보인 이 전쟁에 대한 태도는 그들이 지향하는 비동맹의 전통 속에서 키워 온 "헤징미들"(hedging-middle) 노선의 표출이라는 특성을 드러내 보여주었는

데. 특히 이들이 우크라이나 전쟁이 러시아의 침략전쟁이라는 성격을 규탄하는 것과 동시에 서방의 러시아에 대한 제재에는 불참함으로써 결국 러시아에 의한 우크라이나 전쟁을 좌절시키려 했던 서방의 정책을 좌절시켰다는 점에서 극적이었다. 글로벌사우스는 이제 지구정치에서 일정한 구조적 영향력을 행사하는 세력으로서의 면모를 획득하게 된 것이다. 물론 이런 영향력이 국제정치 전환기에 일시적으로 가능했던 것인지 여부에 대한 추가적 논의가 필요하겠지만, 분명한 것은 이들의 경제적 능력의 성장과 그리고 일정한 지향에 대한 연대 가능성은 글로벌사우스의 지구정치에서 달라진 위상을 잘 보여주고 있다는 점이다.

향후 글로벌사우스는 다양한 지역 및 국제기구를 통해 협력 네트워크를 구축하는 다층적 연대, 실용적 이익 극대화를 지향하는 거래주의적 접근, 특정 국가 또는 세력에 의존하지 않고 독립적인 외교 정책을 추구하는 전략적 자율성, 불확실한 국제환경 속 여러 가지 선택지를 유지하는 헤징 전략 등을 주요 원칙으로 삼아 국제관계에서 자신들의 입지를 더욱 강화해 나가려 할 것으로 보인다. 탈단극기의 글로벌사우스는 그 국제정치적 영향력 확장의 관점에서 볼 때 새로운 단계에 진입하게 된 것으로 평가해 볼 수 있을 것이다.

## IV. 글로벌사우스 부상과 관련된 주요 논점들

탈단극 시기 미·중을 비롯한 강대국 경쟁과 더불어 국제정치에서 극 구조가 변화하고 있는 상황에서 글로벌사우스 부상은 그 국제정치적 의의에 관한 다양한 해석과 논쟁을 불러일으키고 있다. 논쟁의 중심에는 글로벌사우스의 정의와 범위, 국제정치에서의 구조적 변수로서의 역할 가능성, 그 조직화와 통일적 지향성에 관한 문제, 그리고 글로벌사우스의 리더십 경쟁 등이 주요 쟁점으로 자리하고 있다. 이들을 검토해 봄으로써 탈단극 시기 글로벌사우스의 부상이 지닌 특징에 대해서 살펴보자.[2]

첫 번째 논점인 글로벌사우스의 정의와 범위는 이 장의 서두에 언급한 바와 같이 글로벌사우스를 정의하는 문제와 그 범위를 설정하는 문제이다. 일반적으로 글로벌사우스는 서방 국가들에 대항하는 개발도상국 집단으로 인식되어 왔다. 그러나 변화하는 국제정치 환경에서 이러한 이분법적 구분은 설명력을 잃어가고 있다. 실제로 글로벌사우스 내부에는 북반구에 있는 국가들도 다수 존재하며 이들 중 일부는 G20이나 브릭스(BRICS) 같은 주요 협의체에 적극적으로 참가하면서도 자국을 글로벌사우스로 규정하고 있기 때문이다. 또한 글로벌사우스는 주요 강대국들의 경쟁 구도 속에서 특정 진영에 편승하지 않고 국익 중심의 실용적 입장을 견지하는 국가들을 포괄한다는 사실도 글로벌사우스를 정의하기 어렵게 하는 요소 중 하나다. 예컨대 인도는 쿼드(Quad)와 인도-태평양경제프레임워크(Indo-Pacific Economic Framework, IPEF)를 통해 미국의 인도·태평양전략에 적극 동조하는 모습을 보이면서도, 중국과 러시아가 주도하고 있는 브릭스(BRICS)와 상하이협력기구(SCO) 등에도 참여하고 있다. 인도네시아도 남남협력을 지렛대 삼아 외교적 자율성의 공간을 확보하면서도(Sukma 1999), 미국, 중국, 일본, 유럽연합(EU) 등 주요국과의 경제협력을 병행하며 자율성과 균형을 추구하는 외교 전략을 추구하고 있다. 이처럼 글로벌

2 이하의 논의는 신범식(2024)의 논점을 재정리하였다.

사우스는 서방과의 일대일 대립 구도에 갇히기보다는 미국과 중국 간 전략경쟁, 인도와 중국 간 지역 패권 경쟁 등 다양한 국제정치의 구도 속에서 이익을 극대화하기 위해 복수의 전략적 선택지를 활용하고 있으며, 이런 경쟁이 야기할 위험과 관련해서는 헤징(hedging)을 통한 회피 전략을 추구하고 있다. 이런 점들로 미루어 볼 때, 글로벌사우스는 앞서 검토하였듯이 진영 논리에 기초한 고정된 블록이 아니라 남반부 개발도상국들 가운데 국제정치의 유동적 상황에 따라 활성화되기 시작한 유사입장국의 특성에 기초해 공동 행동을 통한 협력을 지향하는 행위자로 이해될 필요가 있으며, 그 범위는 이런 특성에 따라 다소 유연하게 규정될 수 있을 것이다.

두 번째 논점은 국제정치의 구조적 변수로서 글로벌사우스의 역할이다. 글로벌사우스가 국제정치의 구조적 변수로 부상하게 된 배경에는 코로나19 팬데믹, 러시아-우크라이나 전쟁, 중동전쟁 등 일련의 사건들이 있다. 이러한 사건들에 대한 글로벌사우스의 대응은 이들이 각자의 이해관계와 연대를 토대로 능동적인 역할을 수행할 수 있는 구조적 공간이 국제질서 속에 확대되고 있다는 사실에 대한 방증이었다.

코로나19의 창궐은 글로벌사우스 국가들이 국제 보건 거버넌스의 구조적 불평등을 문제 삼으며 집단적인 목소리를 내는 계기가 되었고, 이는 글로벌사우스가 본격적으로 국제 문제에 대한 의견 개진과 대안 마련의 노력을 본격화하는 전환점이 되었다. 당시 세계보건기구(WHO)가 주도한 코백스(COVAX) 프로그램은 백신 배분의 형평성을 표방했으나 실상 백신 생산국들의 사재기와 수출 제한 조치로 인해 글로벌사우스 국가들은 심각한 백신 부족 상황에 직면해야 했다(Mukherjee et al. 2022). 이에 따라 남아프리카공화국과 인도를 중심으로 백신지식재산권면제(TRIPS waiver)를 세계무역기구(WTO)에 공식적으로 제안하는 등 글로벌사우스 국가들이 기존의 경제 규범과 제도에 도전하는 움직임이 나타났다(Eric 2022). 또한 아프리카연합(AU), 동남아시아국가연합(ASEAN), 남아시아지역협력연합(SAARC) 등 지역 기구들은 의료자원 공유, 백신 협력 등을 논의하며 집단적 대응 능력을 조직화하기 시작했다.

한편, 2022년 러시아-우크라이나 전쟁은 글로벌사우스 국가들의 전략적 자율성을 가감 없이 표출하면서 그 구조적 역할을 증명한 결정적인 계기가 되었다. 다수의 글로벌사우스 국가는 러시아의 침공을 비난하는 유엔 결의에 찬성하며 침략전쟁을 규탄하였지만, 동시에 서방이 주도하는 러시아에 대한 제재에는 거의 참여하지 않았다. 인도와 같은 일부 국가들은 서방의 적극적 제재 참여 압력에도 불구하고 러시아의 석유와 가스를 다량 수입하는 등 실리적인 선택을 했다(신범식 2022; 이동률 2024). 인도와 중국은 유엔에서 러시아를 규탄하는 결의안에 기권했으며, 브라질과 남아프리카공화국은 군사적 충돌 확대에는 반대하면서도 러시아와 경제적인 관계를 유지하는 실용적 입장을 견지했다. 이는 에너지, 비료, 곡물 공급과 같은 분야에서 영향력의 통로를 가지고 있는 러시아와의 관계 및 그 경제적 고려와 결부된 전략적 계산의 결과일 뿐만 아니라 외교적 자율성의 실천으로도 이해될 수 있다. 특히 인도는 러시아산 에너지 수입을 대폭 확대하면서도, 쿼드와 G20 등 서방 중심의 협력체에도 적극적으로 참여하는 외교 전략을 전개했다. 이는 글로벌사우스가 강대국 대립 구도에서 하나의 선택을 강요당하는 주변적인 존재가 아니라 독자적 이해와 구상을 토대로 '지정학적 중간국'(신범식 2022)의 역할을 능동적으로 수행하고 있음을 보여주는 상징적인 사례라고 할 수 있다. 특히 중요한 것은 글로벌사우스의 자율적 대응은 미국이 주도한 대러시아 제재의 효과를 반감시키면서 러시아의 전쟁 수행 능력을 유지하게 해 주어 서방의 승리를 좌절시킨 결정적 요인 중의 하나가 되었다는 점이다. 이제 글로벌사우스는 국제정치의 향방에 영향을 끼칠 수 있는 구조적 변수로 작동하게 된 것이다.

마찬가지로 2023-2024년 이스라엘과 팔레스타인 갈등에서 적지 않은 글로벌사우스 국가들이 팔레스타인의 권리 보장과 민간인 보호를 주장하며 이스라엘의 군사 행동을 강하게 비판했다. 남아공은 이스라엘이 팔레스타인을 대상으로 대량 학살을 저질렀다며 국제사법재판소(ICJ)에 제소하기도 하였다(AP News 2023). 이는 단순한 외교적 입장의 표명만이 아니라, 글로벌사우스의 역할이 국제질서 내 규범적 의제 설정자로 확장될 가능성까지도 시사한다.

결국 글로벌사우스는 더 이상 주변부의 수동적인 수용자가 아니라 국제질서의 재편 과정에서 전략적 자율성을 추구하며 중요한 정치적 역할을 할 수 있는 적극적 행위자로 자리 잡아 가고 있다. 글로벌사우스의 국제보건거버넌스 재편 요구, 실리를 바탕으로 한 전략적 자율성의 확보, 규범 질서의 재구성 시도 등은 기존 서구를 중심으로 행사되어 온 질서와 규범 설정권에 대한 도전이며 복수의 주체들이 경쟁하고 협상하는 다극 질서를 촉진하는 요소가 되고 있는 것이다.

세 번째 논점은 글로벌사우스의 조직화와 통일적 지향성에 관한 것이다. 글로벌사우스는 균질적인 국가들의 블록이 아니라 경제적, 정치적 발전 수준과 전략적 목표가 각기 다른 국가들의 내적으로 이질성을 지닌 집합체라 할 수 있다. 따라서 글로벌사우스는 단일성보다는 다양성과 내부의 역동성을 특징으로 한다. 글로벌사우스 내부에는 체제, 경제 수준, 군사력, 인구 등이 각기 다른 다양한 국가들이 존재한다. 이에 따라 글로벌사우스 국가 중에서도 '노스'와 '사우스'로 구분될 수 있다는 주장도 있다. '글로벌사우스의 노스'로 분류되는 일부 선발 중견국들은 경제적 부상을 바탕으로 글로벌사우스 내에서 리더십을 발휘하고 국제적 영향력을 확대하고자 한다. 한편 '글로벌사우스의 사우스'로 분류되는 국가들은 여전히 저개발과 빈곤 문제로 고통받고 있다.

이런 글로벌사우스 내부의 분화로 나타난 대표적 현상이 브릭스플러스(BRICS+) 그리고 T25(Transactional 25) 같은 새로운 국가그룹의 등장이다. 중국, 러시아, 인도, 브라질, 남아프리카공화국 등 신흥경제강국들 중심의 협의체로 시작된 브릭스는 최근 이란, 이집트, 에티오피아, 아랍에미리트, 인도네시아 등이 포함된 브릭스플러스로 확장됐다. 이는 '글로벌사우스의 노스' 국가들의 글로벌 거버넌스 구조 개편 및 다극적 세계질서 형성에 대한 관심과 의지가 표출된 국제정치의 변화를 잘 보여준다. 한편 영국 이코노미스트지는 러시아-우크라이나 전쟁에서 중립적 입장을 고수하거나 미국-중국 패권 경쟁에서 어느 쪽에도 편승하지 않는 주요 국가들을 두고 'T25'라고 지칭했다(Modern Diplomacy 2023). 이들은 어느 한 진영에 속하기보다 독자적인 전략공간을 확보하고 협상력을 극대화하려는 헤징미들(hedging middle)의 전략적 지향을 보인다. 즉 글로벌 거버넌스 개혁을 시도하는 브릭스플러스와 중립과 실용을 강조하는 T25의 사례는 글로벌사우스가 다양하고 이질적인 국가들의 집합체이며 이들이 글로벌사우스 내부에서도 다양한 전략적 선택 정향을 지니고 있음을 보여준다고 할 수 있다. 결국 글로벌사우스는 단일한 그룹은 아니며 하나의 조직은 더더욱 아닐 것이다. 하지만 이들이 일정한 연대를 기반으로 국제정치에서의 집단적 영향력을 행사할 수 있는 기반과 조직을 점차 강화해 가고 있다고 할 수 있을 것이다.

네 번째 논점은 글로벌사우스 내부의 분열 구도가 반영된 리더십 경쟁이다. 중국과 인도의 리더십 경쟁은 글로벌사우스 내에서 가장 두드러진 경쟁 양상 중 하나다. 먼저, 중국은 2013년 일대일로(Belt and Road Initiative, BRI) 정책을 발표하고 이를 글로벌사우스와의 연계를 확대하는 플랫폼으로 활용했다(Liu 2022). 중국은 일대일로를 활용하여 인프라 투자, 금융지원, 문화 교류를 매개로 글로벌사우스 국가들과의 관계를 적극적으로 확대하였고, 글로벌안보구상(Global Security Initiative) 및 글로벌개발구상(Global Development Initiative) 등 새로운 글로벌 프레임워크를 제시하면서 자국의 글로벌사우스에 대한 리더십을 강화해 가고 있다. 이런 중국의 글로벌사우스에 대한 접근을 두고 중국이 정치적 목적의 달성을 위해 경제적 수단을 활용하고 있으며 식민주의적 접근법을 새롭게 재현하고 있다는 비판도 존재한다(Fasola and Averre 2024). 반면에, 인도는 G20 의장국 활동과 글로벌사우스 정상회의 플랫폼을 통해 리더십을 강화하는 정책을 펼치고 있는데, 특히 '글로벌사우스의 목소리'(Voice of Global South) 회의를 수차례 주최하면서 남반구 국가들의 목소리를 대변하는 입지를 강화하고 있다. 또한 상호 의무와 호혜성을 강조하는 '개발협약'(development compact) 개념을 중심으로 지속가능한 협력을 통해 차별화된 리더십을 구축하고자 한다(Sachdeva 2016).

한편, 러시아는 글로벌이스트, 글로벌웨스트, 글로벌사우스라는 구분 대신 서구 대 나머지(The West vs The Rest)라는 양분 구도를 상정하면서 서구에 대항하는 '세계의 다수'(World Majority)라는 개념을 전파하며 글로벌사우스를 자국 외교 전략의 우군으로 활용하려 하고 있다. 특히 아프리카 국가들과의 군사협력과 식량·에너지 협력을 확대하며 서방의 영향력을 견제하고 있다. 중국이나 인도 그리고 러시아가 자국의 입지를 반영하는 화두를 내세우며 적극적으로 글로벌사우스에 대한 리더십을 강화하려는 정책을 펼치고 있는 것에 비해, 브라질과 남아공은 상대적으로 중립적이고 실용적인 리더십을 지향하고 있다. 브라질은 2024년 G20 의장국으로서 기후변화 대응과 지속가능한 개발목표(SDGs) 추진을 외교 어젠다로 내세웠으며 2025년 G20 의장국인 남아공은 연대, 평등, 지속가능한 개발을 목표로 지역의 안정화와 경제협력을 강조하고 있다(DIRCO 2024). 결국 글로벌사우스의 단일하지 않은 구성과 내적 다양성은 자연스럽게 글로벌사우스를 향한 리더십 경쟁을 야기하고 있으며, 그에 대한 서구의 견제와 선택적 협력의 기회가 될 수 있다는 점에서 글로벌사우스에 대한 통일된 리더십의 형성은 쉽지 않아 보인다고 할 수 있겠다.

다섯 번째 논점은 브릭스의 확장과 글로벌사우스의 미래다. 브릭스는 그 구성원의 측면에서 볼 때 글로벌사우스를 대표하는 완전한 플랫폼이라고 보기는 어렵지만 글로벌사우스의 목소리를 국제무대에서 대변할 수 있는 가장 강력한 플랫폼으로 평가되고 있다. 그러나 브릭스가 글로벌사우스를 대표하는 플랫폼인지 혹은 신흥강국들의 편의적 협의체에 불과한지는 여전히 논쟁적이다. 브릭스는 2009년 출범 이후 경제 및 정치 분야의 연대를 강화해왔다. 브릭스는 다극적 세계질서를 지향하며 경제협력과 무역 확대를 통한 세계화를 지지하면서도, 서구가 주도하는 신자유주의적 규범의 무제한적 확산에는 반대하는 입장을 보여 왔다. 또한 각국 경제의 독립성을 강조하며 브릭스 국가들의 안정적인 경제 관계 구축을 목표로 하고 있다. 러시아와 중국은 이 과정에서 미국 달러의 기축통화 지위를 약화시키려는 의지를 보이고 있으나 브라질과 인도 등 일부 회원국들은 이런 탈달러화(de-dollarization) 움직임에 대해 신중하게 접근하고 있다. 이런 점에서 브릭스의 확장은 글로벌사우스 국가들의 세력화 가능성을 상징하는 동시에 내적 균열과 분열 가능성을 내포하고 있는 현상으로 보는 것이 타당할 것이다. 그럼에도 브릭스의 세력화 과정이 글로벌사우스 국가들의 전략적 자율성을 증진하는 중요한 계기인 것만은 분명하다.

글로벌사우스는 과거 신국제경제질서의 실패를 겪은 이후 그 좌절을 넘어 새로운 유형의 집합적인 행동을 시도하고 있다. 기존 국제경제 거버넌스 기구들 내에서의 발언권 확대와 더불어 브릭스는 글로벌사우스 국가들의 다자외교 공간을 확대해 나가고 있다. 다만 이러한 확장이 실제로 글로벌사우스 내부의 이해관계 충돌과 다양한 격차를 어떻게 조율할 것인지는 앞으로 해결해야 할 숙제이다. 브릭스가 전략적 자율성과 연대의 균형을 성공적으로 이룰 수 있을지 아니면 편의적인 연합체에 그칠 것인지가 향후 글로벌사우스의 미래를 좌우할 핵심 요소라고 할 수 있다.

이상과 같이 글로벌사우스의 특성을 그 정의와 범위, 국제정치에서의 구조적 변수로서의 역할, 내적 이질성과 지향성, 분열과 리더십 경쟁, 브릭스 확장의 의미 등을 둘러싼 논점을 중심으로 살펴보았다. 이상의 논의를 종합해 보면, 오늘날 글로벌사우스는 여러 가지 한계가 있음에도 불구하고 국제정치에서 능동적 행위자이며 국제질서를 재구성하는 동력 중의 하나가 되고 있다. 따라서 향후 국제질서의 변동을 이해하는 데 있어서 글로벌사우스가 지니는 의미는 커지고 있으며, 이는 글로벌사우스가 국제정치 분석을 위한 필수적 단위로 자리매김해 가고 있다고 할 것이다.

## V. 글로벌사우스의 국제정치적 영향과 한계

글로벌사우스의 부상이 국제정치 변동을 가속화하고 있는 중요한 변수인 것은 분명하다. 하지만 과연 이것이 얼마나 결정적인 역할을 할 것인지에 대해서는 좀 더 신중한 관찰이 필요하다.

첫째, 글로벌사우스 국가들은 G20, 유엔 등 주요 국제기구에서 역할을 확대해 가면서 기존 국제질서에 도전하고 있으며, 글로벌 거버넌스의 개편을 요구하고 있다. 2023년 아프리카연합(AU)이 G20 정회원으로 가입한 것은 이러한 변화를 상징적으로 보여주는 사건이라고 할 수 있다. 인도의 주도로 이루어진 이 결정은 글로벌사우스 국가들이 글로벌 거버넌스에 실질적으로 참여하는 기반을 형성하고 G20 의제 설정과 정책 조율 과정에서 아프리카 대륙의 참여 공간을 확보하게 했다는 점에서 의의가 있다. 기후변화, 부채, 자원 개발 등 글로벌 의제에서 아프리카와 남반구 국가들의 요구가 더욱 제도적으로 반영될 가능성을 열어주었으며, 브라질, 인도, 남아공 등 신흥국들이 주도하는 G20 의장국 체제와 맞물려 글로벌사우스 간 협력 강화에 시너지 효과를 창출했다.

유엔 안전보장이사회 개혁 논의에서도 글로벌사우스 국가들은 적극적으로 나서고 있다. 브라질, 인도, 남아공 등은 안보리 상임이사국 확대를 주장하며 개발도상국들의 대표성 강화를 요구하고 있다. 그러나 미국, 영국, 프랑스, 러시아, 중국 등 전통 안보리 상임이사국들의 기득권 유지 열망과 글로벌사우스 내부의 분열 및 리더십 경쟁은 이러한 글로벌 거버넌스 개편 시도를 제약하는 요인이 될 수도 있다.

둘째, 글로벌사우스는 경제안보 측면에서도 중요한 행위자로 자리 잡고 있다. 인도는 IT산업에서 글로벌 경제의 주요 축으로 부상하고 있으며, 사우디아라비아, 브라질, 나이지리아, 베네수엘라 등 산유국들은 에너지 시장에서 영향력을 강화해 가고 있다. 풍부한 천연자원, 많은 인구, 젊은 노동력을 지닌 글로벌사우스 국가들은 글로벌 공급망 재편과 경제성장 과정에서 큰 발전 잠재력을 현실화하면서 향후 세계 주요 경제국의 상위권을 다수 점유하게 될 것으로 보인다. 〈그림 1.6〉(GeoFinancialNews 2023)에서 예상되고 있듯이, 2050년 및 2075년에 GDP 기준 세계 15대 경제대국에서 글로벌사우스 국가들이 차지하는 비중은 절대적이다. 2050년 및 2075년 경우 기존 G7 중 미국, 독일, 일본, 영국 등이 여전히 15위권에 자리 잡고 있겠지만, 아시아와 아프리카의 글로벌사우스 국가들이 상위 랭커로 포진하게 될 것으로 예상되고 있다. 이는 세계경제의 주요 행위자들의 전면적인 변화를 예측하는 전망이다.

또한 글로벌사우스의 탈달러화 움직임에도 주목할 필요가 있다. 브릭스는 미국 달러에 대한 의존도를 줄이기 위해 자체 결제 시스템과

| Ranking | 1980 | 2000 | 2022 | 2050 | 2075 |
|---|---|---|---|---|---|
| 1 | United States | United States | United States | China | China |
| 2 | Japan | Japan | China | United States | India |
| 3 | Germany | Germany | Japan | India | United States |
| 4 | France | United Kingdom | Germany | Indonesia | Indonesia |
| 5 | United Kingdom | France | India | Germany | Nigeria |
| 6 | Italy | China | United Kingdom | Japan | Pakistan |
| 7 | China | Italy | France | United Kingdom | Egypt |
| 8 | Canada | Canada | Canada | Brazil | Brazil |
| 9 | Argentina | Mexico | Russia | France | Germany |
| 10 | Spain | Brazil | Italy | Russia | United Kingdom |
| 11 | Mexico | Spain | Brazil | Mexico | Mexico |
| 12 | Netherlands | Korea | Korea | Egypt | Japan |
| 13 | India | India | Australia | Saudi Arabia | Russia |
| 14 | Saudi Arabia | Netherlands | Mexico | Canada | Philippines |
| 15 | Australia | Australia | Spain | Nigeria | France |

**그림** 1.6 국내총생산기준 글로벌 15대 경제대국(2023년 예상 기준)

공동 통화 도입 가능성을 적극적으로 논의하고 있다. 최근 사우디아라비아는 중국과의 위안화 결제 협정을 확대하며 러시아와 함께 탈달러화 흐름을 강화하는 행보에 동참하고 있다(Business Insider 2023).

그러나 이들의 경제안보 전략에도 취약성은 내재되어 있다. 원자재 가격 변동성, 금융위기에 따른 경제 불안정, 기술 종속 문제 등은 글로벌사우스 국가들의 안정적 성장과 독립성을 위협하는 주요 요인이 된다. 특히 글로벌 공급망 내 하위 분업 구조에 머물러 있는 국가들은 여전히 가치사슬에서 불리한 위치에 있다. 이런 오랜 과제들을 얼마나 극복하고 개선할 수 있을지는 아직 미지수이다.

셋째, 이미 강조하였듯이 글로벌사우스는 과거 냉전기처럼 강대국 패권 경쟁에 종속된 전략 공간이 아니라 전략적 자율성을 지닌 구조적 행위자로 부상하였다. 이런 글로벌사우스는 팬데믹 백신 외교, 러시아-우크라이나 전쟁, 중동 분쟁 등의 현안에서 독자적 입장을 유지하면서 자국 이익 중심의 거래주의적 접근을 비교적 견고히 유지하고 있다. 인도는 미국, 러시아, 유럽, 중국 등 모든 주요국과 맺은 전략적 관계를 잘 관리하면서 안보, 경제, 에너지 등 다양한 분야에서의 협력을 병행하고 있으며, 아세안 국가들 역시 미국과 중국 사이에서 일방적 편승을 회피하면서 헤징미들 노선을 기축으로 하는 외교 전략을 추구하고 있다. 브라질과 남아공도 중립과 다자협력을 강조하면서 중동 분쟁과 러시아-우크라이나 전쟁에서 어느 일방에 치우치지 않는 헤징 전략을 보여주고 있다.

글로벌사우스의 부상과 이 같은 헤징미들 전략의 추구는 분명 국제정치의 구조적 변동을 이끄는 중요한 요인으로 작용하고 있다. 하지만 그 영향력이 한계를 노정하고 있는 측면 역시 존재한다. 그 핵심적 한계는 다양성과 내부 분열, 리더십 부재라는 세 가지 요인에서 찾을 수 있다. 먼저, 이미 지적하였듯이 글로벌사우스는 경제적 발전 수준, 정치체제, 이해관계가 각기 다른 이질적 국가들로 구성되어 있다. 예컨대 중국과 인도는 글로벌사우스 내 신흥 강대국으로 부상하여 리더십 경쟁을 벌이는 반면, 사하라 이남 아프리카 및 일부 중남미 국가들은 여전히 극심한 빈곤과 정치적 불안정으로부터 자유롭지 못하다.

한편, 분열상도 만만치 않다. 아프리카에서는 상임이사국 자리를 두고 나이지리아, 남아공, 이집트 등 주요 국가 간의 합의가 이루어지지 않고 있다. 브릭스 내에서도 중국과 인도의 국경 갈등과 역내 영향력 경쟁이 연대를 약화시키는 요인으로 작용하고 있다. 중동 지역의 앙숙인 이란과 사우디아라비아가 브릭스 신규 회원국이 된 데 대해서는 브릭스 확장이 오히려 내적 긴장요소를 확대할 수 있다는 우려도 내적으로 존재한다.

또한 글로벌사우스의 세력화 과정에서 가장 큰 한계는 강력하고 일관된 리더십의 부재다. 비동맹운동(NAM)이나 G77 등 전통적 플랫폼은 상징적 의미는 있지만 실질적 행동력이 부족하다. 브릭스 역시 내부 이견으로 인해 단일한 목표 설정과 실행에는 한계가 있다. 이러한 문제로 여러 중요한 이슈에 대한 글로벌사우스의 집단적 대응 능력이 제한되는 측면이 있다. 실질적 행동과 집단적 대응 능력을 주도할 만한 리더십이 없는 상황은 이들이 더 전략적인 역량을 발휘하지 못하고 거래주의적 접근에서 벗어나지 못하게 만드는 결과를 낳고 있다. 이는 궁극적으로 국제질서의 재구성 과정에서 글로벌사우스가 '설계 권력'을 획득하는 데에는 분명한 제약으로 작동할 것이다.

결국, 글로벌사우스의 부상은 두 가지 상반된 가능성을 동시에 시현하고 있다고 볼 수 있다. 하나는 질서 재편의 주요한 동력이요 세력으로 기능할 가능성이며, 다른 하나는 내부 이질성에 따른 균열과 리더십 경쟁으로 인해 그 동력이 약화될 가능성이다. 글로벌사우스가 하나의 블록을 형성하고 G20, 유엔, 브릭스플러스 등의 다자협의체를 활용하여 국제무역 환경, 개발 재원, 기술 이전 등의 영역에서 공동의 의제를 효과적으로 다룰 수 있다면, 글로벌노스 중심의 기존 국제질서와 규범에 대한 유의미한 대항축을 형성할 여지가 있는 것은 사실이다. 이는 국제질서 재구성의 실질적 계기가 될 것이다. 그러나 내부의 이질성과 균열을 극복하지 못하고 중추적 리더십을 형성하지 못한다면, 오히려 강대국 간 경쟁과 충돌의 희생양이 되거나 거래 대상에 머물게 될 가능성도 배제하기는 어렵다. 일부 국가는 서방과의 전략적 협력을 확대하고 일부 국가는 중국, 러시아 등이 추진하는 대안적 질서 구축에 가담하면서 내부 조율이 더욱 어려운 상황이 될 수도 있다. 따라서 글로벌사우스의 미래는 내부 조율 메커니즘의 구축과 중추적 리더십 구축 여부에 달려 있다고 하겠다. 이런 조건을 확보하면서 글로벌사우스가 국제정치의 '불만 세력'으로부터 '구조적' 내지 '결정적 변수'로 확실히 전환될 수 있을 것인지 여부는 향후 국제정치를 전망하는 데 가장 주목해야 할 대목 중 하나가 될 것이다.

## VI. 한국 외교에의 함의

글로벌사우스의 부상에 대응하여 한국은 글로벌사우스를 고려한 특화된 외교 전략을 수립하고 글로벌사우스와의 다면적인 파트너십을 강화하기 위해 정치·경제적 관계의 발전은 물론이고 개발협력의 새로운 패러다임을 생성하며 단순한 원조를 넘어선 기여외교를 통해 체계적이고 전략적인 파트너십을 구축할 필요가 있다(최윤정 2023). 한국은 냉전기 미국이 주도하는 자유주의 질서에 편입되어 안보를 보장받으면서도, 경제개발과 산업화를 통해 개발도상국에서 선진국으로의 전환한 독특한 경로를 걸어왔다. 이러한 경험은 글로벌사우스 국가들과의 협력에서 미국, 중국, 유럽 등 전통적 강대국과 구별되는 독자적 외교를 위한 전략적 공간을 제공해 줄 수 있다. 이런 입지를 활용해 국가발전 및 개발의 경험을 공유하고, 기술협력을 비롯해 산업화를 위한 다양한 경험을 전수하는 등 글로벌사우스 지원에 적극적으로 나서게 된다면 한국은 글로벌사우스 국가들에게 단순한 원조 제공자를 넘어 신뢰에 기반한 파트너로 인식될 수 있을 것이다. 글로벌사우스와의 다면적인 협력은 한국의 글로벌 위상을 강화하고 지정학적 리스크를 분산할 수 있는 전략적인 선택지가 될 수 있을 것으로 보인다. 그러나 이러한 협력은 기회뿐 아니라 글로벌사우스 국가들의 정치적 불안정성, 글로벌사우스 국가들이 보유한 자원을 확보하려는 선발국들의 경쟁 및 문화적 차이에서 오는 소통의 문제 등과 같은 다양한 도전 과제를 내포하는 과정이 될 것이다.

글로벌사우스와 한국이 협력할 수 있는 다양한 분야와 과제들이 있겠으나, 여기서는 군사협력, 경제안보, 개발협력, 공공외교 등의 네 분야에서의 협력이 제기하는 한국 외교에의 기회와 도전 과제를 간략히 검토함으로써 글로벌사우스 연구의 정책적 함의에 대해서 살펴보고자 한다.

첫째, 글로벌사우스 국가들과의 군사 분야에서의 협력은 일견 생소한 분야일 수 있다. 하지만 최근 들어 한국의 방위산업에 대한 인지도의 상승과 글로벌사우스 국가들의 무장에 대한 계획은 시장원리 관점에서 볼 때 꽤 유망한 협력의 분야가 될 수 있을 것으로 기대된다. 이런 협력을 통해 한국은 방산 수출의 성과를 낼 수 있을 뿐 아니라 외교적 레버리지를 폭넓게 확보하는 한편 국제안보 규범 형성 과정에도 기여할 수 있을 것으로 보인다. 한국의 방위산업은 기술력, 가격경쟁력, 신속한 납품 능력에 있어서 큰 주목을 받고 있다. 초기에는 국방을 위해 무기를 외국 원조와 수입에 주로 의존했으나 이제는 KF-21과 같은 첨단 전투기를 제작하여 수출할 수 있는 수준이 되었다.

한국의 방산 수출은 2011년에서 2020년 사이에 연평균 20억~30억 달러 수준을 유지했으나, 2021년에는 약 73억 달러로 급증했고, 2022년에는 약 173억 달러로 사상 최대를 기록했다. 러시아-우크라이나 전쟁으로 유럽으로의 무기 수출이 전체의 약 88%를 차지할 정도로 급격히 증가했기 때문이다. FA-50 경공격기, K-9 자주포, K-2 전차 등의 대규모 계약이 이루어졌다(김동범·윤영삼 2024). 그 외에도 필리핀, 인도네시아, 이집트 등 글로벌사우스 국가들과의 협력에서도 큰 성과를 보이고 있는데, 한국은 특히 현지 라이센스 생산, 기술 이전, 인적 교류 등을 바탕으로 하는 방산협력 모델을 활용해 호혜적인 파트너십을 구축했다는 점에 주목해 볼 필요가 있다. 이는 글로벌사우스 국가들이 단순히 무기 수입만을 희망하는 것이 아니라 방위산업 역량 자체를 강화하고 싶어 한다는 점을 고려해 볼 때 이런 접근법이 가지는 효용은 매우 크다 할 것이다.

그러나 이러한 협력은 기술 유출, 군사기술 역전 위험, 정치적 불안정성으로 인한 계약 이행의 불확실성, 강대국 경쟁 과정에서 나타날 수 있는 동맹국과의 마찰 가능성 등의 도전 요인도 만만치 않다. 따라서 강대국 경쟁과 글로벌사우스와의 군사협력 사이에서 적정한 균형점을 찾고 유지하는 것이 무엇보다 중요한 과제 중 하나다. 또한 지역 안보협력 메커니즘 구축, 현지 맞춤형 역량 강화 프로그램 제공, 다자 안보협력 확대를 통해 단순한 방산 수출을 넘어 협력의 지속가능성을 확보하는 과제까지 생각해 보면, 방산 관련 군사협력은 관련된 많은 과제들을 함께 풀어야 하는 종합적인 국가 간 협력으로 이해되어야 할 것이다.

둘째, 글로벌사우스의 부상은 경제안보 전략의 구상과 실현에서도 중요한 기회와 도전을 제기하고 있다. 디지털 전환과 녹색 전환 그리고 글로벌 공급망의 재편 과정에서 글로벌사우스 국가들은 새로운 파트너로 크게 주목할 필요가 있다. 가령, 인도는 IT산업과 디지털경제의 성장, 브라질은 농산물과 녹색에너지, 인도네시아와 필리핀은 니켈·구리 등 주요 광물 자원의 공급지이자 새로운 제조업 기지로 부상하고 있다. 한국의 배터리, 반도체, 방산 등 주요 산업은 코발트, 리튬, 니켈 등 핵심 광물과 희토류 및 농산물 등 전략 자원의 안정적 확보를 필수로 한다. 이 국가들과의 관계를 통해 자원 확보를 도모하는 과정에서 현지 산업화 지원, 기술 이전, 공동 연구개발(R&D) 등의 형태로 협력을 확대해 나가면서 보다 포괄적이고 신뢰할 수 있는 파트너십을 형성해 나갈 필요가 있다.

또한 이 과정에서 글로벌사우스 국가들과의 협력을 G7 및 인·태경제협력프레임워크(IPEF) 참여국들과의 협력과 병행하면서, 양 그룹 사이의 시너지를 강화할 수 있는 협력의 틀을 발전시키는 방식으로 강대국 간 경쟁으로 야기되는 리스크를 분산할 수 있도록 다층적이고 다면적인 경제안보 전략을 설계하고 실현해 가는 것도 필요하다.

셋째, 글로벌사우스의 부상은 개발협력 전략과 관련해서도 새로운 도전적 과제를 제시해 준다. 불리한 조건을 지닌 개발도상국으로 출발하여 비교적 짧은 시간에 선진국으로 도약한 성공의 경험은 한국에게 다른 기존 국가들과는 구별되는 비교우위를 주었다. 그동안 한국은 국제협력단(KOICA), 대외경제협력기금(EDCF), 지식공유사업

(Knowledge Sharing Program, KSP) 등을 플랫폼으로 삼아 전통 농업 사회로부터 산업화 전환, 선진적 교육 및 보건 체계의 구축, ICT 인프라의 발전 등과 관련된 우리의 풍부한 경험을 공유하는 개발협력을 적극적으로 추진해 왔다.

하지만 최근 지속가능발전목표(SDGs), 기후위기 대응, 디지털 전환으로 국제 개발협력의 초점이 옮겨가면서 기존 인프라 중심의 원조 모델의 재구조화를 고민해야 하는 시기로 진입하고 있다. 이에 따라 기후위기 대응 측면에서 재생에너지 사용 및 에너지 전환, 기후 적응 기술 지원 등을 중심으로 한 녹색 공적개발원조(ODA)의 확대, 스마트 농업의 보급, 디지털 정부 구축, 디지털 교육 플랫폼 보급 등을 통한 디지털 포용 촉진, 그리고 백신 생산 역량 강화 및 감염병 대응체계 구축 등과 같은 보건 협력의 고도화 등에 좀 더 집중하여 글로벌사우스 국가에 대한 개발협력 전략의 전환을 고민해야 할 것이다. 이런 글로벌사우스 관련 개발협력 전략과 더불어 한국은 믹타(MIKTA), G20 내 개발의제 워킹그룹, 그리고 지역이나 다자기구 내 다양한 삼각협력 구도를 창출함으로써 다자협력 및 양자협력과 함께 병행해가는 다층적 개발협력 정책의 실현을 이뤄가야 한다. 또한 기존의 '공여국 대 수원국'이라는 일방적 관계를 넘어 파트너십 기반의 상호 호혜적인 개발협력 모델이 강조되고 있다는 점을 글로벌사우스와의 협력에서 특히 유념할 필요가 있겠다.

넷째, 글로벌사우스 국가들과의 협력에서 공공외교는 국가 이미지 제고를 넘어서 실질적 외교 역량 확대와 정치적 신뢰 구축의 수단으로 부상하고 있다. 공공외교는 전통적인 정부 및 경제 외교와는 다른 새로운 국제관계 패러다임으로 한국과 같은 중견국에게 있어 협력과 기회의 장으로 대두되고 있다. 또한 미-중 경쟁 사이에 위치한 한국과 같은 지정학적 중간국에게 공공외교는 유사한 지정학적 고민을 가진 중견국들과 약소국들의 이해와 지지를 확보하여 국가 이익을 실현하는 데 기여하는 중요한 수단이 될 수 있다(백우열 2017). 한국은 2010년을 대한민국 공공외교의 원년으로 선포한 이후 법적·제도적 기반을 마련하고 문화·지식·정책을 중심으로 다면적인 공공외교를 펼쳐왔다. 그러나 기존의 중앙정부 중심 하향식 접근은 다원적이고 이질적인 국가군인 글로벌사우스의 사회·문화적 다양성을 포괄하기에는 한계가 있었다. 이에 따라 지방정부 내지 도시 간 경제·기술·문화 교류를 확대하는 지자체 외교의 활성화 사업, 기업의 사회적 책임(CSR)과 기업의 사회적 가치(CSV) 및 공유가치창출 기업을 중심으로 하는 기업 공공외교 체계화, 현지 공동 사회프로젝트를 활용한 민간 외교 역량 확대, 메타버스, 사회적 연결망 및 K-콘텐츠 등을 활용한 디지털 플랫폼 공공외교 등과 같은 신흥 분야에서의 공공외교를 강화하는 전략적 보완이 시급하다. 중앙정부-지방정부-기업-시민사회를 네트워크적으로 연계하는 번역의 공공외교 실효성을 높이는 것이 글로벌사우스 공공외교에서도 점점 중요해지고 있다.

이상의 논의를 바탕으로 볼 때, 한국 외교에 있어서 글로벌사우스의 부상은 다면적인 도전과 기회를 동시에 제기하고 있다. 군사·안보협력, 경제안보, 개발협력, 공공외교 등과 같이 다양한 분야에서 글로벌사우스와의 협력을 확대해 간다면 한국의 외교적 위상이 확대되는 기회를 얻을 수 있을 것이다. 다만 이를 제대로 실현하기 위해서는 글로벌사우스 내부의 이질성과 역동성을 이해하는 포용적 접근이 선행되어야 할 것이다. 또한 민주적 가치, 기술혁신, 포용적 개발이라는 세 가지 축을 바탕으로 글로벌사우스 국가들과의 협력을 확대해 가면서 (소)다자 및 양자 외교를 결합한 더욱 유연한 정책들을 적극적으로 활용할 수 있는 구상이 체계적으로 강구될 필요가 있다. 부상하는 글로벌사우스 국가들에 대한 이런 적극적 전략은 이미 진행 중인 국제정치의 구조적 변동 속에서 한국 외교의 전략적 자율성의 공간을 넓히는 한편, 기존 국제체계가 안정적으로 변화하며 균형을 잡아감으로써 만들어질 국제관계의 안정성과 지속가능성을 뒷받침하는 중요한 자산이 될 것이다.

## VII. 책의 구성과 주요 내용

이 책은 크게 세 부분으로 구성되어 있다. 1부 〈강대국 정치와 글로벌사우스〉에서는 미·중 경쟁과 글로벌사우스의 부상, 그리고 이에 대한 강대국의 대응과 전략 등을 다룬다. 2부 〈글로벌사우스와 브릭스의 확장〉에서는 브릭스를 비롯한 주요 글로벌사우스 국가들의 인식과 전략을 살펴본다. 3부 〈글로벌사우스의 부상과 한국 외교〉에서는 글로벌사우스의 부상과 관련하여 한국의 군사협력·경제안보·개발협력·공공외교 방향을 제시한다.

1부의 시작 2장(전재성, 미국과 중국의 국제질서 경쟁과 글로벌사우스)에서는 미·중 전략경쟁과 글로벌사우스의 부상 속에서 국제질서의 근본적 변화를 추적한다. 미국 주도의 자유주의 질서는 경제 위기와 팬데믹, 지정학 갈등으로 약화되고 있으며, 중국은 경제력과 공급망 영향력을 바탕으로 비서구 중심 질서를 추구하고 있다. 미국은 민주주의, 동맹, 글로벌사우스와의 협력으로 기존 질서 유지를 시도하는 한편, 중국은 비이념적 접근과 남남협력을 통해 영향력을 확대하고 있다. 트럼프 2기에서는 대중 강경 기조와 글로벌사우스 지원 축소가 예상되며 국제질서는 다극적이고 유동적인 흐름을 보일 것으로 전망된다.

3장(신성호, 글로벌사우스와 미국)에서는 미국의 글로벌사우스 정책 변화와 그 영향에 대해 분석한다. 글로벌사우스가 국제정치의 새로운 세력으로 부상하면서 미국과 서구도 이들과의 협력을 강조하고 있으나, 글로벌사우스 국가들은 미·중, 나토·러시아 간 갈등에서 중립적 태도를 보이고 있다. 트럼프 1기 행정부는 다자협력이나 원조보다 경제적 이익, 안보, 주권을 우선시하였으며, 2기 행정부는 자국 중심주의와 약탈적 제국주의의 모습을 보이고 있다. 이는 국제사회의 인도적 지원과 다자협력에 의존하는 글로벌사우스 국가들에게 불안정한 미래를 시사한다.

4장(이정환, 일본 인도태평양 외교의 변용과 글로벌사우스 전략)에서는 일본의 인도태평양 외교의 변용과 글로벌사우스 전략 간의 관계를 분석한다. 일본은 2023년 히로시마 G7 정상회의 이후 글로벌사우스와의 협력을 인도태평양 외교의 일부로 통합하는 전략 지형을 공식화하였다. 자유주의 가치를 중심으로 한 인도태평양 외교는 글로벌사우스 외교와 갈등할 여지가 있으나, 일본은 양자 간 융합을 시도함으로써 인도태평양 외교의 변용을 추동하고 있다. 이러한 접근은 진영 논리 속에서도 다면외교를 추구해온 일본 외교의 연속선상에 있으며 진영 간 올인 외교를 피하려는 '가교' 외교 전통과도 연결된다.

5장(이왕휘, 글로벌사우스의 부상과 국제정치경제의 변동)에서는 글로벌 경제 거버넌스에서 확대되는 글로벌사우스의 영향력과 그 한계를 함께 조망한다. 무역, 투자, 금융, 개발, 환경 등 다양한 분야에서 글로벌사우스의 영향력은 커지고 있다. 경제 규모도 글로벌노스에 근접하고 있으며 남남무역과 북북무역과의 격차도 줄어드는 추세다. 그러나 글로벌사우스는 아직 글로벌노스를 대신해 글로벌 경제 거버넌스를 운영할 수 있는 역량과 비전을 보여주지 못했다. 내부 분열, 대안 부족, 남남협력의 약화 등이 여전히 한계로 작용하고 있어 이를 극복하기 위한 정책적 노력이 필요하다.

2부를 여는 6장(김흥규, 중국 외교와 글로벌사우스)에서는 중국의 글로벌사우스 인식과 새로운 국제질서 형성 전략을 분석한다. 시진핑 시기 중반 이후, 글로벌사우스는 서방에 맞서는 반서방 세력을 통칭하는 개념으로 제시되었으며 중국이 추구하는 다극화된 국제질서의 핵심축으로 자리잡고 있다. 2025년 중국은 국제공공재 제공, 평화 유지, 공동발전, 글로벌 거버넌스 등을 강조하는 '역량강화대국' 개념을 제시하며, 기존의 미국 대응 중심 외교에서 벗어나 주도적으로 새로운 질서를 수립하겠다는 의지를 드러냈다. 글로벌사우스는 미·중 전략경쟁의 핵심 무대로, 그 성패가 좌우될 공간으로 전망된다.

7장(최윤정, 국제질서 재편기 인도의 글로벌사우스 전략)에서는 인도가 전략적 자율성, 다층적 연대, 중국과의 경쟁 우위 추구 등을 실현하기 위해 글로벌사우스를 활용하는 방식을 다룬다. 인도는 2023년 G20와 글로벌사우스 정상회의를 통해 개발도상국의 대표성을 강조했지만, 경제적 지원 역량, 신뢰 구축, 강대국과의 조율 등이 여전히 과제다. 트럼프 2기 출범은 협력의 기회이자 제약으로 작용하며, 인도는 민주주의와 기술협력을 중심으로 중국과의 차별화를 모색해야 한다. 다극 질서 속에서 인도는 대안 세력으로서 잠재력이 있으나, 자원 부족, 신뢰성 유지 등의 한계도 동시에 안고 있다.

8장(장세호, 러시아의 글로벌사우스에 대한 인식과 전략)에서는 러시아의 글로벌사우스 인식과 외교 전략을 분석하고, 이를 통해 한국 외교에 대한 시사점을 도출한다. 러시아는 글로벌사우스를 일찍부터 중시해왔으며, 우크라이나 전쟁 이후 서방 제재를 우회하는 전략적 수단으로 활용하여 예상외의 회복력을 보였다. 최근에는 글로벌사우스를 '세계다수'로 규정하며 프레임 경쟁과 전략적 포지셔닝에 나서고 있으며, BRICS와 SCO를 통해 대안적 거버넌스 구축을 시도 중이다. 한국 역시 강대국 경쟁 구도 속에서 글로벌사우스와의 전략적 연계를 강화할 필요가 제기된다.

9장(김태균, 글로벌사우스의 도전과 대응: 남아프리카공화국의 전략과 딜레마)에서는 남아공의 글로벌사우스 전략을 비동맹주의와 선택적 균형전략을 중심으로 분석하고, 그 한계를 지적한다. 아프리카를 포함한 글로벌사우스 국가들은 비동맹주의를 주장하면서도 중국·러시아와의 협력을 통해 서방에 전략적 긴장감을 조성하며, 미·중 및 중·인 갈등 구도 속에서 균형자로서 위치 권력을 강화하는 선택적 균형전략을 활용한다. 남아공 역시 글로벌사우스의 '미들맨' 역할을 자처하지만 명확한 비전과 원칙 없이 전략을 운용하면서 딜레마를 양산할 우려가 있으며, 국내 정치의 불안정성이 전략적 자율성의 제약 요인으로 제기되고 있다.

10장(권기수, 브라질의 글로벌사우스 인식과 전략)에서는 글로벌사우스의 리더국을 지향하는 브라질의 전략과 그에 대한 도전과제를 다룬다. 브라질은 남남협력과 다자주의를 통해 글로벌사우스의 대표성을 강화해 왔지만, BRICS 확대 과정에서 중국과 러시아의 영향력이 커지며 입지가 약화되었다. 또한 우크라이나 전쟁과 베네수엘라-가이아나 분쟁에서의 모호한 입장은 신뢰 저하로 이어졌다. 2024년 G20 정상회의를 성공적으로 개최하고, 빈곤 퇴치·지속 가능성·환경 보호 등을 강조하며 리더십 회복을 도모했으나 국내 정치 양극화, 외교 원칙 미확립 등 여전히 해결해야 할 과제가 남아 있다.

11장(김강석, 사우디아라비아의 글로벌사우스 인식과 전략)에서는 글로벌사우스 부상과 국제질서 변화에 대응하는 사우디아라비아의 인식과 외교 전략의 특성을 규명한다. 중동의 대표 강국으로 떠오른 사우디아라비아는 글로벌사우스 강국을 표방하며 중동의 안정자이자 중재자 역할을 지향하고 있으며, 다자연계 전략을 통해 주요 강국들과의 협력을 중시하고 있다. 최근 브릭스 가입을 보류한 것은 글로벌사우스 연대와 미·중 경쟁 구도 속에서 헤징을 통해 전략적 유연성을 유지하려는 판단으로 해석된다.

12장(장지향, 튀르키예의 글로벌사우스 인식과 전략)에서는 지정학적 변화 속에서 튀르키예가 중동의 헤게몬, 글로벌사우스의 이익 수호자, 갈등 중재자로서 균형 전략을 수행하고 있음을 밝힌다. 튀르키예의 전략은 때때로 NATO의 입장과 충돌하며 탈서구 비동맹 행보나 역내 반미연대에 편승하는 것으로 비춰지기도 한다. 그러나 튀르키예는 상충하는 이해관계 속에서 균형점을 찾고자 고군분투해왔으며, 이는 에르도안 대통령의 국내 권력 기반 강화에도 기여했다. 한국은 민주주의와 권위주의, 글로벌 노스와 사우스 간 갈등에 대응하려는 중동 국가들의 전략을 중동 정책에 참고할 필요가 있다.

13장(최경준, 인도네시아의 글로벌사우스 인식과 전략)에서는 인도네시아의 사례에서 드러나는 글로벌사우스 외교의 특성을 살펴본다. 반둥회의 이후 비동맹 세력을 이끌었던 인도네시아는 정치적 독립성과 경제적 평등을 추구하는 자유롭고 적극적인 외교 독트린을 유지해왔다. 중견국으로 성장하였음에도 여전히 상대적 약소국 지위에 있는 인도네시아는 다자주의, 헤징, 연대와 포용을 바탕으로 외교를 전개하고 있다. 미중 갈등, 군사분쟁, 개발협력 등 주요 이슈에 대한 접근에는 글로벌사우스의 시각이 일관되게 반영되어 있다.

마지막으로 3부의 14장(박기철, 글로벌사우스의 도전과 한국의 군사협력)에서는 글로벌사우스와의 협력이 한국의 전략적 자율성 확보와 안보외교의 지평 확장에 기여할 수 있음을 밝힌다. 글로벌사우스 국가들의 군사력 증강 현황과 안보 도전을 검토하고 방산 수출 확대, 평화유지활동 협력, 해양안보 공조를 중심으로 한 한국의 협력 사례를 분석한 결과, 신시장 개척, 외교 다변화, 방산기술 확산 등 전략적 기회요인과 함께 지정학적 민감성, 기술 유출, 기존 동맹과의 마찰 가능성 등의 위험 요인이 제기된다. 이에 따라 제도적 기반 구축, 맞춤형 협력 모델 설계, 다자 협력 강화 등이 정책 방향으로 제시된다.

15장(김흥종, 글로벌사우스와 한국의 경제안보)에서는 글로벌사우스 국가들이 새로운 통상질서 속에서 경제안보의 핵심 축으로 부상하고 있음을 지적한다. 이들은 신흥경제국으로서 주요 산업의 공급망을 장악하며 무역과 공급망 재편에서 중요한 역할을 하고 있다. 대외의존형 경제구조를 가진 한국은 공급망 안정을 중심으로 한 경제안보 전략이 필수적이며, 이에 따라 글로벌사우스 국가들과의 안정적 협력 체계 구축이 더욱 중요해지고 있다.

16장(김태균, 글로벌사우스의 도전과 한국의 개발협력외교)에서는 변화하는 국제질서 속에서 한국의 개발협력외교가 글로벌사우스와의 포용적 관계 구축에 중요한 역할을 한다고 강조한다. 글로벌사우스와의 개발협력 관계 확장을 위해, 한국은 남반구 지역과 다자연계 플랫폼에 대한 체계적 관여와 투자를 확대해야 하며, 공적개발원조(ODA)는 경제·군사 협력과 중소기업 진출을 촉진하는 소프트파워 수단으로 활용되어야 한다. 궁극적으로 한국은 글로벌사우스와 노스를 연결하는 '글로벌 커넥터'로서 포용전략을 구상해갈 필요가 있다.

17장(김치욱, 글로벌사우스의 도전과 한국의 공공외교)에서는 글로벌사우스의 부상에 따른 한국 공공외교 환경 변화에 대응하기 위해 도시외교의 가능성을 탐색한다. 중앙정부-지방정부(도시) 간 파트너십에 기반한 네트워크형 공공외교는 기존 공공외교의 한계를 보완할 수 있는 대안으로 제시된다. 한국은 도시외교의 제도적 기반을 갖췄지만, 여전히 아시아 편중, 전문인력 부족, 이벤트성 프로그램 등 한계가 있다. 이를 보완하기 위해 전담부서 설치, 도시외교기금 조성 등 제도 강화를 추진하고, 도시들은 글로벌사우스에서 삶의 질과 보편 가치 증진을 통해 국제사회에 더욱 기여해야 할 필요성이 제기된다.

# 참고문헌

김동범·윤영삼. 2024. "세계 지정학적 위기 속에서 한국의 방산수출 분석 및 강화전략 연구." 『융합보안 논문지』 24(2): 181-188.

김태균·이일청. 2018. "반둥 이후: 제3세계론의 쇠퇴와 남남협력의 정치세력화." 『국제정치논총』 58(3): 49-99.

김태균. 2023. "글로벌 사우스 구별짓기: 집합적 저항에서 대항적 공존으로." 『아시아브리프』 3(53).

백우열. 2017. "한국 공공외교 전략 및 정책 연구: 기초적 유형의 개념화." 『국가전략』 23(3): 5-32.

백지운. 2024. "반둥에서 '일대일로(一帶一路)'까지: 냉전시기 중국의 아프리카 원조와 제3세계론." 『아시아리뷰』 14(2): 11-44.

신범식. 2022. "유라시아의 지정학적 중간국 외교 비교연구: 개념, 이론, 설명틀의 모색." 신범식 편. 『유라시아의 지정학적 중간국 외교』. 사회평론아카데미.

신범식. 2024. "글로벌사우스의 부상과 국제정치학의 과제." 서울대학교 국제문제연구소 이슈브리핑 227.

이동률. 2024. "글로벌 사우스(Global South)에 대한 중국의 논의, 전략과 과제." 『중국사회과학논총』 6(2): 64-96.

최윤정. 2023. "'글로벌 사우스'와 한국 외교." 세종연구소 세종정책브리프 18.

Acharya, Amitav and Barry Buzan. 2017. "Why Is There No Non-Western International Relations Theory? Ten Years On." *International Relations of the Asia-Pacific* 17(3): 341-370.

Dirlik, Arif. 2007. "Global South: Predicament and Promise." *The Global South* 1(1): 12-23.

Eric, Chang. 2022. "The WTO Waiver on COVID-19 Vaccine Patents." *UCLA Law Review* 69(6). (January 27).

Fasola, Nicolò and Derek Averre. 2024. "Russia, the Global South and Global Governance: Russia's Geostrategic Reorientation and Its Implications for the G7." *Think 7 Italy Policy Brief.* (May).

Federal Deposit Insurance Corporation. 1997. "Volume I : An Examination of the Banking Crises of the 1980s and Early 1990s." *History of the Eighties: Lessons for the Future.*

Golub, Philip S. 2013. "From the New International Economic Order to the G20: How the 'global South' Is Restructuring World Capitalism from Within." *Third World Quarterly* 34(6): 1000-1015.

Haug, Sebastian, Jacqueline Braveboy-Wagner, and Günther Maihold. 2021. "The

'Global South' in the Study of World Politics: Examining a Meta Category." *Third World Quarterly* 42(9): 1923-1944.

Hosni, Sayed. 1976. "The Oil Producing Nations' Emerging Right to Determine Oil Prices." *Maryland Journal of International Law* 1(2): 154-171.

Ikenberry, G. John. 2024. "Three Worlds: The West, East and South and the Competition to Shape Global Order." *International Affairs* 100(1): 121-138.

Kayaoglu, Turan. 2010. "Westphalian Eurocentrism in International Relations Theory." *International Studies Review* 12(2): 193-217.

Liu, Hong. 2022. "China Engages the Global South: From Bandung to the Belt and Road Initiative." *Global Policy* 13(S1): 11-22.

Lacin, Oztig. 2024. "IR and the Global South: Revisiting Obstacles to a Global Discipline." *Global South Review* 5(2): 27-44.

Bertucci, Mariano, Jarrod Hayes, and Patrick James. 2018. *Constructivism Reconsidered: Past, Present, and Future*. University of Michigan Press.

Mold, Andrew. 2023. "Why South-South Trade is Already Greater Than North-North Trade and What it Means for Africa." Brookings Commentary (Dec. 11.). https://www.brookings.edu/articles/why-south-south-trade-is-already-greater-than-north-north-trade-and-what-it-means-for-africa/ (검색일: 2024.12.15.)

Mukherjee, Joia, Haniya Abbasi, and Michelle Morse. 2022. "Global Vaccine Inequity Led to the COVID-19 Omicron Variant: It's Time for Collective Action." Health Affairs Forefront. (January 26). https://www.healthaffairs.org/content/forefront/global-vaccine-inequity-led-covid-19-omicron-variant-s-time-collective-action (검색일: 2025.04.25.)

Palieraki, Eugénia. 2023. "The Origins of the 'Third World': Alfred Sauvy and the Birth of a Key Global Post-War Concept." *Global Intellectual History* 10(1): 23-52.

Patrick, Stewart and Alexandra Huggins. 2023. "The Term "Global South" is Surging. It Should Be Retired." Carnegie Endowment for International Peace. (August 15). https://carnegieendowment.org/2023/08/15/term-global-south-is-surging.-it-should-be-retired-pub-90376 (검색일: 2024.12.15.)

Prashad, Vijay. 2007. *The Darker Nations: A People's History of the Third World*. New York: New Press.

Sachdeva, Gulshan, 2016. "India, South-South Cooperation and International Development Architecture." In Anthea Mulakala. (Ed.), *Contemporary Asian Perspectives on South-South Cooperation*. KDI-TAF 2015.

Stent, Angela. 2019. *Putin's World: Russia against the West and with the Rest*. N.Y: Twelve.

Sukma, Rizal. 1999. "Values, governance, and Indonesia's foreign policy." In Han Sung-Joo. (Ed.), *Changing Values in Asia: Their Impact on Governance and Development*. Tokyo: Japan Center for International Exchange.

Zarakol, Ayse., 2022. *Before the West: The Rise and Fall of Eastern World Orders*. Cambridge University Press.

Zvobgo, Kelebogile and Meredith Loken. 2020. "Why Race Matters in International Relations: Western Dominance and White Privilege Permeate the Field. It's Time to Change That." *Foreign Policy* 237.

기타 인터넷 자료들

AP News. 2023. "South Africa accuses Israel of genocide in Gaza and asks International Court of Justice to order halt." (December 29). https://apnews.com/article/icj-israel-south-africa-genocide-c16b0e8ad715ac41f489d3255964a373 (검색일: 2025.04.23.)

Business Insider. 2023. "De-dollarization is accelerating as countries around the world look to alternative currencies like the yuan." (November 2). https://markets.businessinsider.com/news/currencies/dedollarization-china-yuan-dollar-currency-swap-renminbi-saudi-arabia-oil-2023-11 (검색일: 2025.04.23.)

DIRCO. 2024. "Lamola commends steps towards regional stability and economic integration. Department of International Relations and Cooperation." (February 23). https://dirco.gov.za/lamola-commends-steps-towards-regional-stability-and-economic-integration/ (검색일: 2025.04.23.)

GeoFinancialNews. 2023. "The Largest Economies in the World by 2050." (Aug 7). https://medium.com/@geofinancialnews/the-largest-economies-in-the-world-by-2050-749298b870c4 (검색일: 2025.04.23.)

Global Times. 2024. "G7 vs BRICS in numbers." (2024.06.11.). https://www.globaltimes.cn/page/202406/1313921.shtml (검색일: 2025.03.11.)

Modern Diplomacy. 2023. "The Economist: What non-alignment really means." (June 22). https://moderndiplomacy.eu/2023/06/22/the-economist-what-non-alignment-really-means/ (검색일: 2025.04.23.)

Statista. 2025. "BRICS Plus and G7 countries' share of the world's total gross domestic product (GDP) in purchasing power parity (PPP) from 2000 to 2024." https://www.statista.com/statistics/1412425/gdp-ppp-share-world-gdp-g7-brics/ (검색일: 2025.03.11.)

The New Times. 2010. "'Third World' concept outdated-World Bank." (April 152). https://www.newtimes.co.rw/article/36507/National/athird-worlda-concept-outdated-a-world-bank (검색일: 2025.02.13.)

# 제1부 강대국 정치와 글로벌사우스

# 제2장 미국과 중국의 국제질서 경쟁과 글로벌사우스

전재성(서울대학교 정치외교학부)

## I. 서론

현재 국제질서는 큰 변화를 겪고 있다. 냉전 종식 이후 미국 주도의 자유주의 국제질서가 전 세계에 확산되어 안정적이고 평화로운 시대가 열릴 것으로 기대했지만 30여 년이 지난 현재, 국제질서의 근본적인 변화가 일어나고 있다. 유럽과 중동의 두 대륙에서 전쟁이 진행되고 있으며 기후변화 등 초국가 위협은 더욱 증대하고 있다. 조 바이든 정부는 기존의 자유주의 국제질서를 강화하고자 했지만 2024년 대통령 선거에서 도널드 트럼프 전 대통령이 당선되고, 2025년 1월 트럼프 2기 정부가 출범함에 따라 국제질서의 격변은 더욱 심해지고 있다.

이러한 변화 속에서 그간 미국이 주도해온 국제질서에 대한 비판과 반발이 확산되고 있다. 중국, 러시아 등 강대국은 대안적 질서를 모색하고 있고 미국의 동맹국들도 새로운 활로를 모색하는 모습도 보인다. 이 과정에서 강대국이 아니지만 외교적, 경제적, 정치적 차원에서 강대국 질서에 비판적 목소리를 내고 대안적 질서를 모색하는 세력들이 존재한다(Carnegie Endowment for International Peace 2024). 동질적이고 단합된 세력은 아니지만 강대국 중심 질서에 비판적 태도를 취한다는 점에서 일정한 공통점을 찾을 수 있고, 이를 글로벌사우스라고 명명하고 있다.

이 글에서는 변화하는 국제질서 속에서 글로벌사우스 국가들이 어떠한 역할을 하는지, 특히 미중 전략경쟁 속에서 미중 양국이 글로벌사우스를 어떻게 인식하고 이들에 대한 정책을 어떻게 추진하고 있는지, 이를 통해 향후 국제질서에서 글로벌사우스의 역할을 어떻게 예상할 수 있는지 등의 주제를 다루어본다.

## II. 미국 주도 단극패권 체제의 약화와 국제질서의 변환

21세기의 1/4이 경과하고 있는 현재 시점에서 국제질서는 다양한 변화 양상을 보이고 있다. 첫째, 1991년부터 30여 년간 탈냉전을 주도해온 미국 주도의 소위 자유주의 국제질서는 급속히 약화되고 있다. 미국은 국제적 공공재를 제공하는 패권국으로 전 세계에 걸친 국제질서를 안정적으로 유지할 것으로 기대되어 왔다. 그러나 2001년 9·11 테러와 2008년 경제 위기, 2020년 코로나 사태 등을 거치면서 미국이 제공할 수 있는 국제적 공공재의 한계가 명백히 드러났다. 다른 국가에 비해 월등히 강한 국력을 가지고 있었던 것은 사실이지만, 안정적으로 국제질서를 유지하기에는 여전히 힘이 부족했던 것이다. 이 과정에서 미국은 단극패권으로 자국 중심의 질서를 유지하려고 했지만, 힘의 부족과 더불어, 미국이 선택한 전략의 한계 및 오류, 그리고 한 국가가 더욱 복잡해져 가는 국제정치의 질서를 유지해야 한다는 구조적 한계 때문에 단극질서 유지가 어려운 상황에 부딪히게 되었다.

2025년 1월 출범한 트럼프 대통령은 국제적 공공재를 제공하는 패권의 역할을 제한하고 자국 중심의 외교 정책을 펼치려는 노력을 보이고 있다. 취임 후 1달이 지나고 있는 현재의 시점에서 트럼프 정부는 자유주의 국제질서의 기본 원칙들과 상반되는 정책을 취하고, 국제적 공공재 제공에서 멀어지며, 설득과 협력보다는 강압과 거래에 의한 국제질서를 유지하고자 하고 있다. 향후 국제질서는 국제적 공공재를 시혜적으로 제공하는 패권의 존재를 상정하기 어려운 상황이 되었다.

둘째, 미국 패권의 쇠퇴와 별개로, 중국의 경제적 발전은 미중 전략경쟁 구도를 불러왔다. 중국은 비서구 국가로서 유럽에서 기원한 베스트팔렌체제에서 패권에 도전하는 최초의 사례이다. 반식민지 상태를 거쳐 세계 2위의 강대국으로 부상한 중국은 기존의 주권국가체제 및 베스트팔렌체제에 적응하였지만, 나름대로의 세계관과 향후 질서에 대한 계획을 가지고 있다고 볼 수 있다. 아직은 명확하지 않지만, 공산주의와 권위주의에 기반한 국내정치체제, 그리고 전통적으로 유지해 온 국제질서에 대한 관념을 가지고 미국 중심 질서에 도전하고 있다. 자유주의 국제질서의 다양한 측면의 규범, 혹은 규칙기반질서를 유지하는 측면도 있지만, 이와 구별되는 새로운 대안들도 제시하고 있다. 미국의 쇠퇴와 더불어 미중 전략경쟁은 다른 국제질서를 창출할 것임에 틀림없다. 양극체제, 신냉전체제, 다극체제 등 다양한 개념으로 미중 전략경쟁에서 비롯되는 국제질서를 개념화하고 있다. 이러한 개념화들은 일정한 측면에서 현실을 반영하고 있지만, 가장 중요한 점은 미국과 중국 양국이 스스로 고안해낸 질서를 두고 경쟁하고 있다는 점이다. 그러한 점에서 미중 전략경쟁은 두 개의 질서가 경쟁하는 구도를 창출해가면서 세계 전체의 국제질서를 만들어갈 것이다. 현재로서는 미국과 중국 모두 전 세계를 관리할 수 있는 힘과 온전한 질서 구상을 가지고 있다고 보기는 어렵다. 강대국 경쟁뿐 아니라 제3세계의 도전, 초국가 위협의 존재 속에서 미국과 중국은 전 지구를 포괄하기에는 부족한 준패권국으로서 질서 경쟁을 추구하는 양상을 보일 것으로 예상된다.

셋째, 이러한 강대국의 지정학 경쟁과 별도로 비강대국이며 비서구 국가들인 세력의 목소리가 높아져가고 있다. 베스트팔렌체제는 역사적 진화 과정에서 비서구 국가들을 주변화하고 정복하는 체제로 대략 16세기 전후로 비서구 국가들을 식민화하면서 발전한 질서이다. 비서구 약소국들은 애초에는 상업적 식민지 착취의 대상이었지만, 점차 자본주의가 발전하면서 본격적인 식민지로 전락하게 되었다. 이후 1차

세계대전 이후 많은 구식민지들이 형식적 주권을 갖추면서 독립했다. 이 과정에서 전 세계가 하나의 정치 공간으로 성립되는 변화를 겪었지만, 구식민지 비서구 약소국들은 여전히 온전한 의미의 실질적 주권을 취득하는 데 한계를 겪었다. 이후 국제질서 속에서 비서구 국가들은 실질적 주권과 평등, 그리고 국제정의를 실현하기 위해서 많은 노력을 기울였다.

이러한 구식민지 약소국들을 제3세계라고 통칭해 왔지만, 최근에는 글로벌사우스라는 용어가 일반화되고 있다. 탈냉전기 국제질서의 변동 속에서 자신의 목소리를 내고 대안적 국제질서를 모색하는 주체적 운동의 특징을 지닌다는 점에서 글로벌사우스라는 용어는 과거 제3세계라는 용어와 구별되며 보다 적극적인 함의를 가진다고 본다.

넷째, 이러한 주권국가 중심의 체제는 초국가적 위협 앞에서 점차 변화하고 있다. 국가들이 소위 주권의 덫에 갇혀 자국 이익 중심의 행동을 보인다면 인류는 초국가 위협을 해결하지 못한 채 실존적 위협에 부딪히고 말 것이다. 또한, 국가 이외의 다양한 행위자들이 다층적인 이해상관자의 모습을 보이고 있다. 이러한 측면에서 국제질서는 국가 중심의 국제질서의 양상을 벗어나 다층적인 행위자들이 복합적으로 활동하는 국제질서의 양상을 보이고 있다.

미국과 중국 그리고 다른 강대국들과 중견국 글로벌사우스 국가들이 이러한 실존적 위협 앞에서 온전한 국제질서를 형성할 수 있는 복합적인 대안을 제시할 수 있을지는 매우 중요한 문제이다. 글로벌사우스 국가들 역시 같은 위협을 느끼며 대안을 제시하고자 노력하고 있다. 한편으로는 미중 전략경쟁 속에서 자국의 이익을 도모하는 한편, 다양한 대안들을 제시하는 노력도 기울이고 있다. 글로벌사우스 국가들은 미중 전략경쟁의 와중에 놓여 있지만 이를 중심으로만 사고하고 있는 것은 아니며, 자신이 속한 지역적 특색과 국제정치적 상황에 따라 매우 다양한 모습을 보이고 있다. 따라서 동질적이고 단합된 성격을 보이는 것만은 아니며, 글로벌사우스의 주도권을 둘러싼 경쟁과 각각의 다른 처지에서 비롯되는 갈등 양상도 함께 보이고 있다.

## III. 지정학적 변화 속에서 글로벌사우스 국가들의 변화 과정

### 1. 탈냉전 종식과 강대국 지정학 대립 속 글로벌사우스의 형성과 진화

국제정치에서 국가들 간의 관계를 설정하고 특정국가들로 구성된 그룹을 나누는 일은 국제정세 파악에 중요한 준거점이 된다. 부국과 빈국, 대국과 소국, 자유주의 국가와 권위주의 국가 등의 분류는 국제정치를 읽는 담론으로 구성되어 우방과 타방을 인식하는 중요한 인식론적 틀이 된다.

글로벌사우스(Global South)라는 개념은 선진국이나 부국, 강대국과 구별되는 국가군을 지칭하는 용어로 새롭게 등장한 용어이다. 글로벌사우스 용어는 미국의 작가이자 신좌파 운동가인 칼 오겔스비(Carl Ogelsby)가 1969년에 처음 사용한 것으로 알려져 있고 냉전적 배경을 갖고 있다. 그는 베트남 전쟁이 한창일 때 가톨릭 저널인 *Commonweal*에 기고한 글에서 "글로벌사우스에 대한 북베트남의 지배력이 수렴되어 견딜 수 없는 사회 질서를 만들어냈다"고 말한 바 있다. 당시 대부분의 서구 분석가들은 1952년 프랑스 인구학자 알프레드 소비(Alfred Sauvy)가 처음 묘사한 것처럼 세계를 세 개의 세계로 구분하여 생각했다. 미국과 서방 동맹국으로 구성된 '제1세계', 소련과 동구권의 위성 국가들로 구성된 '제2세계', 식민지 지배로부터 최근에 해방된 '개발도상국'과 비동맹 국가들로 구성된 '제3세계'가 그것이다. 이 과정에서 미국과 소련이라는 초강대국의 지정학 경쟁이 배경이 되었지만, 냉전은 비단 힘의 대결보다 이념의 대결까지 포괄한다는 점에서 현재와 유사점과 차이점을 동시에 갖고 있다(Patrick and Huggins 2023).

글로벌사우스라는 용어는 과거 제3세계(the Third World), 개발도상국(developing countries), 저발전국(underdeveloped countries), 미개발국(least developed countries), 빈국(poor countries) 등의 용어와 밀접한 관계를 가진다. 지구적 남반구와 북반구 간 글로벌 불평등을 포착하고자 했던 국제개발 문제에 관한 독립위원회(소위 브란트 보고서)의 보고서에서 등장한 글로벌사우스 개념이 등장했고 1980년대에도 사용되었다(Berger 2021).

그러다가 냉전 종식 이후 글로벌사우스 용어의 학술적 사용량이 양적으로 증가했음을 알 수 있다. 이 용어가 학술지 논문 제목에서 처음 사용된 것은 바가트 코라니(Bahgat Korany)의 1994년 논문 "End of history, or its continuation and accentuation? The global South and the 'new transformation' literature"에서였다. 그 밖에도 월든 벨로의 비정부기구인 "Focus on the Global South"와 다른 단체들이 이 용어를 사용했지만, 용어가 만들어진 결정적인 시점을 특정할 수는 없다고 본다. 1990년대를 통해 글로벌사우스 용어는 매년 소수의 기사 및 책 제목에만 사용되었지만 이후 2000년 5건에서 2009년 73건, 2013년 158건, 2017년 362건, 2020년에는 1,600건 이상으로 기하급수적으로 증가하여 학술 출판물 제목에서 '제3세계'의 사용 빈도가 정체되면서 이를 추월한 것으로 알려졌다. 2020년대에 접어들면서 이 격차는 2:1의 비율로 유지되고 있다(Kleinschmidt 2018; Haug, Braveboy-Wagner & Maihold 2021).

제2차 세계대전 이후 냉전기 국제질서 속에서 1955년 반둥회의가 개최된 이후 제3세계 국가들 간의 협력과 비동맹 외교노선이 천명되었다. 국제질서를 조성하는 힘에서 밀려나고 소외된 국가들이 소위 남남협력을 통해 냉전기 양대 진영의 영향력에서 자율성을 확보하고자 한 것이다. 이러한 맥락에서 제3세계라는 용어가 냉전기 진영 간 대결에서 비동맹 노선과 밀접히 연결되고, 저개발, 빈곤 국가들을 지칭하는 경향이 강했다.

비동맹 노선이 확립된 이후 UNCTAD(유엔무역개발기구)가 형성되면서 77개국이 모여 구성한 77그룹이 만들어졌고, 이들 국가들은 보다 공정하고 평등한 국제질서를 요구하면서 신국제경제질서(NIEO)를 제창하기에 이른다. 이들은 경제적 독립과 공정한 세계 구조를 목표로 했고, 이를 위해 다양한 문제를 제기했다. 3세계 국가들은 독립 이후에도 선진국에 경제적으로 종속되어 있었고, 이는 원자재 수출에 의존하는 경제 구조와 불공정한 무역 조건 등에서 나타났다. 1973년 석유 파동 이후, 3세계 국가들은 자원을 통제하고 국제 경제 질서를 변화시키려는 노력을 제시했다. 이들은 원자재 가격 안정화와 공정한 교역 조건, 기술 이전과 금융 지원의 확대, 다국적 기업의 규제와 자원에 대한 주권 강화, 국제 금융 시스템 개혁 등을 요구했다. 1974년 신국제경제질서가 유엔총회에서 결의되었지만 실질적인 큰 변화를 기대하기는 어려웠다. 선진국들은 1960년대부터 공적개발원조를 중요한 수단으로 제3세계와의 타협을 추구했다. 신국제경제질서에 대한 요구와 연결되어 공적개발원조는 새로운 전환점을 맞이했다. 유엔은 선진국들에게

GNP 대비 0.7%를 ODA로 제공할 것을 촉구하는 등 변화를 요구했지만 성과는 시대에 따라 다르게 나타났다.

냉전이 지속되는 동안 제3세계 국가들은 비동맹 노선을 유지하면서 북반구의 선진국과 소련 및 공산진영과 거리를 두며 자율적인 외교노선을 추구하고자 했다. 이 과정에서 제1세계 및 제2세계와 구별되는 국가군을 지칭하는 용어가 사용되었고, 3세계 국가들 간의 협력도 중요한 국제정치의 흐름으로 자리 잡았다.

냉전이 종식되면서 하나의 지구 정치경제공간이 만들어지고 지구화가 추진되었다. 미국 주도의 자유주의 국제질서가 전 세계로 확장되었고, 이 과정에서 세계무역기구(WTO)와 같은 지구적 차원의 경제기구가 자리 잡았다. 과거 평등한 신경제질서를 요구했던 제3세계 국가들은 탈냉전기 지구 질서에 편입되면서 또 다른 목소리들을 내기 시작했다.

1990년대 중반이 되면서 이들 국가들은 글로벌사우스라고 불리기 시작하면서 과거 제3세계와는 다른 국가군의 성격을 띠게 된다. 과거 제3세계와 글로벌사우스를 연결되고 일관된 개념으로 볼 수도 있지만 차별화된 측면도 존재한다. 글로벌사우스 국가군의 특성을 살펴보면 첫째, 글로벌사우스는 냉전 종식 이후 시대에 사용된 개념으로 지구화 시대의 약소국을 지칭한다. 아시아와 아프리카, 라틴아메리카의 국가군을 일컬으며, 지구화된 지구정치 공간에서 경제적 발전이 선진국에 미치지 못하고 외교적 영향력도 제한된 국가들이다. 그러나 국가 간 교류의 심화, 다양한 국제기구의 발전, 지구적 시장과 공급망의 형성 등의 변화 속에 글로벌사우스는 전체 지구정치 공간의 중요한 부분을 차지했고, 과거와 같이 1세계, 2세계, 3세계의 분리를 전제로 논의할 수 없는 시점에 이르렀다. 제3세계와 글로벌사우스가 비슷한 범주의 국가들을 가리키지만, 글로벌사우스라는 용어는 지구화되고 긴밀한 관계가 형성된 지구정치 공간의 국가군을 가리킨다는 점에서 차별점이 있다.

둘째, 글로벌사우스 국가들은 과거 제3세계 국가들보다 훨씬 많은 영향력을 가지게 되었다. 국제기구가 발전하면서 많은 지구적 사안들에 관해 이해당사국의 입장을 조율하며 모든 국가들의 결정을 포괄하는 거버넌스 체제가 작동하게 되었다. 글로벌사우스 국가들이 비록 국력은 약하더라도 모든 사안에서 발언권과 투표권을 가지는 것이 상례이며, 이 과정에서 1국1표를 행사하는 글로벌사우스 국가들의 외교적 영향력은 커질 수밖에 없었다. 과거 제3세계 국가들의 비동맹 행태와는 달리 강대국 간 입지강화 및 주요 사안에 영향을 미치는 영향력을 발휘하기도 한다. 글로벌사우스 국가들은 특정한 강대국과 결탁하거나 막연한 비동맹 노선을 채택하기보다는 이익에 따라 실용적인 다중동맹(multi-alignment)의 전략을 추구한다. 물론 국력의 크기가 중요하지만 주권평등의 원칙하에서 국제 제도 속에서 결정되는 많은 문제들은 글로벌사우스 국가들의 숫자와 외교적 영향력에 기반하게 된 것이다.

셋째, 글로벌사우스 국가들은 여전히 경제가 충분히 발전해 있지 않기 때문에 무역과 투자의 매우 중요한 대상이 된다. 글로벌사우스 국가들은 도시화와 경제발전, 소비, 인프라 건설 등 많은 경제적 수요를 가지는 국가들이고, 인구 구성 면에서도 인구가 증가하고 경제활동인구가 많은 국가들이다. 이러한 국가들은 장치 성장 잠재력이 매우 크고 구매력 또한 왕성한 국가들이다. 도시화가 진행되고 인프라가 건설되면 향후 많은 무역과 투자의 수요를 창출하는 국가들이기 때문에 이들 국가에 대한 선진국과 중견국들의 경제 참여는 높아질 수밖에 없다. 이러한 과정에서 글로벌사우스 국가들의 영향력은 더욱 증가될 것이다.

넷째, 글로벌사우스 국가들은 대체로 19세기로부터 서구 열강의 제국주의를 경험한 식민지국가들이다. 비록 2차 세계대전 이후 대부분 독립하여 식민지를 벗어났지만 식민모국과의 관계, 독립하면서 해결하지 못한 다양한 주권적 문제들을 중요한 특징으로 가진다. 냉전기에는 탈식민이라는 국가적 과제를 적극적으로 추진할 국제정치적 공간이 없었다. 냉전이 종식된 이후 소위 나머지 국가들의 부상(Rise of the Rest)과 같이 약소국들의 등장과 목소리가 더욱 중요해졌다. 이들 국가들은 과거 제국주의가 남긴 다양한 유산들을 비판하고 이를 다시 의제화하여 국제정치의 중요한 흐름으로 만들고자 하는 국가들이다.

## 2. 하나의 범주로서 글로벌사우스의 특징

냉전 이후 단극체제가 퇴조하면서 글로벌사우스는 이상주의적 연대보다는 현실주의적 접근을 중심으로 국제관계에서 재편되고 있다. 오늘날 글로벌사우스는 조직화된 연대체라기보다는 각국의 개별적인 행동이 집합적으로 큰 영향을 미치는 지정학적 현실로 자리 잡고 있다. G-77과 같은 전통적 국제기구를 통한 협상력 강화 노력 외에도 브릭스(BRICS)와 같은 새로운 연합체가 등장하고 있으며, 브라질, 러시아, 인도, 중국, 남아프리카공화국으로 구성된 브릭스는 최근 회원국 확대 가능성을 논의하며 그 중요성을 더욱 부각시키고 있다(Ero 2024).

글로벌사우스 국가들은 자신들이 국제 의사결정 구조에서 과소평가되고 있다는 점에 깊은 불만을 가지고 있다. 특히 유엔 안전보장이사회 개혁 요구와 같은 국제기구 내 구조적 변화에 대한 목소리가 점점 커지고 있지만, 이러한 개혁은 미국 중심의 국제 금융 시스템이 여전히 지배적이라는 점에서 단기간 내에 실현되기 어려운 상황이다. 제재 위협 등 기존 강대국의 정책은 글로벌사우스 국가들이 국제 체제 내에서 독립적인 영향력을 확대하는 데 제약이 되고 있다. 이러한 현실 속에서 글로벌사우스는 강대국 정책의 정당성에 도전하고 주요 분야에서 행동 범위를 제한하는 방식으로 국제질서에 영향을 미치며, 변화의 동력으로 작용하고 있다(Gray & Gills 2016).

글로벌사우스의 이러한 도전은 국제 권력구조를 재편하려는 강한 동기로 이어지고 있다. 미국과 그 동맹국들이 현 체제를 유지하려 한다면, 글로벌사우스 국가들의 개혁 요구는 더욱 강해질 것이다. 궁극적으로 글로벌사우스가 목표를 달성하는 과정에서 그 지정학적 중요성은 지속될 것으로 보인다. 이는 강대국 간 경쟁이 심화되는 가운데, 글로벌사우스가 미중 전략경쟁의 주요 변수로 작용할 수 있음을 의미한다(Shidore 2023).

글로벌사우스라는 개념은 국제관계와 정책 논의에서 빈번히 사용되고 있지만, 본질적으로 모호하며 아프리카, 아시아, 라틴아메리카 국가들을 단일한 정치적 집단으로 간주하는 경향이 있다. 이는 각국의 개별적인 역사적 경험과 현재의 정치적, 경제적 상황을 간과할 위험을 내포하고 있다. 예컨대, 브라질과 인도 같은 G20 강대국과 시에라리온이나 동티모르와 같은 최빈국은 전혀 다른 경제적·정치적 현실 속에서 활동하고 있다. 이러한 차이에도 불구하고, 이들 국가는 공통적으로 식민주의에 저항한 역사적 경험을 공유하며, 국제 체제 내 권력 균형 변화를 추구한다. 그러나 글로벌사우스를 단일한 정치 블록으로 간주하는 것은 이들의 다양성을 간과할 위험이 있다.

우크라이나 전쟁은 글로벌사우스의 국제적 중요성을 재조명하는 계기가 되었다. 이 지역 국가들은 미국과 서구 동맹국들이 주도하는 대

러시아 제재와 외교적 압박에 동참하지 않는 모습을 보이며, 서구 중심의 국제질서에 도전했다. 이 과정에서 글로벌사우스는 지정학적 현실로서의 성격을 드러내며, 단순히 강대국 간 경쟁의 대상이 아닌 독립적인 행위자로 자리매김하고 있다. 특히, 이러한 상황은 글로벌사우스 국가들이 자신의 이익을 추구하며 지역적·국제적 문제에서 자율성을 강조하는 계기가 되었다.

결국 글로벌사우스는 단일한 정치적 집단으로 보기 어려운 다양한 이해관계와 역사적 배경을 가진 국가들의 집합체이지만, 국제질서에서의 영향력을 확대하고자 하는 공통된 목표를 공유하고 있다. 이들은 기존 국제질서를 재편하려는 노력과 함께 새로운 대안을 제시하며, 세계 정치의 주요 변수로 작용하고 있다. 이러한 맥락에서 글로벌사우스의 지정학적 중요성은 점점 더 커지고 있으며, 국제 체제의 변화를 이끄는 중요한 동력이 되고 있다.

## IV. 미국과 중국의 질서경쟁과 글로벌사우스에 대한 접근의 차이

### 1. 미국과 중국의 기본적인 접근 방식

냉전 이후 미국과 중국은 각각 자신들만의 독특한 내러티브와 전략을 통해 글로벌사우스를 중심으로 새로운 국제질서를 형성하려는 경쟁을 벌이고 있다. 이 과정에서 두 국가의 접근 방식은 역사적, 이념적, 경제적 관점에서 뚜렷이 구별되며, 이들이 지구적 권력을 어떻게 재편하려 하는지를 보여준다(Castoriadis 1987).

중국은 글로벌사우스와의 협력을 "남남 협력(South-South Cooperation)"이라는 내러티브를 통해 구체화하고 있다. 중국은 중국 나름의 발전 모델을 베이징 컨센서스로 부르며 발전모델의 수출을 추구해 왔다. 서구의 신자유주의적 발전모델에 도전하며, 상호 발전과 내정 불간섭을 강조하는 방향으로 나아가고자 한다. 이를 통해 중국은 과거 서구 식민주의로부터의 피해 경험을 글로벌사우스 국가들과 공유하며 연대의식을 형성하고, 이를 기반으로 더 공정한 국제질서를 제안하고 있다.

중국의 전략적 목표는 경제적 확장을 기반으로 한다. 시진핑 정부의 출범과 함께 시작된 일대일로(Belt and Road Initiative, BRI)와 같은 대규모 인프라 투자 프로젝트를 통해 개발도상국과의 경제적 연결성을 강화하고, 필수 자원 확보와 새로운 시장 개척을 추구하고 있다. 이러한 과정에서 중국은 기존 서구 중심 국제 금융 체제의 대안을 제시하며, 장기적인 정치적 동맹과 국제지구에서의 영향력을 확대하고 있다. 특히, 중국은 "상호 이익(win-win cooperation)"과 "인류 공동 미래의 공동체"라는 슬로건을 통해 개발도상국과의 협력 관계를 이념적으로 정당화하고 있다.

반면 미국은 글로벌사우스를 대하는 내러티브에서 민주주의와 인권, 자유시장경제의 확산을 강조한다. 미국은 이를 "규칙 기반 국제질서(rules-based international order)"라는 개념으로 정당화하며, 글로벌사우스와의 관계를 단순히 거래적 관계가 아니라 공유된 가치에 기반한 동맹으로 프레임화한다. 이는 특히 중국과 러시아와 같은 권위주의적 체제를 억제하기 위한 전략의 일환으로 나타난다. 이러한 경향은 트럼프 2기 행정부 출범 이전까지 비교적 뚜렷한 특징이었는데, 향후 근본적인 변화가 일어날 가능성도 배제할 수는 없다.

미국의 전략적 목표는 국제적 리더십의 유지를 중심으로 한다. 이를 위해 나토와 인도태평양 지역의 군사 동맹을 활용해 미국의 지정학적 우위를 점하고, 민주적 가치를 중심으로 글로벌사우스 국가들과의 협력을 강화하고 있다. 바이든 행정부는 2020년대 초반 민주주의 정상회의를 비롯한 다양한 플랫폼을 만들어 중국의 권위주의적 모델과 대조되는 자유주의 모델을 강화하고자 했다. 이러한 전략적 목적 속에 개발도상국이 신뢰할 수 있는 파트너로 자리매김하려는 노력을 기울인 것이다.

이렇게 볼 때 중국과 미국의 접근 방식은 글로벌사우스에서의 내러티브와 전략에서 뚜렷한 차이를 보인다고 할 수 있다. 중국은 개발과 비이념적 협력을 강조하며, 경제적 지원과 문화적 상호작용을 통해 다원적이고 비서구적 국제질서를 구상한다. 이와 달리 미국은 민주주의와 인권이라는 이념적 가치를 중심으로, 글로벌사우스를 자유주의 국제질서의 일환으로 통합하려 하는 것이다.

결국 미국과 중국은 각기 다른 내러티브와 전략을 통해 글로벌사우스와의 관계를 형성하고 있으며, 이는 새로운 국제질서의 방향성을 결정짓는 중요한 요소로 작용하고 있다. 글로벌사우스 국가들은 경제

**표 2.1** 글로벌사우스에 대한 미국과 중국의 접근 방식 비교

| 측면 | 중국의 접근 방식 | 미국의 접근 방식 |
|---|---|---|
| **이념적 기반** | 과거 식민지 경험 공유, 불간섭주의와 개발 중심 접근 | 민주주의 촉진과 규칙 기반 국제질서의 강호 |
| **경제 모델** | 국가 주도 투자 (예: 일대일로) | 시장 주도 개혁; 민간 부문 중심 |
| **전략적 목표** | 서구 지배에 대한 대안 구축 | 글로벌 리더십 유지와 중국과 같은 수정주의 국가 견제 |
| **전략적 내러티브** | 공동 역사 강조 및 상호 이익 도모 | 가치 기반 파트너십과 권위주의 견제 |

발전뿐 아니라 정치체제와 문화의 발전도 함께 도모하기 때문에 미국의 민주주의 중심 접근과 중국의 개발 중심 접근은 각각 고유의 강점과 약점을 가진다. 글로벌사우스는 이 두 강대국의 경쟁 속에서 자신들에게 맞는 정치, 경제 모델을 찾고, 자신만의 독립적인 역할과 전략도 모색하고 있다. 이는 향후 국제질서의 다층적이고 복합적인 구성을 예고하며, 글로벌사우스가 중요한 축으로 자리 잡는 새로운 시대의 도래를 시사한다(China Briefing 2024; China-US Focus 2024).

## 2. 바이든 정부의 글로벌사우스 전략 방향

미국은 전통적으로 패권국가의 관점에서 지구적 리더십을 확보해 가는 데 글로벌사우스를 중요한 파트너로 평가해 왔다. 바이든 정부는 이러한 맥락에서 글로벌 도전 과제와 중국과의 경쟁을 효과적으로 관리하는 데 초점을 맞추어 왔다. 트럼프 2기 정부의 출범으로 바이든 정부와는 크게 차별화되는 공화당의 국제전략이 출현할 가능성이 있지만, 트럼프 정부 이후 또다른 변화가 가능하다는 점에서 전통적인 전략의 흐름을 살펴보는 것은 중요하다. 바이든 정부의 접근은 여러 연설과 1차 문헌에서 확인할 수 있다. 예를 들어 제이크 설리번 국가안보보좌관과 바이든 대통령의 발언은 미국의 전략이 글로벌사우스와의 협력을 통해 경제적 안정성과 국제규범을 강화하고자 하는 데 초점이 맞춰져 있음을 보여준다. 이는 글로벌사우스를 단순한 경제적 파트너로 간주하는 것을 넘어, 국제질서 재편의 핵심 행위자로 인정하고자 하는 접근을 반영한다.

설리번 보좌관은 2024년 5월 워싱턴 아메리카 회의에서 서반구 지역의 경제적 중요성과 협력의 필요성을 강조한 바 있다. “아메리카 번영 파트너십(Americas Partnership for Economic Prosperity)"은 서반구 지역을 글로벌 경제의 경쟁력 있는 축으로 부상시키겠다는 비전을 제시하는 내용을 담고 있다. 설리번은 이 파트너십이 글로벌사우스 국가들과의 협력을 기반으로 하며, 특히 인프라 개발, 공급망 재구성, 클린 에너지 기술 도입 등에서 중점을 두고 있다고 언급했다. 설리번은 글로벌사우스가 경제적 잠재력을 실현하도록 지원하는 것이 미국의 이익과 부합한다고 강조하고 있다. 그는 "서반구 지역의 경제적 통합은 미국의 경제와 안보 전략의 중심에 있다"고 언급하며, 이러한 협력 노력이 단순히 지역적 차원이 아닌 글로벌 경쟁의 맥락에서도 중요한 의미를 가진다고 설명했다. 이는 중국의 영향력 확대를 견제하려는 미국의 전략적 목표와도 맞물려 있으며, 글로벌사우스가 중국의 경제적 영향력에 대한 대안으로 미국과의 협력을 선택할 수 있도록 유도하려는 의도를 반영한다고 본다.

또 다른 연설로 설리번은 2024년 10월 브루킹스 연구소에서 언급을 통해 미국의 글로벌 경제 정책이 "상호이익 접근(positive-sum approach)"을 기반으로 한다고 밝혔다. 그는 미국의 경제 정책이 동맹국 및 글로벌 파트너와의 협력을 통해 세계경제를 강화하고, 글로벌사우스 국가들과의 긴밀한 파트너십을 구축하는 데 중점을 두고 있다고 설명했다. 설리번은 특히 미국이 중국에 대한 전면적인 경제적 단절이 아닌, "디리스킹(de-risking)"을 통해 핵심 공급망의 안정성을 강화하고 기술 의존도를 줄이는 방향으로 나아가고 있다고 강조했다. 반도체, 신재생에너지, 디지털 기술과 같은 전략적 산업에 대한 투자를 확대함으로써 글로벌사우스 국가들과의 협력 기반을 강화하고, 이를 통해 보다 지속 가능하고 공정한 무역 환경을 조성하겠다는 것이다. "미국의 리더십은 동맹국 및 글로벌사우스 국가들과의 협력에서 비롯"되는 것으로, 이러한 협력이 글로벌 경제의 성장과 안정성을 강화할 수 있는 핵심 요소라는 입장이다.

바이든 대통령 역시 2024년 11월 페루 리마에서 열린 APEC 회의에서 시진핑 중국 주석과의 정상회담을 통해 미국의 외교 전략의 핵심 방향성을 재확인하고 있다. 바이든 대통령은 미국의 외교 정책이 "국내 역량 강화와 국제 파트너십 조율"에 기반을 두고 있음을 강조하며, 글로벌사우스 국가들이 이러한 접근에서 중요한 역할을 맡고 있다고 밝혔다.

바이든 대통령은 글로벌사우스와의 협력이 국제규범을 강화하고, 지역적 안정을 유지하는 데 필수적임을 강조한 바 있다. 현재 갈등의 초점이 되고 있는 대만 문제, 남중국해와 동중국해에서의 항행의 자유, 우크라이나 전쟁에서의 러시아 지원 등 중국의 행동에 대한 강경한 입장을 취하며, 글로벌사우스 국가들과 협력하여 이러한 도전 과제에 대응하겠다는 의지를 드러냈다. 바이든 대통령은 특히 글로벌 파트너와 협력하여 중국과의 경쟁을 책임감 있게 관리하고, 국제적 갈등을 방지하려 한다고 강조했다. 바이든은 또한 기후변화, 인공지능(AI) 안전성, 마약 퇴치 등과 같은 글로벌 도전 과제에서 중국과 협력할 가능성을 열어두며, 경쟁과 협력을 병행하는 균형 잡힌 접근을 보여주었다. 글로벌사우스와의 협력이 이러한 협력과 경쟁 사이에서 중요한 연결고리가 될 수 있음을 강조하는 모습이었다.

결국, 미국의 글로벌사우스 접근은 글로벌 경제와 국제규범의 안정성을 확보하기 위한 중요한 전략적 기둥으로 자리 잡고 있다. 첫째, 미국은 글로벌사우스를 주요 동맹국 및 파트너로 간주하며, 이를 통해 중국의 부상을 견제하고자 노력해 왔다. 둘째, 신재생에너지, 반도체, 디지털 기술 등 핵심 산업에 대한 글로벌 투자와 협력을 통해 중국 의존도를 줄이는 동시에, 글로벌 경제성장을 촉진하려 추구했다. 셋째, 외교적으로 미국은 글로벌사우스와의 협력을 국제규범 수호와 지역 안정을 위한 필수적인 요소로 삼아왔다. 이러한 전략은 글로벌사우스를 단순한 파트너가 아닌, 국제질서 형성의 중요한 축으로 인정하고 있다는 점에서 이전의 3세계 전략과는 차별화된 모습을 보여주었다. 동시에 미국의 이러한 노력은 글로벌사우스와의 협력을 강화함으로써 국제질서를 재편하려는 의지를 보여주며, 이를 통해 중국과의 경쟁을 효과적으로 관리하려는 목표로 점차 진화해 왔다. 이는 글로벌사우스를 중시한다는 점에서 긍정적이지만 미국의 대중 전략의 하위체계로 글로벌사우스를 바라본다는 점에서 여전히 비판의 대상이 될 수도 있다.

### 3. 중국의 전반적인 글로벌사우스 전략 방향

중국은 글로벌사우스를 국제질서 재편의 핵심 축으로 삼아 왔다. 개발도상국과의 연대를 강화하고 새로운 국제질서를 형성하려는 의지를 지속적으로 보여온 것이다. 시진핑 중국 국가주석의 연설은 이러한 목표를 구체화하는 주요 수단으로 작동해 왔으며, 글로벌사우스와의 협력을 기반으로 서구 중심의 질서를 대체할 대안을 제시하는 데 초점이 맞춰져 있다.

2023년 8월 남아프리카공화국에서 열린 BRICS 정상회의에서 시진핑 주석은 개발도상국과의 연대와 협력을 강조하며 아프리카를 중심으로 한 다양한 지원 방안을 발표했다. 중국이 글로벌사우스의 일원임을 강조하고, 중국이 아프리카의 산업화와 농업 현대화, 인재 양성을 지원하기 위해 구체적이고 실질적인 노력을 기울이겠다고 밝혔다. 특히, BRICS를 글로벌사우스 국가 간 협력의 핵심 플랫폼으로 자리매김하려는 의지를 드러냈는데, 이러한 연대를 통해 서구 중심의 글로벌 거버넌스에 도전하겠다는 전략을 구체화하고자 한 것이다. 중국은 남남협력은 단순히 경제적 이익을 넘어 세계경제와 정치질서를 보다 공정하게 만드는 핵심 요소임을 강조하고 있다. 이 과정에서 글로벌사우스 국가들이 국제 무대에서 더욱 강력한 목소리를 낼 수 있도록 협력을 강화하겠다는 약속을 지속적으로 강조하고 있다.

이어 2024년 11월 브라질 리우데자네이루에서 열린 G20 정상회의에서 이러한 접근이 더욱 구체화되었다. 중국은 글로벌사우스를 위한 G20의 역할을 재정의하며, 이들 국가가 직면한 개발 과제를 해결하기 위한 실질적인 협력 방안을 제안했다. 시진핑 주석은 급속히 변화하는 기술환경을 염두에 두고 "오픈 사이언스 국제 협력 이니셔티브(Open Science International Cooperation Initiative)"를 발표한 바 있다. 이는 브라질, 남아프리카공화국, 아프리카 연합과 협력하여 과학기술 발전의 혜택을 글로벌사우스 국가에 공유하고 기술적 격차를 줄이는 것을 목표로 삼겠다는 계획이다. 2023년 11월 충칭에서 열린 "일대일로 과학기술 교류 회의"에서 처음 제안된 이 이니셔티브는 단순한 기술 이전을 넘어, 개발도상국이 자립적으로 기술을 발전시키고 이를 기반으로 경제적 성장을 이룰 수 있도록 지원하려는 중국의 의도를 반영하고 있다. 주요 목표들로 글로벌 과학기술 거버넌스 개선, 지식재산권 보호 강화, 기술 혁신에 대한 글로벌 협력과 혁신 네트워크 구축, 기술 인재와 자원의 자유로운 흐름 보장 및 교류 강화 등을 내세우며 글로벌사우스 전략을 강화하고 있다.

중국은 그간 일대일로에 대한 많은 비판에 직면해 왔고 이는 글로벌사우스의 중국 지지를 약화시키는 요인이 되었다. 이러한 변화 속에서 시진핑 주석은 "고품질 일대일로(BRI)" 건설을 제시하며 새로운 활로를 모색하고 있다. 개발도상국 간의 인프라와 경제적 연결성을 강화하겠다는 의지를 강화하면서 일대일로가 단순히 인프라 개발 프로젝트로 그치는 것이 아니라, 글로벌사우스 국가들이 경제적 자립을 달성하고 지역적 통합을 이루는 데 필요한 기반을 제공하는 정책이라는 점을 강조한 것이다. 이와 함께 2030년까지 개발도상국에서의 수입을 8조 달러 이상으로 확대하겠다는 계획도 발표했다. 이는 중국이 글로벌사우스와의 경제적 연계를 강화하고 이들 국가와의 상호 의존적 관계를 심화하려는 장기적 비전을 보여주는 것이다.

시진핑 주석의 정책은 글로벌사우스를 국제 거버넌스의 변방이 아니라 핵심 주체로 끌어올리려는 중국의 전략적 목표를 반영하고 있다. 중국은 현재까지의 글로벌사우스 전략을 좀 더 강화하고 그간의 비판을 인식하여 조정과 강화의 국면에 접어들고 있다. 중요한 것은 중국이 글로벌사우스와의 협력을 통해 단순히 경제적 이익을 추구하는 것을 넘어, 새로운 국제질서 형성의 중심축으로 이들 국가를 자리매김하려 한다는 점이다. 이러한 접근은 글로벌사우스 국가들이 국제 거버넌스에서 더 큰 역할을 맡도록 독려하며, 서구 중심의 질서에 대안을 제시하려는 중국의 포괄적 전략을 구체화하고 있다.

결국 중국이 제시하는 전략적 내러티브들을 볼 때, 중국은 글로벌사우스를 중심으로 하는 새로운 다극적 국제질서를 구상하려는 중국의 의도를 분명히 보여준다. 이러한 노력은 중국이 개발도상국과의 관계를 단순한 지원의 관계로 한정하지 않고, 이들과 함께 국제 무대에서 더욱 핵심적인 역할을 담당하며, 서구 중심의 질서에 대한 대안을 제시하려는 복합적이고 다층적인 전략의 일환으로 볼 수 있다.

## V. 글로벌사우스의 전략적 현황과 중국의 전략 내용

### 1. 글로벌사우스의 복잡다단한 전략적 현황

앞서 살펴본 바와 같이 글로벌사우스는 2000년대 초반부터 오늘날까지 국제관계와 글로벌 거버넌스 논의에서 점차 중심적인 위치를 차지해 왔다. 이 개념은 아프리카, 아시아, 라틴아메리카를 포함한 개발도상국과 저개발국을 아우르며, 이들 국가가 국제 체제 내에서 겪는 구조적 불평등과 변화의 필요성을 상징한다. 그러나 글로벌사우스라는 용어 자체는 여전히 모호성, 내부의 다양성, 그리고 전략적 목표의 차이 등 복잡한 현황을 보이고 있다는 점도 유념해야 한다. 이러한 복잡성은 글로벌사우스는 단일한 정치적 집단이 아니라, 개별적인 역사적 경험과 경제적·정치적 현실을 가진 국가들의 연합체라는 점에서 비롯된다. 또한 글로벌사우스와 관련된 이슈들이 매우 다양하고 이에 따라 관여하는 강대국들의 이해관계 역시 복잡하게 진행되고 있다는 점을 인식해야 한다.

글로벌사우스와 북반구 국가들 간의 갈등과 대립이 우선 가장 중요한 대립의 축이다. 코로나 사태는 이러한 불평등을 극명하게 보여준 사례로 북반구와의 불평등한 관계를 재확인했다. 팬데믹 초기, COVAX와 같은 글로벌 이니셔티브는 공평한 백신 분배를 목표로 했으나, 부유한 국가들은 백신 공급을 독점하며 약속을 이행하지 않았다. 2021년 5월 기준, 미국에서는 35%가 완전 접종을 받은 반면, 아프리카에서는 0.3%에 불과했다. 글로벌사우스 국가들은 북반구 국가들이 자신들의 생명보다 더 중요하게 여겨진다는 인식을 강화하며 심각한 불만을 갖게 되었다. 팬데믹 이후 경제적 여파 역시 심각했다. 부유한 국가는

GDP의 20%를 경기 부양책으로 활용했지만, 저소득 국가는 3%에 그쳤다. 이로 인해 많은 글로벌사우스 국가들이 부채 문제와 정치적 불안정에 직면하게 되었다.

기후변화와 관련해서도 글로벌사우스는 북반구 국가들에 대한 신뢰 부족을 드러내 왔다. 2015년 파리 협정에서 약속된 연간 1천억 달러의 지원은 지속적으로 부족했고, 이는 대부분 대출 형태로 제공되었다. 이에 따라 저소득 국가는 기후 위기의 책임이 없는 상황에서도 이자 부담을 떠안아야 했다. 이러한 문제는 남반구 국가들 사이에서 북반구의 약속 위반에 대한 반감을 더욱 심화시키고 있다(Suzman 2023).

글로벌사우스 내의 다양성과 내부의 강대국들 간 경쟁도 적지 않다. 글로벌사우스는 다양한 비강대국 국가들로 이루어져 있는데 중견국을 상당 부분 포함하는 개념이고 국가들 간의 국력 편차도 극심하다. 브라질과 인도와 같은 G20 지역 강대국은 시에라리온이나 동티모르 등과 같은 최빈국들과 매우 다른 경제적, 정치적 조건 속에 있다. 따라서 글로벌사우스를 하나의 단일한 정치 블록으로 간주하는 접근은 이들 국가의 다양성을 무시하고 현실을 왜곡할 가능성이 크다. 서구 정책 입안자들은 종종 글로벌사우스를 단일 집단으로 보고 주요 국가들과의 협력을 통해 나머지 국가들까지 포섭하려는 전략을 채택한다. 그러나 이러한 접근은 글로벌사우스 내부의 긴장과 국가별로 상충하는 이해관계를 간과하며, 중소국가의 독특한 관심사를 반영하지 못하는 결과를 초래한다.

글로벌사우스의 내부에서도 항상 의견의 일치가 있는 것은 아니며 각자의 국익에 따라 분열과 경쟁이 존재한다. 예를 들어 유엔에서 개발 정책을 둘러싼 논쟁에서 쿠바와 파키스탄이 주도하는 강경 노선은 다른 회원국들의 반발을 불러왔으며, 브라질과 인도의 유엔 안전보장이사회 상임이사국 진출 노력은 각각 아르헨티나와 파키스탄의 반대에 부딪혔다. 성평등이나 LGBTQ 권리와 같은 진보적 의제를 둘러싼 문화적 갈등도 존재한다. 다양성을 지지하는 일부 라틴아메리카 국가들은 보수적인 무슬림 다수 국가들과 대립하며, 이러한 갈등은 글로벌사우스 내부의 이질성을 더욱 부각시킨다.

글로벌사우스의 전략적 목표와 리더십 경쟁도 중요한 논의 대상이다. 브라질, 중국, 인도와 같은 국가들은 글로벌사우스의 리더십을 주장하며 외교적 영향력을 확대하려 한다. 브라질은 다자간 회의를 활용해 다극적이고 포괄적인 질서를 구축하려는 비전을 제시하고 있으며, 중국은 BRICS 확장과 같은 협력을 통해 개발도상국들과의 연대를 강화하고 있다. 인도는 G20 의장국으로서 아프리카 연합(AU)의 영구회원국 지위를 확보하며 글로벌사우스를 대변하려는 노력을 기울이고 있다. 글로벌사우스를 대하는 내부와 외부의 강대국들은 주도권과 리더십을 둘러싼 경쟁을 보이며 자국의 이익을 우선시한다. 이 과정에서 다른 비서구의 약소 국가들과 갈등을 빚고 있는 실정이다.

2000년대 초반부터 글로벌사우스는 남북 간 경쟁뿐만 아니라 남남 간 경쟁의 양상이 점차 증가되는 추세이다. 이러한 경쟁은 각 분야별로 다양한데, 글로벌사우스에 주종을 이루는 분야에서 더욱 치열하다. 예를 들어 의류산업과 같은 노동 집약적 산업에서 이러한 경쟁은 극명하게 드러난다. 중국과 멕시코는 미국 시장을 두고 경쟁하면서 자국 노동자들의 권리와 복지를 희생하는 "바닥으로의 경주(race to the bottom)"를 벌이고 있다. 이는 글로벌사우스 국가들 간의 경쟁이 경제적 이익을 위해 노동 기준과 임금을 낮추는 결과를 초래하고 있음을 보여준다. 다자섬유협정(MFA)이 종료된 이후, 중국은 북미 시장에서 멕시코를 압박하며 경쟁을 심화시켰고, 이는 남남 경쟁이 북남 대립 못지않게 중요한 국제 경제적 문제임을 부각시켰다(Ross and Chan 2002).

결국 글로벌사우스는 단일한 정치 블록이 아니라 다양한 역사적, 경제적, 정치적 현실을 가진 국가들의 연합체로 이해해야 한다. 글로벌사우스의 주요 문제는 내부 분열과 외부의 구조적 불평등이며, 이를 해결하기 위해서는 각국의 상황에 맞춘 세심한 접근이 필요하다. 글로벌사우스는 북반구와의 경쟁뿐 아니라 내부에서의 협력과 갈등 속에서도 그 중요성을 강화하고 있다. 앞으로 글로벌사우스의 역할은 국제질서의 재편에서 더욱 중요한 축이 될 것이며, 이들의 요구와 전략적 목표를 반영하는 정책적 대안이 국제사회에서 필수적으로 논의되어야 한다고 본다.

## 2. 중국의 글로벌사우스 전략 내용과 향후의 방향

중국은 2050년 중화민족의 부흥을 위해 인류운명공동체라는 거시적이고 장기적인 국가대전략 개념을 제시한 바 있고, 이를 위한 전략의 한 축으로 글로벌사우스 전략을 지속적으로 추진할 것이다. 중국은 지금까지 글로벌사우스를 중심으로 한 새로운 국제질서를 구축하기 위해 적극적인 외교적, 경제적 노력을 기울여 왔다. 중국은 글로벌사우스 국가들과의 협력을 통해 자국의 경제적·지정학적 영향력을 확대하고, 국제 거버넌스 체제에서 이들 국가들의 목소리를 반영하려는 노력을 지속했다. 2013년 시진핑 주석이 제안한 일대일로는 이러한 전략의 핵심적인 축으로, 글로벌사우스 지역의 인프라 구축과 경제적 통합을 목표로 하고 있다. 일대일로는 육상 및 해상 경로를 통해 약 70개국에 걸친 대규모 투자 프로젝트를 포함하며, 이를 통해 중국은 개발도상국과의 경제적 연계를 강화하고 지역적 통합을 촉진하고자 한다.

중국은 또한 포럼 온 차이나-아프리카 협력(FOCAC)과 같은 다자간 협력 플랫폼을 통해 아프리카와의 관계를 심화시키고 있으며, 라틴 아메리카에서는 전략적 파트너십을 확대하며 미국과의 경쟁 속에서 두 번째로 큰 무역 파트너로 부상했다. 이러한 전략은 단순히 경제적 동맹을 넘어, 문화적·사회적 연대를 통해 서구 중심의 국제질서에 도전하려는 중국의 장기적 목표를 반영한다(Rofel and Rojas 2023).

글로벌사우스 내에서의 중국의 부상은 무엇보다 미국의 전략경쟁과 밀접하게 연결되어 있다. 향후 글로벌사우스의 전략적 향방을 둘러싼 안보, 경제, 소프트 파워 영역에서의 경쟁양상은 미중 전략경쟁 전반에 큰 영향을 미칠 것이다. 동시에 글로벌사우스 내의 주도권을 둘러싼 경쟁도 심화될 것이다. 2050년의 국력 순위를 예상해 볼 때, 미국, 중국, 인도 간의 3각 경쟁이 예상된다. 이에 따라 글로벌사우스를 둘러싼 중국과 인도의 주도권 경쟁도 심화될 예정이다. 중국은 인류운명공동체와 같은 개념을 통해 자신을 글로벌사우스 국가들의 대변자로 내세우며, 서구 중심의 질서를 대체하려는 목표를 보여왔다. 중국은 반서방적 메시지를 통해 글로벌사우스 국가들과의 연대를 강화하고 있으나, 일부 프로젝트의 경제적 타당성 부족, 부채의 덫, 중국 국익 중심의 개발전략 등의 비판도 받고 있다. 이에 비해 인도는 기존의 국제질서를 개혁하여 글로벌사우스 국가들의 목소리를 반영하려는 노력을 지속해 왔으며, 자신을 글로벌사우스의 대표자로 자리매김하려 한다. 나렌드라 모디 인도 총리는 아프리카 연합(AU)의 G20 정회원 가입을 지지하는 등 개발도상국의 국제적 위상을 강화하기 위한 외교적 노력을 펼치고 있다. 인도는 G20, 비동맹운동(NAM), G77 등의 기존 플랫폼을 활용하여 다자간 협력을 증진시키는 한편, 일본과 독일 등 선진국들과의 협력도 도모하면서 지속 가능 개발 목표(SDGs)의 달성을 추구하고 있다.

1) 중국의 지역별 전략: 동남아시아, 아프리카, 라틴아메리카

동남아시아는 중국의 친성혜용(亲诚惠容)의 주변국 전략에서 핵심적인 위치를 차지하는 지역이다. 중국은 2002년 ASEAN(동남아시아 국가 연합)과의 자유무역협정을 통해 세계에서 가장 인구가 많은 자유무역지대를 형성하며 동남아시아와의 관계를 강화했다. 중국은 남중국해 문제와 관련된 갈등 속에서도 ASEAN 국가들과의 경제적 협력을 통해 지역 내 영향력을 확대하고 있다. 특히 캄보디아, 라오스 등 일부 국가들과의 밀접한 관계는 중국의 지정학적 이점을 강화하는 데 핵심적인 국가로 여겨지고 있다.

아프리카의 경우 중국은 2000년 FOCAC 설립을 통해 협력의 제도적 기반을 마련했다. 중국은 자원 담보 대출 모델(예: 앙골라 모델)을 통해 석유와 천연자원 확보를 추구하는 동시에, 아프리카 국가들의 산업화와 인프라 구축을 지원하는 전략을 추구했다. 그러나 중국의 대규모 대출과 투자 프로젝트는 일부 아프리카 국가들에서 부채 함정 외교에 대한 우려를 초래하기도 하였다. 그럼에도 불구하고, 중국은 아프리카에서 가장 큰 외국인 투자국으로 남아 있으며, 이를 통해 국제 무대에서 아프리카의 지지를 확보하려 하고 있다.

라틴아메리카 역시 중국이 점차 영향력을 확대하는 지역이고, 미국과의 경쟁도 확대되고 있다. 중국은 2000년 이후 이 지역 여러 국가와 전략적 파트너십을 체결하며 미국에 이어 두 번째로 큰 무역 파트너로 자리 잡았다. 중국은 농업, 광업, 에너지 등 다양한 분야에서 협력을 강화하고 있으며, 이를 통해 미국의 전통적인 영향권에 도전하고 있

다. 그러나 일부 라틴아메리카 국가에서는 중국의 투자 프로젝트가 환경 파괴와 지역 사회의 이익 침해를 초래하고 있다는 비판도 제기되고 있다.

2) 중국의 이슈별 전략: 경제 협력, 자원 확보, 국제규범 재편

경제 협력은 중국의 글로벌사우스 전략의 핵심 영역이다. 일대일로를 중심으로 한 대규모 인프라 투자는 글로벌사우스 국가들의 경제적 자립을 지원하는 동시에 중국의 경제적 영향력을 확대하는 데 기여하고 있다. 또한, 중국은 에너지와 천연자원 확보를 위해 아프리카와 라틴아메리카에서 대규모 투자를 진행하고 있으며, 이를 통해 자국의 산업 발전과 경제성장을 지속 가능하게 만들고 있다.

국제규범 재편과 관련해서는 중국이 기존 서구 중심의 규범에서 벗어나 개발도상국 중심의 새로운 규범을 구축하려는 노력을 기울여 왔다. 중국은 유엔을 포함한 국제지구에서 글로벌사우스 국가들의 지지를 활용해 자신의 외교적 입지를 강화하고 있으며, 이를 통해 국제 거버넌스 체제를 자국에 유리한 방향으로 재편하려 하고 있다.

중국의 글로벌사우스 전략은 앞서 미국과의 비교에서 살펴본 바와 같이 경제적, 지정학적 목표를 넘어 새로운 국제질서를 형성하려는 장기적 비전을 포함하고 있다. 이러한 노력은 글로벌사우스 국가들에게 대안을 제공하며, 중국을 서구 중심의 질서와는 다른 파트너로 자리매김시키고 있다. 그러나 부채 문제, 환경 파괴, 내부 경쟁과 같은 도전 과제는 중국이 향후 극복해야 할 과제들이다.

# VI. 미국의 글로벌사우스 전략을 둘러싼 현황과 미래의 불확실성

## 1. 중국의 글로벌사우스 전략에 대한 미국의 인식

중국이 글로벌사우스를 중심으로 새로운 국제질서를 구축하려는 노력은 서구, 특히 미국과 유럽 국가들로부터 강력한 반응과 견제를 이끌어내고 있다. 서구는 이를 기존 국제질서에 대한 도전으로 인식하며, 중국의 일대일로와 같은 정책을 경제적, 정치적, 안보적 위협으로 간주하고 있다. 유럽연합은 중국을 "체계적 경쟁자(systemic rival)"로 명명하며 일대일로 프로젝트에서 나타난 비공개 입찰, 기술 이전 요구, 부채 함정 등의 문제를 비판해 왔다. 바이든 정부는 이에 대응해 2021년 "더 나은 세계 재건(Build Back Better World, B3W)"과 2021년 EU의 "글로벌 게이트웨이(Global Gateway)" 등 대규모 인프라 투자 계획을 통해 중국의 영향력 확대를 견제하고자 했다(Masina 2022).

미국의 대응은 경제적, 외교적, 안보적, 그리고 다자기구 내 경쟁으로 구체화된다. 경제적 측면에서 B3W는 중국의 일대일로에 대항하기 위해 개발도상국에 투명하고 지속 가능한 인프라 투자를 제공하겠다고 약속했으나, 초기 자금 조달과 실행에서 일대일로에 뒤처지는 모습을 보였다. 외교적 대응으로 바이든 행정부는 글로벌사우스와의 관계를 복원하기 위해 고위급 외교와 개발 지원 프로그램을 강화했으나, 신뢰 부족과 미국 중심적 정책의 한계가 지속되고 있다. 안보 측면에서 미국은 인도-태평양 지역에서 군사력을 강화하고 대만 문제, 남중국해 분쟁 등에 적극적으로 개입하며 중국의 확장을 억제하려는 노력을 지속하고 있다.

다자기구 내 경쟁은 중국이 글로벌사우스 국가들의 지지를 바탕으로 유엔과 같은 국제지구에서 영향력을 확대하려는 것을 저지하기 위한 미국의 주요 전략 중 하나이다. 미국은 동맹국과의 협력을 통해 중국 주도의 의제를 견제하고 있지만, 글로벌사우스 국가들의 신뢰 회복에는 더 많은 노력이 필요하다(Grieger 2021).

## 2. 미국의 글로벌사우스 전략: 전반적 방향과 내용

전통적으로 미국은 글로벌사우스를 단순한 외교적 부속 지역이 아니라, 전략적 기회의 공간으로 재평가하고 있다. 바이든 행정부는 2024년 9월 "글로벌 개발 전략"을 발표하며 지속가능한 개발 목표(SDGs), 경제적 성장, 보건과 식량 안보, 기후변화 대응, 민주주의 및 인권 증진, 인도적 지원을 강조했다. 이는 중국의 일대일로와 같은 강력한 경제적 구상을 대체할 수 있는 대안을 제시하려는 시도로 볼 수 있다(Jacob 2023).

구체적으로, 바이든 행정부는 지난 3년간 1,500억 달러 이상의 공공 및 민간 자금을 활용해 SDGs 가속화를 도모했으며, 585억 달러를 경제성장과 고품질 인프라에 투자했다. 또한, COVID-19 백신 6억 9,200만 회분을 기부하며 글로벌 보건 안보를 강화하고, 기후변화 대응에 45억 달러를 투자해 녹색 전환을 추진했다. 이러한 전략은 글로벌사우스 국가들이 요구하는 지속 가능성과 포괄성을 충족하기 위한 노력으로 평가된다.

미국의 글로벌사우스 전략은 앞서 살펴본 바와 같이 중국을 견제하려는 의도가 강하게 반영되어 있다. 특히, 미국은 글로벌사우스를 중심으로 한 중국의 영향력 확대를 저지하고, 서구 중심의 규칙 기반 국제질서를 유지하려는 목표를 추구하고 있다. 이를 위해 G7과 EU와의 협력을 강화하며, 글로벌 게이트웨이와 같은 다자간 프로젝트를 통해 중국의 BRI에 대응하고 있다. 또한, 유엔 안전보장이사회(UNSC) 개혁을 통해 글로벌사우스 국가들의 대표성을 확대하려는 노력을 보이고 있다.

미국은 유엔의 구조적 개혁을 통해 브라질, 인도, 나이지리아 등 글로벌사우스 주요 국가들에게 더 큰 역할을 부여함으로써 중국의 외교적 영향력을 제한하려 시도해 왔다. 이를 통해 글로벌사우스 국가들로부터 신뢰를 얻고, 다자기구에서 미국 주도의 규칙 기반 질서를 강화하려는 의도를 가지고 있다.

그럼에도 불구하고 바이든 정부까지 미국의 글로벌사우스 전략은 몇 가지 한계를 가지고 있었다고 본다. 첫째, B3W와 같은 대규모 인프라 계획이 자금 조달과 실행 속도에서 중국의 일대일로에 비해 뒤처지고 있다. 둘째, 글로벌사우스 국가들 사이에서 미국의 정책이 여전히 서구 중심적이고 일방적이라는 비판이 존재한다. 셋째, 미국의 민주주의와 인권 강조는 일부 글로벌사우스 국가들에서 간섭으로 인식되며 반발을 초래하고 있다. 넷째, 내부 정치적 분열과 국제적 리더십 약화로 인해 글로벌사우스와의 관계 복원에 어려움을 겪고 있다.

2024년 미국 대선에서 승리한 트럼프 대통령은 2기 행정부에서 기존의 글로벌사우스 전략과는 다른 전략을 추진할 계획을 제시하고 있다. 미국 우선주의를 강조하는 트럼프 행정부는 협력보다는 경쟁과 갈등 중심의 외교 정책으로 돌아설 가능성이 크다. 글로벌사우스는 미국의 공급망 강화, 자원 확보, 기후변화 대응에 있어 필수적인 파트너라는 점에서 완전한 단절은 불가능할 것으로 보이지만 접근법의 변화가 예상된다(HBS Bigs 2024).

트럼프 2기 들어 미국 국무부는 2025년 1월 26일 "미합중국 대외 원조의 재평가 및 재조정을 위한 대통령 행정명령 이행"이라는 언론 성명을 발표했다. 여기서 미국은 "국무부 및 미국 국제개발처(USAID)를 통해 자금이 지원되는 모든 미국 대외 원조를 검토를 위해 중단"한다고 발표했다. "모든 대외 원조 프로그램이 효율적이며 '미국 우선(America First)' 기조에 따른 미 외교 정책과 일치하는지 확인하기 위해 검토를 시작하고 있다"는 것이다. "트럼프 대통령은 미국이 더 이상 아무런 대가 없이 무분별하게 자금을 지원하지 않을 것임을 분명히"하는 한편, "해외 대외 원조 지출을 신중하고 체계적으로 검토함으로써 미국의 투자를 보호하는 것을 자랑스럽게 여긴다"는 것이다. "마르코 루비오 국무장관이 말했듯이, '우리가 지출하는 모든 달러, 우리가 자금을 지원하는 모든 프로그램, 우리가 추진하는 모든 정책은 다음 세 가지 간단한 질문에 대한 답으로 정당화될 수 있어야 한다. 그것이 미국을 더 안전하게 만드는가? 그것이 미국을 더 강하게 만드는가? 그것이 미국을 더 번영하게 만드는가?'"가 가장 중요한 글로벌사우스 정책의 핵심이 된다는 선언이다.

2025년 1월 28일, 마르코 루비오 국무장관은 트럼프 대통령이 단행한 모든 대외 원조 동결 조치에서 생명 구호 지원을 제외하는 '긴급 인도적 면제(emergency humanitarian waiver)'를 발표했다. 이어 트럼프 정부는 원조 자금의 동결을 강행하고, 미국 국제개발처(USAID)의 직원 규모를 10,000명 이상에서 수백 명 수준으로 대폭 축소하는 방안을 발표했으며, USAID를 국무부에 통합하겠다는 계획을 내놓았다. 이로써 향후 미국의 미래 원조는 빈곤 퇴치나 환경 보호와 같은 장기 개발 목표보다 단기적 정책 목표에 집중할 가능성이 크다고 보여진다. 또한 시민사회 및 인도적 지원은 대폭 축소되는 반면, 법 집행 및 법치 지원 프로그램은 유지될 가능성도 높다고 할 수 있다. 또한 USAID가 국무부에 통합됨에 따라, 기존 원조의 효율성이 한동안 저하될 가능성이 크다. 트럼프 정부는 두 기관을 합병하면 외교 원조가 더욱 효율적이고 체계적으로 운영될 수 있다고 주장하고 있지만 많은 문제점들도 예상된다.

2023 회계연도 기준으로, 미국은 약 720억 달러 규모의 대외 원조를 집행했고, 이 중 약 438억 달러는 USAID를 통해, 213억 달러는 국무부를 통해 배분되었다. USAID의 국무부 통합이 현실화될 경우, 대외 원조의 우선순위와 운영 방식이 크게 변화할 가능성이 크다고 본다. 더 강력한 조율과 중복 축소를 통해 효율성을 높일 수 있다고 주장하지만, 원조의 전문성과 독립성을 약화시킬 위험도 존재하는 것이다.

미국의 원조 및 개발 정책은 글로벌사우스는 물론 미국의 국익을 위해서도 중요한 정책이었다. 역사적으로, 마셜 플랜을 통해 유럽을 재건하고, 미국과 서방 동맹을 강화해 왔고, 아프리카, 아시아, 라틴아메리카에서 미국의 개발 원조가 경제 성장과 민주주의 발전을 촉진한 성과도 있었다. 또한 펜타닐, 인신매매, 불법 이민 등 미국 내부 문제의 근본 원인을 해결하는데 원조 프로그램이 간접적이지만 근본적인 영향을 준 것으로 분석되고 있다.

무엇보다 미국의 정책 약화는 중국, 러시아 등 수정주의 국가들이 글로벌사우스에 더욱 효과적으로 진출할 수 있는 전략적 공백을 창출할 것으로 예상할 수 있다. 중국은 현재까지 일대일로를 통해 아시아, 아프리카, 라틴아메리카 등지에 1조 달러 이상을 투자했으며, 이러한 노력은 지속될 것이다. 향후 글로벌사우스 지역에서 중국은 더욱 신뢰할 수 있는, 실질적인 자원을 가진 국가로 인식될 확률이 높다. 많은 국가들은 미국의 원조와 개발 정책으로 인한 개입주의 전략이 약화될 것으로 예상하고 보다 독립적인 정책을 추진할 기회로 인식할 것이다. 중국, 러시아 등 다른 강대국과의 관계를 강화하면서 미국과의 전략경쟁에서 헤징전략과 국익 우선의 실용적인 전략을 추진할 것으로 볼 수 있다.

트럼프 정부는 미국 이익을 최선으로 여기며 힘을 통한 평화를 강조했지만 글로벌사우스에 대한 정책이 약화될 경우 지구적 리더십은 약화될 수 있다. 더 나아가 기존의 자유주의 패권전략 자체에 대한 회의가 자리 잡으면서 세계질서는 여러 국가들의 영향력이 강화되는 다권역 질서로 귀결될 수 있다. 20세기에 비해 글로벌사우스 국가들이 가지는 정치적, 외교적, 경제적 영향력을 생각해 볼 때 강대국의 경쟁에서 글로벌사우스가 차지하는 위상은 더욱 증가될 것이다.

## VII. 결론

미중 전략경쟁 혹은 질서 경쟁은 거의 모든 부문에 걸쳐 이루어지고 있다. 그러나 앞으로 경쟁이 언제까지 어떻게 진행될지를 알기는 어렵다. 또한, 미중 양국 모두 경쟁의 최종 상황에 대한 명확한 그림을 가지고 있다고 보기는 어렵다.

미국의 경우, 행정부별 변화에 따라 대중 전략 역시 일정한 차이를 보이고 있으며, 안보와 경제 분야의 경쟁 정책 방향 또한 다르다. 이 과정에서 글로벌사우스는 매우 중요한 경쟁 영역이 될 것이다. 단순히 경제적 개발의 의미뿐 아니라, 양국이 수립하고자 하는 국제정치 질서 속에서 글로벌사우스의 위치를 정하고, 이들 국가의 실질적 평등과 발전을 보장하는 문제가 연결되어 있기 때문이다.

베스트팔렌 체제에서 현재까지 강대국들은 약소국의 지위를 인정하지 않고 자유주의 국제질서를 건설하기는 하되, 민주주의 국제질서를 유지하고자 하지는 않았다. 앞으로 모든 국가가 실질적 평등에 기초하여 자유주의적이고 민주주의적인 질서를 만들어 가려면, 과거 식민지로 삼아왔던 글로벌사우스에 해당되는 약소국들의 지위를 어떻게 강화할지를 고민해야 할 것이다.

냉전이 끝난 직후, 나머지의 부상 혹은 탈식민의 강한 움직임 속에서 글로벌사우스 국가들은 목소리를 높이는 한편, 핵심 광물과 천연자원과 같은 분야, 그리고 주요 문제에서 투표 등을 통한 외교적 발언으로 많은 영향력을 키워왔다. 이를 잘 알고 있는 미국과 중국은 자신들의 질서 경쟁에서 글로벌사우스에 대한 적극적인 정책을 펴고 있다.

특히 중국은 과거 서구 식민주의로부터의 피해 경험을 갖고 있기에 이들 국가들과 공감을 하면서 보다 적극적이고 장기적인 전략을 펴왔다. 최근까지 많은 지역에서 중국은 실리를 위해서이기도 하지만 미국과의 질서 경쟁에서 승리하기 위해 글로벌사우스 전략을 적극적으로 펼쳐왔다. 그에 반해 미국과 서구는 글로벌사우스에 대해 매우 소극적인 자세로 일관했고, 현재 중국과의 전략경쟁 관점에서 글로벌사우스 전략을 다시 되돌아보고 있다.

그러나 미국이 자유주의 국제질서의 주도국의 지위로부터 현재 쇠퇴하고 있고, 향후 자유주의 국제질서의 진화 방향에 대해 명백한 전망을 결여한 상황에서 소극적인 글로벌사우스 전략은 성공할 가능성이 높지 않다. 오히려 자유주의 국제질서의 진화라는 커다란 목표를 세우고 그 속에서 글로벌사우스 국가들의 위치를 확보하며 자유주의를 넘어 자유민주주의적인 국제질서를 만들려는 노력을 할 때 글로벌사우스 국가들의 호응을 이끌어낼 수 있을 것이다. 미국의 글로벌사우스 전략은 중국 견제라는 명확한 목표를 가지고 있지만, 이를 실현하기 위해서는 신뢰 회복과 포괄적 접근이 필수적이다. 트럼프 행정부는 강압적 접근을 지양하고, 글로벌사우스 국가들과의 상호 이익을 강조하는 협력적 전략을 수립해야 한다. 이를 통해 미국은 글로벌사우스와의 관계를 강화하며, 변화하는 국제질서에서 지속 가능한 리더십을 유지할 수 있을 것이다.

이와 더불어 한국과 같은 중견국 역시 글로벌사우스에 대한 전략에서 미국 등 선진국과 궤도를 같이할 수 있는 분야를 신중히 고려해야 한다. 한국은 선진국으로 발돋움한 식민지 출신 국가로서 글로벌사우스 국가와 친화성을 가질 수 있는 나라이다. 미국이 시도한 것처럼 민주주의 대 권위주의의 양분 구도가 아니라, 중견국을 포함하는 지구 전체의 질서 발전을 위해 노력한다면 한미 간에 공동으로 추진할 수 있는 부분도 더욱 커질 것이다.

## 참고문헌

Berger, Tobias. 2021. "The 'Global South' as a relational category – global hierarchies in the production of law and legal pluralism." *Third World Quarterly* 42(9): 2001-2017.

Carnegie Endowment for International Peace. 2024. *U.S.-China Relations for the 2030s: Toward a Realistic Scenario for Coexistence.*

Castoriadis, Cornelius. 1987. *The Imaginary Institution of Society*. Cambridge: Polity Press.

China Briefing. 2024. "US-China Relations in the Biden Era: A Timeline." November 20.

China-US Focus. 2024. "China-U.S. Relations in 2024." January 30 Seminar Summary.

Ero, Comfort. 2024. "The Trouble With 'the Global South': What the West Gets Wrong About the Rest." *Foreign Affairs*. April 1.

Gray, Kevin & Barry K. Gills. 2016. "South–South cooperation and the rise of the Global South." *Third World Quarterly* 37(4): 557-574.

Grieger, Gisela. 2021. "Towards a Joint Western Alternative to the Belt and Road Initiative?" European Parliamentary Research Service.

Haug, Sebastian, Jacqueline Braveboy-Wagner & Günther Maihold. 2021. "The 'Global South' in the study of world politics: examining a meta category." *Third World Quarterly* 42(9): 1923-1944.

HBS Bigs. 2024. "How the 2024 Election Will Shape the US-China Relationship." October 9.

Jacob, Happymon. 2023. "How to Thwart China's Bid to Lead the Global South." *Foreign Affairs*. December 25.

Kleinschmidt, Jochen. 2018. "Differentiation Theory and the Global South as a Metageography of International Relations." *Alternatives: global, local, political* 43(2): 59-80.

Masina, Pietro. 2022. *Challenging the Belt and Road Initiative: The American and European Alternatives*. European University Institute.

Murphy, Dawn C. 2022. *China's Rise in the Global South: The Middle East, Africa, and Beijing's Alternative World Order*. Stanford: Stanford University Press.

Patrick, Stewart and Alexandra Huggins. 2023. "The Term "Global South" Is Surging. It Should Be Retired." Carnegie Endowment for International Peace. https://carnegieendowment.org/2023/08/15/term-global-south-is-surging.-it-should-be-retired-pub-90376

Rofel, Lisa, and Carlos Rojas (eds.). 2023. *New World Orderings: China and the Global*

*South*. Durham: Duke University Press.

Ross, Robert J. S. and Anita Chan. "From North-South to South-South: The True Face of Global Competition." *Foreign Affairs* 81(5). September/October.

Shidore, Sarang. 2023. "The Return of the Global South: Realism, Not Moralism, Drives a New Critique of Western Power." *Foreign Affairs*. September/October.

Suzman, Mark. 2023. "The Roots of the Global South's New Resentment: How Rich Countries' Selfish Pandemic Responses Stoked Distrust." *Foreign Affairs*. September 7.

# 제3장 글로벌사우스와 미국

신성호(서울대학교 국제대학원)

# I. 서론

미국은 글로벌사우스에 대해 어떻게 생각하고, 어떠한 정책을 펴고 있는가? 21세기 미국의 세계전략은 중국을 가장 큰 경쟁자이자 위협으로 설정한다. 트럼프 1기 행정부의 대중 무역전쟁에 이어 바이든 행정부는 중국과의 기술경쟁, 경제안보 경쟁에 돌입하였다. 2024년 선거에서 승리하고 2025년 출범한 트럼프 2기 행정부 역시 중국과의 전략경쟁을 이어 나갈 것으로 보인다(Xie 2025). 미국의 대중전략은 냉전 시기처럼 미중 사이에서 자기편을 확보하려는 노력으로 이어진다. 한국, 일본과 같이 인도 태평양 지역의 전통적 양자 동맹은 물론 쿼드와 같은 소다자 협력을 추구함과 동시에 유럽의 나토까지 동원하는 노력을 하고 있다. 여기에 대해 중국은 중동과 아프리카, 중남미, 동남아 등의 신흥개도국에 대한 경제협력을 통해 미국과의 진영대결을 추구한다.

이들 신흥개도국은 빠르게 성장하는 인구, 천연자원, 그리고 부상하는 경제력 등을 바탕으로 국제정치에서 자신들의 입지를 넓히고 있다. 경제적으로 취약한 개도국의 이미지를 극복하고 강대국 중심의 국제질서에 도전하는 글로벌사우스라는 새로운 세력으로 등장하고 있다. 이들은 미중 경쟁은 물론 러시아-우크라이나 전쟁, 이스라엘-하마스 전쟁 등의 주요 국제문제에서 미국과 서방에 대해 균형외교를 추구하며 자신들의 정치적 영향력을 넓히고 있다. 또한 이들 국가는 미국 바이든 행정부가 중시한 기후변화와 공급망 등에서도 중요한 변수로 등장했다. 미국의 바이든 정부는 글로벌사우스 국가들과의 새로운 협력관계를 모색하며 중국과의 기술 및 경제, 그리고 지정학적 전략경쟁에서 우위를 가지려는 노력을 기울인다. 그러나 2025년 정권 재창출에 성공한 트럼프 행정부는 중국과의 경쟁을 우선시 하면서도 글로벌사우스와의 협력에 사뭇 다른 시각을 보인다. 본 글에서는 21세기 지정학의 새로운 주요 행위자로 부상하는 글로벌사우스의 의미와 이에 대한 미국의 입장 및 정책을 살펴본다.

## II. 글로벌사우스의 부상

"글로벌사우스(Global South)"는 경제적으로 뒤처진 개발도상국을 지칭하는 용어이다. 이 국가들은 주로 지구의 남반구인 아프리카, 중남미, 중동과 동남 아시아와 같은 지역에 속하며, 유럽을 중심으로 북반구에 위치한 선진국들과는 경제적, 사회적, 기술적으로 취약한 모습을 보인다. 또한 근대화 이후 서구 유럽 제국주의의 식민지로 전락하여 천연자원이나 식량의 생산기지로서 착취당한 역사를 공유한다. 그리고 2차 대전 이후 대부분 독립하였으나 식민의 유산으로 종족, 인종, 종교 간 등의 갈등으로 대내외 정치적으로 혼란과 갈등이 빈번한 모습을 보이기도 한다.

20세기 후반 냉전 구조 속에 미국을 중심으로 한 서방세계와 소련을 중심으로 한 공산진영의 원조와 영향력에 좌우되던 이들 국가들은 일부 비동맹 운동을 통해 자신들의 목소리를 내기도 하였다. 그러나 최근까지도 국제정치에서 서구 중심 강대국 정치의 대상물로 여겨지는 것이 현실이었다. 그러나 21세기 들면서 이들 중 일부 국가가 세계화 속에 풍부한 자원과 풍부한 노동력을 바탕으로 빠른 경제성장을 보이면서 자신들의 목소리를 높이기 시작하였다(Mohan 2023).

2023년은 글로벌사우스가 국제정치의 새로운 주역으로 등장한 한

해였다. 8월에 남아프리카공화국 수도 요하네스버그에서 브라질, 러시아, 인도, 중국, 남아공 주도의 브릭스 회의가 개최되었고 9월에는 인도의 수도 뉴델리에서 G20 정상회담이 열렸다. 모디 인도 총리는 주최국 인도를 "G20 국가들뿐 아니라 글로벌사우스 동료 국가들의 목소리"라고 불렀다(NDTV News 2023). G20 정상회담 참석 직후 베트남을 방문한 미국 바이든 대통령은 "제3세계"라는 냉전 시대의 용어 대신 "글로벌사우스"를 새로이 사용하였다(Biden, 2023). 현재 글로벌사우스 운동은 1955년에 인도네시아에서 처음으로 개최된 비동맹 운동의 전성기 이후 이들 개도국이 새로운 국제정치의 화두로 등장하는 모습을 떠올리게 한다.

G20은 글로벌사우스의 여러 국가를 포함하고 있지만, 전통의 선진국인 미국과 서유럽 국가 회원국들이 가장 큰 영향력을 행사해 왔다. 그러나 인도 G20 정상회담이 이제 글로벌사우스의 영향력뿐 아니라 이들이 주장하는 경제적 정의의 새로운 시대를 연 것으로 분석된다. 인도는 개최국으로서 개도국에게 중요한 국가 부채의 불공정성을 강조하며 자신들의 입장을 주장하는 데 이번 정상회담을 적극 활용하였다. 또한 글로벌사우스 국가들에 중요한 이슈인 무역, 기후변화, 그리고 이민이 주요 의제로 다루어졌다. 실제 글로벌사우스 국가들에 대한 세계은행의 지원금 확대도 합의되었다. 즉 이러한 인도의 움직임은 글로벌사우스의 개발도상국 주도의 새로운 국제 기준을 확립하기 위한 노력의 하나로 볼 수 있다. 더구나 2023년 인도에 이에 다음번 회의의 개최국으로 브라질과 남아공이 예정되어 있다. 이들은 인도에 이어 글로벌사우스의 목소리를 더욱 높일 것으로 예상된다(Walker 2023).

국제정치에서 글로벌사우스가 부각된 중요한 계기 중 하나로 우크라이나 전쟁을 들 수 있다. 2022년 2월 러시아 침공 이후 글로벌사우스의 많은 국가들이 미국과 나토 동맹을 중심으로 한 서구의 대러시아 제재와 비난에 동참하지 않는 모습을 보인 것이다. 이들은 러시아의 침공을 비난하는 유엔 결의에 기권하거나 반대표를 던지며 서방의 제재에도 불구하고 러시아의 석유와 가스를 수입하며 서구와 다른 행보를 보였다. 특히 인도는 미국이 주도한 경제 제제에도 불구하고 에너지는 박애나 자선의 문제가 아니라며 러시아 석유를 수입하고 있다. 나아가 남아프리카공화국은 러시아에 무기를 공급하고 있다는 미국의 비난을 받았다. 베트남도 우크라이나 문제에 침묵을 지키고 있는데 여기에는 베트남 전쟁 당시 러시아의 안보협력이 있다.

2023년 10월에 시작된 이스라엘-하마스 전쟁은 또 다른 전환점이었다. 이스라엘 입장을 지지하는 미국에 대해 아랍의 중동국가들을 중심으로 한 개도국들이 이스라엘의 팔레스타인 억압 정책에 대한 비판을 쏟아낸 것이다(Huber 2024). 이들은 이스라엘의 가자지구에 대한 대규모 공습과 파괴에 대한 서방의 침묵을 위선이라 비난하였다. 이들은 서구가 우크라이나의 불법 점령을 비난하는 것에 대해 이스라엘이 서안 지구와 가자 지구를 1967년부터 불법으로 점령한 것에 대해 침묵한 것은 이중잣대라고 비난한다. 이러한 이중성은 서구가 주창해온 이른바 규칙기반의 세계 질서와 상반된다는 것이다. 실제 이스라엘-하마스 전쟁에서 팔레스타인의 민간이 사망이 커지면서 서구의 입장이 크게 손상되고 있다. 글로벌사우스의 부상은 브릭스로 상징되는 새로운 국제정치 주도세력의 등장과 더불어 21세기 국제정치의 새로운 변화를 암시한다.

## III. 미중 경쟁과 글로벌사우스

중국에게 글로벌사우스는 미중 경쟁에서 중요한 자산으로 여겨진다. 중국은 스스로를 글로벌사우스 국가 중 하나라고 주장하며 이들의 대변자로 자리매김하려는 모습이다. 중국의 1인당 소득은 선진국의 5분의 1 수준인 1만 2천 달러, 전체 60위권으로 세계에서 가장 큰 개도국이라고 강조한다. 여기에 대해 미국은 중국의 개도국 지위를 부정하며 여러 방면에서 중국을 압박하고 있다. 2023년 미국은 상하 양원에서 중국의 개도국 지위를 부정하는 법안을 통과시키며 세계은행(World Bank), 세계무역기구(WTO), 녹색환경기금(the Green Climate Fund) 등에서 받는 특혜 조치를 박탈하려는 노력을 기울였다(Seibt 2023). 그 결과 중국에 대해 높은 수출관세와 탄소배출에 대한 강한 제재, 그리고 여러 개발 금융에서 낮은 이자율의 감소 조치 등을 주장한다.

미국의 이러한 움직임은 단순히 중국의 개도국 지위에 대한 특혜를 박탈하는 것에 끝나지 않는다. 더 중요한 의도는 중국과 글로벌사우스의 밀착을 방지하려는 것에 있다. 바이든 행정부의 국가안보전략서는 미국이 중동, 아프리카, 중남미 지역 등의 국가들과의 협력을 통해 이들의 경제개발에서 중국으로부터 독립성 유지를 보장하는 노력을 해야 한다고 주장하고 있다(The White House 2022). 나아가 인도나 남아프리카 같은 국가가 글로벌사우스에 대한 중국의 영향력에 대항하는 지도력을 행사하길 기대한다. 인도가 2023년에 1월에 글로벌사우스 정상의 소리(the Voice of Global South)라는 회의를 개최하며 120개국이 넘는 개도국 정상을 초청하면서 중국을 배제한 것은 좋은 예이다.

중국은 글로벌사우스 국가들과의 연대 강화가 치열한 미중 경쟁 시대 중국외교의 중요한 축을 담당할 것으로 믿는다(Xinhua 2023). 중국은 2023년 일대일로 10주년을 맞아 글로벌 개발구상(Global Development Initiative, GDI)을 발표하며 개도국과의 경제협력 확대 및 위안화 패권 구축 등 장기적인 국제경제질서 주도권 확보를 위한 노력을 가속화할 것으로 보인다. 여기에 시진핑 주석이 함께 제시한 글로벌안보구상(Global Security Initiative, GSI)과 더불어 사우디와 이란 사이 중재 외교 등을 통해 국제사회의 평화와 안정, 그리고 새로운 국제질서 구축에 적극적으로 나서는 모습도 보인다.

실제 글로벌사우스 국가들은 서구 중심의 정치, 경제, 사회 질서에서 벗어난 새로운 질서 구축에 나서고 있다. 인도를 비롯한 개도국은 기존 국제 금융질서에 대응하는 디지털 결제 서비스를 개발도상국에 도입하려는 외교적 노력을 함께 진행 중이다(The Economist 2023). 이들은 또한 자국의 풍부한 천연자원이 선진 공업국들의 값싼 원자재 제공 통로로 활용되는 것을 거부하는 움직임을 보인다. 대신 개도국에 이들 선진국이 원자재 공장을 위해 현지 공장을 건립할 것을 요구한다. 이는 식민 지배로 수립된 관계를 재정립하는 역사적 의미를 가진다. 나미비아와 짐바브웨에 이어 가나는 전기차에 필수적인 리튬 수출을 금지하는 조치를 취하고 있으며 인도네시아는 니켈 광석 수출을 금지하고 있다.

여기에 미중은 각자 공급망 구축 전략과 일대일로 정책 등을 내세워 자기편 확보에 열을 올리고 있다. 특히 중국은 이들과의 무역과 투자 공세를 강화하고 있다. 최근 아르헨티나, 브라질, 칠레, 인도네시아는 미국이 아닌 중국의 전기차 배터리 공장 투자를 환영하고 있다. 여기에는 바이든 정부의 미국 중심 경제정책에 대한 개도국들의 비판적 시각이 작용한다. 미국 중산층을 위한 외교라는 공약을 내세운 바이든 정부의 가장 중요한 우선순위는 국내 경제 재건(Build Back Better)이다. 이를 위해 IRA와 반도체 입법 등을 통해 국내 제조업 부활, 인프라 재건, 첨단기술 경쟁력 강화 등을 꾀하고 있다.

국가안보보좌관 제이크 설리반은 2023년 4월 27일 부르킹스 연구소 연설에서 'New Washington Consensus'를 내세우며 미국이 과거 한국이나 중국에 대해 비난했던 국내산업 보호 정책을 미국의 새로운 노선으로 제시했다. 바이든 정부의 '신워싱턴 컨센서스'는 보호무역 정책과 궤를 같이한다. 이는 기존의 신자유주의에 입각한 '워싱턴 컨센서스'에서 미국이 내세운 자유무역이나 자유시장 경제에 반하는 조치로 이중잣대라는 비난을 받고 있다(Carpretta and Veuger 2023). 이에 대해 중국은 WTO 등 전 세계 자유무역의 수호자로 자처하며 미국의 대중 무역전쟁을 포함한 보호무역주의를 비난한다.

나아가 중국과 일부 신흥개도국은 세계 무역과 경제활동의 핵심인 달러 패권에 도전하는 움직임을 보인다. 2023년 중국을 방문한 브라질 룰라 대통령은 "누가 달러를 강하게 만들어야 한다고 결정했는가?"라고 물으며 달러 패권을 대체할 브릭스 통화의 창설을 제안했다(Iglesias 2023). 태국 역시 기존 달러 중심의 무역 결제에서 중국 위안화를 포함한 여타 통화 사용을 통해 자국 통화인 바트의 가치를 높이고자 하는 노력을 보인다. 인도네시아는 여타 개도국과 함께 디지털 결제 시스템을 구축하며 달러에 대한 의존을 줄이며 자국 통화를 강화하고 있다. 아프리카도 지역 공통 통화에 대한 논의를 진행 중이다.

2024년 3월 중국의 왕이 외교부장은 기자회견에서 '글로벌사우스'는 더 이상 '침묵하는 다수'가 아니라 국제질서 변혁의 결정적 역량, 세기 변혁의 희망이라고 주장했다. 동시에 중국은 과거와 현재, 미래에도 '글로벌사우스'의 확고한 일원이 되어 시종 모든 글로벌사우스 국가들과 운명을 함께 할 것이며 '글로벌사우스'의 발전과 진흥을 추진하는 중추적 역량이 될 것이라고 선언했다. 왕이 부장은 특히 브릭스 국가의 발전과 확대는 평화 수호를 위한 역량의 강화이고 세계 정의 실현을 위한 전선의 확대라고 주장했다(Wang 2024).

## IV. 바이든 행정부의 글로벌사우스 정책

트럼프 행정부의 미국 우선주의를 비판하며 등장한 바이든 행정부는 글로벌사우스와의 협력 중요성을 새로이 강조하였다. 미중 지정학 경쟁 속에 중국과 경제안보 경쟁을 벌이고 있는 미국에게 글로벌사우스의 중요성이 새로이 주목받는 것이다. 이들은 미국에게 풍부한 자원과 잠재력이 큰 시장을 제공할 뿐 아니라 지정학적으로 중요한 파트너로 부상하고 있다. 바이든 행정부는 자원이 풍부한 개발도상국과 미네랄 안보 파트너십(Minerals Security Partnership, MSP)을 설립하여 중요 광물 공급망을 재구성하고 청정에너지 전환을 가속하고 있다. 미국의 MSP 프레임워크는 콩고, 인도네시아와 같은 광물이 풍부한 글로벌사우스 국가와 일본, 호주, 유럽연합과 같은 서구 동맹국과의 연결을 강화하며 주요 광물 공급망에서의 중국의 지위 약화를 추구하였다(Fryer 2024). 최근에는 몽골 총리가 워싱턴을 방문하여 희토류, 구리 및 기타 중요 광물 자원 개발에 관한 합의를 이루기도 하였다.

한편 바이든 행정부는 공공 보건 부문에서 글로벌사우스에 대한 지원을 대폭 강화하며 이들의 마음을 사려 하였다. 바이든 행정부는 트럼프가 무시했던 세계보건기구(WHO)와의 적극 협력을 통해 예방백신의 글로벌 협력체인 '코백스(COVAX)'에 대규모 지원을 약속했다. 미국은 현재 COVAX의 가장 큰 기부국이다. 미국은 아세안 국가들에게 4,000만 회분 이상의 백신을 기부하며 이들과의 전략적 파트너십을 강화하고 있다. 미국은 또한 인도 등 남아시아와 아프리카 여러 나라가 서구의 특허를 이용하여 백신 제조 회사를 설립하도록 지원하여 백신에 대한 접근성을 향상시키고 향후 전염병에 대비하였다.

미국은 세계의 식량 창고로 불리던 우크라이나에서 전쟁 발발 이후 발생한 글로벌 식량 위기에도 리더십을 발휘하고 있다. 2022년에 전 세계 인구가 80억에 도달하면서 많은 개발도상국이 식량 부족에 직면하고 있다. 유엔에 따르면 2022년 현재 7,500만~9,500만 명에 달하는 인구가 추가로 최소 식량이 부족한 극심한 가난 속으로 떨어졌다. 구테레스 유엔 사무총장이 "불붙는 식량 재앙"을 경고하는 이유이다. COVID-19 대유행, 빈곤, 기후변화, 지정학 갈등 등 여러 요인이 식량 공급을 압박하면서 저개발국에서 심각한 인도주의 위기 및 국내외적 분쟁이 확산하는 양상이다.

바이든 행정부는 최대 농산물 수출국 중 하나인 미국이 글로벌 식량 안보 지배에서 주도적인 역할을 할 것을 강조한다. 미 국무부는 글로벌 식량 안보를 위한 로드맵 구상을 주도하며 모든 유엔 회원국이 자국의 식량 및 농업 시장을 개방하고 비료 생산을 늘리며 기후 탄력적 농업을 개발하는 데 동참하도록 독려하고 있다. 나아가 여성과 아동의 영양 상태를 개선하기 위한 국제 협력을 중점으로 둔 새로운 버전의 글로벌 식량 안보 전략을 추진하였다(Amante 2024).

마지막으로 미국은 인프라 개발 분야에서도 중국과의 경쟁을 강화하고 있다. 2021년 바이든은 영국 G7 정상회의에서 민주주의 국가들이 "높은 기준(high-standard)" 및 "가치 중심(value-driven)"의 인프라 프로젝트를 통해 개발도상국에 대한 지원을 늘릴 것이라고 밝히며 Build Back Better World 구상을 발표했다. 바이든의 국내용 인프라 구상을 국제 차원으로 확대한 이 구상은 일년 후 Partnership for Global Infrastructure and Investment라는 이름으로 확대되었다. 여기서 미국은 2027년까지 개발도상국에 6000억 달러를 투자할 것이라고 약속했다. 미국의 국제 인프라 구상은 기후 및 에너지 안보, 디지털 연결성, 건강 및 보건 안보, 성 평등과 공정성 네 가지 분야에 중점을 둔다. 특히 중국식의 정부 주도형 인프라 프로젝트의 대안으로 민간 자본과 자원을 동원하는 민간 주도를 강조한다(U.S. Mission China 2022).

이러한 노력에도 불구하고 미국의 글로벌사우스 정책이 여전히 많은 한계를 가진다는 비판적 시각이 존재한다. 워싱턴의 정책 입안자와 전문가들은 여전히 글로벌사우스에 대해 개별 지역적, 국가별 접근 방식을 취한다는 것이다. 글로벌사우스의 입장을 반영하여 장기적 관점에서 접근하는 전략적 정책보다는 양자 간 현안 문제 중심의 수동적, 임시적 대응이 주를 이룬다(Stuenkel 2023). 바이든 행정부는 기후변화 대응, 경제발전, 무역 확대, 국가안보 등의 분야에서 이익을 공유하는 글로벌사우스와 협력을 강화할 참여 전략을 개발하지 못하고 있다고 지적된다. 반면 중국은 지난 20년 동안 아프리카에 대규모 투자를 한 것과 같이 글로벌사우스에 대한 협력의 고리를 대폭 강화했다.

## V. 트럼프 행정부의 글로벌사우스 정책

2024년 트럼프의 재선은 미국의 글로벌사우스 정책에도 또다시 많은 혼란과 변화를 예고한다. 이미 트럼프 행정부의 1기 글로벌사우스(주로 라틴 아메리카, 아프리카 및 아시아 일부를 포함하는 지역)에 대한 외교 정책은 "미국 우선" 원칙을 반영하며, 이전 미국 행정부와는 차별화된 모습을 보였다. 이 접근 방식은 다자간 협력 및 해외원조보다 미국의 경제적 이익, 국가안보, 주권을 우선시하는 것이었다. 트럼프 행정부의 외교 정책은 주로 중국과 같은 주요 지정학적 경쟁자에게 초점을 맞추었다. 이러한 접근은 트럼프의 광범위한 무역 전쟁, 이민 문제에 대한 극우적 접근, 보수적 안보 파트너십, 해외원조 재배치 등을 통해 글로벌사우스와의 관계에도 영향을 미쳤다.

1기 트럼프 행정부의 글로벌사우스에 대한 무역 정책은 무역 적자를 줄이고 "공정하고 상호적인" 무역 협정을 촉진하는 데 중점을 두었다. 이 접근은 멕시코와의 북미자유무역협정의 재협상을 필두로 라틴 아메리카에서 무역 협정 재협상과 관세 부과로 이어졌으며, "불공정" 무역 관행을 바로잡고 미국 경제 이익을 우선시하는 양자 협정 추진으로 이어졌다(AP News 2015). 트럼프 행정부는 캐나다 및 멕시코와 NAFTA를 재협상하여 미국-멕시코-캐나다 협정(USMCA)을 체결했으며, 이를 통해 미국 산업 및 노동 보호 조항을 강화했다. 특히 새로운 협정에는 노동 기준, 지적 재산권, 자동차 제조와 관련된 조항을 강화하여 미국의 무역적자를 줄이려는 내용이 포함되었다. 한편 2018년 트럼프 행정부는 미국 산업 보호를 이유로 브라질과 아르헨티나를 포함한 여러 국가의 철강 및 알루미늄 수입품에 관세를 부과했다. 아프리카 국가들과의 협상에서도 트럼프 행정부는 다자간 협정보다 양자간 무역 협상을 우선시하면서 이들 개발도상국에서 미국 중심의 강압적 무역 협상에 반감을 사기도 하였다(Igunza, Bartlett & Bright 2024).

한편 트럼프 행정부는 특정 국가를 대상으로 대테러 및 마약 퇴치와 같은 분야에서 소수 국가에 집중된 차별적 안보 파트너십을 추구함과 동시에 이들이 더 많은 부담을 분담하도록 요구했다. 여기에는 이전 행정부의 전통적인 평화 구축이나 민주주의 건설과 같은 슬로건 대신 직접적인 미국의 개입을 줄이고 미국에 직접 이해관계가 있는 특정 안보 이슈에 이들 글로벌사우스 국가들의 협력을 강조했다. 예를 들어 트럼프 행정부는 아프리카에서 소말리아의 알샤바브 및 사헬 지역의 IS 계열 등 아프리카의 극단주의 단체들을 견제하기 위해 군사 작전과 훈련 임무를 유지했다. 동시에 나머지 지역에서 지역평화군이나 인도적 지원 등의 역할을 하던 미군 병력을 철수하고 미국의 군사 전략을 재평가하기도 했다. 라틴 아메리카의 경우 이 지역의 마약 문제에 집중하는 모습을 보였다. 마약 밀매를 억제하기 위해 콜롬비아 및 멕시코에 대한 안보 지원을 강화했으나, 마약 흐름 억제의 효과에 따라 원조에 엄격한 조건을 부과했다. 또한, 마약 밀매를 지원하는 국가로 지목된 베네수엘라와 같은 국가에 대한 압박을 강화했다.

트럼프 행정부의 글로벌사우스 정책은 특히 이들 지역에서 중국과의 경쟁에 중점을 두고 전개되었다. 트럼프 행정부는 중국의 일대일로 정책에 대해 아프리카와 라틴 아메리카에서 중국을 영향력을 강화하려는 주요 수단으로 정의하고 이에 대한 강력한 견제를 시도하였다. 당시 마이크 폼페이오 국무장관은 중국의 일대일로(BRI)를 "약탈적"이라고 비판하며 글로벌사우스 국가들에게 "부채 함정"에 빠지지 않도록 경고하였다(Agence France-Presse 2019). 동시에 "Prosper Africa" 이니셔티브와 같은 정책을 통해 미-아프리카 간 무역 및 투자를 확대하여 중국의 영향력을 견제하려 하였다.

트럼프 행정부의 글로벌사우스 정책의 또다른 축은 이민 정책이었다. 트럼프 대통령은 후보 시절부터 이민 문제에 집중하는 모습을 보였다. 이후 이민 정책은 행정부의 국내외 정책의 핵심으로 자리 잡았다. 특히 라틴 아메리카는 이민 정책의 핵심으로 부상하였다. 트럼프는 강력한 행정명령과 이민 출신 국가에 대한 압력을 통해 이민을 억제하고자 하였다. 트럼프 행정부는 "이주자 보호 협약"(MPP)이라는 "멕시코 대기" 정책을 시행하여 남부 국경을 통해 들어온 망명 신청자들이 미국에서 심사를 받는 동안 멕시코에 머무르도록 하는 조치를 취했다. 이 정책은 주로 중앙아메리카 및 멕시코 출신 이민자들을 대상으로 하면서 많은 논란을 일으켰다. 또한 2019년 트럼프 행정부는 과테말라, 온두라스, 엘살바도르(북부 삼각지대 국가)에 대한 원조를 축소하며 그 이유로 이들 국가가 이민 억제에 충분히 기여하지 못하고 있다고 주장하였다(Wroughton & Zengerle 2019). 트럼프 행정부는 초기 중동과 아프리카 국가를 대상으로 여행 제한을 포함한 이른바 "무슬림 금지령"을 시행하여 많은 논란을 일으켰다. 그럼에도 이후 여행 제한과 입국 금지를 나이지리아, 에리트레아, 수단, 탄자니아까지 확장하여 글로벌사우스 국가 출신 이민자 및 여행객들에게 큰 반발을 가져왔다(Hamedy 2018).

또한 트럼프 행정부는 미국의 전통적인 인도주의 원조 정책을 미국의 전략적 이익에 맞는 경우에만 원조를 지원하는 정책을 도입하였다. 글로벌사우스에 대한 원조에 까다로운 조건이 붙었으며 제한적이거나 규모가 줄어드는 모습을 보였다. 1기 트럼프 행정부는 아프리카, 아시아, 라틴 아메리카의 통치 및 제도 구축을 지원하는 프로그램에 대한 외국 원조 예산을 대폭 삭감하려 시도하였다. 이 과정에서 의회가 일부 삭감을 막았지만, 당시 트럼프는 미국의 이익과 명시적으로 부합하는 프로그램으로 원조를 재배치하고자 하는 의도를 명확히 하였다. 트럼프는 기본적으로 다자적 협의나 기구에 대해 회의적인 태도를 보여왔다. 대표적인 사례로 세계보건기구(WHO)와 유엔에 대한 지원 축소이다. 이는 각종 질병과 기아에 시달리며 다자간 원조에 의존하는 글로벌사우스 국가들에게 특히 악영향을 미쳤다. 대신 "Prosper Africa"와 "BUILD Act"(Better Utilization of Investments Leading to Development)와 같은 프로그램을 통해 아프리카에서의 중국의 영향력을 견제하는 것에 원조의 초점이 맞추어졌다(Ingram 2018). 민간의 투자를 활용한 이러한 이니셔티브는 글로벌사우스의 포괄적인 개발 수요보다는 미국의 경제적 및 전략적 이익에 중점을 두는 모습을 보였다.

1기 트럼프 행정부의 글로벌사우스 정책은 "미국 우선"주의에 기반을 둔 것으로 철저하게 미국의 경제, 안보, 이민 문제 등을 해결하는 관점에서 추진되었다. 이러한 관점은 멕시코 등과의 무역협정 재협상, 일부 저개발국과 조건에 기반한 안보 협력, 중동을 중심한 이민 정책의 근본적 제한, 미국 이익 중심의 원조 정책 등으로 나타났다. 1기 트럼프 행정부의 접근 방식은 일부 국내 여론에서 긍정적인 반응을 얻었지만, 글로벌사우스 여러 국가와의 관계에는 부정적인 영향을 가져왔다. 특히 초기 트럼프 대통령은 아프리카에 대한 편견과 차별 논란을 불러일으키는 태도를 보였다. 불법 이민 유입 억제를 주장하면서 아프리카 국가들을 "거지소굴(Shithole Nations)"로 싸잡아 칭하였다(Fram & Lemire 2018). 또한 무슬림이 인구 대다수인 소말리아, 수단, 리비아 출신 국민의 미국 입국 금지를 시행하면서, 이슬람에 대한 차별 논란을 낳았다.

2024년 재집권에 성공한 트럼프 2기 행정부의 불법이민정책, 보호무역주의, 기후변화 회의론 등은 글로벌사우스에 더욱 큰 부정적인 영향을 미칠 것으로 전망된다. 트럼프 2기 행정부는 강력한 불법이민 규제 정책을 단행할 것으로 보인다. 2023년 58,000여 명의 아프리카인들이 미국-멕시코 국경에서 미국 입국을 시도하였다. 이는 전년 대비 4배가 증가한 숫자다. 트럼프 행정부의 국경 통제 및 불법이민 단속 강화는 가난, 전쟁, 박해를 피해 미국 이주를 시도하는 아프리카인들의 수를 감소시킬 수 있다. 트럼프 대통령은 취임 직후 강력한 불법이민 추방정책을 그의 정책 행정명령 1호로 발표하고 멕시코와 콜롬비아에 불법이민 관련 조치 불응 시 무역보복을 위협하였다.

트럼프 2기 행정부의 고립주의적 외교전략은 이 지역의 분쟁 해결, 평화 구축을 위한 개입에도 미온적인 태도를 취할 것으로 보인다. 아프리카 지역의 대표적 위기인 사헬(Sahel) 지역 내 폭력적 극단주의 무장활동, 수단, 소말리아 등의 내전 해결을 위해 적극적으로 나설 가능성은 낮다. 트럼프 대통령은 취임 초 이스라엘-하마스 전쟁으로 피폐한 가자지구에서 팔레스타인 거주자를 추방하고 미국이 점령하여 이 지역의 부동산 개발에 나설 것이라는 황당한 구상을 발표하여 지구촌을 놀라게 하였다(Roth 2025). 바이든 정부와는 달리 다양한 협력 파트너 선정에 있어서 트럼프 2기는 상대국의 인권 상황, 민주주의 발전 정도를 중요하게 고려하지 않을 전망이다. 즉 미국의 이익에 부합하는 한 독재, 인권 유린으로 비난받는 글로벌사우스 지도자들과의 협력도 마다하지 않을 것이다.

트럼프의 보호무역 강조도 좋은 소식은 아니다. 2025년 만료되는 아프리카성장기회법(African Growth and Opportunity Act, AGOA)이 트럼프 행정부에서 연장될지 의문이다. AGOA를 통해 아프리카산 제품에 대한 미국 시장의 문이 열리면서 남아공, 케냐, 코트디부아르를 비롯한 다수의 아프리카 국가들이 혜택을 누려왔다. 미국 우선주의 및 보호무역을 추구하는 트럼프 대통령이 AGOA 갱신을 주저할 것이라는 우려가 제기되고 있다. 설사 AGOA를 존속시키더라도 혜택받는 국가 조정, 관세 혜택 범위 및 품목 조정 등의 가능성이 크다. 이와 더불어 80억 달러에 이르는 미국의 대아프리카 원조도 삭감 가능성이 크다. 트럼프 2기 행정부의 가장 첫 조치 중 하나로 미국의 해외원조를 담당하는 USAID가 잠정 폐쇄되고 거의 모든 해외원조가 중단되는 상황이 벌어졌다. 이는 미국의 원조에 의존하는 글로벌사우스 국가들의 경제에 심각한 영향을 끼칠 것이다(Knickmeyer 2025).

트럼프의 기후변화 회의론도 좋은 소식은 아니다. 그의 귀환은 전 세계적 기후변화 위기 대처 노력에 찬물을 끼얹을 것으로 예상된다. 트럼프는 당선 이후 파리 협약을 재탈퇴하겠다고 공언하였으며, 화석연료 산업의 부흥을 외치고 있다. 기후위기 및 지구 온난화로 인해 가장 큰 피해가 발생하거나 취약한 지역이 대부분 글로벌사우스에 위치해 있다. 중동이나 아프리카의 국가들은 기후변화의 부산물인 심각한 가뭄, 홍수 등으로 고통받고 있다. 유엔기후변화협약 당사국총회(Conference of the Parties, COP)와 같은 국제회의에서 기후변화 대책 마련의 목소리를 높이고 있는 아프리카 지도자들은 트럼프 2기의 기후변화 관련 정책 변화가 자국의 위기 대응에 부정적인 영향을 끼칠 것이라고 우려한다. 실제 트럼프 행정부의 미국 해외원조 삭감 조치로 이들 국가의 기후변화 대응이 크게 영향받을 것으로 우려된다(Brittle 2025).

그러나 한편 트럼프 2기의 대중국 압박정책은 향후 미-글로벌사우스 관계에는 긍정적인 요인으로 작용할 가능성도 있다. 이 지역의 전략적 중요성이 커지고 있을 뿐 아니라 새로운 자원 경쟁에서도 유리할 수 있기 때문이다. 트럼프 행정부의 글로벌사우스에 대한 정책은 철저하게 미국 이익 우선의 거래적인 접근하에 더 넓은 개발 목표보다는 미국의 국익을 우선시할 것으로 예상된다(Opalo 2024). 아프리카 홀대, 무시 논란 속에서도 트럼프 1기 행정부는 중국 견제 차원에서 아프리카로의 민간 투자 및 개발 협력을 위한 프로그램을 추진하였다. '번영 아프리카(Prosper Africa)'를 통해 아프리카에 투자하고자 하는 미국 기업들을 지원하였다. 동시에 국제개발금융공사(International Development Finance Corporation, IDFC)를 발족하여 아프리카 개발협력 프로젝트에 재정적 지원을 단행하였다. IDFC는 바이든 행정부에서도 유지되었고 100억 달러 이상의 대아프리카 투자 성과를 거두었다.

대중국 견제 관점에서 트럼프 2기 행정부의 아프리카에 대한 관심은 1기 때보다 높아질 것으로 전망된다. 첫째, 트럼프는 재집권 이후 중국에 대한 강경한 조치를 예고하였다. 대중 견제 강화가 예상되는 상황에서 중국이 대규모로 진출한 아프리카는 관심의 대상이 될 수밖에 없다. 둘째, 아프리카의 풍부한 천연 광물 자원, 젊고 교육 수준 높은 노동력, 넓은 소비시장과 같은 경제적 잠재력은 사업가 기질을 지닌 트럼프의 관심을 유도할 수 있다. 중국에 대한 견제 강화를 지향하는 트럼프 2기 행정부는 아프리카에서 중국 영향력 확산 억제를 위해 노력할 것으로 보인다(김동석 2024).

특히 지정학적 중요성을 지닌 아프리카 국가를 중심으로 미국과 중국 간 경쟁이 과열될 전망이다. 지부티 해군기지 건설을 계기로 활성화되기 시작한 중국의 군사적 진출을 견제하기 위해 대서양, 인도양에 면한 지정학적 중요성을 지닌 앙골라, 적도 기니, 남아공, 나이지리아, 케냐 등과의 협력 증진을 시도할 전망이다. 동시에 중국 견제 과정에서 친중국 성향 국가들의 정책 변화 유도를 위해 경제적, 정치적 압력을 사용할 가능성도 크다. 트럼프 대통령은 취임 직후 중남미의 파나마 운하를 접수할 것이라 선포하면서 그 이유로 중국이 파나마 운하 이용에 너무 많은 특혜를 받고 있다고 주장했다(McCarthy 2025).

트럼프 2기 행정부의 출범은 2차대전 이후 지난 80년간 이어온 미국의 전반적인 대외전략에 근본적인 변화를 예고한다. 파나마 운하를 접수하고, 그린란드를 미국 영토로 만들겠다는 트럼프의 충격적 발언은 동맹을 무시하는 고립주의를 넘어 약탈적 제국주의의 모습을 보인다. 파리 기후협약 및 WHO 재탈퇴를 선언한 트럼프의 정책은 미국이 더이상 세계평화와 국제질서의 수호자가 아니라 철저한 자국 이기주의로 무장한 패권국으로 탈바꿈하는 본격적인 신호탄으로 해석된다. 이러한 미국의 모습은 국제사회의 인도적 지원과 다자질서의 협력에 자신들의 생존과 개발을 의존하는 많은 글로벌사우스 국가들에게 험난한 미래를 예고한다. 당장 트럼프 행정부의 전격적인 해외원조 중단 조치로 수많은 저개발 국가의 정부, 시민단체, 비정부조직, 국제기구 등의 구호 활동이 심각한 위기에 처하고 있다(Usman 2025).

## VI. 결론

2020년 대선에서 바이든 대통령은 현시기를 역사의 변곡점으로 정의했다. 미국과 세계가 근본적인 변화의 기로에 서 있다는 것이다. 여기에는 트럼프가 재기를 선언한 2024년 미국 대선 결과에 따라 미국의 민주주의 운명이 걸려 있다는 절박감이 서려 있었다. 동시에 중국의 부상으로 1945년 2차대전의 승리 후 수립된 미국 주도의 국제질서가 도전받고 있는 현실도 반영한다. 글로벌사우스의 부상은 18세기 유럽에서 탄생한 근대민족국가를 중심으로 형성된 서구 중심 국제질서의 변혁을 암시한다. 글로벌사우스가 국제정치의 새로운 세력으로 부상하면서 미국과 서구도 이들과의 협력을 강조하기 시작했다. 2023년 2월의 뮌헨 안보회에 모인 서구의 정상들은 글로벌사우스와의 연계 강화가 중요하다는 것에 방점을 찍었다. 연이어 5월에 열린 히로시마 G7 정상회담에서도 글로벌사우스와의 전략적 협력을 북돋을 필요성이 강조되었다.

지정학적으로 글로벌사우스 국가들은 나토와 러시아 또는 미국과 중국 간의 싸움에서 쉽게 편을 들지 않고 중립적인 모습을 보인다. 2023년 2월에 러시아가 우크라이나에서 철수할 것을 제안한 유엔 결의안에 총 32개 국가가 기권하였다. 방글라데시와 필리핀은 "우리는 모든 이에게 친구이다"라고 선언하며 자신들의 중립성을 강조한다. 6월에 싱가포르 샹그릴라 회의에서 개최된 국방장관 회의에서 아시아 국방장관들은 대만해협에서 중국이 미국 전함을 도발한 것에 대해 누구를 비판하기보다 충돌을 피하자는 태도를 밝혔다. 급기야 영국의 이코노미스트지는 2025년 현재 글로벌사우스의 70여 개국이 중국의 대만 통일을 지지하는 입장으로 선회한 것으로 분석했다.

2023년 8월에 남아프리카공화국의 요하네스버그에서 개최된 브릭스 정상회의에서는 브라질, 러시아, 인도, 중국, 남아프리카로 구성된 블록이 6개 새 회원국을 추가할 것이라고 발표하여 구매력 평가를 기준으로 G7보다 세계 GDP의 더 큰 비중을 차지하게 되었다. 이들은 무역이나 경제 규모가 미국과 친서방 진영을 넘어설 뿐 아니라 탈달러화를 시도하고 있다. 미국 패권의 가장 중요한 요소인 달러의 약화는 미국의 국제적 위상뿐 아니라 미중 패권경쟁에서도 장기적으로 중요한 함의를 지닌다.

특히 이들 중에서도 주목할 나라는 브라질, 인도, 인도네시아, 사우디아라비아, 남아프리카공화국, 튀르키예와 같은 이른바 중견국(middle powers)들이다. 유라시아 그룹의 클리프 쿱찬은 글로벌사우스의 중견 국가들이 어느 때보다 국제정치에서 더 많은 권력을 행사한다고 주장한다(Kupchan 2023). 소위 이들 "스윙 국가(swing states)"는 서양의 우크라이나 군사 지원과 대러 제재에 대한 서양의 노력에 동참하지 않았다. 쿱찬은 미국이 이들을 포함한 글로벌사우스에 대한 새로운 노력과 주의를 기울일 것을 주문한다. 이들이 모든 지정학적 문제에 큰 영향력을 행사하며 불확실성을 높이고 있다는 것이다.

실제로 글로벌사우스 국가들은 전통적인 서구 중심의 국제기구나 제도에 대한 불만의 목소리를 내고 있다. 글로벌사우스의 지도자들은 국제질서의 불평등을 비판하고 개혁을 요구한다. 인도의 모디 총리는 글로벌사우스 정상회담을 주최하여 다음과 같이 말했다. "대부분의 글로벌 도전 과제는 글로벌 남쪽에서 만들어진 것이 아니다. 그러나 그 도전 과제들은 우리에게 더 큰 영향을 미친다." 문제는 "그 해결책을 찾는 과정에서 우리의 역할이나 목소리가 고려되지 않고 있다"고 주장했다(Prime Minister of India 2023).

미국과 서구는 과거처럼 글로벌사우스가 막연히 서구 중심의 국제질서를 따를 것으로 기대해서는 안 된다. 서구와 미국 패권 중심의 세계 질서가 다극화되는 상황에서 글로벌사우스와의 협력이 더욱 중요하다. 개별 사안에 대한 수동적 대응보다는 글로벌사우스의 시각에서 체계적 정책을 개발하는 노력이 필요하다고 지적된다(Darnal 2023). 이를 통해 단순 지리적 접근을 넘어 글로벌사우스의 공통된 이해와 도전에 대한 공유를 토대로 한 협력 방안을 마련할 것이 제시된다. 만약 미국이 시대착오적인 탈냉전 단극화의 향수에 젖어 있다면 국제정치에서 미국의 위상과 영향력이 더욱 줄어드는 결과를 초래할 것이다.

최근 글로벌사우스 국가들은 유엔 안보리 상임이사국 구성을 비롯한 유엔 개혁에 목소리를 높이고 있다. 미국, 러시아, 중국, 영국, 프랑스로 구성된 상임이사국의 특권적 지위가 21세기 국제정치의 대표성을 반영하지 못한다는 것이다. 이들은 G7을 확장한 G20처럼 유엔 상임이사국을 지역과 인구, 경제 규모 등의 기준으로 확장할 것을 주장한다(Eguegu, Ryder & Lwere 2024). 그 경우 인도, 브라질, 남아프리카공화국, 튀르키예와 사우디아라비아, 인도네시아 등이 서구가 주장하는 독일, 일본 등과 더불어 유력한 후보로 거론된다. 물론 이러한 유엔 개혁이 당장 쉽지는 않을 것이다. 동시에 글로벌사우스의 등장이 미국과 서구 중심 국제질서의 근본적인 변화를 추동하는 세력이 될지 귀추가 주목된다. 21세기 글로벌 중추국가를 꿈꾸는 한국도 여기에 적극적인 관심과 주의를 기울여야 한다.

# 참고문헌

김동석. 2024. "트럼프 2기 대(對)아프리카 외교 전망." *IFANS Focus*. 11.14. https://www.ifans.go.kr/knda/ifans/kor/pblct/PblctView.do?csrfPreventionSalt=null&pblctDtaSn=14397&menuCl=P07&clCode=P07&koreanEngSe=KOR&pclCode=&chcodeId=&searchCondition=searchAll&searchKeyword=&pageIndex=1

Alden, Chris. 2023. "The Global South and Russia's invasion of Ukraine." *LSE Public Policy Review* 3(1): 1-8. https://ppr.lse.ac.uk/articles/10.31389/lseppr.88/

Agence France-Presse. 2019. "US Secretary of State Mike Pompeo 'saddened' as Italy signs up for China's belt and road project." *South China Morning Post*. March 28. https://www.scmp.com/news/china/diplomacy/article/3003610/us-secretary-state-mike-pompeo-saddened-italy-signs-chinas

Amante, Angelo. 2024. "G7 leaders launch initiative for global food security." *Reuters*. June 14. https://www.reuters.com/world/g7-leaders-launch-initiative-global-food-security-2024-06-14/

AP News. 2015. "Trump: NAFTA trade deal a 'disaster,' says he'd 'break' it." *AP News*. September 26. https://apnews.com/article/8c91dbf4d3f64d3e855a7c46e5cc12a7

Biden, J. R., Jr. 2023. "Remarks by President Biden in a press conference." The White House. September 10. https://www.whitehouse.gov/briefing-room/speeches-remarks/2023/09/10/remarks-by-president-biden-in-a-press-conference-2/

Brittle, Jake. 2025. "How Trump's USAID shutdown threatens the world's climate goals." Earthbeat. February 10. https://www.ncronline.org/earthbeat/politics/how-trumps-usaid-shutdown-threatens-worlds-climate-goals

"The BRICS Summit 2023: Seeking an Alternate World Order?" Global Memo by ORF, SWP, SAIIA, SVOP, SIIS, RSIS, FGV, and CFR, Aug 31, 2023. https://www.cfr.org/councilofcouncils/global-memos/brics-summit-2023-seeking-alternate-world-order

Capretta, Janes C. & Stan Veuger. 2023. "The new Washington consensus on trade is wrong." *Foreign Policy*. June 12. https://foreignpolicy.com/2023/06/12/free-trade-new-washington-consensus-biden-protectionism-trump/

Darnal, Aude. 2023. "Looking South: Adapting US policy toward the Global South in a time of change." Stimson Center. January 18. https://www.stimson.org/2023/looking-south-adapting-u-s-policy-toward-the-global-south-in-a-time-of-change/

The Economist. 2023. "A digital payments revolution in India." *The Economist*. May 15. https://www.economist.com/special-report/2023/05/15/a-digital-payments-revolution-in-india

The Economist. 2025. "Countering China's Diplomatic Coup." February 13. https://www.economist.com/leaders/2025/02/13/countering-chinas-diplomatic-coup

Eguegu, Ovigwe, Hannah Ryder, & Trevor Lwere. 2024. "Africa's design for a reformed UN Security Council." Center for Strategic and International Studies (CSIS). October 1. https://www.csis.org/analysis/africas-design-reformed-un-security-council

Ero, Comfort. "The Trouble With 'the Global South': What the West Gets Wrong About the Rest." *Foreign Affairs*. April 1. https://www.foreignaffairs.com/world/trouble-global-south

Fram, Alan & Jonathan Lemire. 2018. "Trump: Why allow immigrants from 'shithole countries'?" *AP News*. January 12. https://apnews.com/article/immigration-north-america-donald-trump-ap-top-news-international-news-fdda2ff0b877416c8ae1c1a77a3cc425

Fryer, Russell. 2024. "Biden administration and international partners expand MSP finance network to combat China's critical mineral dominance." Critical Minerals & Rare Earths. September 24. https://investornews.com/critical-minerals-rare-earths/biden-administration-and-international-partners-expand-msp-finance-network-to-combat-chinas-critical-mineral-dominance/

Hamedy, Saba. 2018. "Everything you need to know about the travel ban: A timeline." *CNN*. June 26. https://edition.cnn.com/2018/06/26/politics/timeline-travel-ban/index.html

Huber, Daniela. 2024. "Israel/Palestine and the normative power of the "Global South"." Istituto Affari Internazionali. March 22. https://www.iai.it/en/pubblicazioni/israelpalestine-and-normative-power-global-south

Iglesias, Simone. 2023. "Lula backs BRICS currency to replace dollar in foreign trade." *Bloomberg*. April 13. https://www.bloomberg.com/news/articles/2023-04-13/lula-supports-brics-currency-to-replace-dollar-in-foreign-trade

Igunza, Emmanuel, Kate Bartlett, & Jewel Bright. 2024. "Trump never visited Africa as President. Here's what Africans expect from a second term." *NPR*. November 9. https://www.npr.org/2024/11/09/nx-s1-5183121/trump-never-visited-africa-as-president-heres-what-africans-expect-from-a-second-term

Ingram, George. 2018. "How the BUILD Act advances development." Brookings. July 10. https://www.brookings.edu/blog/future-development/2018/07/10/how-the-build-act-advances-development/

Knickmeyer, Ellen. 2025 "Trump administration plans to slash all but a fraction of USAID jobs, officials say." *AP News*. February 7.https://apnews.com/article/trump-usaid-musk-doge-7ec0a2b4032d4782d41c00164003b5de

Kupchan, Cliff. 2023. "6 Swing States Will Decide the Future of Geopolitics." *Foreign Policy*. December 9. https://foreignpolicy.com/2023/06/06/geopolitics-global-south-middle-powers-swing-states-india-brazil-turkey-indonesia-saudi-arabia-south-africa/

McCarthy, Simone. 2025. "Trump says China 'operates' the Panama Canal – how deep are Beijing's ties to the key waterway?" *CNN*. February 7. https://www.cnn.com/2025/02/07/world/trump-china-panama-canal-intl-scli/index.html

Mohan, C. Raja. 2023. "Is there such a thing as a Global South?" *Foreign Policy*. December 9. https://foreignpolicy.com/2023/12/09/global-south-definition-meaning-countries-development/

NDTV News. 2023. "G20 Summit: How India emerged as the voice of Global South." *NDTV*. September 9.https://www.ndtv.com/world-news/g20-summit-how-india-emerged-as-the-voice-of-global-south-4363438

Opalo, Ken. 2024. "A Trumpian policy for Africa: What the continent stands to gain from a transactional White House." *Foreign Affairs*. December 4. https://www.foreignaffairs.com/africa/trumpian-policy-africa

Prime Minister of India. 2023. "PM's remarks at opening session of Voice of Global South Summit 2023." Ministry of External Affairs, Government of India. January 12. https://www.mea.gov.in/Speeches-Statements.htm?dtl/35501/PMs_remarks_at_opening_session_of_Voice_of_Global_South_Summit_2023

Roth, Andrew. 2025. "Trump says Palestinians will have no right of return to Gaza under his plan." *The Guardian*. February 10. https://www.theguardian.com/us-news/2025/feb/10/trump-buy-gaza-plan

Seibt, Sébastian. 2023. "The US wants to elevate China to 'developed country' status; Beijing disagrees." *France 24*. April 5. https://www.france24.com/en/asia-pacific/20230405-the-us-wants-to-elevate-china-to-developed-country-status-beijing-disagrees

Stuenkel, Oliver. 2023. "Why the Global South is accusing America of hypocrisy." *Foreign Policy*. November 2. https://foreignpolicy.com/2023/11/02/israel-palestine-hamas-gaza-war-russia-ukraine-occupation-west-hypocrisy/

Usman, Zainab. 2025. "The six areas in Trump's executive orders that countries in Africa and the Global South should pay attention to." Carnegie Endowment for International Peace. February 12. https://carnegieendowment.org/research/2025/02/the-six-areas-in-trumps-executive-orders-that-countries-in-africa-and-the-global-south-should-pay-attention-to?lang=en

U.S. Mission China. 2022. "FACT SHEET: President Biden and G7 leaders formally launch the Partnership for Global Infrastructure and Investment." U.S. Embassy & Consulates in China. June 28. https://china.usembassy-china.org.cn/fact-sheet-president-biden-and-g7-leaders-formally-launch-the-partnership-for-global-infrastructure-and-investment/

The White House. 2022. "National security strategy of the United States of America

2022." https://www.whitehouse.gov/wp-content/uploads/2022/10/2022-National-Security-Strategy.pdf

Wang, Yi. 2024. "Wang Yi envisions China's diplomacy in 2024: We will be more confident and self-reliant, more open and inclusive, uphold fairness and justice and promote win-win cooperation." Ministry of Foreign Affairs of the People's Republic of China. March 7. https://www.mfa.gov.cn/eng/zxxx_662805/202403/t20240308_11256413.html

Walker, Darren. 2023. "Can the G-20 be a champion for the Global South?" *Foreign Policy*. September 8. https://foreignpolicy.com/2023/09/08/g20-summit-india-economy-imf-world-bank-global-south-development/

Wroughton, Lesley & Patricia Zengerle. 2019. "As promised, Trump slashes aid to Central America over migrants." *Reuters*. June 18. https://www.reuters.com/article/world/as-promised-trump-slashes-aid-to-central-america-over-migrants-idUSKCN1TI2DS

Xie, Tao. 2025. "What do Chinese analysts expect for China-US relations under Trump 2.0?" Brookings. January 23.https://www.brookings.edu/articles/what-do-chinese-analysts-expect-for-china-us-relations-under-trump-2-0/

Xinhua. 2023. "G77+China summit concludes with emphasis on empowering Global South." China.org.cn. September 18. http://www.china.org.cn/world/2023-09/18/content_116690813.htm

# 제4장 일본 인도태평양 외교의 변용과 글로벌사우스 전략

이정환(서울대학교 정치외교학부)

## I. 서론

미중 경쟁 시대에 일본의 대응은 '자유롭고 열린 인도태평양(Free and Open Indo-Pacific, FOIP)'의 개념을 중심으로 일관되어 작동하고 있다. 일본의 인도태평양 외교는 '자유롭고 열린'의 가치를 중심으로 하는 진영 외교적 성격을 강하게 나타내고 있다. 인도태평양 외교 속에서 일본은 미국과의 협력을 기축으로 하는 성격을 꾸준하게 유지하고 있다. 인도태평양 개념이 일본 정부에 의해서 공식적으로 사용된 것은 2016년이었지만, '보편적' 가치를 강조하는 가치관 외교를 앞세워 미국과의 협력을 강조하고 이 가운데 중국에 대한 배타적 억지를 지향하는 외교 자세는 짧게는 2012년 제2기 아베 신조(安倍晋三) 출범부터 유래를 찾을 수 있으며, 길게는 2000년대 중반 이미 그 출발점을 발견할 수 있다(Lee 2024). 일본의 인도태평양 외교는 미중 경쟁의 국제 구조적 조건에서 중국에 대한 배타적 성격을 기저에 유지하고 있지만, 미중 양국 갈등 양상의 오르내림 속에서 일본의 인도태평양 외교도 그 배타성의 강도는 변화하고 있다. 더불어 미중 양국의 관계 양상의 변동은 일본의 인도태평양 외교 자체에 포섭적 성격을 담아내기도 하였다(조은일 2020).

최근 글로벌사우스의 대두는 일본의 미중 경쟁 시대에 대한 대응의 성격에 새로운 고민을 더하고 있다. 진영 외교만으로는 미중 경쟁 시대에 일본의 국제적 위상 제고의 효과적 국가책략이 되기 어렵다는 판단은 자연스러운 일이다. 이 가운데 일본은 글로벌사우스로 개념화되는 신흥국들과의 협력을 제고하는 다면적 외교가 필요하다고 보고 이에 적극적 노력을 기울이고 있다. 하지만, 일본은 글로벌사우스에 대한 다면 외교를 인도태평양 외교와 대립되는 것이 아닌 인도태평양 외교 속에서 글로벌사우스 외교를 융합하려는 입장을 견지하고 있다. 2023년 히로시마 G7 정상회의 이후 일본은 글로벌사우스와의 협력 외교를 인도태평양 외교의 일부로 포섭하는 전략 지향을 공식적으로 전개하는 중이다. 일본의 인도태평양 외교는 태생적으로 자유주의 진영의 가치를 강조하는 성격이 있기 때문에 소위 '보편적' 가치를 공유하지 않는 많은 신흥국들이 포함되어 있는 글로벌사우스에 대한 외교와 갈등적일 가능성이 높다. 결국, 일본의 글로벌사우스 대응 전략을 인도태평양 외교와 융합시키려는 시도는 인도태평양 외교 자체의 추가적 변용을 의미한다.

일본의 글로벌사우스 대응 전략을 인도태평양 외교와 융합하려는 시도는 일본의 진영 외교와 다면 외교 사이에서의 균형잡기 노력이기도 하다. 즉 미중 경쟁 시대에 일본 외교의 성격이 대미 협조 노선만으로 이해되기 어려움을 암시한다. 미중 경쟁 시대 일본의 대미 외교와 대중 외교에 대한 관찰 속에서는 다면 외교의 성격이 선명하게 드러나지 않는다. 하지만, 일본의 글로벌사우스 대응 전략은 일본의 진영 외교와 다면 외교의 공진화를 관찰하는 핵심적 대상이 된다. 본 장은 미중 경쟁 시대 일본 외교의 진영성과 다면성의 공진화를 글로벌사우스 대응 전략을 사례로 살펴보는 시도이다.

2023년 일본은 선진국 중에서 가장 기민하게 글로벌사우스에 대한 대응 전략을 보여준 국가에 속한다. 기시다 후미오(岸田文雄) 정권은 2023년 5월에 개최한 G7 히로시마 정상회의에 인도를 포함해 글로벌사우스를 대표하는 국가들을 초청하여, 선진국과 글로벌사우스 사이의 가교 역할을 자임했다. 기시다 정부의 글로벌사우스 대응 전략은 일본의 인도태평양 외교의 성격 변화를 배경으로 하는 동시에, 인도태평양 외교의 성격을 추가적으로 변화시킬 수 있는 요인이기도 하다. 일본이 글로벌사우스 대응 전략과 인도태평양 외교를 융합하는 가운데, 핵심적으로 관찰할 지점은 어떤 논리로 진영성과 다면성을 복합화하고 있는가이다. 그리고 이 가운데 드러나는 다면 외교의 성격은 일본 전후 외교의 전통과 어떻게 연결되어 있는지를 살펴보는 것도 중요한 연구 대상이 된다.

## II. G7 히로시아 정상회의와 기시다 정부의 글로벌사우스 전략

일본 정부의 글로벌사우스 대응 전략이 선명하게 시작된 것은 2023년 5월 G7 히로시마 정상회의였다. G7의 의장국인 일본은 기시다 총리의 고향인 히로시마에서 G7 정상회의를 개최하면서, 국내적으로는 핵비확산 논의를 일본이 국제적으로 주도하겠다는 인상을 주려 했다. 한편, 전격적으로 깜짝 대면 참여를 이루어낸 우크라이나의 젤렌스키 대통령이 2023년 5월 G7 히로시마 정상회의에 대한 국제사회의 주목을 독차지했다. G7 히로시마 정상회의는 일본에게 핵비확산 논의의 무대였고, 러시아의 우크라이나 침략에 대한 비판의 무대임에 틀림없다. 하지만, 일본의 외교 전략에서 G7 히로시마 정상회의는 세계질서의 대립구도에 대한 선진국의 입장과 공명하지 않는 글로벌사우스 세력에 대한 포섭적 수용 전략이 상징적으로 드러나는 무대였다. 일본 정부는 G7 공식 멤버 이외에 8개 국가를 초대하였다. 코모로(아프리카연합 의장국), 쿡아일랜드(태평양도서포럼 의장국), 인도네시아(아세안 의장국), 인도(G20 의장국), 브라질, 한국, 베트남, 호주가 초대 국가였다. 한국과 호주를 제외한 다른 국가들은 글로벌사우스로서의 성격을 지닌다.

일본의 글로벌사우스 전략은 미국 주도의 대중 억지 노선과 차별화되는 다면 외교의 성격을 지닌다. 한편, 글로벌사우스를 대표하는 역할을 자임하는 인도에 대한 대응 외교의 성격 또한 분명하다. G7 히로시마 정상회의를 선진국과 글로벌사우스 사이의 가교 관계 수립을 목적으로 하는 일본에게 핵심 대응 국가는 인도였다. 인도가 쿼드의 일원으로 미국 주도 대중 견제망의 일원이긴 하지만, 인도는 미국 주도의 국제질서에 순응하는 외교 노선과는 거리가 멀다. 러시아의 우크라이나 침공에 대해서도 미국이나 선진국들과는 차별화된 목소리를 내면서 러시아와의 협력관계를 유지해 온 인도는 2022년 후반에 인도네시아로부터 G20 의장국을 넘겨받았을 때에 이전부터 강조하던 글로벌사우스의 대표국가로서의 정체성을 보다 적극적으로 발신하였다. 인도 모디 정부의 글로벌사우스 전략은 네루 이래로의 비동맹노선을 계승한다고 보기 어렵다. 모디 정부는 비동맹노선에 입각한 외교 노선에 적극적이지 않았다. 또한 최근 인도 정부는 과거 비동맹노선 때와는 다른 성격의 대중국 정책 지향을 보여주고 있다. 인도는 글로벌사우스를 통해 미국 주도의 선진국 국제질서론을 견제하는 한편, 중국이 야기하고 있는 (특히 일대일로를 통해서) 신흥국들의 어려움을 대변하고 있다(伊藤融 2023).

일본의 글로벌사우스 전략은 대인도정책과 중첩되어 있다. 2023년 초순 기시다 총리의 전 세계를 대상으로 실시했던 해외 순방은 G7 히로시마 정상회의의 준비적 성격을 지니고 있으며, 그 맥락에서 2023년 3월의 인도 방문이 이해될 수 있다. 인도 방문에서 기시다 총리는 "The Future of the Indo-Pacific"의 연설을 통해서 기존의 '자유롭고 열린 인도태평양(Free and Open Indo-Pacific)' 개념을 '법의 지배에 의한 자유롭고 열린 인도태평양(Free and Open Indo-Pacific based on the rule of law)'으로 조정하였다.[1]

큰 변화가 아닐 수 있지만, '자유롭고 열린 인도태평양'에 '법의 지배'를 덧붙인 것이 일본의 글로벌사우스 전략에서 가지는 의미가 있다. 사실 '법의 지배'는 일본의 전후 외교사에서 한번도 부정된 적이 없고, 2000년대 가치관외교에서도 지속적으로 강조되어 왔으며, 기존의 인도태평양 외교의 기본 가치로 꾸준하게 언급되어 왔던 것이다. 다만 '법의 지배' 가치를 전면에 내세우면서, '자유롭고 열린'의 상징성을 완화하려는 시도였다(Hosoya 2024). 일본의 인도태평양 외교에서 '자유롭고 열린'은 한때 민주주의와 인권으로 대변되었지만, '법의 지배'가 강조되면서 '자유롭고 열린'은 보다 다양한 체제들과 포괄적으로 공존할 수 있는 것이 되었다. 즉 '법의 지배'가 협의적으로 강조되는 것이 아니라, '법의 지배'로 인해 '자유롭고 열린'의 성격이 포괄적으로 확대되는 것이다. '법의 지배' 강조는 과거에 여러 신흥국들에게 선진국의 담론으로 꺼려지는 요소였지만, 서구 선진국의 선명한 가치를 헷징하는 동시에 중국의 강압에 대해서도 헷징하는 차원으로 수용도가 높아지게 되었다. 일본 정부는 이 지점에서 글로벌사우스에 대한 대응 전략으로 인도태평양 외교의 변화를 꾀한 것이다.

'법의 지배에 의한 자유롭고 열린 인도태평양' 개념은 G7 히로시마 정상회의의 코뮤니케에도 다시 그대로 반복되었다.[2] 이러한 과정을 통한 일본 인도태평양 외교의 성격 변화는 기시다 정권이 주창했던

1 "The Future of the Indo-Pacific" (https://www.mofa.go.jp/files/100477739.pdf)

2 "G7 Hiroshima Leader's Communique" (https://www.mofa.go.jp/policy/economy/summit/hiroshima23/documents/pdf/Leaders_Communique_01_en.pdf?v20231006)

'신시대리얼리즘외교(新時代リアリズム外交)'를 대표한다. 아베 정권의 유산인 인도태평양 외교를 연속하는 가운데, 이에 대해 기시다적 색채를 추가하는 것으로도 이해된다.

글로벌사우스에 대한 일본의 기민한 대응 속에, 외교 대전략의 성격을 조정하는 모습은 미일협력 중심의 진영 외교로 일본을 바라볼 때 이해하기 어렵다. 하지만, 일본의 외교사에서 꾸준하게 발견되는 다면 외교의 성격은 지난 10여 년간의 인도태평양 외교의 변용 속에서도 발견된다. 그리고 인도태평양 외교의 유연하고 포괄적 성격은 일본이 글로벌사우스에 대해 기민하게 대응하는 배경이 되었다.

## III. 일본 인도태평양 외교의 변용과 글로벌사우스

### 1. 제2기 아베 정권과 FOIP의 등장

제2기 아베 정권기에 수립된 인도태평양 전략은 대중 억지를 위한 배타적 지역질서를 지향하고 있다는 점이 초기에 선명했다. 외교사적 흐름 속에서 2016년 '인도태평양 전략' 용어는 2012년 아베 정권 출범기에 표명된 '아시아의 민주적 안보 다이아몬드(Asia's Democratic Security Diamond)'의 연장선상에 서 있다. 2012년 12월 출범한 제2기 아베 정권은 '아시아의 민주적 안보 다이아몬드'를 통해 '자유와 번영의 호'를 계승하며, 가치관 외교론을 복귀시켰다. 제2기 아베 정권의 글로벌 대전략은 제1기 시절에 제대로 실행하지 못했던 잠재적인 중국을 대상으로 하는 외적 균형 전략 차원에서, 미국, 일본에 호주, 인도를 더한 4국의 유사동맹 관계 형성 노력이 중심에 있다.

제2기 아베 내각 출범 하루 뒤인 2012년 12월 27일에 Project Syndicate에 아베 본인의 이름으로 기고된 "Asia's Democratic Security Diamond"는 중국의 국제질서에 대한 도전을 비판함과 동시에 민주주의, 인권, 법의 지배와 같은 보편적 가치를 공유하는 국가들의 연대 필요성에 대해 직설적으로 논하고 있다.

> (생략) 남중국해는 '베이징 호수'가 되어 가고 있는 것으로 보인다. 분석가들은 이것이 소련의 오호츠크해에 대한 접근법과 유사하다고 본다. 남중국해는 인민해방군 해군이 핵공격 능력을 보유하는 핵추진잠수함의 무대로 활용하기에 충분하다. 곧, 인민해방군의 신규 항공모함이 이웃국가들을 위협하는 것이 흔한 광경이 될 것이다. (생략) 현재 진행 중인 남중국해와 동중국해에서의 분쟁은 일본의 최상위 외교과제가 전략적 시야를 확대해야 하는 것임을 보여준다. 일본은 성숙한 해양 민주주의국가이며, 외교적 파트너의 선택은 이러한 사실을 반영해야 한다. 나는 인도양에서 서태평양까지의 공익 확보를 위해 호주, 인도, 일본, 그리고 미국의 하와이를 잇는 다이아몬드의 형성을 전략으로 구상한다. (생략) 나는 일본의 최대 이웃 국가인 중국과의 관계가 많은 일본인들의 번영에 필수적임을 인정한다. 하지만, 중·일관계의 증진을 위해서도 일본은 우선 태평양 반대편과 관계를 강화해야 한다. 왜냐하면, 일본의 외교는 언제나 민주주의, 법의 지배, 인권 존중에 기반해야만 하기 때문이다. 이러한 보편적 가치는 일본의 전후 발전을 견인해 왔다. 나는 2013년 이후 아시아태평양 지역의 미래 번영도 역시 이러한 가치에 기반하여야 한다고 굳게 믿는다(Abe 2012).

2012년 재집권하면서 2000년대 가치관외교론을 되살려 '아시아의 민주적 안보 다이아몬드' 슬로건을 내세웠던 아베 정권은 이를 발전시켜 '인도태평양 전략' 용어를 만들어냈다. 일본 정부는 2016년 아프리카개발회의(TICAD)에서 '인도태평양 전략'이라는 용어를 처음 공식적으로 사용하였다. 두 대양, 두 대륙을 결합하는 지리적 공간을 설정하고, 여기에 민주주의, 법치, 시장경제 등 자유와 개방성이라는 규범적 성격을 부여하고, 이를 위한 일본의 역할을 강조하는 내용을 담고 있다. 2017년 〈외교청서〉에 '자유롭고 개방된 인도태평양 전략'을 특집으로 다루는 내용이 포함되었다. 2006년 인도 방문 시에 아베 총리의 연설[3]에서 이미 내포되어 있던 인도태평양 전략 아이디어가 제2기 아베 정권에서 전면에 드러나게 된 것이다(田中明彦 2018; 中西寬, 2018).

일본의 인도태평양 전략이 아시아 지역주의에 대해 가지는 함의는 환태평양경제동반자협정(Trans-Pacific Strategic Economic Partnership, TPP)과 유사하다. 지리적 근접성이 아니라 원칙, 규범, 가치(인도태평양 전략의 경우 민주주의, 항행의 자유 등 국내질서 및 국제질서의 자유주의적 성격, TPP의 경우 높은 수준의 자유무역 규범)에 초점을 둔 지역구상이라는 점에서 그 유사성이 있다(細谷雄一 2020). 인도태평양 전략과 TPP 모두 중국의 참여를 반대하지는 않지만, 중국이 참여할 인센티브가 없는 규범성을 강조했다. 2016년에 공식화된 인도태평양 전략은 가치관 외교론이 구체화된 것으로 탈아시아적 성격을 명백히 보여주었다(佐橋亮 2020).

제2기 아베 정권의 '아시아의 민주적 안보 다이아몬드'는 일본, 미

3 "Confluence of the Two Seas" https://www.mofa.go.jp/region/asia-paci/pmv0708/speech-2.html

국, 호주, 인도를 연결하는 네트워크로, 명시적으로 중국의 팽창에 대한 대응책임을 분명히 하고 있다. 이 4개국의 연대를 아베는 남중국해의 '베이징호수'화를 방지하기 위한 방법으로 기술했었다. 제2기 아베 정권의 인도태평양 '전략'은 '아시아의 민주적 안보 다이아몬드'를 제도화하고 이를 통해 중국을 견제하려는 의도이며, 따라서 일본, 미국, 호주, 인도 4개국의 쿼드 협력이 그 중심에 있을 수밖에 없다. 제2기 아베 정권의 인도태평양 '전략'은 미국 오바마 행정부의 퇴진 시점에서 공식화되었지만, 오바마 행정부의 아시아 재균형 정책과 매우 유기적으로 부합하는 성격을 지녔다(Campbell 2016).

### 2. '인도태평양'의 포괄적 성격으로의 변화와 글로벌사우스

일본의 인도태평양 지역구상은 미국 트럼프 행정부가 2017년 12월 〈국가안보전략〉이나 2018년 10월 펜스 부통령 연설을 통해 중국에 대한 군사적 균형 전략의 성격을 강조하고, 2018년 들어 인도태평양에 '전략'이라는 표현을 공식적으로 덧붙이면서 그 근본적 딜레마가 부각되었다. 일본의 인도태평양 지역구상이 미국을 통해 군사적 균형의 성격이 강화되면서 일본에게 연루의 위험 인식이 강화된 것이다. 일본의 인도태평양 전략은 미국 오바마 행정부의 아시아 재균형 정책과 정합성 있게 부합하였으나, 트럼프 행정부의 군사적 성격으로의 인도태평양 개념의 차용은 일본을 곤란하게 하는 요소였다(박영준 2018; 조은일 2020).

이러한 상황에서 2017년 이후 일본의 대중국 접근이 이해될 수 있다. 인도태평양 지역구상이 염두에 두는 지리적 공간은 중국 일대일로 정책의 해양 실크로드의 대상 지역과 중복된다. 일본 아베 정권은 인도태평양 지역구상의 중요 내용이었던 개발협력 증진을 일대일로와 연계시키는 지경학적 차원의 대중 접근을 시도하였다. 제3국 인프라 투자에서 '개방성, 투명성, 경제성, 대상국 재정의 건전성' 등의 가치를 강조하면서 인도태평양 지역구상의 보편적 규범성을 유지하는 일관된 모양새를 만들고 있지만, 대중 균형적 성격에서 많이 벗어나는 양상을 보여주었다(添谷芳秀 2020).

이러한 대중 접근 속에서 2019년 〈외교청서〉에서는 기존에 사용하던 '전략' 용어 대신 '구상'이라는 용어를 사용해서 인도태평양 외교를 기술하고 있다. 이를 통해 중국을 배려하는 모양새를 만들면서 인도태평양 구상과 일대일로의 중첩을 모색하였었다. '인도태평양 전략'에서 '인도태평양 구상'으로, 그리고 2020년 〈외교청서〉에서는 '구상'도 빠지고, '자유롭고 열린 인도태평양'으로만 기술을 다시 변화시켰다. 이러한 과정에서 미국 트럼프 행정부가 창출하는 위험성을 헷징하려는 일본의 의도가 발견된다.

2017년 5월에 개최된 일대일로 국제협력 정상포럼에 니카이 도시히로(二階俊博) 자민당 간사장이 참석한 것은 일본의 트럼프에 대한 헷징 전략으로 중국과의 관계 개선을 시도하는 흐름에서 중요한 계기였다. 이때 니카이 간사장은 시진핑 주석을 면담하고, 중일관계 개선의 의향을 담은 아베 총리의 친서를 전달하였다. 중일관계 개선의 중심에 일본의 일대일로 프로젝트에 대한 참여가 담겨 있었다. 아베 총리도 중국 일대일로 정책에 일본이 참여하는 것에 대해 긍정적인 언급을 내놓았고, 중국 외교부는 '일대일로 구상은 중·일 양국 간 상호협력 및 공동발전의 플랫폼이자 실험의 장이 될 수 있다'고 환영하였다.

제3국 인프라투자를 협력의 중점적 대상으로 해서 중국과 일본은 2018년에 관계 정상화를 모색했다. 2018년 5월 한일중 정상회담을 위해 리커창 중국 총리가 일본을 공식 방문하였고, 10월에 아베 총리가 베이징을 방문하여 정상회담을 개최하였다. 다자간 정상회의 참석의 목적이 아닌 일본 총리의 중국 방문은 7년 만에 이루어진 것으로, 중일 관계 개선을 상징하고 있었다. 아베 총리의 2018년 중국 방문에서 중·일 양국의 공공기관과 기업들은 총 52개의 협력 MOU를 체결하는 한편, 제1회 '중일 제3국 시장 협력 포럼'을 개최하였다. 이 포럼에서 아베 총리는 해외인프라시장에서 중일 양국 협력의 의의와 이를 통한 중일관계 개선을 역설하였다.

> 1980년대 중국에 발 빠르게 지원을 시작한 것이 일본입니다. 일본 정부와 기업이 투자하여 중국의 여러분들과 함께 근대화를 추진해 왔습니다. 현재의 발전한 중국을 볼 수 있는 것은 일본인으로서의 자부심이기도 합니다. 이제 발전한 중국과 일본이 마침내 함께 세계에 공헌하는 시대가 왔습니다. 오늘 그 역사의 전환점이 될 현장에 리커창 총리 그리고 여러분과 함께 참여할 수 있는 것을 매우 기쁘게 생각합니다.
>
> 중·일 협력의 주역은 기업입니다. 오늘 이 인민대회당에는 중·일 양국의 기업 간부 등 1,000명이 넘는 분들이 모이셨습니다. 실로 역사에 남을 성대한 모임이라고 할 수 있겠지요. 이번에 이곳에 모인 중·일 양국 기업 및 관계 기관 간에 50건이 넘는 협력 문서가 체결되었습니다. 인프라나 물류, 또한 헬스케어, 금융 등 새로운 가능성이 기대되는 분야들입니다. 오늘이 바로 새로운 중·일관계의 개막입니다. (중략)
>
> 여기 계신 기업의 여러분들은 저마다 탁월한 능력을 가지고 계십니다. 양국 기업이 경쟁할 뿐 아니라 그 힘을 접목해 협조함으로써 수

요와 과제를 함께 충족시킬 수 있는 가능성을 높여갈 수 있습니다. 예를 들어 전력 인프라 분야입니다. 많은 나라가 대규모 투자를 필요로 하고 있고, 중·일의 기업이 격렬하게 서로 경쟁해 왔습니다. 그러나 최근에는 양국 기업들이 기술력, 가격경쟁력, 네트워크 등 각각의 강점을 가지고 협력하여 프로젝트를 진행하는 사례도 나타나고 있습니다. 조금 전 그 성공사례를 패널로 기업의 여러분으로부터 설명받았습니다. 향후, 양질의 전력 인프라의 정비가 진행됨으로써, 현지의 발전에 크게 공헌해 나갈 것입니다.

이러한 협력을 추진하기 위해서는 공통의 사고방식, 즉 토대가 필요하다는 것도 잊지 말아야 한다고 생각합니다. 인프라 투자에 있어서 개방성, 투명성, 경제성, 대상국의 재정건전성과 같은 국제기준에 따라 프로젝트를 만드는 것이 중요합니다. (중략)

중·일 기업이 국제 표준에 입각해 비즈니스로서 지속 가능한 프로젝트를 진행시켜 각국의 본보기가 되는 것이 가능합니다. 일본과 중국에서 그 도움을 가능케 하면 좋겠습니다. 중국 정부도 질 높은 인프라, 개방성이나 투명성 등 국제 표준에 대해 말하고 있는 것으로 알고 있어 매우 든든하게 생각하고 있습니다.

처음에 중국에서 유래한 한자를 사용해 일본에서 발명된 말이, 그 후 중국에서 사용되고 있는 사례를 말씀드렸습니다. 사실 이런 단어는 일본과 중국에서만 사용되고 있는 것은 아닙니다. 예를 들면 베트남에서 이런 단어들이 쓰이고 있어요. 그것은 즉, 19세기부터 중·일 제3국 협력은 이루어지고 있었다는 것이 아닐까요. 이는 정부가 강제한 것이 아니라 당시 국제 표준이었던 한자와 서양문화가 융합되는 형태로 자연스럽게 일어난 것입니다.

오늘 포럼은 출발점입니다. 일본과 중국이 협력하여 국제 표준에

> 부합하고 제3국에도 이익이 되는 윈-윈의 프로젝트를 형성해 나가고자 합니다. 일본 정부로서도 중국 정부와 함께 강력하게 지지해 나갈 생각입니다.
>
> 오늘 이 자리에 계신 중·일 기업 여러분이 포럼에서의 논의를 통해 비즈니스의 추가 창출로 이어 주시기를 기대해 마지않습니다. 그래서 세계의 경제발전에 중·일이 함께 큰 공헌을 해 나가고, 그러한 성공사례를 차례차례 만들어 갈 것을 기대하며, 저의 말씀을 받아주셨으면 합니다. 감사합니다.[4]

제2기 아베 정권의 하반기에는 미일관계의 강화 속에서 중일관계도 일정하게 개선하는 양상을 보이면서 미중 경쟁 시대에 일본의 외교적 공간 확보에 일정하게 성공적인 모습을 보여주었다.

제2기 아베 정권의 외교정책은 국제질서에 대한 협조라는 대의로 논리체계가 구축되어 있는 가운데, 중일 협력이 국제질서 유지에 부합하는 것으로 위상지어 가능하다는 것이 2018년 아베 총리 연설의 논리 구성이다. 국제주의의 슬로건은 트럼프 시대에 구미사회에서 일본에 대한 긍정적 평가의 토대였다. 미국의 트럼프 행정부가 버리고 있는 국제질서를 일본이 수호하는 역할을 하고 있다는 평가인 것이다. 하지만, 일본에게 국제질서 유지의 구체적 방법은 상황에 따라 변화 가능하다. '자유롭고 열린'을 개방성, 투명성의 포괄적 개념으로 변용시켜서 중국과의 협력도 가능하게 융통성을 발휘한 것이다. 일본의 국제주의 강조가 진영적 성격 일변도가 아닐 수 있다는 유연성을 제2기 아베 정권 후반부에 보여주면서 일본은 중국, 아세안과의 관계도 원만하게 유지할

4 "日中第三国市場協力フォーラム 安倍総理スピーチ." https://www.kantei.go.jp/jp/98_abe/statement/2018/1026daisangoku.html

수 있었다. 트럼프 행정부에 대한 헷징 차원에서 일본은 '인도태평양'의 탈'동아시아'적 성격을 완화시켰다.

2023년 글로벌사우스 대응 전략을 인도태평양 외교의 일부로 논리 체계를 짜나가는 일본 정부의 노력은 인도태평양 외교 속에서 중일 협력을 꾀하였던 2010년대 말 제2기 아베 정권기 일본 외교의 연속성 속에서 이해할 수 있다. 물론 2000년 이후 일본 정부의 인도태평양 외교에서는 유연성이 다시 잠복되고 배타적 성격이 강화되었다. 코로나 팬데믹으로 중일 양국 간의 외교 관계가 진전되지 않는 가운데, 2020년 미국 대선에서 바이든이 당선되면서 미국으로부터의 불확실성이 완화되었다. 이 가운데 스가 요시히데(菅義偉) 정권과 기시다 정권에서 일본의 인도태평양 외교는 중국 배타적 성격이 전반적으로 증가하였다. 하지만, 일본 인도태평양 외교가 미중 경쟁 시대 진영성을 기본으로 하고 있지만, 그 속에서도 유연성을 내포할 수 있다는 점은 인도태평양 개념의 등장 이후 얼마 되지 않아 곧바로 발견되었다. 일본 인도태평양 외교의 진영성 속에서 유연성 발휘 가능성은 일본이 글로벌사우스 대응 전략을 인도태평양 외교 속에서 진행하는 과정의 맥락상 조건이 된다.

## IV. 일본의 글로벌사우스 전략의 구체화와 성격

### 1. G7 정상회의 이후 글로벌사우스 대응 전략의 구체화

2023년 기시다 총리의 인도 방문과 G7 히로시마 정상회의를 통한 일본의 글로벌사우스 전략의 방향성 수립은 2023년 하반기에 구체적

플랜 구성으로 나아가게 되었다. 일본 정부는 2023년 10월에 내각관방장관을 장으로 하는 '글로벌사우스 국가와의 제휴강화 추진회의(グローバルサウス諸国との連携強化推進会議)'를 설치하였다. 각 성청의 관련 국장급이 핵심 참여 대상이 되는 10월 17일 1차 회의에서 기시다 총리대신이 참여해서, 다음과 같이 발언하였다.

> 국제사회는 지금 역사의 전환점에 있으며, 세계 통합을 지향해 온 흐름과는 다른 움직임도 일어나고 있다. 이런 가운데 협치를 향한 세계를 지향하기 위해 올해 내가 인도를 방문했을 때 자유롭고 개방된 인도태평양(Indo-Pacific)을 위한 새로운 계획을 발표했다. 또한, 지난 5월 히로시마 정상회의에서는 이른바 글로벌사우스와의 관계 강화를 도모했다.
>
> 앞으로 일본으로서는 동지국과의 협력에 더해 글로벌사우스라고 불리는 신흥국, 개발도상국과의 연계를 강화하고 이들을 파트너로 삼는 것이 일본의 경제안보 측면을 포함한 국익에 부합하는 동시에 국제사회의 분열과 대립의 움직임을 협력으로 이끌 수 있다고 생각한다.
>
> 글로벌사우스와의 협력에 있어서는 안정적인 국제질서를 만드는 동시에 민관이 협력하는 플래그십 프로젝트를 구성하여 양국이 모두 이익이 되는 구조로 만들어 가고자 한다.
>
> 구체적으로는 일본 외교의 중요한 도구 중 하나인 공적개발원조(ODA)를 효과적으로 전략적으로 활용하는 한편, 일본 기업의 현지 진출을 가속화하는 등 경제 비즈니스 활동의 심화를 추진하겠다.
>
> 이를 위해 글로벌사우스 국가들과의 자유롭고 개방된 인도태평양을 위한 새로운 계획의 구체화를 위해 글로벌사우스 국가들과의 산업협력 강화, 효과적이고 전략적인 원조 활용 등을 통해 취약국가에

> 대한 지원과 협력을 위한 프레임워크 구축을 추진하여 글로벌사우스 국가들과 함께 번영을 도모해 나갈 것이다.
>
> 이러한 생각으로 관계부처가 협력하여 대응하기로 하고, 시급히 추진해야 할 시책들을 경제대책에 반영하는 한편, 향후 본회의를 통해 논의를 심화하여 내년 봄을 목표로 글로벌사우스 국가들과의 협력을 위한 정책을 마련해 주길 바란다.[5]

'글로벌사우스 국가와의 제휴강화 추진회의' 1차 회의에서 일본의 글로벌사우스 대응 전략은 인도태평양 외교의 일부로 연동시켜 위상 지운다는 것을 전제로 논의하는 가운데, 글로벌사우스의 다양한 국가들의 개별적 취약성 극복을 위한 일본의 지원을 세부적 방법으로 구체화할 것을 목표로 제시했다. 더불어 경제안보적 측면에서 글로벌사우스의 중요성을 강조하면서 일본의 국익 확보에 대한 글로벌사우스 외교의 의미를 역설하는 동시에, 글로벌사우스 대응 외교가 국제질서 유지강화 노력의 일환임도 강조하고 있다.

'글로벌사우스 국가와의 제휴강화 추진회의'는 2024년 6월 11일 2차 회의를 개최하고 '글로벌사우스 국가와의 새로운 협력 강화 방침(グローバルサウス諸国との新たな連携強化に向けた方針)'을 결정하였다.[6] 이 문서는 일본의 글로벌사우스 대응 전략의 기본 문서가 된다는 점에서 그 의의가 크다. 이 문서에서 일본 정부는 글로벌사우스 국가와의 협력의 1) 중요성, 2) 기본적 접근 방식, 3) 구체적 대응책을 제시하

5 "グローバルサウス諸国との連携強化推進会議(第1回) 議事要旨." https://www.cas.go.jp/jp/seisaku/global_south/dai1/gijiyousi.pdf

6 "グローバルサウス諸国との新たな連携強化に向けた方針(案)." https://www.cas.go.jp/jp/seisaku/global_south/dai2/siryou2.pdf

고 있다.

우선 중요성으로는 다음과 같은 네 가지가 제시되고 있다. 첫 번째로는 글로벌사우스 국가들의 향후 국제사회에서의 경제력 위상 강화와 외교적 영향력 증가에 대한 전망을 제시하고 있다. 두 번째로는 글로벌사우스 국가가 처한 다양한 문제들에 일본이 관여할 수 있는 가능성을 언급하였다. 도시화, 고령화 등 사회문제에 직면한 국가, 인프라, 공중보건, 교육에 문제가 있는 국가, 식량과 의료 부족에 시달리는 취약국가, 난민 발생과 기후변화의 영향 등으로 어려움을 겪고 있는 국가 등 글로벌사우스 국가의 여건이 다양한 가운데, 이에 대한 일본의 관여 가능성이 존재한다는 지적이다. 세 번째로는 경제안보적 측면에서 식량, 광물, 에너지 자원의 수입에 있어서 글로벌사우스 국가들이 중요한 대상임을 강조하고 있다. 네 번째로는 글로벌사우스 국가와의 협력이 '국제사회의 분열과 대립의 움직임을 조율'하는 데에도 중요하다는 점을 언급하고 있다.

이어서 기본적 접근 방식에서 세 가지 원칙을 제시하고 있다. 첫 번째 원칙은 글로벌사우스 국가와의 협력이 일본의 국익 증진에 도움이 되어야 한다는 것이다. 향후 경제적 성장 잠재력이 크고, 식량, 광물, 에너지 자원 수입처로 일본이 기대고 있는 글로벌사우스 국가들과의 협력 발전이 일본의 국익에 부합한다는 점을 재강조하고, 이 방향을 기본으로 한다는 원론적 원칙이다. 두 번째 원칙은 글로벌사우스 국가들을 미래 경제사회를 함께 만들어 가는 '공동창조'의 파트너로 생각해야 한다는 것이다. 글로벌사우스 국가에 대한 외교에서 개별 국가와 지역에 대한 맞춤형 대응책을 마련해야 한다는 원칙이다. 세 번째 원칙은 글로벌사우스 국가와의 협력 강화를 통해 국제 공익의 실현을 함께 지향해야 한다는 것이다. 이 원칙에서 글로벌사우스 국가들과의 협력이 국제사회의 분열과 대립의 움직임을 협력으로 이끌어 나가는 마중물이 되어야 한다는 점이 재강조되고 있다.

일본의 글로벌사우스 대응 전략의 중요성과 기본적 접근 방식에 대한 기술 중에서 주목할 지점은 중요성과 기본적 접근 방식의 세부 기술의 각각 마지막 부분에서 언급하고 있는 '국제사회의 분열과 대립의 움직임을 조율'하는 데 글로벌사우스 대응 전략이 중요하다는 점에 있다. 이 점은 일본의 글로벌사우스 대응 전략이 일본의 대미협력 외교의 방향성 속에서만 위치하지 않고, 미중 경쟁에 대한 일본의 헷징 전략 차원의 다면 외교적 성격이라는 점을 분명하게 보여주고 있다.

## 2. 경제 중심성과 ODA 전략의 연속성

'글로벌사우스 국가와의 새로운 협력 강화 방침'에는 일본 글로벌사우스 대응 전략의 중요성과 기본적 접근 방식에 이어서 구체적 대응책이 다음과 같은 7가지 내용으로 제시되고 있다. 1) 리스크 대응을 위한 시설-설비 구현, 2) 국제협력의 새로운 운영방식, 3) 일본 기업의 현지 진출을 위한 각종 지원, 4) 기존 인프라의 개념을 넘어선 새로운 영역의 민관협업, 5) 제3국 및 국제 프레임워크 등을 통한 협력 확대 강화, 6) 인재육성, 인적교류, 문화교류, 7) OSA 활용이 그 내용이다.

이 중에서 2)와 3)이 핵심적인 내용이 된다. 1차 회의 당시에 기시다 총리의 발언에서 유추되듯 일본의 글로벌사우스 전략의 구체적 실태는 결국 ODA의 효과적이고 전략적 활용이 중심자리에 놓여 있다. '글로벌사우스 국가와의 새로운 협력 강화 방침'의 2) 국제협력의 새로운 운영방식은 결국 ODA 제도의 강화와 일신을 의미한다. 2) 국제협력의 새로운 운영방식에서는 다음과 같은 네 가지가 제시되고 있다.

a) 다양한 형태의 ODA 확대, 제안형 협력 강화, b) '차세대 경제 프론티어' 형성, c) 글로벌사우스 국가들의 사회문제 해결에 기여하고, 그 결과를 국내에 환원, d) ODA 및 기타 공적자금(OOF)을 통한 기업의 경제활동 환경 조성을 강화하고, 이를 '촉매제'로 삼아 민간자금 동원을 더욱 촉진하는 등 새로운 국제협력의 틀을 구축하는 것이 그 내용이다.

하지만, 이러한 ODA의 중요성 및 수원국 맞춤형 ODA 전략의 변화 필요성에 대한 논의는 일본 내에서 글로벌사우스 대응 전략 이전부터 꾸준히 진행되어 온 내용이다. 2) 국제협력의 새로운 운영방식은 결국 대부분 신흥국인 글로벌사우스 국가들을 대상으로 ODA를 통해 이들 국가와의 협력 관계 구축을 도모하겠다는 지점에서 큰 폭의 변화라 보기 어렵다. 다만, 4) 기존 인프라의 개념을 넘어선 새로운 영역의 민관협업의 기술 내용은 ODA의 대상 분야의 변화를 암시하고 있다. 4) 기존 인프라의 개념을 넘어선 새로운 영역의 민관협업에서 제시된 세부 내용은 a) 인프라시스템 해외진출 전략 재점검, 2030년 전망의 새로운 전략 수립, b) 민관협력(PPP)을 포함한 프로젝트 형성에 적극 참여—스마트시티, 대중교통지향형 도시개발(TOD) 등 추진, c) 기후변화 적응대책 및 완화대책 추진, d) 경제안보상 중요한 인프라에 대한 적극적인 참여, e) 운영 및 유지관리(O&M)에 의한 사업 참여 등을 통한 안건에의 지속적 관여, f) 그린필드에 대한 공공기관의 적극적인 리스크 테이킹(Risk Taking)이다. 경제안보 관련 인프라, 스마트시트, 기후변화 대응책 등 현시대의 당면 과제에 대응하는 ODA 내용의 초점 변화를 암시한다. 즉, 인도적 지원보다는 경제 인프라 지원, 경제 인프라 중에서도 최근 기술발전에서 중요성이 커지고 있는 디지털 기술 도입을 통한 인프라 개선과 안보적 고려의 자원 개발 협력에 초점을 더욱 강조하겠다는 것을 암시한다.

3) 일본 기업의 현지 진출을 위한 각종 지원의 세부 기술에는 다음과 같은 내용이 포함되어 있다. a) 공정하고 지속 가능한 사업 환경 정비, 공적 금융을 통한 스타트업을 포함한 일본 기업의 해외 진출 지원 및 공급망 강건화 지원, 현지 실정에 맞는 자금 지원책 등의 홍보, b) 재외공관 등을 활용한 지원 강화, c) 국제개발금융기구(MDBs)를 포함한 국제기구와의 연계 강화 등을 통한 현지 기업 및 생산자와의 매칭, 각국 정부와의 협력안건 구성 추진, d) 국제표준의 국가전략 신규 수립, e) 비즈니스상 분쟁처리 협력, f) 지방 자치단체와 연계한 지역 기업의 해외 진출 촉진, g) 조세조약 네트워크 확충이 그 내용이다. 하지만 ODA와 연계된 일본 기업의 해외 진출 지원에 관한 기술에서 이번 지침은 그다지 새로운 점이 없다. 1) 리스크 대응을 위한 시설-설비 구현의 내용도 결국 ODA를 강조하는 2)의 내용과 일본 기업 해외 진출에 대한 3) 내용이 합쳐져 민관협력 속에서 글로벌사우스 각 국가에 맞춤형 리스크 해소 대응 인프라 투자를 실시하겠다는 것이다.

달리 말하자면 글로벌사우스 대응 전략의 구체 내용은 기존의 ODA와 민간 기업의 해외 투자를 융합해서 개도국 또는 신흥국의 인프라 투자에 적극 나서겠다는 정책을 계승하는 가운데, '개도국' 또는 '신흥국'의 표현을 '글로벌사우스'로 바꾼 것에 지나지 않는다는 해석도 가능하다. 글로벌사우스 국가와의 협력 강화에 있어서 경제 협력을 중심에 놓고 경제 협력 진전의 마중물로 정부의 ODA를 활용한다는 점에 있어서 일본 글로벌사우스 대응 전략은 일본이 전후 이래로 전개해 온 동남아 외교와 제3세계 외교의 전통에 서 있다.

이번 방침이 기존의 일본 ODA 전략과 비교해 볼 때 가장 두드러지게 차이가 나는 내용은 구체적 대응책 7) OSA의 강화에 있다. 정부 안전보장능력강화지원(OSA)은 일본의 경제안보정책과 더불어 2020년대에 일본의 정책 내용으로 등장한 것으로 '동지국의 안전보장상의 능력 및 억지력'을 향상시키기 위해 ODA와 별개로 안보적 기자재 제공과 인프라의 정비에 자금협력을 실시하는 것을 그 내용으로 한다. 글로벌사우스 국가들 중에서 안보적 측면에서 일본의 동지국으로 고려되는 국가에 대한 군사적 지원을 의미한다. OSA는 ODA의 경제적 성격과는 차별화되는 것으로 일본 안보정책의 능력지원구축사업과 연계되어 해외 신흥국에 대한 안보적 지원이 가능케 하는 것이다. 이 지점은 선명하게 ODA 전략의 경제 중심성과는 결을 달리한다.

한편, 구체적 대응책 5) 제3국 및 국제 프레임워크 등을 통한 협력 확대 강화는 일본의 글로벌사우스 대응 전략이 미중 경쟁 시대에 진영적 성격으로 전개될지 이와 다른 다면적 성격으로 전개될지 판단하는데 중요한 부분이 된다. 5)의 세부 내용으로 제시된 것은 a) 일본 단독 진출이 어려운 국가에 대해 제3국을 경유한 수출 촉진 등을 위한 산업협력 및 거점 정비, b) 동지국과의 연계를 포함한 공급망 강건화, c) 무역실무 등의 디지털 트랜스포메이션(DX)에 기여하는 디지털 공공기반에 대해 동지국가와 연계하면서 일본 주도로 구축, d) IPEF, AZEC 등 국제 프레임워크를 통한 인도태평양 지역의 지속 가능하고 포용적인 경제성장 및 GX 실현이다. 이 부분에서 동지국과의 연계가 중점적으로 기술되어 있으면서, 관련 국제적 협력 틀로 IPEF(Indo-Pacific Economic Framework)와 AZEC(Asia Zero Emission Community)이 제시되고 있다. IPEF와 AZEC 모두 일본, 호주, 동남아 국가들 중심 속에서 중국이 배제되어 있다는 공통점이 있다. 이는 표면적으로는 글로벌사우스 대응책의 중점 방법인 ODA의 진영적 성격을 보여주는 것으로 보인다.

하지만, 2017~18년의 사례에서 보듯이 해외 인프라 협력은 중일 양국이 협력을 가장 쉽게 취할 수 있는 부분이기도 하다. 현재 일본의 글로벌사우스 대응 전략에서 신흥국 인프라 개발 에 대한 국제 협력에 관한 부분이 동지국 중심으로 기술되어 있는 것은 제1기 트럼프 정권 시절 일본의 인프라 개발 국제협력에 대한 일본의 태도를 비추어 볼 때, 향후 변화될 가능성도 있어 보인다. '국제사회의 분열과 대립을 협조로 이끄는' 글로벌사우스 대응 전략에 대한 일본의 외교 목표가 현재의 구체적 대응책에서 잘 드러나지 않고 있다. 다만, 일본 외교에서 글로벌사우스가 가지는 의미가 진영 외교가 아닌 진영을 넘는 다면적 협조 외교를 모색한다는 점이 제2기 트럼프 행정부 출범 조건 속에서 어떠한 구체적 내용의 조정으로 드러날지 주목되는 지점이다.

## V. 일본의 다면 외교 전통과 글로벌사우스 전략

일본의 글로벌사우스 대응 전략이 일정한 탈진영성을 지닐 것으로 전망되는 배경으로 논의될 수 있는 것은 일본이 전후 냉전 시기에 추구한 탈진영적 외교의 경험이다. 물론 일본은 냉전 시기 샌프란시스코 체제로 불리는 미국 주도 동아시아 지역질서의 적극적 협력국의 위치에서 벗어난 적이 없다. 샌프란시스코 체제는 미군의 일본 주둔을 전제로 하고 있다. 다만, 직접적으로 공산주의권 국가와 무력 충돌을 벌인 적이 없는 일본은 한국이나 타이완과는 달리 공산주의권 국가와 비동맹 국가들과의 관계에서 상대적 유연성을 지닐 수 있었다. 그러한 조건 속에서 전후외교사에서 일본은 때때로 진영을 넘는 협조 외교를 추구하였다.

1950년대 한국전쟁 이후 인도, 인도네시아 등이 진영 대립 구도에서 벗어난 비동맹 외교 노선을 추구하며 아시아-아프리카 연대를 모색하며 이루어낸 1955년 반둥회의에 일본의 참가는 진영 외교를 넘는 다면 외교의 대표적 사례이다. 물론 일본의 반둥회의 참여는 주도국이 반공국가(파키스탄, 스리랑카 등)와 비반공국가(인도, 인도네시아 등)로 나누어진 가운데, 이들 사이에 중국 참여 문제로 갈등을 빚던 맥락 속에서 가능한 일이었다. 더불어 미국이 반둥회의에서 반공국가들을 지원할 필요성을 느껴서 일본이 회의에 참여하는 것을 암묵적으로 허용하였다. 다만, 일본의 반둥회의 참가는 일본 국내적으로는 당시 하토야마 이치로(鳩山一郎) 정권이 보여주었던 반요시다 노선의 자주 외교 강조 지향과 연계된다. 즉, 미국 중심 외교를 다면화하는 정책 고려 속에서 일본의 반둥회의 참여가 이해될 수 있다. 반둥회의의 주도국들은 냉전 진영질서에 대한 정치적 비동맹 노선 수립 확립을 지향하였지만, 반둥회의는 비동맹 연대의 협력을 적극화하는 데 한계가 있었다. 반둥회의에 일본 대표로 참여한 경제기획청 장관 다카사키 다츠노스케(高碕達之助)가 강조한 경제발전 중심성과 경제 협력 강조론은 일본의 전후 아시아 외교 및 제3세계 외교의 출발점이라 할 수 있다. 반둥회의에서 일본은 진영 외교를 넘는 적극성을 보였다고 보기 어려우나, 진영을 넘는 다면 외교를 경제 협력을 통해 추진하고자 하는 일본 아시아 외교의 유연성을 드러내 준다. 일본의 경제 중심적 다면 외교 성격은 1965년 이전 공산주의 세력과의 협력을 도모했던 인도네시아 수카르노 정권과의 밀접한 협력 구축 노력에 대한 일본의 적극적 자세에서도 발견된다(Miyagi 2018).

일본의 보다 적극적인 다면 외교의 대표적 사례는 1977년 후쿠다 독트린이다. 1977년 후쿠다 다케오(福田赳夫) 총리의 동남아시아 방문

중에 발표된 후쿠다 독트린은 1975년 베트남 통일과 미국의 아시아에서의 관여 축소 맥락에서 일본의 적극적 아시아 협력 구축 노력의 일환이었다. 후쿠다 독트린은 반베트남 성향의 당시 아세안 국가들과 공산주의 베트남의 지역 공존을 일본의 경제적 지원을 통해 추구하겠다는 의미를 지닌다. 물론 이후 베트남의 소련 경사 속에서 후쿠다 독트린의 취지는 달성되지 못했으나, 후쿠다 독트린은 반공주의 일원이 아니라 하더라도 일본이 기축을 삼고 있는 미일안보체제의 근간을 인정한다면(1972년 이후 중국과 같이), 일본이 경제력을 통해서 적극적으로 그들 국가와 협력 관계를 구축할 수 있다는 전방위외교의 성격을 지닌다(若月秀和 2000). 1970년대 후반 일본의 전방위외교 노선은 신냉전의 도래 속에서 동남아에서의 일본의 영향력 제고의 목표를 달성했다고 보기 어렵다. 하지만, 전방위외교 노선은 일본 외교가 진영성에 국한되지 않고, 진영의 경계 밖에서 자기 이익 확보를 위해 추구하는 다면 외교의 전통을 다시 한번 보여주었다.

물론 일본의 다면 외교는 전후 일본 외교 진영성의 근간인 미일안보체제와 대등한 수준의 것이 아니다. 다만, 진영 외교가 국제 공간의 모든 이슈를 장악하지 않는 가운데, 회색 지대 공간에서 최대한의 국익 제고를 위한 탈진영성이 다면 외교의 전통으로 때때로 드러난다는 점이 전후 일본 외교사에서 발견된다. 최근 일본의 글로벌사우스 대응 전략에서 발견되는 '국제사회의 분열과 대립을 협조로 이끄는' 목표는 일본의 외교 전통 맥락에서 볼 때, 진영성과 충돌하는 것이 아닌 진영성 속에서도 가능한 공간에서 다면 외교를 추구한다는 기존 외교 패턴의 연속적 성격으로 고려될 수 있다.

## VI. 결론: 헷징 전략으로서의 일본의 '가교' 외교와 글로벌 사우스

'글로벌사우스 국가와의 새로운 협력 강화 방침'에 '가교(架け橋)'라는 단어는 두 번 사용되었다. 2023년 G7 히로시마 정상회의에서 일본은 선진국과 글로벌사우스 국가 사이의 '가교' 역할을 담당했으며, 2024년 OECD 각료이사회에서 OECD 가맹국과 아시아 지역 국가의 '가료'로 리더십을 발휘했다고 기술하고 있다. 일본 외교 문서에서 '가교'는 매우 빈번하게 사용되는 단어이다. 물론 '가교'는 수사적 성격에서 벗어나서 일본 외교를 설명하는 적극적 개념으로 사용되었다고 보기 어렵다.

다만 '가교'는 일본 국가정체성에 발견되는 복잡성의 산물이기도 하다. 근대 이래로 문명과 반문명 사이, 서구와 아시아 사이의 일본 국가정체성 인식을 반영하고 있다. 전후에 있어서 서구와 아시아의 구도는 선진국 대 개도국으로, 문명과 반문명은 동서 진영 대립으로 변화되었다. 전후 일본 외교에서 '가교' 외교는, 동서 진영 대립에서 기회의 창이 생길 때 서방 진영 밖에서, 개도국에서 선진국으로 이동한 일본의 경험을 강조하며 일본의 국익 확대의 외교를 추구하는 양상에 대한 스스로의 레토릭으로 사용되어 왔다.

물론, 일본의 '가교' 외교가 실제 진영 간의 대립 구도의 관계 개선을 만들어 냈다고 판단되기 어렵다. 실제 '가교' 외교는 그 자체가 목표라기보다는 서방 진영의 일원이면서 비서방 진영의 개도국 정체성을 주목하며 개도국에 대한 경제 협력을 통해 일본의 국가 영향력을 확대하는 양상에 대한 화장술일 것이다. 다만, 이러한 화장술의 실체인 진영 밖에 대한 적극적 관여는 일본이 진영성 속에서 유연성을 확보해

내는 방법이었다. '가교'는 레토릭이지만, 일본의 '가교' 외교 전통은 진영 대립 속에서 올인 진영 외교의 위험 부담을 회피하는 헷징 전략 차원의 성격을 지닌다(武田知己 2020). 이러한 관점에서 글로벌사우스의 대두에 대한 일본의 대응 전략은 헷징 전략으로서의 '가교' 외교 측면에서 이해될 수 있다.

# 참고문헌

"Confluence of the Two Seas." https://www.mofa.go.jp/region/asia-paci/pmv0708/speech-2.html
"G7 Hiroshima Leader's Communique." https://www.mofa.go.jp/policy/economy/summit/hiroshima23/documents/pdf/Leaders_Communique_01_en.pdf?v20231006
"The Future of the Indo-Pacific." https://www.mofa.go.jp/files/100477739.pdf
"グローバルサウス諸国との連携強化推進会議(第1回) 議事要旨." https://www.cas.go.jp/jp/seisaku/global_south/dai1/gijiyousi.pdf
"グローバルサウス諸国との新たな連携強化に向けた方針(案)." https://www.cas.go.jp/jp/seisaku/global_south/dai2/siryou2.pdf
"日中第三国市場協力フォーラム　安倍総理スピーチ." https://www.kantei.go.jp/jp/98_abe/statement/2018/1026daisangoku.html
Abe, Shinzo. 2012. "Asia's Democratic Security Diamond." Project Syndicate. December 27. https://www.project-syndicate.org/onpoint/a-strategic-alliance-for-japan-and-india-by-shinzo-abe

박영준. 2018. "일본 아베 정부의 미일동맹 정책과 지구본 외교: "국제협조주의"와 "전략적 자율성"의 사이." 『국방연구』 61(3): 183-201.
조은일. 2020. "아베 시기 일본의 '자유롭고 열린 인도-태평양' 지역전략." 『한국과 국제정치』 36(2): 73-103.

Campbell, Kurt. 2016. *The pivot: the future of American statecraft in Asia*. Twelve.
Hosoya, Yuichi. 2024. "Japan and the Rise of the Global South: Can Japan's Free and Open Indo-Pacific Vision Survive?" *Asia-Pacific Review* 30(3): 17-29.
Lee, Junghwan. 2024. "Abe Shinzo and Value-Oriented Diplomacy: Combining Global Norms and Domestic Ideology." *International Area Studies Review* 27(2): 180-195.
Miyagi, Taizo. 2018. *Japan's Quest for Stability in Southeast Asia: Navigating the Turning Points in Postwar Asia*. Routledge.

武田知己. 2020. "日本の「架け橋外交」戦略の戦前と戦後―未完の自画像―." 『国際政治』 200: 200-222.
細谷雄一. 2020. "リベラルな国際秩序と日本外交." 『国際問題』 690: 5-12.
若月秀和. 2000. "福田ドクトリン: ポスト冷戦外交の「予行演習」." 『国際政治』 125: 197-217.
伊藤融. 2023. "インドの「グローバルサウス」外交と日本の向き合い方." http://ssdpaki.la.coocan.jp/proposals/145.html

田中明彦. 2018. "「自由で開かれたインド太平洋戦略」の射程." 『外交=Diplomacy』 47: 36-41.
佐橋亮. 2020. "米中対立と日本: 関与から戦略的競争に移行するアメリカを中心に." 『国際問題』 688: 5-17.
中西寛. 2018. "日本外交における「自由で開かれたインド太平洋」." 『外交=Diplomacy』 52: 12-19.
添谷芳秀. 2020. "日本のインド太平洋外交と近隣外交." 『国際問題』 688: 18-32.

# 제5장 글로벌사우스의 부상과 국제정치경제의 변동

이왕휘(아주대학교 정치외교학과)

## I. 머리말

글로벌 경제 거버넌스에 영향을 미치는 무역·투자·금융·개발·환경 등 거의 모든 분야에서 글로벌사우스의 영향력이 확대되고 있다(UNCTAD 2018; Balfour et al. 2022; El Aynaoui et al. 2023; Wilson 2023; Hiebert 2023; Stuenkel 2024). 2022~25년 인도네시아, 인도, 브라질, 남아프리카공화국이 G20 의장국을 연이어 맡았다. 2023년 1월과 11월 인도는 125개국이 참여하는 글로벌사우스 정상회담(Voice of the Global South Summit)을 개최하였으며 중국도 글로벌 싱크탱크대화(Global Think Tank Dialogue)를 2023년 신설하였다. 브라질, 러시아, 인도, 중국이 2009년 창설한 브릭스(BRICS)는 2010년 남아프리카공화국에 이어 2024년 사우디아라비아, 아랍에미리트연합, 아르헨티나, 에티오피아, 이란, 이집트를 새로운 회원국으로 각각 받아들여 브릭스 플러스(BRICS Plus)로 발전하고 있다.

경제 규모에서 글로벌사우스는 글로벌 노스와 대등한 수준으로 성장하였다. 구매력 국내총생산(GDP) 기준으로 브릭스 11개국은 미국, 독일, 일본, 프랑스, 영국, 이탈리아, 캐나다의 G7보다 더 크다. 브릭스가 G7보다 더 높은 경제성장률을 30년 이상 유지한다면, 명목 GDP에서도 브릭스가 G7을 추월할 수 있을 것이다.

그렇다고 해서 글로벌 경제 거버넌스에서 글로벌사우스가 글로벌 노스를 당장 압도하는 것은 아니다. 경제력을 외교적 영향력으로 전환하기 위해서 글로벌사우스는 두 가지 문제를 해결해야 한다. 첫째는 중국과 인도 사이의 대립을 완화해야 한다. 전략경쟁에 돌입한 양국은 글로벌 경제 거버넌스에 대해서도 상당히 다른 입장을 견지하고 있다. 중국이 일대일로 구상을 독자적으로 추진해온 반면, 인도는 미국의 인도태평양전략에도 참여하고 있다. 둘째는 서구 중심의 글로벌 경제 거버넌스–즉 브레튼우즈 체제–의 한계를 극복할 수 있는 대안을 제시해야 한다. 1970년대 불평등하고 불공정한 구조를 개선하기 위해 G77이 제안한 신국제경제질서가 1980년대 신자유주의에 의해 사장된 이후, 글로벌사우스는 글로벌 노스와 차별화된 목표와 의제를 도출하지 못했다.

글로벌사우스의 경제적 부상은 우리나라에게 기회이자 도전이다. 우리나라는 1964년 설립된 유엔무역개발회의(UNCTAD)가 개발도상국에서 선진국으로 지위를 변경시킨 유일한 국가이다. 이런 점에서 우리나라의 경험은 글로벌 경제 거버넌스의 개혁에 중요한 함의를 가진다. 그러나 아직도 우리나라에서는 글로벌사우스를 공적개발원조(ODA)와 시장 다변화의 대상으로만 간주하는 수준에 머무르고 있다. 장기적인 관점에서 우리는 글로벌사우스를 공정하고 평등한 글로벌 경제 거버넌스를 구축하는 동반자로 삼아야 한다.

## II. 글로벌사우스의 기원

글로벌사우스는 지리적 구분으로 출발했지만, 식민주의의 지배와 타자화의 관계, 세계경제의 구조에서 저발전 지역, 또는 직접 행동과 연대를 통한 지배구조에 대한 정치적 도전을 내포하는 중층적 개념으로 진화하였다. 이러한 다양한 의미들을 관통하는 공통점은 선진국 중심의 경제발전에 대한 개발도상국과 저개발국의 고민과 불만이다(Dirlik 2007; Dados and Connell 2012; Haug et al. 2021; Sud and Sanchez-Ancochea 2022; Ero 2024).

1940년대 말 미국과 유럽 중심의 브레튼우즈 체제가 확립된 이후 아시아, 아프리카, 라틴 아메리카의 개발도상국과 저개발국가는 독자적인 개발 전략을 꾸준하게 모색해 왔다. 1955년 인도네시아 반둥에서 개최된 아시아-아프리카회의(Asia-African Conference)는 미국이 대표하는 제1세계와 소련이 주도하는 제2세계에 편승을 거부하는 제3세계를 도모하였다. 1964년 설립된 UNCTAD의 사무총장이었던 라울 프레비시는 '개발을 위한 새로운 무역정책을 위하여'라는 보고서에서 서구의 경험과 차별화된 성장 전략을 제시하였다.

1967년 유엔에서 출범한 G77은 2023년 말 기준 134개국을 포함하는 조직으로 성장하였다. 1970년대 제3세계는 식민지와 저개발의 경험을 체계화한 세계체제론과 종속이론을 바탕으로 신국제경제질서(New International Economic Order)를 제안하였다. 이 제안은 1978년 아르헨티나 부에노스아이레스에서 열린 UNCTAD 개발도상국 기술협력회의에서 구체화되었다(김태균·이일청 2018).

이런 노력에도 불구하고 글로벌사우스와 글로벌 노스의 격차는 축소되지 않았다. 1980년 빌리 브란트 전 서독 총리가 위원장을 맡았던 국제개발문제독립위원회는 경제발전 단계와 소득수준을 분석해 개발도상국 및 저개발국이 남반부, 선진국이 북반부에 집중되어 있다는 사실을 보여주었다.

신국제경제질서를 구축하려는 G77의 노력은 1980년대 등장한 신자유주의적 세계화에 의해 좌절되었다. 1970년대 말 중국의 개혁개방 정책의 도입 및 1990년대 초 소련의 몰락으로 제2세계가 해체되면서 제3세계도 유효성을 상실하였다. 이런 악조건 속에서도 G77은 정체성을 유지하기 위한 시도를 중단하지 않았다. 그러나 G77은 비동맹과 제3세계처럼 제국주의/식민지 또는 중심/주변의 이분법 속에서 독자적

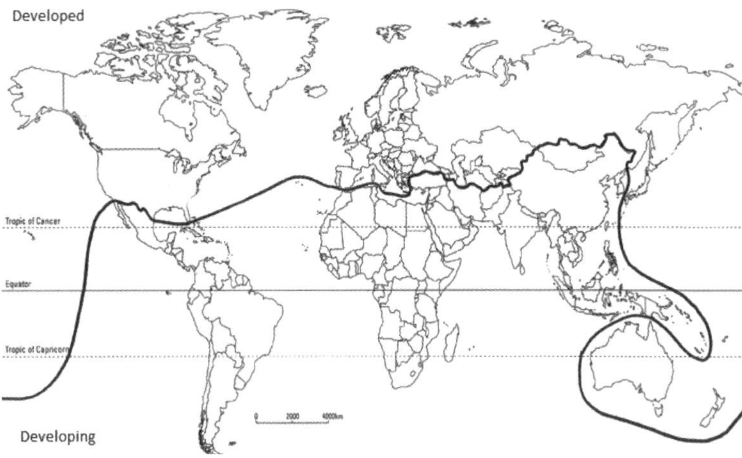


**그림** 5.1 브란트 라인

자료: Frankema(forthcoming, 6)에서 재인용.

발전 모델을 더 이상 고집하지 않았다. 그렇다고 해서 G77이 신자유주의적 세계화가 전면적으로 포용된 것도 아니다. 그 결과 한편에서 불공정한 경쟁을 비판하지만 다른 한편에서는 원조와 투자를 유치하는 대항적 공존(contentious coexistence)이 형성되었다(Hogan and Patrick 2024; 김태균 2023).

## III. 글로벌사우스의 부상

2008년 글로벌 금융위기 발발 이후 신자유주의와 세계화가 퇴조하면서, 개발도상국과 저개발국은 새로운 대안을 모색하기 시작하였다. 이 국가들은 G20에서 개발도상국의 입장을 옹호하는 것은 물론 브레튼우즈 체제에 대한 근본적 대안을 탐색하고 있다. 특히 이 국가들의 목표는 글로벌 경제 거버넌스의 불평등과 불공정을 해소하는 수단으로 남남협력(South-South Cooperation)이다(Zhou Guiyin 2024).

21세기 글로벌사우스는 20세기 비동맹 및 제3세계와 세 가지 근본적 차이가 있다. 첫째, 경제와 무역 규모에서 글로벌사우스는 글로벌 노스와 격차를 크게 줄였다. 명목 GDP 기준으로 G7과 글로벌사우스를 대표하는 브릭스(BRICS) 사이에는 아직도 차이가 크다. 그러나 구매력 기준 GDP에서 글로벌 노스를 대표하는 G7을 2010년 말에 능가하였다.

둘째, 국제경제기구를 설립하여 미국 중심의 브레튼우즈 체제에 도전할 수 있는 기반을 착실히 구축하고 있다(Klingebiel 2023; Rowley 2024). 가장 대표적인 기구는 2009년 중국, 러시아, 브라질, 인도(2011년 남아프리카공화국이 가입)가 결성한 브릭스이다. 2024년 아랍에미리트(UAE), 아르헨티나, 에티오피아, 이란, 이집트가 정식 회원국이

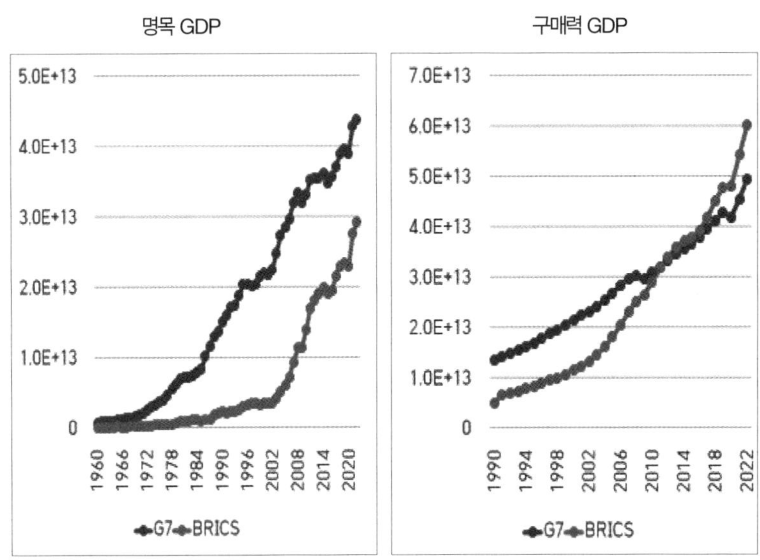


**그림 5.2** G7과 브릭스의 GDP 비교

출처: World Bank, DataBank (https://data.worldbank.org/indicator).

되어 브릭스는 브릭스 플러스로 발전하였다. 2023년 기준 브릭스 플러스는 세계 인구의 44.8%, GDP(구매력 기준)는 35.8%를 차지하였다. 2024년 카잔 정상회담에서 튀르키예, 벨라루스, 카자흐스탄, 우즈베키스탄, 알제리, 나이지리아, 우간다, 볼리비아, 쿠바, 인도네시아, 말레이시아, 태국, 베트남이 파트너국으로 승인되었다(https://brics-russia2024.ru/en/summit/).

더 나아가 브릭스가 세운 신개발은행(NDB) 및 위기대응기금(CRA), 중국이 독자적으로 창설한 아시아인프라투자은행(AIIB)을 각각 창립하여 브레튼우즈 체제를 대체할 수 있는 기반을 구축하였다.

마지막으로 글로벌사우스의 외연이 꾸준히 확대되어 UN에서 다수파를 형성하였다. 1960년대 UN 내 77그룹은 현재 134개국, 1970년

**표 5.1** 세계통화금융질서

| | 신개발은행 | 세계은행 | 위기대응기금 | IMF | AIIB | ADB |
|---|---|---|---|---|---|---|
| **주요국 지분** | 중국(20)<br>러시아(20)<br>인도(20)<br>브라질(20)<br>남아프리카(20) | 미국(16.05)<br>일본(8.94)<br>중국(5.76) | 중국(410)<br>러시아(180)<br>인도(180)<br>브라질(180)<br>남아프리카(50) | 미국(17.69)<br>일본(6.56)<br>중국(4.00) | 중국(30.6)<br>인도(8.6)<br>러시아(6.7)<br>독일(4.6)<br>한국(3.8) | 미국(15.6)<br>일본(15.7)<br>중국(6.47) |
| **총재** | 순환 (현재 브라질) | 미국 | 순환 | 유럽 | 순환 (중국) | 일본 |
| **회원국** | 9 | 190 | 5 | 190 | 109 | 67 |
| **자본금** | 1,000억 $ | 2,232억 $ | 1,000억 $ | 3,620억 $ | 1000억 $ | 1,628억 $ |
| **설립 목적** | 사회간접자본 지속가능한 성장 수요 충족 | 전쟁 복구 개발 지원 | 외환 위기 대비 | 외환 위기 대비 | 사회간접 자본 투자 | 빈곤 퇴치 |

자료: 각 기관 홈페이지.

대 비동맹그룹은 120개국(https://nam.go.ug/)으로 발전하였다. 2023년 1월 인도가 개최한 제1회 글로벌사우스의 목소리 정상회담(1st Voice of Global South Summit)에 124개국이 참가하였다.

## IV. 서방의 대응

서방에서는 글로벌사우스의 도전에 세 가지 반응을 보이고 있다. 첫째, 글로벌사우스가 실체가 없는 허상이라고 비판하고 있다. 글로벌사우스를 포괄적으로 대표하는 국제기구가 없다는 것이다(Patrick and Huggins 2023).

둘째, 글로벌사우스에 적극적으로 참여하는 국가들 일부가 권위주의적 체제를 가지고 있다. 이 국가들은 중립을 가장해 미국 중심의 규칙기반 자유주의적 국제질서의 이탈 또는 전복을 획책하고 있다고 의심받고 있다(Spektor 2023; Stuenkel 2023).

마지막으로 중국과 러시아의 영향력을 견제하기 위해서 글로벌사우스와 대화를 시도해야 한다는 주장도 있다(Kürzdörfer and Narlikar 2023; Alterman and McElwee 2024; Ashton 2024; Ha and Thao 2024; Vinjamuri and Yoeli 2024; Cohen and Kisling 2024; Parameswaran 2024).

미국의 입장에서는 글로벌사우스에서 주도적 역할을 수행할 수 있는 신흥국가들이 중국이 주도하는 국제경제기구에 가입했다는 점을 우려하고 있다. 10대 국가들 중 아시아인프라투자은행(AIIB), 일대일로, 브릭스, 상해협력기구에 하나도 가입하지 않은 국가는 멕시코가 유일하다.

**표 5.2** 중국 주도 국제기구 가입 현황

| 국가 | AIIB | 일대일로 | 브릭스 | 상해협력기구 |
|---|---|---|---|---|
| 사우디아라비아 | ✓ | ✓ | ✓ | ✓ |
| 인도 | ✓ | × | ✓ | ✓ |
| 남아프리카공화국 | ✓ | ✓ | ✓ | × |
| 태국 | ✓ | ✓ | × | × |
| 튀르키예 | ✓ | ✓ | × | ✓ |
| 인도네시아 | ✓ | ✓ | × | × |
| 브라질 | ✓ | × | ✓ | × |
| 나이지리아 | ✓ | ✓ | × | × |
| 아르헨티나 | ✓ | ✓ | × | × |
| 멕시코 | × | × | × | × |

출처: Chivvis and Geaghan-Breiner(2024, 22).

## V. 글로벌사우스/노스 대 글로벌사우스/이스트/웨스트: 중국 문제

글로벌 경제 거버넌스에서 글로벌사우스의 범위와 역할에 대해서는 합의가 없다. 글로벌사우스/글로벌 노스 대신에 글로벌사우스/이스트/웨스트로 구분해야 한다는 주장도 있다. 이 주장에 따르면, 글로벌 웨스트는 글로벌 노스와 동일하지만 글로벌사우스는 글로벌사우스와 글로벌 이스트와 나눠지게 된다(Ikenberry 2024).

중국을 글로벌사우스가 아니라 글로벌 이스트로 구분하는 것은 두 가지 문제를 내포한다. 첫째는 중국의 역사적 기여를 간과하는 것이다. 냉전시대부터 중국은 양개중간지대론(兩個中間地帶論) 및 삼개세

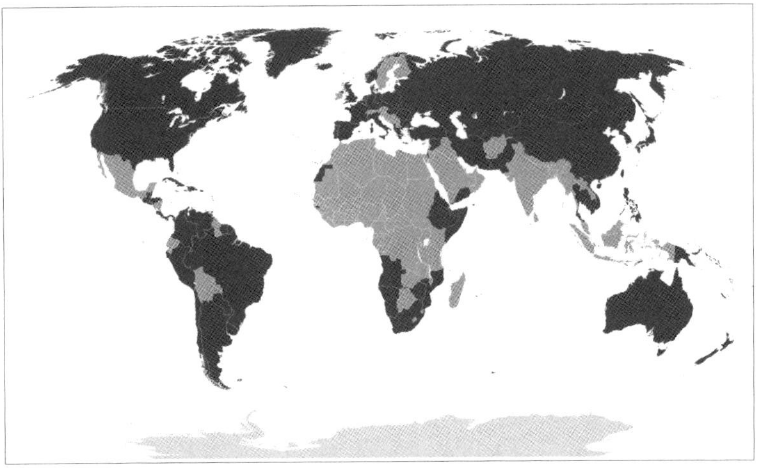

**그림** 5.3 글로벌사우스/이스트/웨스트

자료: CIGA Staff(2024).

계이론(三个世界理论)을 통해 글로벌사우스에 대한 관심을 보여주었다. 마오쩌둥 주석은 1960년대 초 미국과 소련에 연합하지 않은 아시아·아프리카·라틴 아메리카의 제1중간지대와 유럽, 일본 등 선진 자본주의 국가의 제2중간지대에 주목하였다. 소련과 분쟁 이후 미국과 수교를 결정한 마오 주석은 1970년대 초 미·소의 초강대국을 제1세계, 기타 서방 세계의 선진국과 동유럽 내의 사회주의 국가들을 제2세계, 중국을 포함한 개발도상국을 제3세계로 구분하였다. 덩샤오핑 부총리가 1974년 4월 UN 총회 특별세션에서 이 개념을 신국제경제질서에 처음으로 적용하였다(백지운 2024).

중국이 UN에 가입한 1971년부터 2019년까지 유엔총회의 4,446회 투표 결과는 중국과 글로벌사우스가 상당히 유사한 입장을 보여주고 있다.

둘째는 중국의 대외원조를 경시하는 것이다. 중국은 개혁개방 이

**그림** 5.4 중국과 투표 유사성: 1971-2019년 유엔총회 4,446회 투표
자료: Amighini(2024, 30).

후 세계 제2위의 경제대국으로 국력을 대외에 적극적으로 투사하고 있다. 아직 선진국으로 도약하지 못했음에도 불구하고 중국은 대외원조에도 소홀하지 않았다. 일대일로 구상과 AIIB를 통해 개발도상국에 인프라 건설을 지원하고 있다(Murphy 2022; Amighini 2024; Yau 2024; Runde et al. 2024).

이런 맥락에서 중국을 글로벌사우스가 아니라 글로벌 이스트로 구분하는 것은 중국의 리더십을 견제하려는 의도에 기반을 두고 있다. 중국이 글로벌사우스에 소속되어 있지 않다면, 중국은 글로벌사우스의 리더가 될 수 없다(Schuman 2023; Fiala et al. 2023; Shidore 2024; Kawashima 2024). 중국이 글로벌사우스에서 배제되면, 인도가 리더 역할을 차지할 것이다(Anirudhan and Mathew 2024; Miller 2024; Ishizuki 2023; Zhou Bo 2024; Bhardwaj 2023).

이런 배경에서 중국은 자국을 글로벌 이스트로 간주하는 논리를 강력하게 거부하고 있다. 시진핑 주석은 카잔 브릭스 정상회담에서 "국제 지형이 어떻게 변화하든 중국에 있는 우리는 글로벌사우스를 마음속에 간직하고 글로벌사우스에 있는 우리의 뿌리를 유지할 것이다"(Xi 2024)라고 주장하였다. 이렇게 중국이 글로벌사우스를 중시하는 이유는 개발도상국의 대표라는 정체성을 고수하는 데 있다(Zhao 2023; Li 2024).

서방은 중국을 글로벌사우스에서 배제하는 것을 선호한다. 일본, 한국, 호주 등이 포함된 기타 선진국의 지지만으로 미국이 중국과 인도의 연합을 대적하기가 쉽지 않다. 미국의 입장에서는 전략적 자율성을 추구하는 EU+를 전적으로 신뢰하기 어렵다. 성장 잠재력이 풍부한 인도, 인도네시아, 동남아시아 국가들이 중국을 지지하면, 글로벌 경제의 중심추가 미국에서 중국으로 이동할 것이다.

**표 5.3** 세계경제의 분화 시나리오

| 국가/지역 | GDP (비중) | 양극+ 비동맹 신흥 | EU+비동맹 | 비동맹 신흥+ 중국 | 비동맹 신흥+ 미국 |
|---|---|---|---|---|---|
| **미국** | 16.0 | 미국 편승 | 미국 편승 | 미국 편승 | 미국 편승 |
| **중국** | 17.5 | 중국 편승 | 중국 편승 | 중국 편승 | 중국 편승 |
| **EU+** | 15.6 | 미국 편승 | 비동맹 | 미국 편승 | 미국 편승 |
| **기타 선진국** | 13.8 | 미국 편승 | 미국 편승 | 미국 편승 | 미국 편승 |
| **인도/인도네시아** | 9.6 | 비동맹 | 비동맹 | 중국 편승 | 미국 편승 |
| **동남아시아** | 4.0 | 중국 편승 | 중국 편승 | 중국 편승 | 중국 편승 |
| **라틴아메리카** | 6.5 | 비동맹 | 비동맹 | 중국 편승 | 미국 편승 |
| **기타** | 17.0 | 중국 편승 | 중국 편승 | 중국 편승 | 중국 편승 |

범례: 미국 편승 (진한 음영) / 중국 편승 (중간 음영) / 비동맹 (옅은 음영)

자료: IMF(2023, 103).

## VI. 글로벌 무역질서

무역에서도 글로벌사우스의 비중이 비약적으로 증가하고 있다. 남남 무역과 북북 무역의 격차가 줄어드는 추세는 확연하다.

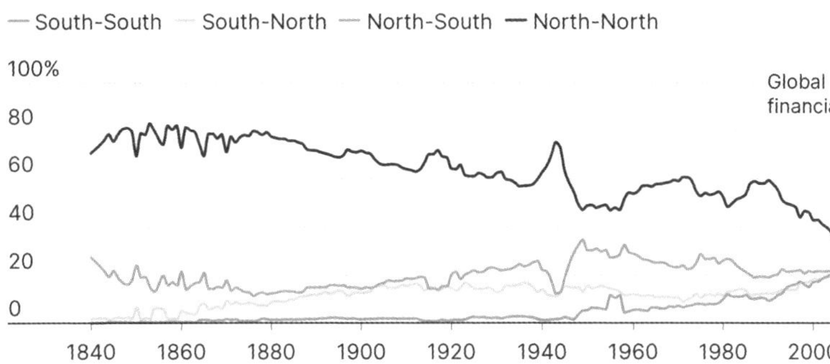


**그림** 5.5 글로벌 무역 구조: 1840-2020

자료: Mold(2023).

1840년대 이후 지속되던 북북 무역의 남남 무역에 대한 우위가 2010년대 중반 역전되었다. 남남 무역은 북북 무역에 비해 더 다원화되고 기술이전에 우호적이며 개발에 친화적인 특징을 가진다.

알레시아 아미기니는 유엔무역개발회의(UNCTAD)를 활용하여 1995년 이후 글로벌사우스가 수입에서 비중을 지속적으로 증가시켰다고 주장하였다. 한편, 글로벌 노스는 수입에서 글로벌사우스에 대한 의존이 증가하였다.

그러나 남남 무역이 북북 무역을 능가했는가에 대해서는 논란의 여지가 있다. 글로벌 무역 통계에서 글로벌사우스에 속하는 국가에 대한 보편적 기준이 없어, 이 논란은 당분간 해소되지 않을 것이다.

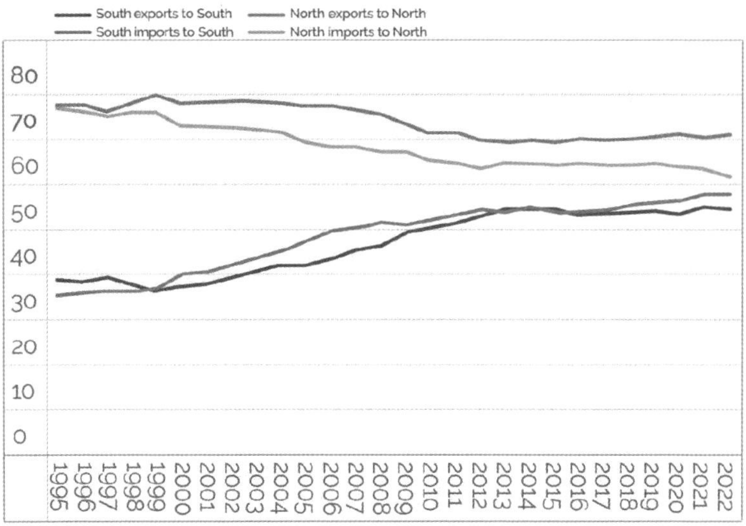


**그림 5.6** 남남, 북북, 남북 수출입 비중 (%): 1995년 이후

자료: Amighini(2024, 18).

## VII. 글로벌 통화질서: 탈달러화

글로벌사우스는 기축통화의 경쟁에도 뛰어들었다. 2008년 글로벌 금융위기 이후 중국, 인도, 러시아, 브라질 등은 달러화 자산의 비중을 낮추고 독자적인 금융결제망을 구축하는 탈달러화 정책을 추진해 왔다. 미국의 제재와 대외부채에 시달리는 중국, 러시아, 브라질이 탈달러화에 아주 적극적이다(Simon 2023).

탈달러화에는 두 가지 시도가 있다. 하나는 위안화의 국제화이다. 중국은 국제거래에서 위안화 결제를 늘리기 위해 20년 이상 노력해 왔다. 위안화 결제를 용이하게 하기 위한 다양한 제도를 구축했으며 위안화 통화스왑도 40여 개국과 체결하였다. 사우디아라비아와 석유거래를 위안화로 결제함으로써 페트로 위안이 탄생하였다.

다른 하나는 브릭스 통화 신설이다. 중국에 대한 과도한 의존을 원하지 않는 러시아는 위안화 대신에 새로운 통화의 신설을 선호한다(Demarais 2024). 그러나 새로운 통화를 만드는 것은 위안화 국제화보다 훨씬 더 복잡하고 어려운 과제이다(Greene 2023; Eichengreen 2024; 한국은행 2022; 서봉교 2023).

현재까지 두 가지 시도 모두 성공적이지 않다. 달러의 비중이 축소되는 추세는 명확하다. 그렇다고 해서 달러를 대체하는 것은 고사하고 경쟁할 수 있는 유일한 대안은 유로 이외에 없다. 위안화 비중이 증가하는 것은 사실이지만, 태환화되지 않아 글로벌 금융시장에서 자유롭게 거래되지 못하고 있다.

| | 2000 | 2004 | 2008 | 2012 | 2016 | 2020 | 2024* |
|---|---|---|---|---|---|---|---|
| **BRICS: market shares and FX composition** | | | | | | | |
| BRICS intl. bank claims in all FX, US$ tr equivalent | | | | | 2.7 | 3.5 | 3.7 |
| BRICS intl. bank claims, % of global | | | | | 9.9% | 10.5% | 9.4% |
| BRICS intl bank clims: US$ | | | | | 66.6% | 64.0% | 54.9% |
| BRICS intl claims: BARICS FX | | | | | 9.3% | 9.4% | 15.4% |
| BRICS intl. debt securities in all FX, US$ tr equivalent | | 0.2 | 0.2 | 0.4 | 0.7 | 0.9 | 0.9 |
| BRICS intl. debt securities, % of global | 3.2% | 2.0% | 1.5% | 2.3% | 3.1% | 3.6% | 2.9% |
| BRICS IDS: US$ | 81.1% | 80.0% | 79.4% | 80.3% | 80.9% | 83.0% | 75.4% |
| BRICS IDS: BRICS FX | 2.9% | 5.6% | 7.7% | 9.1% | 7.5% | 5.9% | 10.8% |
| BRICS gross external debt in all FX, US$ tr equivalent | | | | 3.2% | 4.5% | 5.8% | 6.2% |
| BRICS, % of global gross external debt | | | | 3.4% | 4.4% | 4.9% | 4.9% |
| BRICS external debt: US$ | | | | 58.9% | 54.3% | 51.0% | 46.2% |
| BRICS external debt: BRICS FX | | | | 21.1% | 24.2% | 30.3% | 33.7% |
| **Global role of US$** | | | | | | | |
| US$, % of global intl. bank claims | 46.9% | 48.2% | 48.5% | 49.5% | 51.2% | 48.9% | 46.6% |
| US$, % of global intl. debt securities | 45.6% | 40.5% | 36.0% | 40.1% | 46.8% | 48.3% | 46.9% |

**그림** 5.7 브릭스 대 달러

자료: Dolgin and Turner(2024).

## VIII. 글로벌사우스의 한계와 과제

경제적 격차를 줄이는 데 성공했지만, 글로벌 경제 거버넌스에서 글로벌사우스의 영향력은 여전히 제한적이다. 아직까지 글로벌사우스가 글로벌 노스를 대신해 글로벌 경제 거버넌스를 운영할 수 있는 충분한 능력과 비전을 보여주기 못했기 때문이다. 이를 위해서는 글로벌사우스에 내재된 세 가지 문제를 해결해야 한다.

첫째, 글로벌사우스 내의 주도권 경쟁을 해소해야 한다. 중국은 2013년부터 시작된 일대일로 구상을 통해 아시아, 아프리카, 라틴 아메리카의 개발도상국 및 저개발국에 경제적 지원을 꾸준히 해왔다. 무상원조보다 유상원조가 더 많아 수원국을 부채함정에 빠트린다는 비판을 받기도 하지만, 일대일로 구상은 글로벌사우스에 부족한 인프라를 건설하는 데 기여하였다.

세계 5대 경제대국으로 성장한 인도도 대외적 영향력을 확장하기 위해 노력하기 시작했다. 인도의 대외경제정책은 미국과 중국 사이에서 전략적 자율성을 증대하는 데 집중하고 있다. 한편으로 인도는 미국의 인도태평양전략에 편승하여 인도태평양경제프레임워크(IPEF)에 가입하였다. 다른 한편으로 인도는 브릭스에도 창립 회원국으로 참여하였으며, 신개발은행과 AIIB로부터 많은 프로젝트를 지원받고 있다. 그럼에도 불구하고 인도가 주재한 글로벌사우스 정상회담에 중국이 참여하지 않았다. 2023년 9월 G20 정상회의에는 시진핑 주석이 불참하였다. 중국과 인도 사이에는 국경 분쟁뿐만 아니라 인도태평양전략을 둘러싼 갈등이 내재되어 있기 때문에 중국과 인도의 대립 구도는 해소는 고사하고 완화되기도 어려울 것이다(Cave et al. 2023; Gao 2024).

둘째, 글로벌사우스는 아직까지 신자유주의를 대체하는 정책 대안을 제시하지 못하고 있다. 비록 많은 한계가 있었지만, 1970년대 신국제경제질서는 글로벌 경제 거버넌스의 불평등 및 불균등에 대한 나름대로 해결책을 고민했다. 반면 현재 글로벌사우스는 기술민족주의와 디지털보호주의를 비판하기보다는 추종하는 자세를 보여주고 있다.

셋째, 남남 협력을 중시하지 않고 있다. 중국을 제외한 어느 국가도 개발도상국과 저개발국을 적극적으로 원조하지 않고 있다. 경제성장이 둔화하면서 중국의 일대일로 구상도 더 이상 확대되지 않고 있다. 따라서 개발 원조는 여전히 글로벌 노스에 의해 주도되고 있다.

## IX. 맺음말

2010년 우리나라는 OECD 개발원조위원회에 가입하였다. 이는 원조수혜국에서 공여국으로 전환한 유일한 사례였다. 2021년 UNCTAD는 우리나라의 지위를 개발도상국에서 선진국으로 변경하였다. 1964년 설립 이후 변경된 나라는 우리나라가 유일하다. 이런 점에서 우리나라의 발전 경험은 글로벌 경제 거버넌스 개혁에 중요한 시사점과 교훈을 줄 수 있다. 단기적으로 우리나라는 정책과 제도를 개선하고 원조의 규모와 방식을 확대·심화시키는 것이다. 장기적으로는 공정하고 평등한 글로벌 경제 거버넌스를 구축하려는 노력에 우리나라도 글로벌사우스와 함께 참여해야 한다.

최근까지 우리나라에서 글로벌사우스에 대한 인식과 관심은 높지 않다. 글로벌사우스가 주도하는 국제기구와 행사에 우리나라가 적극적으로, 능동적으로 참여하지 않았다. 2005년 반둥회의 50주년 기념 정상회의에 이해찬 국무총리의 참석이 유일한 예외이다. 반면 중국의 시진핑 주석과 일본의 아베 신조 총리는 2015년 반둥회의 60주년 기념 정상회의에 직접 참석하였다.

우리에게 글로벌사우스는 공적개발원조(ODA)와 시장 다변화의 대상에 머물러 있다. 그나마 우리나라의 ODA/GNI 비율(2022년 기준)은 30개 회원국 평균 0.37%의 절반에도 못 미치는 0.17%에 불과했다. 이런 사정 때문에 다자외교 무대에서 우리나라는 글로벌사우스의 적극적인 지지를 받지 못하고 있다. 2023년 11월 국제박람회기구총회에서 우리나라는 165개 회원국 중 29개국의 지지를 받아 2030년 부산세계박람회 유치에 성공하지 못했다. 이런 결과가 반복되지 않도록 대비하기 위해서는 글로벌사우스와 함께 성장할 수 있는 전략을 준비해야 한다.

# 참고문헌

김태균. 2023. "글로벌사우스(Global South)의 대항적 공존." 『지식의 지평』 35: 91-103.

김태균·이일청. 2018. "반둥 이후: 제3세계론의 쇠퇴와 남남협력의 정치세력화." 『국제정치논총』 58(3): 49-99.

백지운. 2024. "반둥에서 '일대일로(一帶一路)'까지: 냉전시기 중국의 아프리카 원조와 제3세계론." 『아시아리뷰』 14(2): 11-44.

서봉교. 2023. "브릭스 통화에 대한 세 가지 오해." 『아시아 브리프』 3(43).

한국은행. 2022. "BRICS의 새로운 국제결제시스템 구축 제안과 향후 전망." 북경사무소.

Alterman, Jon B. and Lily McElwee. 2024. *Newcomers Bring New Rules: Shared Leadership in a More Multipolar World*. CSIS.

Amighini, Alessia. 2024. *China's Grip on the Global South: Here to Stay?* Policy Paper. ISPI.

Anirudhan, Anisha and Santhosh Mathew. 2024. "The Dragon-Elephant Dance: India's Diplomatic Ascent in the Global South Amidst China's Dominance." *ISDA Jounal* 34(3): 195-212.

Ashton, Catherine. 2024. *Stop Taking the Global South for Granted*. Wilson Center.

Balfour, Rosa, Lizza Bomassi, and Marta Martinelli. 2022. *The Southern Mirror: Reflections on Europe From the Global South*. Carnegie Endowment for International Peace.

Bhardwaj, Atul. 2023. "India–China and the Emerging Global South." *Economic and Political Weekly* 58(45-46).

Cave, Damien, Mujib Mashal and David Pierson. 2023. "Can India Challenge China for Leadership of the 'Global South'." *New York Times* (September 12).

Chivvis, Christopher S. and Beatrix Geaghan-Breiner. 2024. *Emerging Powers and the Future of American Statecraft*. Carnegie Endowment for International Peace.

CIGA Staff. 2024. *Three Worlds: the West, East and South and the Competition to Shape Global Order*.

Cohen, Craig and Alexander Kisling. eds. 2024. *Vying for Influence in the Global South*. CSIS.

Dados, Nour and Raewyn Connell. 2012. "The Global South." *Contexts* 11(1): 12-13.

Demarais, Agathe. 2024. "Russia's Plans to Replace the Dollar Are Going Nowhere." *Foreign Policy*.

Dirlik, Arif. 2007. "Global South: Predicament and Promise." *Global South* 1(1): 12-23.

Dolgin, Dmitry and Chris Turner. 2024. *De-dollarisation: More BRICS in the Wall*. ING Group.

Eichengreen, Barry. 2024. "The BRICS Currency Charade." Project Syndicate (November 14).

El Aynaoui, Karim, Paolo Magri, and Samir Saran. eds. 2023. *The Rise of Global South: New Consensus Wanted*. ISPI, ORF, and PCNS.

Ero, Comfort. 2024. "The Trouble With "the Global South": What the West Gets Wrong About the Rest." *Foreign Affairs*.

Fiala, Lukas, Margaret Myers, and Rebecca Nadin. 2023. *Is China the leader of the Global South*. UK National Committee on China.

Frankema, Ewout. forthcoming. "From the Great Divergence to South – South Divergence: New Comparative Horizons in Global Economic History." *Journal of Economic Surveys*.

Gao, Victor. 2024. "India Should Prioritize What Benefits Itself and Global South over Unwarranted Suspicions toward China." *Global Times* (February 6).

Greene, Robert. 2023. *The Difficult Realities of the BRICS' Dedollarization Efforts—and the Renminbi's Role*. Carnegie Endowment for International Peace.

Ha, Hoang Thi and Pham Thi Phuong Thao. 2024. *Re-ordering the World: China's Global South Focus versus the Ally-centric Approach of the US*. ISEAS – Yusof Ishak Institute.

Haug, Sebastian, Jacqueline Braveboy-Wagner & Günther Maihold. 2021. "The 'Global South' in the Study of World Politics: Examining a Meta Category." *Third World Quarterly* 42(9): 1923-1944.

Hiebert, Kyle. 2023. *With BRICS Expansion, the Global South Takes Centre Stage*. Centre for International Governance Innovation

Hisahiro, Kondoh. 2024. *Japan's Strategic Interests in the Global South: Indo-Pacific Strategy*. CSIS.

Hogan, Erica and Stewart Patrick. 2024. *A Closer Look at the Global South*. Carnegie Endowment for International Peace.

Ikenberry, G. John. 2024. "Three Worlds: The West, East and South and the Competition to Shape Global Order." *International Affairs* 100(1): 121-138.

IMF. 2023. *World Economic Outlook*.

Ishizuki, Masumi. 2023. *Why the 'Global South' is in the Spotlight Now?* Dai-ichi Life Research Institute.

Kawashima, Shin. 2024. "How China Defines the 'Global South'." *Diplomat* (January 11).

Klingebiel, Stephan. 2023. *Geopolitics, the Global South and Development Policy*. German Institute of Development and Sustainability.

Kürzdörfer, Nora and Amrita Narlikar. 2023. "A Rose By Any Other Name? In Defence of the "Global South"." *Global Policy*.

Li, Yan. 2024. "Where Did the Term "Global South" Originate?" *China-US Focus*.

Miller, Manjari Chatterjee. 2024. "The Battle for Global South Leadership." *Hindustan Times* (January 29).

Mold, Andrew. 2023. *Why South-South Trade is Already Greater than North-North Trade — and What It Means for Africa*. Brookings Institution.

Murphy, Dawn C. 2022. *China's Rise in the Global South: The Middle East, Africa, and Beijing's Alternative World Order*. Palo Alto: Stanford University Press.

Parameswaran, Prashanth. 2024. *Rising Global South Discontent Amid Strategic Competition in the Indo-Pacific and Beyond*. Wilson Center.

Patrick, Stewart and Alexandra Huggins. 2023. *The Term "Global South" Is Surging. It Should Be Retired*. Commentary. Carnegie Endowment for International Peace.

Pistilli, Melissa. 2024. "How Would a New BRICS Currency Affect the US Dollar?" *Investing News Network* (November 6).

Rowley, Anthony. 2024. "Brics Summit vs IMF-World Bank Meetings: the Global Divide is Clear." *South China Morning Post* (October 19).

Runde, Daniel F., Austin Hardman, and Clara Bonin. 2024. *China's Growing Influence in Ports of the Global South*. CSIS.

Schuman, Michael. 2023. "Why China won't win the Global South." Atlantic Council.

Shidore, Sarang. 2024. "China Is Not the Global South." *Foreign Policy*.

Simon, Roberto. 2023. *Lula's Growing Calls for "De-Dollarization" and the G20*. Wilson Center.

Spektor, Matias. 2023. "In Defense of the Fence Sitters: What the West Gets Wrong About Hedging." *Foreign Affairs* 102(3).

Stuenkel, Oliver Della Costa. 2024. "The New World Order and the Global South." *Oxford Review of Economic Policy* 40(2): 396-404.

Stuenkel, Oliver. 2023. "Why the Global South Is Accusing America of Hypocrisy." *Foreign Policy*.

Sud, Nikita and Diego Sanchez-Ancochea. 2022. "Southern Discomfort: Interrogating the Category of the Global South." *Development and Change* 53(6): 1123-1150.

Tricontinental: Institute for Social Research. 2024. *The Churning of the Global Order*. Dossier No 72.

UNCTAD. 2018. *Forging a Path Beyond Borders: The Global South*.

Vinjamuri, Leslie and Max Yoeli. 2024. "America's Last Chance With the Global South." *Foreign Affairs*.

Wilson, Audrey. 2023. "Was 2023 the Year of the Global South?." *Foreign Policy*.

Xi, Jinping. 2024. "Combining the Great Strength of the Global South to Build Together a Community with a Shared Future for Mankind." Remarks at the "BRICS Plus" Dialogue. Kazan: October 24.

Yau, Niva. 2024. *A Global South with Chinese Characteristics*. Atlantic Council.

Zhao, Minghao. 2023. "The Global South, the Global East, and U.S.-China Rivalry."

*CHINA US Focus*.

Zhou, Bo. 2024. "China and India should be Global South anchors, Not Power Competitors." *South China Morning Post* (February 2).

Zhou, Guiyin. 2024. "Rise of Global South and Changes in Contemporary International Order." *China International Strategy Review* 6: 58-77.

# 제2부 글로벌사우스와 브릭스의 확장

# 제6장 중국 외교와 글로벌사우스

김흥규(아주대학교 정치외교학과)

## I. 글로벌사우스와 중국

'글로벌사우스(Global South, 중국어로는 全球南方)'라는 개념은 미국의 좌파 정치활동가인 오글스비(Carl Oglesby)가 1969년에 처음으로 사용하였다. 베트남 전쟁의 조기 종식을 촉구하면서 "남반부에 대한 북반구의 지배"라는 부조리를 언급하였다. 근대화한 북방국가의 지배 대상을 지칭하는 개념이었다. 1980년대 브란트 보고서는 경제력의 지역적 경계로 북위 30도선을 기준으로 하여 남방과 북방 세계를 나누었다(赵可金 2023). 이 글로벌사우스라는 개념이 처음 사용된 지 약 55년이 지난 2023년 미국의 저명한 『외교정책(*Foreign Affairs*)』 잡지는 현재 세계 정치에서 가장 의미 있는 추세 중 하나가 '글로벌사우스'의 영향력이 커지고 있다는 것이라고 지적하였다(Shidore 2023). 중국은 2023년 미중 전략경쟁이 격화되는 새로운 형세 속에서 글로벌사우스의 일원이라는 자아정체성을 분명히 하였다. 새로운 현상변경 세력으로서 중국은 글로벌사우스 국가들과 유대·협력 강화를 적극적으로 표방하고 있다(中华人民共和国外交部 2023). 2024년 10월에는 시진핑 주석이 브릭스 정상회담에서 글로벌사우스가 당대 서방 중심의 질서에 충격을 가하고, 국제질서를 변혁하는 관건적인 역량이라고 규정하였다(于海洋 2025; 王波·翟大宇 2024).

유엔의 UNCTAD 기준에 따르면, 글로벌사우스는 지리적으로는 대부분의 아시아(일본, 한국, 이스라엘 제외), 아프리카, 남미, 오세아니아(호주와 뉴질랜드 제외) 국가들을 지칭한다.[1] 그러나 이는 단지 지리

1 https://en.wikipedia.org/wiki/Global_North_and_Global_South#:~:text=Countries%20of%20the%20Global%20North,agrarian% 2Dbased%20economic%20primary%20sectors

적인 개념만은 아니다. 보다 정치적이고 경제적인 내용을 함의하고 있다. 경제적으로는 과거 제국주의 시절부터 경제적 수탈과 불평등을 겪었던 개발도상의 빈곤한 국가들, 정치적으로는 식민지를 겪거나 주변부에 속한 국가들을 통칭하고 있다.

냉전 시기 미국과 소련의 양극 구조는 패권 다툼을 위해 그 사이에 놓인 남반부 국가들을 자국 진영에 포섭하려 노력하였다. 글로벌사우스 국가들은 1955년 반둥회의와 비동맹 운동, 1964년 77개국 집단 등을 조직하여 자신들의 공간을 확보하려 노력하였다. 그러나 냉전이라는 구조적 무게에 눌려 불평등한 국제 정치경제구조를 변혁하기에는 상대적으로 미약하였고, 피동적인 존재로 남았었다.

글로벌사우스로 불리기 전에는 비동맹 그룹, 개발도상국, 제3세계로 불렸던 국가들과 거의 동의어로 사용된다. 냉전 시기 비동맹이나 제3세계 개념은 반서방의 뉘앙스가 강했고, 탈냉전 시 주로 사용된 개발도상국은 근대화 이론의 차원에서 보자면 발달된 북방에 비해 하위체계적인 뉘앙스가 강했다.

중국 내에서 탈냉전 시기 '제3세계'라는 개념의 사용 빈도는 급격히 감소하였다. 동시에 선진국 대비 위계적인 뉘앙스를 내포하고 있는 개발도상국, 저개발국 등의 용어도 점차 '글로벌사우스'라는 개념으로 대체되고 있다.

미국과 서방에서는 중국이 공식적으로 글로벌사우스를 포용하기 이전부터 이미 글로벌사우스에 대한 관심이 고조되어 다수의 글로벌사우스 관련 싱크탱크와 연구센터를 수립하였었다. 중국과 글로벌사우스의 관계에 대해서도 이미 국제적으로 많은 프로그램과 연구센터가 세워졌다. 예를 들자면, 이미 2010년경 중국과 아프리카의 관계를 주 연구주제로 한 The China Global South Project(CGSP)가 설립되었고,[2] Global South Development Magazine(GSDM)도 비슷한 시기에 창간되었다.[3] 퀸시(Quincy) 연구소는 Global South Program을 도입하였고, UC Sandiego는 Global South Studies, 뉴욕의 Estudiar 대학은 Global South Institute, 영국 Essex 대학은 the Centre for Global South Studies, 태국 출라롱코른 대학의 Focus on the Global South 기관 등등이 차례로 설립되었다.

## II. 글로벌사우스 개념의 수용

중국은 1960년대 중소분쟁이 치열할 때, 미소 어느 진영에도 속하지 않은 이들 국가들을 주 포섭대상으로 하는 '중간지대론'을 발표하였다. 이후 1970년대 들어 이들을 제3세계라 일컫으면서, 중국 스스로도 제3세계의 일원임을 자처하였다. UN에서 다수를 형성하는 제3세계 국가들을 자국 편으로 끌어들여 국제무대에서 영향력을 강화하고자 한 것이었다.[4]

1990년대 탈냉전 시기에 중국은 이데올로기적인 색채를 희석하면서, 중국 외교에서 제3세계의 중요성은 점차 약화되었다. 제3세계의 일원임을 강조하기보다는 "개발도상국"이나 "새로운 형태의 강대국"이라는 개념을 통해 자신의 정체성을 설명하고자 하였다. 그러나 이러한 정체성 변화 과정에서도 중국은 개발도상국과의 실질적 협력은 확대해왔다. 특히 농업기술 이전, 산업단지 건설, 인프라 개발 등 구체적

2 https://chinaglobalsouth.com/

3 https://en.wikipedia.org/wiki/Global_South_Development_Magazine

4 이에 대한 설명은 Shidore(2024).

인 프로젝트를 통해 협력의 기반을 다져왔다.[5]

21세기 들어서서 후진타오 시절에는 중국이 세계경제에 편입되면서 경제발전을 국가발전 전략의 최우선 목표로 내세웠다. 중국 내에서는 서방과 대립하고 이데올로기적인 색채가 강하면서, 비교되는 뉘앙스를 지닌 제3세계나 글로벌사우스와 같은 개념의 사용을 그리 달가워하지 않았다. 대신 개발도상국과 같은 보다 경제적이고 중립적인 수사로 자신들의 정체성을 표현하였다.

시진핑 시기에는 미국이나 서방에 종속적인 지위보다는 새로운 형태의 부상하는 강대국으로서의 위상을 국가정체성으로 강조하였다.[6] 그러나 중국은 미국이나 서방국가들과 냉전적인 대립이나 갈등의 격화는 원하지 않았다. 시진핑 시기 초반에는 중국이 글로벌사우스의 일원으로 스스로를 자리매김하는 것에 대해 주저하였다. 따라서 시진핑 시기 중반 이전까지만 해도 글로벌사우스는 중국 내에서 그리 주목받는 개념은 아니었다.

중국에서 글로벌사우스라는 개념을 본격적으로 수용하기 시작한 것은 시진핑 3기(2022~ ) 시기이다. 중국 외교부 자료에 최초로 글로벌사우스 개념이 등장한 것은 왕이 외교부 부장이 2023년 7월 26일 브릭스 회의에서 중국 남방 관련 4대 주장을 제시하면서부터이다.[7]

최근 들어 글로벌사우스는 중국이 새로이 추구하는 다극화된 국제정치 질서를 형성하기 위한 전략적인 개념으로 급부상하고 있다. 시진핑 시기 중반 이후 글로벌사우스는 서방에 대항하는 반서방 세력을

5 예를 들면, 중국-라오스 농업기술협력, 하이센스 남아공 가전산업단지, 케냐 모넷 철도 프로젝트 등이 구체적인 협력 사례이다.

6 시진핑 시기 중국의 국가정체성 변화를 처음으로 지적하고 강대국 외교의 본격화를 주장한 글은 김홍규(2013).

7 이에 대해서는 中华人民共和国外交部(2023).

통칭하는 개념으로 의미가 부여되었다. 시진핑 이전 시기에는 미국 및 서방 강대국들과의 관계를 가장 중시하였다. 발달된 서방 국가들과의 원만한 관계가 중국 경제발전의 원동력이었기 때문이다. 시진핑 2기에 들어서서도 미중 전략경쟁이라는 새로운 전략환경에 대응하면서도 미국을 중심으로 한 강대국 외교를 여전히 중시하였다. 다만, 미국과 경쟁하기 위한 토대로서 주변국 외교를 다시 주목하기 시작하였다. 중국의 전통적인 4대 외교축 가운데 다자외교나 개발도상국 외교는 상대적으로 부차적인 것이었다. 그러나 미중 전략경쟁이 점차 격화되면서 구조화되자 중국은 미국과 서방의 국제체제에 대응할 기제로서 개발도상국 외교를 중시하기 시작하였다. 다자외교도 더욱 중요하게 부각되었다. 일대일로와 브릭스를 필두로 상하이 협력기구, 77그룹, G-20, 중국-아프리카 협력포럼, 중국-아랍 협력포럼 등이 본격적으로 주목받기 시작했다(张玉环·张伟鹏 2024).

시진핑 총서기는 2023년 12월 개최된 중앙외사공작회의에서 "두 가지 주요명제"를 발표하였다. 이는 중국이 "평등하고 질서 있는 다극적 세계"와 "포용적인 경제 세계화"를 동시에 추진하겠다는 것이다. 글로벌사우스는 이러한 두 개의 명제를 추진하는 데 가장 중요한 파트너의 지위로 부각되었다(张玉环·张伟鹏 2024).

시진핑의 두 가지 명제를 구체화하기 위해 2024년 3월 7일 중국 정치국원이자 외교부장인 왕이는 양회(전국인민대표대회와 정치협상회의)에서 중국 외교정책에 대한 기자 간담회를 가졌다(王毅 2024). 이 간담회에서 특별히 시간을 할애하여 글로벌사우스에 대한 중국의 외교적 입장을 설명하였다. 2024년 1월 1일부터 발효된 브릭스(BRICS)의 확장은 세계 정의 구현을 위한 역량의 확대라고 주장하였다. 브릭스의 확장은 글로벌사우스의 집단적 부상과 세계 경제 지형을 근본적으로 다시 쓰고 있는 세계 다극화 과정이 가속화되는 것이라 해석하였다. 그에 의하면, "자주는 글로벌사우스의 기초이며, 단결과 자결은 글로벌사우스의 전통이다. 글로벌사우스는 더 이상 침묵하는 다수가 아니라 국제질서 변혁과 백년 만에 찾아온 대격변의 핵심적인 동력이 되었다"고 평가하였다. 덧붙여, 중국은 과거에도 그러하였고, 지금도 그러하며, 앞으로도 글로벌사우스의 확고한 구성원이 될 것이라고 하였다. 모든 글로벌사우스 국가들과 항상 같은 운명을 공유하였고, 글로벌사우스 발전과 활성화에 중국은 중추적인 역할을 해왔다는 것이다. 더 나아가 2024년은 글로벌사우스 협력을 위한 풍성한 한 해가 될 것이며, 아시아, 아프리카, 남미를 통합하는 새로운 출발점이 될 것이라고 선언했다. 이러한 중국의 입장 표명은 단순한 수사가 아닌 실질적인 협력 의지를 반영했다. 중국은 개발도상국들과 다양한 형태의 투자는 물론이고 기술협력을 추진중이다. 중국-가나/잠비아 재생에너지 기술이전 프로젝트는 UNDP와의 공동 주관으로 진행되어 참여국들의 에너지 기술 역량을 크게 향상시켰다.

왕이 외교부장이 언급한 바대로, 세계 다극화의 동력으로서 글로벌사우스 외교의 주요 수단은 브릭스이다.[8] 브릭스는 2008년 발생한 금융위기에 대응하기 위하여 2009년 러시아에서 브릭스 첫 정상회의가 개최되었다. 당시는 브라질, 러시아, 인디아, 중국 등 4개국으로 시작하였으나, 2010년 추가로 남아프리카공화국이 가입하였다. 2024년 현재 이집트, 에디오피아, 인도네시아, 이란, 아랍에미레이트 등 10여 개국으로 확대되었고 22개국이 회원 신청중이다.[9] 구매력 기준으로는

8 이 주장은 孙德刚·玛丽亚(2024, 第103-110页). BRICS는 브라질, 러시아, 인디아, 중국, 남아프리카 공화국의 첫 이니셜을 딴 것이다. 알제리와 아르헨티나는 회원 신청 후 이를 철회하였고, 배네수엘라는 브라질과의 분쟁으로 신청이 거부된 상태이다.

브릭스 기존 회원국들의 경제 규모는 이미 G7을 능가하였다고 평가되고 있다.[10]

이들은 정치안보, 경제협력, 문화교류를 3대축으로 설정하고, 남남 협력을 추진하였다. BRICS 정상회담은 매년 개최되고 있는 데, 2024년 10월에는 제16차 회의가 러시아 카잔에서 개최되었다. 이 회의에는 35개국이 대표단을 파견하였고, 새로운 구성원들이 참여하여 BRICS+의 새로운 기원을 열었다. 2025년은 브라질에서 개최 예정이다. 2025년 2월 현재 브릭스 회원국은 10여 개국으로 확대되었다.

글로벌사우스 국가들의 국제적인 역할은 급속도로 확대하고 있다. 2024년에 중국은 상하이협력기구, G20 정상회담은 2024년 브라질 [22년(인도네시아), 23년(인도), 25년(남아프리카공화국)] 개최까지 글로벌사우스 국가가 4년째 연달아 의장국을 맡고 있다, 페루는 APEC 지도자 비공식 회의를 개최하는 등 글로벌사우스는 국제관계의 정치, 경제, 외교 등 모든 영역과 글로벌 이슈의 의제 설정과 영향력에서 점차 이해와 영향력을 증대하고 있다. 글로벌사우스 국가들은 향후 경제적 불평등, 새로운 정치경제 질서의 확립, 기후변화, 과학기술 협력체제 구축, 글로벌 거버넌스 체제 개혁에 더 적극적으로 참여하려 할 것이다. 중국은 미국의 패권이 점차 동방지역으로 이동하는 "100년 만의 대변혁의 시기"를 주도하기 위해 이들 세력과 적극적으로 연대를 모색할 것이다. 미국의 입장에서는 미중 전략경쟁을 유리하게 이끌기 위해

9 이에 대해 더 자세히는 https://en.wikipedia.org/wiki/BRICS#:~:text=BRICS%20is%20an%20intergovernmental%20organization,and%20the%20United%20Arab%20Emirates

10 人大重阳. https://mp.weixin.qq.com/s?__biz=MzU1ODA0NjIzOA==&mid=2247516672&idx=2&sn=6f28347afdbcb87a947d0c00cf25a206&chksm=fdb8a68368f0ee12c015dc3f5709b77e460cb027f9972b96cc7514f4827fa88d42a5a9192791&scene=27

서도 글로벌사우스에 대한 미국의 영향력을 유지하고, 중국의 영향력을 억제하는 것이 관건이다. 물론 미국 중심의 새로운 국가 전략을 가지고 나온 트럼프가 이들 글로벌사우스 국가들과의 관계를 어떻게 설정할지는 아직도 미지수이다. 다만, 트럼프의 전략이나 정책과 관계없이 중간지대에 놓인 이들 글로벌사우스 국가들에 대한 리더십을 주도하는 나라가 향후 국제질서의 향배를 결정한다고 해도 좋을 것이다. 이들은 국가의 수나, 공간적으로, 인구수에서, 그리고 경제의 규모에서 이미 전 세계의 과반을 넘어서거나 넘어설 것이기 때문이다. 중국은 미중 전략게임의 핵심 격전지로 글로벌사우스를 주목하고 있다. 미국이 주도하는 경제공급망의 단절에 대비하고, 중국이 주도하는 경제공급망의 구축을 위해 글로벌사우스는 대단히 중요하다. 미국과 서구가 제정한 '규칙기반의 질서'를 대체할 새로운 중국과 글로벌사우스의 이해를 반영한 국제질서를 형성하겠다는 의지를 확고하게 보여주고 있다.

이미 언급한 바처럼 중국이 글로벌사우스의 일원임을 강조한 것은 비교적 최근인 2023년부터이다. 중국은 이 개념이 서방이 중국을 억제하기 위한 시도로서 활용한다고 비판적으로 해석하였다. 서방과 대결적인 자세를 취하거나, 이데올로기적이고 이분법적인 수사를 수용하기 꺼려했던 중국의 입장에서는 글로벌사우스와 북방의 2분법은 수용하기를 주저하였다. 그러나 2022년 중국 공산당 제20차 당대회 보고서를 보자면, "중국은 개발도상국의 지위를 견지하고, 수많은 남방의 국가들과 굳건히 협력하여…" 라고 표명하면서[11] 중국의 개발도상국 정체성과 남방 국가와의 협력을 연결시키려 하는 시도가 엿보였다.

서방에서는 2023년 2월 뮌헨 안보회의, 2023년 5월 히로시마 G7

11 이 보고서는 https://baijiahao.baidu.com/s?id=1747673963181422506&wfr=spider&for=pc

정상회담 등에서 주요 논의 의제로 설정한 바와 같이 글로벌사우스와의 관계가 점차 중요하게 떠오르기 시작했다. 다만, 공식적인 문서에서 이 개념을 사용하는 것에 대해서는 여전히 신중한 태도를 취하였다. 반면, 중국은 2023년 글로벌사우스 개념을 전격 수용하였고, 스스로가 글로벌사우스라는 '정치공동체'의 일원임을 강조하기 시작했다.

2023년 3월과 6월 미국 하원과 상원 외교위원회는 각기 중국의 개발도상국 지위를 종식시키는 정책을 추진하도록 하는 법안을 통과시켰다. 중국은 더 이상 개발도상국이 아니며, 글로벌사우스의 특성을 갖지 않는다고 주장하였다. 미국의 자유주의 국제정치학자 존 아이켄베리, 전 핀란드 총리 알렉산더 스텁, 미 외교협회 회장을 역임한 리처드 하스 등은 현 국제질서를 서방, 중러의 동방, 그리고 남방의 삼각 구도로 인식하는 세계관을 피력한 바 있다. 인도 역시 2023년 1월 자국에서 개최하고 123개국이 참여한 글로벌사우스 정상회의에 중국을 배제하였다.[12] 이러한 배경에는 중국과 인도 사이에 주도권 경쟁, 중국이 이미 미국과 세계 경제 1-2위를 다투는 경제대국이 되었다는 점, 미중 전략경쟁의 당사자로 중국이 G2에 속하는 국가가 되었다는 점을 들고 있다. 동시에 글로벌사우스로서 중국이 누리는 정치적·경제적 특혜와 영향력 확대를 억제하려는 의지를 보여준 것이기도 하다.

중국은 이러한 시도를 서방이 전략적인 관점에서 중국과 글로벌사우스를 분리시키려는 음모로 이해하고, 수용을 거부하였다. 2024년 9월 3일 중국 인민대학이 주최한 국제학술대회인 '명덕(明德) 전략대화'에서는 글로벌사우스를 주제로 한 회의를 개최하였다.[13] 중국 측 주

12 https://baijiahao.baidu.com/s?id=1807891397763002929&wfr=spider&for=pc

13 「"中国式现代化与世界未来"明德战略对话(2024) 国际战略学术界与中方专家代表共议中国式现代化」. https://baijiahao.baidu.com/s?id=1809231690785881496&wfr=spider

장에 따르면 글로벌사우스의 기준으로 사용하는 GDP 척도나 경제발전 수준은 하나의 지표이지 절대적인 기준은 아니라고 강변한다. 개발도상국의 관점이라는 자기 정체성의 문제가 중요하다는 것이다.

중국이 글로벌사우스 개념을 공개적으로 수용한 전환점은 2023년 7월 10일 개최한 브릭스 예비회의였다.[14] 기존에 중국은 미국 및 서방과 대결적인 의미가 강한 글로벌사우스 개념의 수용을 주저하였다. 그러나 중국 외사담당 정치국원이었던 왕이는 이 회의에서 중국은 개발도상국과 신흥시장 국가들을 의미하는 글로벌사우스의 자연적 구성원이라 규정했다. 왕이는 이 회의에서 독립과 자강을 추구하는 것은 글로벌사우스의 정치적 배경이며, 발전과 부흥은 역사적 사명이며, 공평과 정의가 공통의 명제라고 강조했다. 중국은 글로벌사우스와 협력하여 세계의 평화와 공동 발전을 책임질 것이라 주장했다. 중국이 추진하는 글로벌 발전 구상, 글로벌 안보구상, 글로벌 문명 구상을 통해 인류운명공동체를 공동으로 추진하자고 역설하였다. 왕이는 덧붙여 글로벌사우스 협력을 강화하기 위한 다음과 같은 4가지 제안을 하였다(王毅 2023). ① 충돌을 끝내고 평화를 재건설하자. ② 역사적 사명을 재생(revitalization)시키고 발전을 도모하자. ③ 개방성과 포용성을 통해 전진하자. ④ 유대를 확고히 하면서 협력을 도모하자.

중국은 글로벌사우스에 대한 입장 변화를 통해 중국이 글로벌 북방과는 본질적으로 다른 세계관을 지녔다는 점을 분명히 하였다. 2023년 당시 중국 외교부장 친강은 현 국제정치의 핵심의제는 미국 바이든 행정부가 제시하는 민주주의 대 권위주의 대결과 같은 냉전적인 상호배척이나 경제적 탈동조화가 아니라는 것이다(秦刚 2023a). 중국에게

&for=pc

14 이 회의에 대해서는 http://www.cidca.gov.cn/2023-07/10/c_1212242971.htm

는 서구화 모델이나 자본주의 제도는 더 이상 인류의 미래 모델이 아니라는 입장이다. 중국식의 새로운 근대화 모델을 그 대안으로 제시하기 시작했다. 강압에 의존하기보다는 협의와 합의를 통해 문제를 해결하는 국제관계의 민주화, 유엔 체제의 중시, 일대일로 협력, 글로벌 안보, 발전, 문명 구상을 통한 인류운명공동체의 구현 등이 그 내용이다.

중국 국가주석 시진핑은 2023년 8월 23일 브릭스 폐막식에서 왕이의 주장을 재차 확인하였다(习近平 2023).[15] 중국은 개발도상국이자 글로벌사우스의 일원으로서 다른 개발도상국 국가들과 이익을 공유하고, 호흡을 같이하면서, 미래를 공유하려 한다고 선언하였다. 미국이나 인도가 중국을 글로벌사우스의 범주에서 배제하려는 움직임에 반대한다는 입장을 명백히 하였다.

## III. 글로벌사우스 정책의 발전

중국이 글로벌사우스의 일원으로서 우선적으로 한 일은 글로벌사우스의 개념과 기존 중국 외교전통의 접목이었다. 중국은 글로벌사우스 정책의 기원을 1955년 인도네시아 반둥회의에서 찾고 있다. 당시 중국은 인도, 인도네시아 등과 함께 비동맹 운동을 선언한 바 있다. 글로벌사우스 연대를 비동맹 운동을 재점화한 것으로 해석하기도 한다. 이는 서구 중심의 국제질서에 대한 명백한 거부 표시이고, 비서구 연대를 강조하면서 서구의 모델과는 다른 국제질서의 수립을 지향하고 있

15 习近平, 2023.「迈向发展共同体 习近平在“金砖+”领导人对话会上分享中国方案」,『人民网-中国共产党新闻网』, 2023-08-27: http://news.china.com.cn/2023-08/27/content_108576940.shtml

다. 제3세계 운동, 77개국 집단과 국제정치경제 신질서 수립을 위한 노력들을 이제는 글로벌사우스의 역사적 전통으로 이해한다.

21세기 초의 분위기는 서구에 대한 대항적 성격이 강했던 제3세계의 개념 대신 점차 중립적이고 경제 측면을 강조하는 개발도상국이라는 개념을 강조했었다. 그러나 이제는 다시 서구에 대한 대안적 질서를 촉구하는 글로벌사우스 개념을 주목하고 있다. 글로벌사우스는 미중 전략경쟁에 대응하는 중국 외교의 가장 주요한 개념이자 핵심적인 협력 대상이 되고 있다. 이 글로벌사우스에서의 영향력 향배가 미래 미중 패권경쟁의 성패가 결정되는 영역으로 이해하기 시작했다. 중국은 최근 서방 세계 위주의 경제·안보 체제에 맞서 글로벌사우스 국가들이 결집할 것을 지속적으로 요구하고 있다.

2024년 9월 러시아에서 열린 제14차 브릭스 안보사무 고위급대표회의에 참석한 왕이 중국 공산당 중앙정치국 위원 겸 외교부장은 세계 평화·안보를 위해 '글로벌사우스'가 주도적으로 나서야 한다고 촉구했다. 왕 부장은 국제 안보상황이 더욱 복잡해지고 지정학적 경쟁과 군비 경쟁 등이 더욱 격화하고 있다면서 "평화·안보에 대한 열망이 더욱 강해지고 단결과 협력에 대한 요구가 더욱 절실해지고 있다"고 언급했다(뉴시스 2024.9.12.).

왕이 부장은 이와 관련해 브릭스와 글로벌사우스 국가들이 패권주의와 진영대결에 대한 반대, 디커플링 등 일방주의·보호주의에 대한 반대, 국제무대에서 글로벌사우스의 단결, 일부 국가의 타국에 대한 내정 간섭 반대 등에 동참해줄 것도 촉구했다. 아울러 중국이 언제나 글로벌사우스의 일원으로서 개도국들의 편에 서겠다는 점도 강조했다.

중국은 21세기 들어 글로벌사우스 국가들의 집단적인 부상이 국제적인 힘의 균형을 변화시키고 있다고 평가하였다. 2022년 영국의 캠프리지 대학에서 나온 한 보고서도 다소 충격적인 내용으로 이를 반영한다. 중국과 러시아의 호감도와 영향력이 미국과 서방을 넘어서고 있다는 것이다(Foa et al. 2022). 브릭스는 현재 급속도로 세를 확산하고 있으며, 이대로라면 향후 세계 경제문제를 주도할 것으로 보인다(『人民网』 2024.12.27.). 구매력 기준으로는 서방의 G7보다 더 큰 규모의 경제역량을 확보하였다.

중국은 시진핑이 제시한 두 개의 명제, 즉 "다극화와 경제적 세계화"가 정의롭고 합리적인 국제질서를 수립하고, 세계 평화와 발전이라는 공동의 목표를 추구하며, 현대화의 길을 자주적으로 모색하려는 글로벌사우스와의 공통의 염원을 반영한다고 주장한다(张玉环·张伟鹏 2024).

중국 외교의 시야가 개혁개방 시기 내내 경제발전에 집중했다면, 시진핑의 중국은 점차 정치와 경제의 연계성에 주목하고 있다. 특히 미중 전략경쟁의 격화는 중국의 이러한 정책을 정당화한다. 냉전 시기 동서지역 간의 안보 갈등에서 벗어나, 경제발전을 위해 서방과의 관계 증진에 진력해 왔다. 이제는 다시 미국과의 전략적 경쟁을 위해 글로벌사우스 내부의 남남 협력에 주목하고 있다. 중국은 글로벌사우스의 일원임을 자칭하면서, 중국-아프리카 경제기술 협력회의, 중국-중앙아시아 정상포럼, 중국-아세안 협력, 아-태 경제협력기구, 태평양 도서국 논단, 환인도양 연맹, 상하이 협력기구, 브릭스 등 다양한 다자적인 제도를 적극 활용하여 글로벌사우스에 속하는 국가들과 협력을 강화하고 있다. 특히 일대일로는 세계 150여 개국과 협력관계를 구축하는 주요 통로가 되고 있다.

중국은 서구 질서에 대한 적극적인 대안을 제시하기 시작하였다. 미국과 서구는 이분법적인 세계관에 입각하여 국제관계의 갈등과 충돌이 심한 비효율적인 체제라고 비판한다.[16] 그리고 미국의 대외정책은 소수 자본의 이익을 위해 봉사한다는 것이다. 중국은 전 지구적인 도전에 대응하기 위해 국가주의와 지구적 관점의 조화, 투쟁과 갈등보다는 대화와 포용, 조화와 협력을 강조하는 중화(中和) 철학을 확산시키려 한다고 주장한다. 인류 진화의 상징인 유엔 헌장의 목적과 원칙을 준수하면서, 평화, 발전, 공정성, 정의, 공동 번영, 민주, 자유라는 국제관계의 기본 규범과 인류의 공통 가치관을 구현하고, 새로운 대안적 질서로서는 인류운명공동체론을 제시하였다.[17] 이는 시진핑 시기 대외정책의 주요 수사로 부상하였으며, 2023년경에는 중국 외교의 가장 핵심적인 개념이 되었다. 새로이 인류가 직면하고 있는 글로벌 차원의 도전들에 대해 현재의 자본주의 중심 체제로는 답을 낼 수 없다는 것이다. 이를 뒷받침하기 위해 중국식의 해법을 담은 글로벌 개발구상(2021),[18] 글로벌 안보구상(2022),[19] 글로벌 문명구상(2023)을 잇달아 제시하였다.

2025년 들어 중국 외교부는 새로운 "역량강화 대국(赋能型大国)"이라는 개념을 제시하였다(中华人民共和国外交部 2025). 이는 국제적으로 국제 공공재를 제공하고, 국제 평화를 유지하고, 공동발전을 촉진하며, 국제 거버넌스에 적극 참여할 수 있는 국가를 의미한다.[20] 중국은

16 필자의 2024년 북경 인터뷰 내용.

17 https://en.wikipedia.org/wiki/Community_of_Common_Destiny#:~:text=Community%20of%20common%20destiny%20for,the%20People's%20Republic%20of%20China

18 그 6원칙에 대해서는 https://en.wikipedia.org/wiki/Global_Development_Initiative 참조.

19 그 6원칙에 대해서는 https://en.wikipedia.org/wiki/Global_Security_Initiative 참조. 당시 중국의 외교부장 친강은 안보구상의 5대원칙을 밝힌 바 있다. 이는 상호존중, 개방과 포용, 다양성, 상호 이익, 포괄적 대응을 추진한다는 것이다. 이에 대해서는 秦刚(2023b).

20 https://www.baidu.com/s?wd=%E8%B5%8B%E8%83%BD%E5%9E%8B%E5%A4%

이제껏 미국의 도발에 대응하는 수동적인 태도에서 벗어나 이제는 새로운 국제질서를 주도적으로 수립하겠다는 의지를 보여주고 있다. 미중 전략경쟁 시기 세계적인 범위에서 남북 간 지정학적 균열과 마찰이 벌어지고 있는 상황에서 중국은 남방의 입장에서, 남방을 지지하면서, 남방의 이익을 실현해 나가겠다는 선언이다. 최근 시진핑 주석이 제시한 다극화와 경제적 세계화라는 "두 개의 명제"나 중국 외교부가 새로이 제시한 "역량강화 대국"이 함의하는 바는 중국이 더 이상 미국이나 서방국가와의 차별화나 마찰을 두려워하지 않으며, 오히려 차별화를 통해 자신의 국제적 영향력을 강화하는 정책으로의 전환을 선언한 것이다. 여기에서 글로벌사우스는 이러한 두 개의 명제를 실현하는 데 가장 핵심적인 공간이자 역량이라는 인식이다. 이는 향후 글로벌사우스가 미중 간 전략경쟁의 가장 핵심적인 대상이 될 것이라는 점을 의미한다.

## IV. 중국과 글로벌사우스 관계의 미래

시진핑 지도부는 현재 국제 경제와 사회문제, 국제관계 등 다방면에서 어려움을 겪고 있지만, 미국과의 장기적 전략경쟁의 전망에 대해 대체적으로 낙관적이다. 시진핑은 2019년 중앙당교 연설을 통해 미중 전략경쟁이 장기전의 성격을 띤다고 규정한 바 있다(习近平 2019). 중국이 말하는 소위 과학적 유물론은 상부구조의 우위를 가지는 미국 및 서방과의 외교·군사적 대결보다는 경제적인 우위와 생산관계의 네트

A7%E5%9B%BD&rsv_dl=feed_landingpage_ib

워크를 바탕으로 저변 지지층을 확대하고 자연스럽게 중국 우위의 질서를 구현한다는 전략이다. 마오쩌둥이 채택한 게릴라전의 전통과도 맥이 닿는 전략을 구사하고 있다. 중국은 미국과의 장기 경쟁에 자신하는 근거로 다음 4가지 측면의 우위를 주장한다. 첫째, 정치체제의 내구성과 안정성, 둘째, 유구한 역사와 문화적 동질성, 셋째, 정치지도자와 중간 관리들의 질적 우수성, 미래 산업인력 확보에서의 우위, 넷째, 서방의 기독교적인 이원론보다는 다원적이고 포용적인 전통이 국제관계에서의 과비용 초래를 억제한다는 것이다.[21] 글로벌사우스는 이러한 중국의 구상을 추진하는 중요한 시험대이자 핵심적인 전쟁터이다.

미국과 서방은 글로벌사우스가 중국 영향력 확대의 독무대가 되는 것을 원하지 않는다. 중국은 아이켄베리와 같은 미국 측 학자들이 글로벌사우스와 별도로 글로벌 동부(Global East)라는 개념을 통해 구사회주의권 국가들을 묶는 시도를 글로벌사우스에서 중국을 분리해 내려는 음모로 보고 있다(张玉环·张伟鹏 2024). 동시에 글로벌사우스 내부에서도 중국, 인도, 브라질 같은 주요 국가들은 상호 영향력 확대를 견제하고 있다.[22] 중국은 미국과 서방 체제에 대한 대안을 주창하고 있지만, 인도는 미국과 글로벌사우스 사이의 가교 역할 및 실용주의적 태도를 견지하고 있고, 브라질은 남미의 지역강대국으로서 중국을 견제하고, 유엔안보리에서 상임이사국과 비상임이사국 수의 증대를 놓고 중국과 갈등을 빚었다. 중국 역시 인도가 주관한 2023년 G-20 정상회의에 불참을 했고, 인도 역시 자신이 주관하고 123개국이 참가한 2024년 글로벌사우스 정상회의에 중국을 초대하지 않았다(Economic

21 필자의 2024년 북경 인터뷰.

22 Fasulo and Missaglia(2024). 여기에 대한 아프리카의 입장을 담은 글은 Gopaldas (2024).

Times 2024.8.18.). 그 밖에도 하마스의 이스라엘 공격, 중국의 일대일로, 국가보조금 및 투자정책, 기후변화, 탈달러화 등 이슈들에 있어서 글로벌사우스 국가들 사이에서도 이견이 크다(Tong 2024; Schuman 2023).

글로벌사우스는 과거 식민 경험, 상대적으로 낙후된 경제수준, 국제 다극화 추진 등 공통 분모가 존재한다. 그러나 다양한 문화, 역사, 정치체제, 경제발전 정도의 차이로 인하여 중국이 희망하는 단합된 글로벌사우스는 요원한 희망사항일 수 있다. 중국이 추진하는 단합된 글로벌사우스를 바탕으로 한 새로운 국제질서의 수립, 유엔의 제도와 규범에 기반한 국제정치경제 질서, 국제관계의 민주화, 공동발전을 의제로 한 경제적 세계화, 새로운 국제정치 거버넌스 시스템의 구축 등은 아직 먼 미래의 목표로 남는다.

시진핑 시기 새로운 세계전략으로 추진한 일대일로 정책은 아마도 재정적으로 상당한 비용을 안겨다 줄 것이다. 중국이 이 비용을 지불할 수 있을 정도의 지속적인 경제성장을 하지 않는다면 일반 제국들의 쇠퇴가 겪는 과정을 빠르게 겪을 수도 있다. 중국이 현재 추진하고 있는 혁신의 노력이 과연 과거 제국주의 국가들이 외부적인 침탈을 통해 형성했던 재정역량을 대신해 줄 수 있을 것인가? 아직 어느 누구도 그 답을 알 수 없다.

## V. 글로벌사우스와 한국

현재 중국의 영향력이 주변국과 국제정치 전반에 걸쳐 빠르게 확산되고 있는 추세인 것은 분명하다. 그러나 그 반발도 만만치 않다. 향후 트럼프의 미국은 중국을 억제하기 위해 모든 역량을 총동원할 것이다. 세계는 21세기 내내 세계에서 가장 중요한 두 개의 국가(G2)인 미중이 각기 자국의 내구력 강화와 대외적 영향력을 확대하기 위한 경쟁을 목도할지도 모른다. 미중 전략경쟁의 성패는 혁신을 통한 국내체제의 자신감과 역량 제고, 국제 공공재의 제공 능력 여부가 관건일 것으로 보인다. 글로벌사우스는 이들의 가장 핵심적인 격전장으로 남을 것이다. 분명한 것은, 글로벌사우스는 미중 간의 장기적인 전략경쟁의 성패가 실현되는 공간으로 자리매김할 것이라는 점이다.

한국과 같은 중소 국가나 글로벌사우스 국가들은 미중 전략경쟁 과정에서 지속적인 존재론적 고민에 빠질 것이다. 세계 대다수의 국가들은 정도의 차이는 있지만 헤징 정책을 추진하고 있다. 미래는 불확실하고, 상황은 급변하고 있기 때문에 국가의 안보와 경제적 생존을 위한 다양한 포트폴리오가 필요하다. 단편적으로 한미동맹에 모든 것을 거는 정책은 더 이상 유효하지 않고 시대착오적이다. 한국 외교의 맹점은 한미동맹, 한반도 주변, 가치 중심의 사고에서 크게 벗어나지 못하는 것이었다. 향후 새로운 한국의 외교안보경제 정책은 새로운 국제정치 무대에서 가장 역동적으로 부상할 글로벌사우스 국가들과의 소통과 협력을 어떻게 더 증진할 수 있을 것인가에 대한 고민이 배가되어야 할 것이다.

# 참고문헌

김흥규. 2013. "시진핑 외교, DNA가 바뀐다." 『조선일보』. 4.7.

뉴시스. 2024. "中 왕이 "'글로벌사우스'가 세계 평화 주도해야." 9.12. https://v.daum.net/v/20240912182617476

The Economic Times. 2024. "123 countries joined Voice of Global South summit; China, Pakistan not invited." August 18. https://economictimes.indiatimes.com/news/india/123-countries-joined-voice-of-global-south-summit-china-pakistan-not-invited/articleshow/112595774.cms

Fasulo, Filippo and Nicola Missaglia. eds. 2024. *Competing for the Global South*. ISPI. https://www.ispionline.it/en/publication/competing-for-the-global-south-185032.

Foa, Roberto S., Margot Mollat, Han Isha, Xavier Romero-Vidal, David Evans, & Andrew J. Klassen. 2022. *A World Divided: Russia, China and the West*. Cambridge University. chrome-extension://efaidnbmnnnibpcajpcglclefindmkaj/https://www.bennettinstitute.cam.ac.uk/wp-content/uploads/2023/01/A_World_Divided.pdf

Gopaldas, Ronak. 2024. "India and China vie for leadership of the global south." Institute for Security Studies. 11.25.https://issafrica.org/iss-today/india-and-china-vie-for-leadership-of-the-global-south

Schuman, Michael. 2023. "Why China won't win the Global South." *Atlantic Council*. October 16. https://www.atlanticcouncil.org/in-depth-research-reports/report/why-china-wont-win-the-global-south/

Shidore, Sarang. 2023. "The Return of the Global South." *Foreign Affairs*. August 31. https://www.foreignaffairs.com/print/node/1130711

Shidore, Sarang. 2024. "China is not the Global South." *Foreign Policy*. October 10. https://foreignpolicy.com/2024/10/10/china-is-not-the-global-south/

Tong, Xue. 2024. "The Challenges Behind China's Global South Policies." *Carnegie Endowment for International Peace*. December 11. https://carnegieendowment.org/posts/2024/12/the-challenges-behind-chinas-global-south-policies?lang=en

孙德刚·玛丽亚, 2024.「从"区域南方"到"全球南方": 金砖国家合作机制对全球发展的贡献」.『当代中国与世界』. 2024年 第4期, 第103-110页.

习近平. 2019.「习近平在中央党校中青年干部培训班开班式上发表重要讲话」.『新华社』. 9.3. https://baijiahao.baidu.com/s?id=1643644236949128091&wfr=spider&for=pc

习近平. 2023.「迈向发展共同体 习近平在"金砖+"领导人对话会上分享中国方案」.『人民网-中国共产党新闻网』. 8.27. http://news.china.com.cn/2023-08/27/

content_108576940.shtml

王毅. 2023.「王毅就加强"全球南方"国家合作提出四点主张」. 7.26. https://www.mfa.gov.cn/web/wjbzhd/202307/t20230726_11117824.shtml

王毅. 2024. 中共中央政治局委员, 外交部长王毅就中国外交政策和对外关系回答中外记者提问 3.7. https://www.fmprc.gov.cn/web/wjbzhd/202403/t20240307_11255225.shtml

王波·翟大宇. 2024.「全球南方成为推动国际秩序变革的重要力量」.『光明网』. 1.29. https://baijiahao.baidu.com/s?id=1789375131648886546&wfr=spider&for=pc

于海洋. 2025.「"全球南方": 推动国际关系理论跃迁的核心概念」.『光明网』. 2.21. https://baijiahao.baidu.com/s?id=1824614744075512244&wfr=spider&for=pc

张玉环·张伟鹏. 2024.「"全球南方"合作践行"两大主张": 成果, 挑战与路径探索」.『当代中国与世界』. 2024年 第4期. https://baijiahao.baidu.com/s?id=1825264459546941362&wfr=spider&for=pc

赵可金. 2023.「百年变局中的 全球南方」.『学术前沿』. 2023年 12月. http://www.360doc.com/content/24/0504/13/61492514_1122314907.shtml

中华人民共和国外交部. 2023.「王毅就加强全球南方国家合作提出四点主张」. 7.26. https://www.mfa.gov.cn/web/zyxw/202307/t20230726_11117824.shtml

中华人民共和国外交部. 2025.「中国一直是世界经济的稳定器, 坚定做"赋能型大国"」. 2.27. https://baijiahao.baidu.com/s?id=1825214789447372283&wfr=spider&for=pc

秦刚. 2023a.「首次亮相记者会! 外长秦刚回应热点话题」.『人民论坛网』. 3.9. https://baijiahao.baidu.com/s?id=1759833944265686020&wfr=spider&for=pc

秦刚. 2023b.「践行全球安全倡议, 破解人类安全困境」. https://www.mfa.gov.cn/web/wjbz_673089/zyjh_673099/202302/t20230222_11029586.shtml

「"中国式现代化与世界未来"明德战略对话(2024) 国际战略学术界与中方专家代表共议中国式现代化」. https://baijiahao.baidu.com/s?id=1809231690785881496&wfr=spider&for=pc

「2024"全球南方": 团结自强谋发展」.『人民网』. 12.27. https://www.hnntv.cn/info/article/489/489890.html

# 제7장 국제질서 재편기 인도의 글로벌사우스 전략

최윤정(세종연구소)

## I. 머리말

국제질서의 혼동이 지속되는 가운데 소위 '글로벌사우스(Global South)'로 불리는 일련의 국가군과 이들의 주장이 국제사회의 주목을 받고 있다. 이들은 주로 아시아, 아프리카, 중남미 및 오세아니아에 위치한 저개발 국가 그룹을 지칭한다. 서구의 식민지배와 착취의 유산이라는 역사적 경험을 공유하고 있기도 하다. 제3세계, 비동맹 등으로 불리며 그동안 국제사회에서 이들의 영향력은 미미했다. 그런데 최근 글로벌사우스 국가의 숫자뿐만 아니라 인구 규모, 경제력, 국제정치에서의 영향력을 보면 "나머지 국가의 부상(The Rise of the Rest)"은 부인할 수 없는 현상이 되고 있다(Zakaria 2008). 특히, 이들은 기존 강대국 중심의 질서에 일방적으로 편입되기보다 자국의 경제·정치적 이익을 극대화하는 방향으로 연대를 형성하고 다양한 국제기구와 협력체를 통해 주도적인 역할을 모색하면서 국제질서에 변수로 떠오르고 있다.

무엇보다도 글로벌사우스 국가들이 차지하는 경제적 비중과 인구 규모의 확대는 국제정치적 위상을 더욱 공고히 하는 요소로 작용하고 있다. 글로벌사우스는 세계 총 인구의 절반을 차지하며, 국제통화기금(IMF)이 2025년 4월에 발표한 통계에 따르면, 글로벌사우스에 해당하는 신흥시장 및 개발도상국(Emerging Markets and Developing Economies)의 GDP는 47조 달러로, 세계 전체 명목 GDP의 약 41%를 차지한다(IMF 2025). 경제력뿐만 아니라 희토류, 망간, 코발트, 리튬과 같은 핵심 광물 자원의 주요 생산국이 글로벌사우스에 집중되면서, 자원 무기화 시대에 이들의 전략적 중요성은 더욱 커지고 있다. 공급망 재편과 경제안보 강화를 추진하는 서방 국가들에게 인도, 아세안, 중남미 등은 새로운 생산기지 및 소비시장으로서 중요한 협력 대상으로 부상하고 있다.

이에 더하여 미·중 간의 전략경쟁과 2022년에 발발한 우크라이나 전쟁은 국제정치에서도 글로벌사우스의 존재감을 높이는 계기가 되었다. 러시아의 우크라이나 침공이 국제법적으로 불법적인 행위임에도 불구하고, 글로벌사우스 국가들의 상당수가 유엔 결의안 표결에서 기권하거나 반대표를 던졌으며, 대러시아 경제 제재에도 가담하지 않았다. BRICS(브라질, 러시아, 인도, 중국, 남아프리카공화국)의 영향력이 확대되고, G77과 비동맹운동(Non-Aligned Movement, NAM)을 중심으로 글로벌사우스의 세력화 움직임도 포착되고 있다(최윤정 2023). 글로벌사우스가 기존 강대국 중심의 질서에서 보다 독립적인 경제·외교적 전략을 모색하려 하자, 이들을 세력권으로 끌어들이기 위한 노력이 서구의 주요 협의체에서도 활발하게 전개되었다. 예를 들어, 2024년 세계경제포럼(WEF), 뮌헨 안보회의(MSC), 주요 7개국(G7) 및 북대서양조약기구(NATO) 정상회의에서도 기후변화, 지속가능개발, 디지털 격차 해소 등 글로벌사우스의 관심이 반영된 의제들이 다루어졌다.

그러나 2025년 트럼프 2기 행정부의 출범과 함께 이러한 흐름은 새로운 국면을 맞이할 가능성이 커지고 있다. 트럼프 2기 행정부는 서구적 가치와 제도를 경시하는 정책 기조를 보이며, 글로벌사우스를 민주주의 진영으로 포섭하려는 기존 전략도 큰 변화를 맞이하게 될 것으로 관측된다. 이러한 전략적 조정은 글로벌사우스 국가들의 외교적 선택지에 중요한 변수로 작용하면서 국제질서의 구조적 변화를 초래할 가능성을 내포하고 있다. 이 같은 국제질서의 변동성 속에서 글로벌사우스가 추가적인 변수로 작용할 가능성이 커지는 가운데, 이들의 국제질서에 대한 인식과 대응 전략을 면밀히 분석하는 작업은 향후 국제관계를 전망하는 데 중요한 의미를 갖게 될 것이다.

이러한 맥락에서 본 연구는 적극적인 글로벌사우스 외교를 펼치는 인도의 사례를 중심으로 글로벌사우스 전략의 작동 방식과 의미를 분석하는 데 초점을 맞춘다. 다음의 II절은 인도의 외교정책이 전통적인 비동맹 기조에서 글로벌사우스로 전환되는 과정을 검토함으로써 글로벌사우스 개념 속에 녹아 있는 역사적인 문맥과 현대 국제질서상에서의 변용을 면밀히 살펴볼 것이다. 이어서 III절에서는 인도가 전략적 자율성과 다층적 연대, 중국과의 경쟁 우위 추구, 위치 권력의 상승과 인도 강국의 비전이라는 핵심 외교전략의 구현을 위해 글로벌사우스를 활용하는 방식을 다각도로 조명해볼 것이다. 마지막으로 IV절에서는 트럼프 2기 출범 이후 국제질서의 변화 속에서 인도의 글로벌사우스 전략의 향방과 향후 과제를 생각해 보고자 한다.

## II. 인도 외교정책의 맥락에서 비동맹과 글로벌사우스의 관계

### 1. 인도 외교정책과 비동맹 전략의 공진화

1947년 영국에서 독립한 이후 인도 외교정책의 기저에는 주권과 자율성에 대한 강렬한 열망이 깔려 있었다. 독립 직후 인도에게 미국의 패권은 영국 제국주의의 연장선상에 있는 것으로 여겨졌다(Talbott 2004). 인도의 초대 총리인 자와할랄 네루(Jawaharlal Nehru)는 부차적인 동맹국의 역할을 받아들일 경우, 인도가 영원히 지위 상승의 기회를 잃고 미국의 부속물로 취급될 것으로 우려하였다. 즉, 물질적 이익보다 독립국가로서의 자율성과 지위에 대한 열망이 네루의 계산에서 우위를 차지했던 것이다. 따라서 강대국의 주권 침해와 간섭을 막아

내기 위해 공식적인 동맹을 맺지 않는 비동맹 정신은 인도 외교정책의 핵심 원칙으로 자리 잡았다. 이러한 기조 아래 냉전기 인도는 비동맹을 강대국 간의 대립에서 독립성을 유지하고, 식민주의 및 제국주의를 반대하며, 개발도상국들의 자주적 발전과 협력을 강조하는 플랫폼으로 활용했다. 즉, 이 시기 인도에게 비동맹은 군사적 중립을 유지하는 것을 넘어, 자율적 외교정책을 통해 국제사회에서 주체적인 행위자로 자리 잡는 것을 의미했다.

1961년 베오그라드에서 열린 첫 비동맹 정상회의에서 인도가 식민지 독립과 주권 존중의 중요성을 강조한 것도 이 같은 인도의 외교철학에 기인한 것이었다(Indian Ministry of External Affairs 2012a). 당시 인도는 미국이나 소련과의 관계에서 철저히 독립적인 입장을 견지하면서, 탈식민 국가들의 권리 보호와 국제사회에서의 위상을 강화하고자 하였다. 이에 따라 인도는 특정 진영에 종속되지 않는 자율적인 외교 노선을 핵심 기조로 확립하고, 미국과 소련이 주도하는 양극 체제에 가담하는 대신 제3의 길인 비동맹을 선택하였다(Indian Ministry of External Affairs 2012a). 이러한 접근은 강대국들 사이에서 인도의 전략적 자율성을 극대화하는 동시에, 개발도상국들과의 연대를 통해 보다 공정한 국제질서를 구축하려는 장기적인 외교적 비전을 반영한 것이었다.

따라서 인도에게 있어 비동맹운동은 신생 독립국들과 힘을 모아 인도의 경제적 자립을 보다 공고히 하기 위한 전략적 선택이었다(Singh 2020). 인도는 이를 통해 국제사회에서 자국의 위상을 강화하고자 했으며, UN 및 다양한 다자기구에서 개발도상국들의 목소리를 대변하기 위해 노력하였다. 또한, 냉전 시기 동안 비동맹운동은 강대국 간 대립에서 독립성을 유지하려는 개발도상국들의 연대 기제로 기능하였으며(Aguirre 2023), 인도는 이를 바탕으로 국제사회에서 정치적 균형을 조정하는 역할을 수행하고자 하였다(Nantulya 2023). 하지만 시간이 지나면서 비동맹운동이 강대국과 거리를 두는 것 외에 구체적인 성과를 거두지 못하자, 인도는 보다 실용적인 외교 접근을 모색하기 시작하였다(Jaishankar 2020). 특히 인도가 1991년 대대적인 시장의 개혁·개방을 단행한 이후 외교적으로도 실용주의적인 측면이 보다 강조되었다. 일례로 2003년 쿠알라룸푸르 비동맹 정상회의에서 인도는 경제적 협력과 다자주의 강화를 비동맹운동의 새로운 역할로 제시하였다(Indian Ministry of External Affairs 2003).

무엇보다도 인도와 미국 간의 협력 관계가 심화되면서 비동맹이라는 개념은 점차 수사적 의미로만 사용되었고, 인도의 대외 정책에서도 뒷전으로 밀리게 되었다. 이러한 변화 속에서 2012년 인도 정부는 학계가 공동으로 『비동맹 2.0: 21세기 인도의 외교 및 전략 정책』 제하의 보고서를 발간하여 인도의 외교정책이 비동맹 원칙을 넘어 보다 적극적인 글로벌 참여로 나아가야 한다는 점을 강조하였다(Menon et al. 2012). 이는 인도가 냉전 시기의 이념적 중립성을 유지하는 것보다, 다극적 세계질서를 지향하며 최대한의 전략적 자율성을 확보하는 것이 중요하다는 인식을 반영한 것이었다. 특히 이 보고서는 인도가 단순한 균형자로 머무르는 것이 아니라 국제사회에서 보다 능동적인 행위자가 되어야 한다는 점을 역설하며, 군사적 비동맹을 유지하면서도 경제적 협력과 지역 내 리더십 강화를 통해 인도의 국제적 역할을 확대해야 한다는 점을 강조하였다. 즉, 비동맹의 역사적 가치를 계승하면서, 이를 탈냉전 시대에 맞는 새로운 외교 패러다임으로 전환하기 위한 논의를 발전시켰다(Indian Ministry of External Affairs 2012b).

이러한 변화는 2012년 테헤란에서 개최된 비동맹운동 정상회의에서부터 본격적으로 드러났다. 인도는 이때 회원국들 앞에서 처음으로 비동맹운동이 실질적인 경제 협력과 다자주의적 접근법을 실천하는 현대적인 외교 플랫폼으로 전환되어야 한다는 주장을 펼쳤다. 인도는 이 회의에서 UN 개혁과 지속가능발전목표(SDGs) 달성을 위한 국제 협력의 필요성을 강조하였는데, 구체적으로 개발도상국 간 기술 협력 및 금융 지원 확대를 주요 의제로 설정하며, 경제적 자립을 위한 남남협력(South-South Cooperation)을 적극적으로 추진할 필요성을 역설하였다(Indian Ministry of External Affairs 2012b).

하지만 2014년에 출범하여 2024년 세 번째 정권 재창출에 성공한 나렌드라 모디(Narendra Modi) 정부 초기에는 비동맹운동에 대해 다소 소극적인 태도를 보였다. 비동맹운동 정상회의는 1961년 창설 이래 2023년까지 총 19회 개최되었다. 그런데 아래 〈표 7.1〉에서 볼 수 있듯이, 역대 인도 총리들이 모두 비동맹운동 정상회의에 참석한 데 반해, 2016년과 2019년에는 모디 총리 대신 부통령이 대표로 참석하였다. 2019년 비동맹운동 정상회의에 인도 총리가 참석하지 않은 데 대해 인도 의회에서도 정부가 비동맹운동에 진지하게 참여하고 있지 않다는 비판의 목소리가 나왔다(Indian Ministry of External Affairs 2019). 이에 모디 정부는 비동맹운동의 목적과 원칙에 충실하며, 회원국 간 연대와 협력 강화를 적극적으로 추진하고 있다는 원론적인 입장을 견지하였으나, 사실상 비동맹은 이미 인도 외교 우선순위에서 밀려난 것이라는 평가가 지배적이었다.

그런데 2012년 시진핑 체제 출범 이후 중국이 보다 공세적으로 세력권을 확장하면서, 인도 외교 전략의 중요한 한 축을 담당해온 비동맹 노선에 대한 비판적 재검토가 본격화되기 시작하였다(Pant and Super 2015). 미국이 중국 견제를 목적으로 2017년부터 주도한 인도-태평양

표 7.1 역대 비동맹운동 정상회의와 인도 총리 참석 여부

| 회차 | 개최 연도 | 개최지 | 인도 총리 참석 여부 |
|---|---|---|---|
| 1 | 1961년 | 유고슬라비아 베오그라드 | 자와할랄 네루 |
| 2 | 1964년 | 이집트 카이로 | 랄 바하두르 샤스트리 |
| 3 | 1970년 | 잠비아 루사카 | 인디라 간디 |
| 4 | 1973년 | 알제리 알제 | 인디라 간디 |
| 5 | 1976년 | 스리랑카 콜롬보 | 인디라 간디 |
| 6 | 1979년 | 쿠바 아바나 | 차우드리 차란 싱 |
| 7 | 1983년 | 인도 뉴델리 | 인디라 간디 |
| 8 | 1986년 | 짐바브웨 하라레 | 라지브 간디 |
| 9 | 1989년 | 유고슬라비아 베오그라드 | 비슈와나트 프라탑 싱 |
| 10 | 1992년 | 인도네시아 자카르타 | P. V. 나라심하 라오 |
| 11 | 1995년 | 콜롬비아 카르타헤나 | P. V. 나라심하 라오 |
| 12 | 1998년 | 남아프리카공화국 더반 | 아탈 비하리 바지파이 |
| 13 | 2003년 | 말레이시아 쿠알라룸푸르 | 아탈 비하리 바지파이 |
| 14 | 2006년 | 쿠바 아바나 | 만모한 싱 |
| 15 | 2009년 | 이집트 샤름 엘 셰이크 | 만모한 싱 |
| 16 | 2012년 | 이란 테헤란 | 만모한 싱 |
| 17 | 2016년 | 베네수엘라 포르토야크 | 하미드 안사리(부통령) |
| 18 | 2019년 | 아제르바이잔 바쿠 | 벤카이아 나이두(부통령) |
| 19 | 2023년 | 우간다 캄팔라 | 나렌드라 모디 |

출처: 인도 외무부 공식 웹사이트(https://www.mea.gov.in/).

전략과 쿼드 안보협의체에 가담하는 한편 2019년 인도의 인도-태평양 전략인 IPOI(Indo-Pacific Oceans Initiative)를 발표하는 등 본격적인 지정학적 게임에 뛰어들면서 인도의 비동맹 전략에도 큰 변화가 일어났다(Traub 2022). 새로운 지정학적 자각 속에서 발전한 비동맹은 변화된 시대적 여건과 인도의 위상을 고려하여 보다 능동적인 외교 전략으로 진화하기 시작하였다. 2023년 우간다 캄팔라에서 개최된 비동맹

운동 정상회의에 모디 총리가 직접 참석한 것과 동년 G20 정상회의에서 인도가 글로벌사우스의 목소리를 적극적으로 반영한 사례는 이러한 입장 변화를 보여준 것이라고 할 수 있을 것이다.

## 2. 비동맹에서 글로벌사우스로의 확장: 외교 전략의 변화와 현대적 적용

이상에서 살펴본 바와 같이 모디 정부는 2019년 이후 비동맹운동을 글로벌사우스 전략의 일부로 통합하며, 경제 협력과 국제 제도 개혁을 주도하는 방향으로 외교정책을 전환하였다(Saran 2021). 과거 비동맹운동이 냉전기 강대국 경쟁 속에서 정치적 독립과 주권 수호를 중심으로 형성되었다면, 현대의 비동맹운동은 글로벌사우스 국가들의 이해관계를 반영하는 보다 실용적인 협력 플랫폼으로 변화하고 있다(Aguirre 2023). 인도는 비동맹운동의 역사적 가치를 유지하면서도, 글로벌사우스를 활용하여 경제적 협력과 글로벌 거버넌스 개혁을 중심으로 새로운 전략을 구축하고 있으며, 이는 21세기 국제질서 변화 속에서 인도의 외교적 역할을 확장하는 과정으로 볼 수 있다(Singh 2020).

비동맹운동이 냉전기에 강대국으로부터의 독립성과 정치적 주권을 강조했던 것과 달리, 21세기 들어 인도는 글로벌사우스를 중심으로 실질적인 경제 및 기술 협력을 확대하는 방향으로 정책을 조정하고 있다(Nantulya 2023). 이러한 변화는 비동맹운동과 글로벌사우스 개념 간의 근본적인 차이를 반영하는데, 비동맹운동이 강대국의 영향력에서 벗어나기 위한 정치적 연대였다면, 글로벌사우스는 실용적인 접근을 통해 개발 격차를 해소하고 선진국 경제 수준에 다가가는 것을 목표로 한다(Freeman 2018). 글로벌사우스 외교에서는 기존의 국제질서 내에서 경제적 이익을 극대화하고 영향력을 확대하는 것이 핵심적인 고려 요인이라고 할 수 있다(Jaishankar 2020). 이에 따라 인도는 비동맹운동을 글로벌사우스 전략의 핵심적인 한 축으로 활용하면서도, 이를 G20, BRICS, I2U2(인도·이스라엘·UAE·미국) 등과 같은 여타 협의체와 결합하는 방식으로 외교적 지평을 확장하고 있다(Indian Ministry of External Affairs 2023b).

이처럼 글로벌사우스는 기술 협력, 경제 통합, 개발 원조 등 실질적인 협력 차원을 포함하는 개념으로 점차 확장되면서 인도가 자국의 국제적 위상을 강화하는 데 유용한 전략적 기제로서 사용되기 시작하였다(Diplomatist 2024; Indian Ministry of External Affairs 2024). 하지만 비동맹운동은 여전히 글로벌사우스 전략의 중요한 요소로서, G20 의장국 활동, 글로벌사우스 정상회의(Voice of the Global South Summit) 등과 함께 보다 포괄적인 인도의 외교 전략 속에서 운영되고 있다(Indian Ministry of External Affairs 2012b; Saran 2021). 특히 2023년 G20 정상회의에서 인도가 기후 변화, 디지털 혁신, 공급망 회복력 등 글로벌사우스 국가들의 주요 관심사를 반영한 것은 비동맹운동과 글로벌사우스가 상호 보완적인 관계에 있다는 점을 보여주는 사례로 평가된다(Jacobb 2023).

예를 들어, 인도 외무장관 S. 자이샨카르는 2020년 비동맹 외교장관회의에서 비동맹운동이 정치적 독립을 유지하고 다극적 세계질서를 구축하는 데 중요한 역할을 해왔음을 강조하며, 글로벌사우스가 현대적 도전 과제에 대응할 수 있는 틀을 제공해야 한다고 언급했다(Indian Ministry of External Affairs 2020). 2023년 글로벌사우스 정상회의에서도 나렌드라 모디 총리는 비동맹운동과 글로벌사우스를 연결하며, "비동맹이 역사적 유산을 제공한다면, 글로벌사우스는 현대적 요구를 충족시키는 실질적이고 경제적인 협력 틀을 제공한다"고 밝혔다(Indian Ministry of External Affairs 2023a). 이는 인도가 글로벌사우스를 외교 전략의 중심에 두면서도 비동맹운동을 실질적 외교 도구로 재구성하려는 시도의 일환으로 해석될 수 있다(Saran 2021).

이러한 전략적 변화는 비동맹운동과 글로벌사우스 개념 간의 역사적 연관성을 고려할 때 보다 명확하게 이해될 수 있다. 존 아이켄베리(G. John Ikenberry)의 "세 개의 세계(Three Worlds)"론에 따르면, 냉전 시기 미국과 소련이 각각 제1세계와 제2세계를 형성하며 국제질서를 양분하는 가운데, 제3세계 국가들은 특정 진영에 속하지 않으면서도 자율적인 외교 노선을 모색하려 했다(Ikenberry 2024). 그러나 당시 비동맹운동은 서구 중심의 국제질서를 극복하는 것을 목표로 하였으며, 서구와의 협력보다는 대립적 성격이 강했다. 반면, 글로벌사우스는 기존 국제질서와 대립하기보다는 그 체제 속에서 협력과 자율성을 동시에 모색하는 방향으로 발전하였다(Diplomatist 2024). 냉전 시기의 비동맹운동이 유엔을 중심으로 한 다자 협력을 선호하며 일국일표(one country, one vote) 원칙을 강조했던 것과 비교하면, 글로벌사우스는 경제적 격차 해소와 기술 협력을 위해 다양한 국가 및 국제기구와의 협력을 확대하는 실용적 전략을 채택하고 있다(Indian Ministry of External Affairs 2024).

또한 인도는 국제 거버넌스를 개혁하기 위한 노력도 꾸준히 전개하고 있다. 특히 유엔 안전보장이사회 개혁을 핵심 외교 목표로 설정하고 있으며, 이를 위해 G4 그룹과 L.69 그룹과의 협력을 강화하고 있다. G4는 인도, 일본, 독일, 브라질로 구성된 그룹으로, 유엔 안전보장이사회 상임이사국 확대를 목표로 활동하며, 국제사회의 구조적 불평등을 해소하고 보다 포괄적인 거버넌스 체제를 구축하는 것을 지향한다. L.69 그룹은 아프리카, 아시아, 카리브해, 라틴아메리카 등 40개국 이상으로 이루어진 연합으로, 유엔 안전보장이사회 개혁과 개발도상국의 정치적 대표성 확대를 주요 목표로 삼고 있다(Indian Ministry of External Affairs 2024a).

이와 함께 인도는 글로벌사우스를 통해 지속가능한 발전, 기후 변화 대응, 디지털 공공 인프라 구축 등의 의제를 외교적 우선순위에 두고 있으며, 이를 통해 개발도상국 간 협력을 심화하고 있다. 글로벌 공급망의 안정성과 투명성을 강화하는 것 또한 인도의 글로벌사우스 전략에서 중요한 부분을 차지하며, 인력 이동의 원활화나 국경 간 데이터 이동의 신뢰성 향상과 같이 새로운 관심 분야도 의제로 포함시키고 있다(Indian Ministry of External Affairs 2024a). 이러한 방향성은 인도의 '하나의 세계, 하나의 가족, 하나의 미래(One Earth, One Family, One Future)'라는 외교 철학과도 연결되며, 글로벌사우스 국가들이 직면한 구조적 문제를 해결하는 데 기여하는 것을 목표로 한다(Indian Ministry of External Affairs 2024c).

요약하자면, 인도는 비동맹운동을 기반으로 정치적 독립성과 다극적 세계질서를 촉진하는 한편, 글로벌사우스를 통해 경제적 격차 해소와 기술 협력을 주도하는 전략을 병행하고 있다. 이는 비동맹운동의 원칙을 계승, 발전시키고, 이를 다시 현대 국제정치의 맥락에서 실용적인 외교 전략으로 변환하는 과정으로 볼 수 있다.

다음 절에서는 인도가 글로벌사우스 전략을 인도 외교의 주요한 목표인 전략적 자율성과 다층적 연대, 중국과의 경쟁에서의 우위 추구, 위치 권력의 상승과 인도 강국의 비전 실현에 어떤 식으로 활용하고 있는지를 살펴봄으로써 인도 외교에 대한 이해를 높이는 동시에 글로벌사우스 전략의 인도 외교적 맥락을 보다 구체적으로 검토해보기로 한다.

## III. 인도 글로벌사우스 전략의 외교적 활용

### 1. 전략적 자율성과 다층적 연대

2014년 나렌드라 모디 정부 출범 이후 인도의 외교정책은 전략적 자율성과 다층적 연대(multi-alignment)를 강조하는 방향으로 발전해 왔다. 이는 냉전 시기의 비동맹(non-alignment) 정책과 차별화되는 현대적 외교 전략으로, 특정 블록에 속하지 않으면서도 필요에 따라 다양한 형태의 협력을 조율하는 유연성을 지향한다(Deccan Herald 2023; 최윤정 2022). 과거 비동맹운동이 강대국 간 균형을 유지하는 소극적 접근을 취했다면, 현재 인도는 글로벌 경제와 안보 구조 속에서 독립적인 외교적 입지를 확립하면서도 다자적 협력을 적극 활용하는 방향으로 나아가고 있다. 특히, 미국과 같은 서구 핵심 강대국과 긴밀한 협력을 맺고 있다는 점은 과거 비동맹 노선과 가장 극명하게 차별화되는 특징이다. 인도는 QUAD(미국, 일본, 호주, 인도), I2U2, 인도-중동-유럽 경제회랑(IMEC) 등 서구 주도의 전략적 협의체에 적극 참여하면서도, 비동맹 또는 비서구 국가들과의 연대를 유지하며 균형을 모색하는 방식으로 다층적 연대를 실현하고 있다. 이러한 외교적 기조는 인도가 과거의 비동맹적 수동성을 벗어나, 글로벌 정치·경제 질서 내에서 보다 적극적으로 자국의 국익을 극대화하는 방식으로 외교 전략을 조율하고 있음을 보여준다.

특히, 바이든 행정부가 인도를 인도-태평양 전략의 핵심 파트너로 간주하며 협력 강화를 모색하면서 인도의 외교적 위상은 더욱 높아졌는데(The Times of India 2022; The White House 2022), 이에 인도 역시 패권 경쟁이 부활한 현 상황에서 '미국과의 협력에 최우선순위'를 두는 방향으로 점진적인 전략적 조정을 추진하고 있다. 경제적 측면에서 볼 때, 2021년 이후 미국은 인도의 최대 무역상대국이자 수출시장으로, 2023-24 회계연도 양자 무역 1,197억 달러 중 인도가 353억 달러가 넘는 흑자를 거두고 있다(인도 상공부 무역통계 DB). 인도는 미국과 Indus-X(Indo-U.S. Defense Acceleration Ecosystem) 및 iCET(Initiative on Critical and Emerging Technology)와 같은 핵심적인 신흥과학기술 협력 프로그램을 통해 국방·민간기술 혁신 생태계를 조성하고, 인공지능(AI), 반도체, 양자기술, 5G/6G 통신, 우주기술 등 전략적 기술 분야에서의 공동 연구개발(R&D) 및 기술 이전을 확대하며, 이를 바탕으로 장기적인 성장동력을 확보하고 기술안보 역량을 강화하는 데에도 적극적으로 나서고 있다(U.S. Department of Defense 2023; National Security Council, White House 2023).

그런데 이같이 미국과의 전략적 조율이 심화되는 상황에서 우크라이나 전쟁 발발 이후 인도가 보인 행보는 서구 사회에 적잖은 파장을 일으켰다. 인도는 미국과의 전략적 협력을 유지하면서도 러시아의 우크라이나 침공을 규탄하는 유엔 결의안 투표에서 기권하며 러시아와의 전통적인 우호 관계를 중시하는 기조를 유지하였다. 인도는 국제금융 결제망인 SWIFT를 우회하는 '루피화-루블화 무역협정(rupee-ruble trade arrangement)'을 체결하여, 서방의 금융 제재로 인해 국제결제에서 배제된 러시아와의 교역을 지속할 수 있는 기반도 마련하였다. 이를 통해 러시아산 원유를 할인된 가격으로 수입함으로써 에너지

안보를 확보하는 동시에, 자국 경제의 부담을 줄이는 현실적인 선택을 한 것이다.

뿐만 아니라, 인도는 러시아로부터 최신 중장거리 지대공미사일 시스템 S-400을 도입하고, 해당 대금을 루피화로 결제하는 등 경제 및 군사 협력을 지속적으로 강화하였다. 또한 인도 최대 시멘트 제조업체인 울트라테크 시멘트(Ultra Tech Cement)는 중국 위안화로 러시아산 석탄을 구매하는 등 러시아와의 무역 관계를 다각화하였다. 이러한 조치들로 인해 2021년 말 2%에 불과했던 러시아산 석유의 인도 내 수입 비중은 2022년 13%, 2025년 4월에는 39%로 급증하며 러시아가 인도의 최대 석유 공급원으로 자리 잡게 되었다(The Indian Express 2025). 아울러, 러시아는 인도의 전체 교역 대상국 중 2위(10%)로 부상하며 경제 협력이 한층 강화되었다(인도 상공부 무역통계 DB). 이처럼 21세기 서구와 반서구의 최대 충돌로 국제질서를 뒤흔든 러-우 전쟁의 맥락 속에서도 미국의 대척점에 위치한 러시아와 긴밀한 파트너십을 추구할 수 있는 인도의 외교는 글로벌사우스 국가들에게 제3의 길이 있음을 보여준 것으로 평가되면서 주목을 받고 있는 것이다.

그러나 인도는 국제질서가 급격히 변화하기보다는 점진적으로 재편되면서 기존 질서와 신질서가 오랜 기간 공존할 것이라는 인식을 갖고 있다(Indian Ministry of External Affairs 2024b). 이에 따라 인도는 '비서구(Non-West)'와 '반서구(Anti-West)'의 차이를 분명히 인식하면서도, 서구와의 협력을 통해 국익을 극대화하는 실용주의적 접근을 추구하고 있는 것이다. 이는 글로벌사우스 국가들이 강대국 간 경쟁 속에서 일방적인 선택을 강요받기보다는 자국의 이익을 극대화할 수 있는 전략적 유연성을 확보해야 함을 시사한다. 따라서 인도의 전략적 자율성과 다층적 연대라는 외교 기조는 글로벌사우스 국가들이 강대국 중심의 국제질서 속에서 독자적 입지를 모색하는 데 있어 참고할 만한 의미 있는 접근법으로 평가될 수 있다.

여기서 인도의 글로벌사우스 외교정책이 실용주의적 접근을 넘어 도덕적 정당성을 기반으로 국제사회에서의 위상을 구축하는 데 초점을 맞추고 있다는 점에 주목할 필요가 있다. 이는 상술한 바와 같이 인도의 독립운동과 깊은 연관이 있으며, 마하트마 간디가 주도한 비폭력 투쟁과 도덕적 원칙이 인도의 외교 철학을 형성하는 데 결정적인 역할을 했다(Pande 2018). 독립 이후 인도는 국익을 초월하여 국제사회에서 신뢰와 정당성을 바탕으로 영향력을 확대하는 것을 목표로 삼아왔으며, 적어도 인도 내부에서는 이제 인도가 국력과 변화된 위상에 걸맞게 보다 주도적이고 능동적인 행위자로 자리 잡아야 한다는 데에 상당한 공감대가 형성되었기 때문이다.

이러한 방향성은 인도의 외교 전략이 비동맹운동에서 다자주의적 협력으로 발전해 온 흐름과도 맞닿아 있다. 과거 인도는 특정 진영과의 거리두기를 유지하는 비동맹 외교를 추구했지만, 현대 국제질서에서는 보다 적극적인 외교를 통해 글로벌사우스 국가들을 대표하고 국제사회의 주요 의사결정 과정에서 영향력을 행사하는 방향으로 전환하고 있다. 이는 인도가 스스로를 세계적 흐름을 주도할 국가로 인식하고 이에 부여한 역할로서, 글로벌사우스의 대변자 역할을 넘어 국제질서 속에서 균형자이자 조정자로서 자리매김하려는 외교적 구상으로 연결된다. 즉, 인도는 국제사회에서 신뢰를 구축하고 영향력을 확대하는 것을 외교의 핵심 기조로 삼고 있으며, 이러한 접근 방식은 인도가 글로벌 강대국으로 자리 잡기 위한 필수적인 과정으로 볼 수 있다.

## 2. 중국과의 경쟁 우위 추구

중국과 인도의 글로벌사우스 전략은 국제정치의 구조적 변화 속에서 중요한 변수로 작용하고 있다. 미국과 중국 간 전략적 경쟁이 심화되는 과정에서 글로벌사우스 국가들은 독자적인 목소리를 강화하고 있으며, 이는 기존 국제질서의 변화와 맞물려 새로운 외교적·경제적 전략이 요구되는 환경을 형성하고 있다. 이에 따라 중국과 인도는 글로벌사우스를 대상으로 한 전략을 적극적으로 추진하고 있으나, 그 접근 방식과 전략적 목표에서는 차이를 보인다.

중국은 글로벌사우스를 활용하여 자국 중심의 다극적 국제질서를 구축하려는 전략을 펼치고 있다. 특히, 일대일로(Belt and Road Initiative, BRI)를 통해 개발도상국에 대한 대규모 인프라 투자 및 금융 지원을 제공함으로써 경제적 영향력을 확대하고 있으며, 이를 기반으로 정치·외교적 입지도 강화하고 있다(Zeng 2023). 2024년 3월까지 152개국과 32개 국제기구가 BRI 협정서에 서명한 것으로 알려지고 있다. 중국은 BRI를 포함한 대규모 인프라 투자, 금융 지원, 무역 확대, 적극적인 외교 및 문화 교류를 통해 글로벌사우스와의 관계를 심화시키면서 이들 국가가 중국 중심의 다극적 국제질서를 수용하도록 유도해왔다(Zhao 2024).

BRICS, 상하이협력기구(SCO) 등의 다자 협력체도 적극 활용하고 있다. 이러한 접근은 경제적 협력 차원을 넘어 글로벌사우스 내에서 중국의 영향력을 공고히 하고 지정학적 경쟁에서 우위를 확보하기 위한 전략적 행보로 해석된다. 최근 솔로몬제도(2019년), 키리바시(2019년), 나우루(2024년) 등 남태평양 도서국들이 대만과의 외교 관계를 단절하고 중국과의 수교를 선택한 사례 등을 통해 볼 때, 중국이 글로벌사우스 국가들, 특히 전략적 중요성을 지닌 지역에서 장기간에 걸쳐 추진해 온 선제적 외교전략이 가시적인 성과를 거두고 있는 것으로 평가할 수 있다.

반면 인도는 2000년대 들어 미국을 위시한 서방 국가들과의 협력을 확대하기 시작하면서, 글로벌사우스와의 연대에는 상대적으로 소홀해졌다. 그러나 역내 중국의 영향력이 확대됨에 따라 인도는 글로벌사우스에서의 입지를 재확립하는 전략을 적극적으로 추진하기 시작했다. 특히, 2023년 G20 의장국으로서 인도는 글로벌사우스의 문제를 국제 의제의 중심으로 부각시키는 데 주력하였다. 국가 부채 축소, 개발 금융 개혁, 공정한 무역 체제 구축과 같은 글로벌사우스의 핵심적인 관심사를 강조하면서, 글로벌사우스를 위한 대변자 역할을 자처하기 시작하였다. 또한 인도는 2023년 두 차례의 글로벌사우스 정상회의를 개최하며, 글로벌사우스의 지도자로 자리매김하려는 의지를 명확히 드러내기도 했다(Jacobb 2023).

이같이 양국 간 심화되고 있는 글로벌사우스 경쟁의 배경에는 1962년 인도의 패배로 막을 내린 중인 전쟁에 이어 최근까지 이어지고 있는 다양한 영역에서의 경쟁을 이해할 필요가 있다. 특히 최근 인도가 미중 간의 지정학적 대결 구도에 가담하게 된 결정적인 사건으로 히말라야 지역에서의 국경 충돌과 같은 군사적 대치를 들 수 있다. 2020년 5월 동(東) 라다크(Eastern Ladakh) 갈완 계곡(Galwan Valley)에서 중국 인민해방군(PLA)과 인도군 간의 충돌은 양국 간의 해묵은 군사적 갈등을 드러낸 대표적인 사례이다. 이후 2022년 12월 타왕(Tawang) 지역에서 다시 무력 충돌이 발생하는 등 양국 간 국경 긴장은 지속되고 있다. 2017년 도클람(Doklam) 사태 역시 중국이 해당 지역에 도로를 건설하려는 시도에서 비롯되었으며, 인도가 군사적으로 개입하면서 장기적 대치로 이어졌다. 이도 입장에서 이러한 군사적 충돌은 중국이 인도를 지역 내 경쟁자로 인식하면서 전략적 견제에 나선 구체적인 행동으로 간주되었다.

경제적 측면에서도 인도는 중국에 대하여 경쟁 우위를 확보하기 위해 다양한 정책을 추진하고 있다. 중국이 BRI를 통해 개발도상국과의 경제 협력을 강화하는 반면, 인도는 민주적 가치와 상호주의에 기반한 경제 협력을 강조하며 차별화된 전략을 구사하고 있다. 인도는 벵골만 기술경제협력 이니셔티브(Bay of Bengal Initiative for Multi-Sectoral Technical and Economic Cooperation, BIMSTEC), 인도양 연안국 협력체(Indian Ocean Rim Association, IORA) 등의 다자 협력 플랫폼을 적극 활용하여 글로벌사우스 내에서 인도의 역할을 부각시키고 있다. 또한, 인도는 미국 및 유럽연합(EU)과의 경제 협력을 확대하는 동시에 아프리카 및 아세안 국가들과의 협력을 심화하는 등 경제적 다변화를 모색하고 있다.

중국과 인도의 글로벌사우스 전략은 표면적으로는 모두 다극화된 국제질서를 지향하며, 글로벌 거버넌스 개혁을 요구하는 공통점을 보인다. 양국 모두 글로벌사우스와의 경제·정치적 연대를 강화하고, 이를 통하여 미국 중심 질서를 견제하고자 한다. 그러나 두 국가의 접근 방식은 차이를 보인다. 중국은 반서구(Anti-West) 기조를 내세우면서 서구와 대립하고 역내 자국 중심의 질서를 수립하고자 한다면, 인도는 서구는 아니지만(비서구, Non-West) 서구 강대국과의 협력을 강화하는 한편 역내 국가들과도 연대감을 높이는 다층적 외교를 강조하고 있다. 또한 중국은 대규모 인프라 투자를 앞세워 상대 국가의 경제적 종속성을 심화시킨다는 우려를 낳고 있는 반면, 인도는 자본력은 미약하나 패권적 의도가 없는 조력자로서 느슨한 협력체계를 구축해가고 있다.

중국의 글로벌사우스 전략은 경제성장 둔화와 대규모 투자 지속 가능성 문제, 글로벌사우스 내 경쟁 심화, 특히 인도와의 리더십 경쟁, 서구 국가들의 견제 및 경제적 종속성 논란 등의 도전 과제에 직면해 있다. 중국은 트럼프 2기 행정부 출범이 확실시된 2024년 11월 5일 이후부터 더욱 공세적인 글로벌사우스 외교를 전개하고 있다. 2024년 11월 18일 G20 정상회의에서 시진핑 주석은 일대일로 자금 7,000억 위안(약 970억 불) 추가 조달, 중-아프리카 협력포럼에 3년간 3,600억 위안(약 500억 불) 지원, 글로벌사우스와 개방적 과학기술 협력(Open Science) 및 청정에너지, 바이오경제 활성화, 디지털전환 지원, 최빈개발도상국(LDG)에 100% 관세 면제와 같은 경제협력과 시장개방을 확대하는 등 8대 행동계획을 발표하였다(The State Council, The People's Republic of China 2024). 이는 트럼프 대통령이 중국을 비롯하여 전 세계를 대상으로 고율의 관세를 부과하겠다고 선전포고를 한 것과는 대조적으로 중국을 자유무역의 옹호자로 부각시키는 한편 공급 과잉인 중국산 제품을 앞세운 저가 공세에 대한 우려를 완화시키기 위한 의도인 것으로 보인다. 하지만 이 같은 중국의 환심 사기 전략은 명확한 반미, 반서구의 프레임 속에서 전개하는 것으로 실용적인 입장을 선호하는 글로벌사우스 국가들에게 전폭적인 지지를 얻지는 못하고 있다. 한편, 인도의 글로벌사우스 전략 또한 중국과의 전략적 경쟁 속에서 리더십을 확대해야 하는 과제, 개발도상국 내 협력 체계 강화 및 지역 중심 외교의 글로벌 확장, 민주적 가치를 기반으로 경제적 연대를 지속해야 하는 과제 등을 안고 있다.

이러한 배경 속에서 글로벌사우스 내에서의 인도와 중국 간 경쟁은 향후 국제질서의 변화를 만들어내는 중요한 변수가 될 것이다. 중국은 이미 인프라 투자와 금융 지원을 통해 광범위한 영향력을 구축한 반면, 인도는 문화적·역사적 유대를 강조하며 글로벌사우스 국가들과의 협력을 확대하는 전략을 내세우고 있다. 이처럼 글로벌사우스 내에서 인도의 역할이 지속적으로 확대될 경우, 중국 중심적 세력권을 구축하는 데 일정한 변수로 작용할 가능성에 주목해야 할 것이다.

## 3. 위치 권력의 상승과 인도 강국의 비전

인도의 종합 국력이 신장되면서 외교 정책의 방향성에도 변화가 나타나고 있다. 실용주의적 접근을 넘어 도덕적 정당성을 기반으로 국제사회에서의 위상을 구축하려는 전략적 조정이 이루어지고 있으며(Tellis, Debroy, and R. Mohan 2022), 이는 상술한 바와 같이 인도의 독립운동 전통과 긴밀히 연결된다. 마하트마 간디가 주도한 비폭력 투쟁과 도덕적 원칙을 외교적 유산으로 계승한 인도는 독립 이후 국익을 초월한 국제적 신뢰와 정당성을 바탕으로 영향력을 확대하는 것을 목표로 삼아왔다(Pande 2018). 이러한 변화는 국제사회에서 보다 능동적인 행위자로서의 역할을 수행하려는 방향 전환을 의미하며, 과거 국제질서 속에서 자신을 중재자나 수동적 행위자로 규정하던 방식에서 벗어나 보다 적극적으로 '나머지 국가들'을 규합하는 행보로 이어지고 있다.

이러한 변화의 배경에는 인도의 국력에 대한 인식 전환이 자리 잡고 있다. 과거에는 국력의 열세를 의식하여 특정 진영과의 거리두기를 통해 독립성을 강조하였다면, 현재는 국제질서의 변화 속에서 전략적 제휴와 연대의 필요성을 강조하는 모습이 두드러지고 있다. 인도는 '인도의 시간(India's moment)'이 도래했다는 자신감을 보이며 국제무대에서 자신의 역할을 재정의하고 있다(Kumar 2023). 이는 정치적 수사에 그치는 것이 아니라 경제력, 군사력, 인구력, 문화적 영향력 등의 요소를 종합적으로 고려한 결과라고 볼 수 있을 것이다.

무엇보다도 인도의 위상 변화는 경제 성장과 국제 사회에서 인도의 역할 증대와 맞물려 보다 구체화되고 있다. 2022년 9월, 인도는 국내총생산(GDP) 3.5조 달러를 기록하며 영국을 제치고 세계 5위 경제대국으로 부상하였다. 이는 과거 식민 지배를 받았던 영국을 경제적으로 넘어섰다는 점에서 상징적인 의미를 가지며, 인도의 경제력이 국제사회에서 위상 변화를 촉진하고 있음을 보여준다(Paul 2024). 경제적 성장은 국제무대에서의 영향력을 증대시키는 요소로 작용하며, 이는 다자 협력 체제에서 인도의 적극적인 참여와 맞물려 더욱 강화되고 있다. 예를 들어, 미국·일본·호주·인도로 구성된 쿼드(Quadrilateral Security Dialogue, Quad)의 점진적 발전과 인도가 주도하는 G20의 영향력 확대는 인도의 국제적 지위 상승을 더욱 견고히 하는 요인으로 작용하고 있다. 글로벌 강대국으로 자리 잡기 위해서는 기존 강대국들의 인정을 받는 것이 필수적이며, 다자 협력 체제에서의 적극적인 참여는 이러한 과정에서 중요한 요소로 작용하고 있다.

이러한 맥락에서 인도는 유엔 안전보장이사회 상임이사국 지위 확보를 위한 외교적 노력도 지속적으로 전개하고 있다. 모디 총리는 2020년 9월 인도의 상임이사국 지위 확보의 당위성을 설파하는 연설을 하였고(Modi 2020), 2019년 7월에도 인도가 국제질서에서 정당한 역할을 수행해야 한다고 주장하였다(Modi 2019). 모디 총리의 주장은 자와할랄 네루가 독립 직전 국민의회 연설에서 인도를 미국, 소련, 영국, 중국과 함께 세계 평화에 기여하는 주요 강대국 중 하나로 상정했던 역사적 맥락과도 연결되는 것이다. 1990년대 이후 미국 지도자들도 인도를 주요 국제 행위자로 평가하며 유엔 안전보장이사회 상임이사국으로 인정해야 한다고 주장했으나, 현재까지 공식적인 지위 변화는 이루어지지 않고 있다.

이와 같은 외교 전략의 변화 속에서 인도는 전통적으로 개발도상국 간의 연대를 강조하던 입장에서 벗어나, 최근 강대국을 상대로 보다 자신감 있는 외교 행보를 보이고 있다. 2023년 두 차례에 걸쳐 개최한 글로벌사우스 정상회의에서 모디 총리는 "우리는 글로벌사우스의 목소리이며, 역동적인 세계에서 우리의 정책도 역동적으로 설계하고 있다"고 강조하면서, 인도가 단순한 중재자가 아니라 리더 국가로 자리 잡겠다는 의지를 표명하였다(Prime Minister's Office, Government of India 2023). 이는 인도가 글로벌사우스를 대표하는 역할을 수행하는 것을 넘어, 규칙 기반 국제질서를 주도하는 국가로 자리 잡겠다는 비전과 연결된다(The Hindu 2024).

더불어 인도는 글로벌사우스를 위한 경제 발전 지원과 국제 금융기구 개혁을 포함한 다자 협력을 강조하며, 개발도상국들의 목소리를 국제사회에 반영하려는 노력을 지속하고 있다. 인도는 이를 글로벌사우스와 글로벌노스를 연결하는 '교량 국가'의 역할로 설명하고 있다. 이는 단순한 중재자가 아니라 글로벌사우스에서 글로벌노스로 전환하는 과정에서 전략적 입지를 강화하는 방향으로 나아가고 있음을 의미한다. 이러한 접근은 인도의 위치 권력(positional power) 개념과도 연결되며, 인도가 국제 질서 속에서 다양한 국력을 종합하여 보유한 국가의 역량과 위치, 글로벌사우스와 글로벌노스를 연결하는 교량 국가로서 갖게 되는 독특한 가치를 내포한다. 모디 총리는 2023년 8월 15일 독립기념일 연설에서 인도를 '세계의 친구(Vishwa-Mitra)'로 규정하며 글로벌 협력과 안정을 주도하는 국가로 자리 잡겠다는 비전을 밝혔다(NDTV 2023).

자이샨카르 외무장관이 저서 *Why Bharat Matters*에서 국제 환경이 불확실성과 불평등으로 가득 차 있음을 지적하며 글로벌사우스 내 인도의 역할을 강조한 것도 같은 맥락이다(Jaishankar 2024). 그는 COVID-19 팬데믹, 우크라이나 전쟁, 기후 변화, 경제적 불평등과 같은 요소가 글로벌사우스 국가들에 가장 큰 영향을 미치고 있으며, 이러한 환경 속에서 인도는 글로벌사우스의 대표적인 강국으로서 점점 더 중요한 역할을 수행하고 있다고 분석하였다. 이에 따라 인도 정부는 다자주의를 강화하고, 남남 협력을 확대하며, 경제적 자립을 지원하는 방식으로 세계질서에서 글로벌사우스의 위상을 높이는 데 앞장서는 인도의 모습을 부각시키고 있다. 그러므로 인도 정부가 G20, BRICS, SCO 등 다양한 국제 포럼에서 글로벌사우스 의제를 논의하고, 2023년 G20 정상회의에서 "하나의 국가, 하나의 세계, 하나의 미래"라는 기조를 내세운 것은 글로벌사우스 국가들의 리더 역할을 하려는 인도 외교 전략의 일환으로 해석할 수 있을 것이다.

예를 들어, 코로나19 팬데믹 당시 "Vaccine Maitri"(백신 우정) 프로그램을 통해 글로벌사우스 국가들에게 백신과 의료 물자를 공급하여 국제 보건 위기 대응에 적극적인 역할을 수행하며, 자연재해 발생 시 글로벌사우스에서 가장 처음 도움을 주는 나라(the Global South's initial responder)로 자국을 평가하기도 한다(Ramachandran 2021; Economic Times 2025). 인도가 자체 개발한 코로나19 백신을 이웃 국가들에게 대량으로 공여하고, 달 탐사선 찬드라얀(Chandrayaan-3), 모바일 결제 시스템 UPI(Unified Payments Interface)와 같은 기술적 쾌거가 강대국의 지원 없이 이룩한 성과라는 점에 의미를 부여한다(PIB 2023). 인도 정부는 이러한 성과가 글로벌사우스 국가들에게 귀감이 될 뿐만 아니라, 이들이 국제사회에서 보다 독립적인 역할을 수행할 수 있도록 하는 데 기여할 수 있다고 강조한다.

그럼에도 불구하고 인도 글로벌사우스 전략이 갖고 있는 통합의 미덕은 전략의 확장성과 수용성을 높이는 핵심 요소이다. 상술한 바와 같이 인도는 다극적 국제질서로의 전환을 가속화하고 유엔 안전보장이사회 상임이사국으로 진입하여 국제사회에서 보다 중요한 역할을 수행하는 것을 목표로 하고 있다(PIB 2023; Grossman 2022). 그런데 이 과정에서 인도가 국제사회에서 어떠한 강대국으로부터도 수정주의 국가(revisionist power)로 평가받지 않는다는 점은 전략적 강점으로 작용하고 있다. 이는 중국이 국제질서 변화 과정에서 종종 수정주의적 행위자로 간주되는 것과 대비되며, 인도의 외교적 신뢰도를 제고하는 요소로 작용할 수 있다.

이처럼 인도는 글로벌사우스를 활용한 외교 전략을 통해 국제사회에서의 영향력을 확대하는 동시에, 독립적인 강대국으로서의 입지를 강화하려는 노력을 지속하고 있다. 특히, 글로벌사우스와의 협력을 기반으로 전략적 자율성을 제고하며, 이를 통해 국제사회에서 보다 주도적인 역할을 모색하는 경향이 강화되고 있다. 이러한 외교 전략은 장기적으로 인도의 국제적 위상을 확립하고, 보다 독립적인 행위자로 자리매김하려는 목표와 맞닿아 있다. 아울러, 글로벌사우스를 외교적 기반으로 활용하는 인도의 접근법은 향후 국제질서의 변동에도 일정한 파급력을 가질 것으로 보인다.

## IV. 맺음말: 인도 글로벌사우스 외교의 전망과 과제

인도의 글로벌사우스 전략은 국제정치의 구조적 변동 속에서 중요한 요소로 작용할 수 있지만, 그것이 국제질서의 주요 변수가 될 것이라고 단정하기는 어렵다. 글로벌사우스 국가들이 기존 강대국 중심 질서에서 독립적인 경제·외교적 입지를 구축하려는 움직임을 보이는 가운데, 인도의 외교적 행보는 이들의 대표성과 연대 강화를 통해 새로운 국제질서를 형성하는 것을 목표로 하고 있다. 그러나 이러한 전략이 실질적인 변화를 주도하는 데는 다양한 내부적·외부적 제약이 존재한다. 특히, 미국에서 트럼프 2기 행정부가 출범함에 따라 국제질서의 불확실성이 더욱 커지고 있으며, 이는 인도의 글로벌사우스 전략에도 상당한 영향을 미칠 것으로 전망된다. 트럼프 행정부는 기존 다자주의 질서를 흔들며 미국 우선주의(America First) 정책을 강화하고 있으며, 이에 따라 글로벌사우스 국가들의 대응 전략도 변화하고 있다. 이러한 환경 속에서 인도는 글로벌사우스 외교를 지속적으로 추진하면서도, 변화하는 국제질서 속에서 전략적 조정을 요구받고 있다.

이에 본 절에서는 트럼프 2기 행정부 출범 이후 인도의 글로벌사우스 전략이 어떻게 전개될 것인지 전망하고, 인도가 글로벌사우스 외교를 통해 설정한 목표와 비전을 실현하기 위해 해결해야 할 주요 과제를 살펴보고자 한다.

### 1. 트럼프 2기 행정부와 인도 글로벌사우스 외교의 경로

트럼프 2기 행정부의 출범은 인도의 글로벌사우스 전략에도 중요한 변수로 작용하게 될 것이다. 트럼프 행정부의 첫 임기(2017-2021년) 동안 미국은 다자주의에 회의적 입장을 드러내고 보호주의를 강화하였으며, 중국 견제라는 목표 아래 인도와의 전략적 협력을 확대하였다. 이러한 기조가 2기에서는 더욱 분명하게 나타날 것으로 예상되는 가운데, 인도의 글로벌사우스 전략에 미치는 영향에도 관심을 갖게 된다.

무엇보다도 트럼프 2기 더욱 강력한 미국 우선주의를 내세우면서 국제기구와 규범이 불안정해지고 다자주의 기반이 약화될 수 있다는 우려는 이미 현실로 나타나고 있다. 트럼프 1기 동안 미국은 세계무역기구(WTO) 개혁 압박, 파리기후협약 탈퇴, 국제기구 예산 삭감 등을 추진하며 다자 협력보다는 미국 중심의 일방주의적 접근을 강화해 왔다. 2025년 1월 20일 2기 행정부 출범 후 채 한 달이 되지 않은 시점에 이미 UN 주요 기구 탈퇴, 국제개발처(USAID) 사업 중지 등 한층 파격적인 조치를 단행하고 있다. 이에 국제사회는 미국의 영향력이 축소되는 데 대한 방안을 강구하기 시작하였고, 글로벌사우스 국가들 가운데서는 새로운 국제질서를 수립하기 위한 논의가 이루어지고 있다. 이러한 상황에서 인도는 비동맹을 적극 활용하여 개발도상국의 정치적 결속을 강화하는 한편, 유엔 개혁 및 다극적 국제질서 형성을 위한 외교적 노력을 더욱 가속화할 가능성이 높아 보인다. 특히, 미국이 기존 국제기구에서 후퇴할 경우, 인도는 글로벌사우스 국가들과 협력하여 대체 기구를 형성하는 방안을 모색할 것으로 전망된다.

또한, 미국의 보호주의 강화와 대중국 견제 심화는 인도-미국 관계에 양면적인 영향을 미칠 것이다. 트럼프 행정부는 인도태평양 전략을 강조하며 인도를 대중국 견제의 핵심 파트너로 간주해 왔다. 이에 따라 군사·경제 협력이 더욱 확대될 가능성이 있지만, 미국의 보호주의 강화는 인도의 대미 수출 환경을 악화시키고, 무역 장벽을 높이는 요인이 될 것이다. 인도는 이를 감안하여 경제 협력 다변화를 적극 모색하고, 글로벌사우스를 활용한 남남협력(South-South Cooperation)을 더욱 활성화할 가능성이 크다. 특히, 중국이 개발도상국을 대상으로 부채 함정 외교를 펼치는 가운데, 인도는 보다 신뢰할 수 있는 경제 협력 파트너로서의 위상을 강화하려 할 것이다.

한편, 미국의 개발도상국 지원 축소는 글로벌사우스 국가들에 심각한 재정적 공백을 초래할 가능성이 있다. 대대적인 개발원조 축소로 인해 미국의 공백이 커지는 동안 인도는 글로벌사우스 내 경제 협력을 주도하고, 지속 가능한 개발을 위한 금융 메커니즘을 강화하는 방향으로 나아갈 가능성이 높다. 특히, 신흥국 간 금융 협력 및 개발 자금 지원 확대를 통해 기존의 서구 중심 원조 체제에 대한 대안을 마련할 것으로 예상되는바, 이는 개발도상국들이 자율적인 경제 발전 경로를 모색하는 데 중요한 역할을 할 수도 있다.

이러한 상황에서 인도는 다층적 연대 전략을 유지하면서 미국과의 협력을 지속하는 동시에, 비동맹과 글로벌사우스를 활용한 외교적 자율성을 극대화하려는 노력에 박차를 가할 것이다. 비동맹을 기반으로 개발도상국의 정치적 결속을 강화하는 한편, 글로벌사우스를 통해 경제적 협력과 기술 교류를 확대하는 전략이 보다 명확해질 것이다. 또한, 인도는 기존 서구 국가들과의 협력을 조정하면서도 글로벌사우스 내에서 독자적인 외교 노선을 유지하려 할 가능성이 크다. 특히 트럼프 2기 행정부가 가치나 진영 논리보다 실리주의를 우선하는 정책 기조를 유지할 가능성이 높다는 점에서, 인도의 글로벌사우스 외교는 전략적 기회를 포착하며 발전할 것으로 예상된다. 트럼프 행정부가 국제무대에서 질서 수호자 또는 균형자로서의 역할을 등한시할 경우, 중국뿐만 아니라 인도 역시 이러한 공백을 메우며 보다 공고한 외교적 입지를 구축하고자 할 것이다.

무엇보다도, 인도의 글로벌사우스 외교는 국제질서에 근본적인 변화를 가하려는 중국의 수정주의적 접근과 차별화되는 점에서 전략적 가치를 지닌다. 중국이 글로벌사우스를 기존의 미국 주도 질서에 맞서는 대안 세력으로 조직하려는 반면, 인도는 체제 내 개혁과 조정이라는 점진적 접근을 채택하고 있다. 이는 글로벌사우스 국가들에게 보다 신뢰할 수 있는 대안으로 인도를 자리매김하게 만들며, 서방과의 협력 가능성을 더욱 확대하는 요소로 작용할 수 있다.

트럼프 2기 행정부가 실리주의적 기조를 강화하면서도 중국과의 전략적 경쟁을 지속하는 경우, 미국은 인도의 이러한 역할을 더욱 중시하게 될 가능성이 높다. 이는 글로벌사우스 내에서 인도의 위상이 강화되는 계기가 될 수 있으며, 동시에 중국의 영향력 확장을 견제하는 효과적인 방안으로 작용할 수 있다. 특히, 인도는 기존 국제질서 내에서의 공정성을 강조하며, 글로벌사우스 국가들의 독립적 발전 경로를 지원하는 중재자 교량국가로서 역할을 수행할 수 있는 기회를 맞이할 수 있을 것이다.

## 2. 인도 글로벌사우스 전략의 향후 과제

하지만 인도의 글로벌사우스 외교가 지속적으로 영향력을 발휘하기 위해서는 몇 가지 주요 과제를 해결해야 한다. 첫째, 인도는 강대국과 보다 긴밀한 협력 관계를 가능하게 만들고 사안에 따라 탄력적으로 전략적 제휴를 맺는 자율성을 극대화하는 외교 노선 속에서 글로벌사우스 전략을 활용하고 있다. 하지만 동시에 글로벌사우스 국가 간 연대를 강화하는 동시에 특정 국가 또는 지역의 이해관계에 편중되지 않는 균형 잡힌 외교의 필요성도 무시할 수 없다. 현재 인도는 G20, BRICS, SCO 등 다양한 다자 협력체를 활용하여 글로벌사우스 내에서의 영향력을 확장하고 있으나, 개별 국가들의 외교·경제적 이해관계를 조율하는 것은 결코 쉬운 과제가 아니다. 글로벌사우스 국가들이 반드시 인도의 입장을 지지하는 것이 아니라, 경제적 실리를 고려하여 중국과의 협력을 유지하려는 국가들도 적지 않다는 점에서, 인도의 글로벌사우스 외교에서 균형감각이 무엇보다도 중요할 것이다.

둘째, 인도가 글로벌사우스 내에서 리더십을 공고히 하기 위해서는 경제적 지원과 기술 협력 확대가 필수적이다. 중국이 일대일로와 같은 대규모 인프라 개발 프로그램을 통해 글로벌사우스와의 경제적 유대를 강화하고 있는 반면, 인도는 경제적 자원이 상대적으로 제한적이다. 이에 따라 인도는 개발 원조 및 금융 지원뿐만 아니라, 디지털 공공인프라(UPI) 및 백신 개발(Vaccine Maitri)과 같은 성공 사례를 기반으로 글로벌사우스 국가들이 실질적인 혜택을 체감할 수 있는 협력 프로그램을 지속적으로 확대해야 할 것이다.

셋째, 글로벌사우스 전략이 비동맹 전략에 비해 강대국들과의 관계를 조율할 수 있는 외교적 유연성을 보유하고 있다는 점에서 주요 강대국들과의 협력 조율은 중요한 과제라 할 수 있다. 미국과의 전략적 협력이 강화되는 한편, 러시아와의 전통적인 협력 관계도 지속하고 있는 인도의 외교 전략은 높은 수준의 외교적 균형 감각을 요구한다. 특히, 중국과의 경쟁이 심화되는 상황에서 글로벌사우스 내에서의 입지를 공고히 하면서도, 중국과의 갈등을 조정하는 전략적 유연성이 필요하다.

넷째, 글로벌사우스 내에서 인도의 외교적 신뢰성을 유지하기 위한 도덕적 정당성의 확보도 중요한 요소이다. 인도는 비동맹운동을 통해 자율성과 도덕적 정당성을 강조해 왔으며, 이는 글로벌사우스 국가들 사이에서 인도의 중요한 외교적 자산으로 작용해 왔다. 그러나 최근 러시아-우크라이나 전쟁, 가자지구 전쟁과 무슬림에 대한 입장 등으로 인해 인도의 도덕적 정당성을 두고 국내외에 파장이 커지고 있다. 인도가 기존의 비동맹적 가치와 현대적 외교 전략을 조화롭게 조정하면서, 글로벌사우스 국가들과의 신뢰를 유지하는 외교적 과제는 글로벌 강국의 비전을 향해 전진하는 인도에게는 반드시 해결해야 할 과제가 될 것이다.

# 참고문헌

최윤정. 2022. "신냉전 시대 인도의 외교적 선택과 전략적 자율성." 『세종정책브리프』 2022-17: 세종연구소.

최윤정. 2023. "'글로벌사우스'와 한국외교." 『세종정책브리프』 2023-18. 세종연구소.

Aguirre, Mariano. 2023. "Is Non-Alignment Possible for Latin America?" *Chatham House*. https://www.chathamhouse.org/2023/03/non-alignment-possible-latin-america (검색일: 2025.2.23.)

Akshaya Patra Foundation. "Akshaya Patra's 4-Billion-Meals Milestone Commemorated at the UN Headquarters." https://www.akshayapatra.org/news/akshaya-patras-4-billion-meals-milestone-commemorated-at-the-un-headquarter (검색일: 2025.1.20.)

Berelson, Bernard R., Paul F. Lazarsfeld, and William McPhee. 1954. *Voting*. Chicago: University of Chicago Press.

Deccan Herald. 2023. "Non-Alignment is Still India's Foreign Policy Alignment." September 29.

Diplomatist. 2024. "India and the Non-Aligned Movement: Pioneering South-South Cooperation." November 27. https://diplomatist.com/2024/11/27/india-and-the-non-aligned-movement-pioneering-south-south-cooperation/

Economic Times. 2025. "India first responder for Global South in times of need, says Commerce Minister Piyush Goyal." (January 15.).

Ferris, Emily and Veerle Nouwens. 2022. "Russia's Vostok 2022 Military Drills: Not Size or Tanks, but Context." *Royal United Services Institute (RUSI)*. https://www.rusi.org/explore-our-research/publications/commentary/russias-vostok-2022-military-drills-not-size-or-tanks-context

Freeman, Dena. 2018. *The Global South at the UN: Using International Politics to Re-Vision the Global*. London: London School of Economics. https://eprints.lse.ac.uk/88037/

Giddens, Anthony. 1984. *The Constitution of Society: Outline of the Theory of Structuration*. Cambridge: Polity Press.

Grossman, Derek. 2022. "Modi's Multipolar Moment Has Arrived." *Foreign Policy*. June 6. https://foreignpolicy.com/2022/06/06/modi-india-russia-ukraine-war-china-us-geopolitics-multipolar-quad

Ikenberry, G. John. 2024. "Three Worlds: The West, East and South and the Competition to Shape Global Order." *International Affairs* 100(1): 121-138.

India Ministry of Commerce. 2023. "Bilateral Trade between India and the US Reaches

US$128.55 Billion in FY23." *IndBiz*. https://indbiz.gov.in/bilateral-trade-between-india-and-the-us-reaches-us-128-55-billion-in-fy23

Indian Ministry of External Affairs. 2003. "Statement by Prime Minister Shri Atal Bihari Vajpayee at the 13th NAM Summit in Kuala Lumpur."February 24.

Indian Ministry of External Affairs. 2006. "Key Developments at NAM Summits."

Indian Ministry of External Affairs. 2012a. "History and Evolution of Non-Aligned Movement." Government of India.

Indian Ministry of External Affairs. 2012b. "Statement at the 16th NAM Summit." Government of India.

Indian Ministry of External Affairs. 2019. "QUESTION NO.1168 - ROLE OF INDIA IN NON-ALIGNED MOVEMENT." Government of India, November 28. https://www.mea.gov.in/rajya-sabha.htm?dtl/32119/QUESTION_NO1168_ROLE_OF_INDIA_IN_NONALIGNED_MOVEMENT

Indian Ministry of External Affairs. 2020. "Statement at the Virtual NAM Summit."

Indian Ministry of External Affairs. 2023a. "Chair's Summary: Voice of the Global South Summit." Government of India.

Indian Ministry of External Affairs. 2023b. "India Statement by Secretary (West) at the NAM Ministerial Meeting." Government of India, July 6. https://www.mea.gov.in/Speeches-Statements.htm?dtl/36760/India_Statement_by_Secretary_West_at_the_NAM_Ministerial_Meeting

Indian Ministry of External Affairs. 2024a."India's National Statement by EAM, Dr. S. Jaishankar at the 19th NAM Summit in Kampala." Government of India, January 19. https://www.mea.gov.in/Speeches-Statements.htm?dtl/37521/Indias_National_Statement_by_EAM_Dr_S_Jaishankar_at_the_19th_NAM_Summit_in_Kampala

Indian Ministry of External Affairs. 2024b. "Pandit Hriday Nath Kunzru Memorial Lecture 2024 delivered by EAM Dr. S. Jaishankar at the Jawaharlal Nehru University, New Delhi." February 26. https://www.mea.gov.in/Speeches-Statements.htm?dtl/37662/Pandit_Hriday_Nath_Kunzru_Memorial_Lecture_2024_delivered_by_EAM_Dr_S_Jaishankar_at_the_Jawaharlal_Nehru_University_New_Delhi

Indian Ministry of External Affairs. 2024c. "Remarks by MoS Dr. Rajkumar Ranjan Singh at the 19th NAM Summit - Ministerial Meeting." https://www.mea.gov.in/Speeches-Statements.htm?dtl/37514/Remarks_by_MoS_Dr_Rajkumar_Ranjan_Singh_at_the_19th_NAM_Summit__Ministerial_Meeting

International Monetary Fund (IMF). 2025. World Economic Outlook: Global Prospects and Policies. April. https://www.imf.org/en/Publications/WEO/weo-database/2025/April

Jacob, Happymon. 2023. "How to Thwart China's Bid to Lead the Global South." *Foreign Affairs*, December 25.

Jaishankar, Subrahmanyam. 2020. *The India Way: Strategies for an Uncertain World.*

HarperCollins India.

Jaishankar, Subrahmanyam. 2024. *Why Bharat Matters*. New Delhi: Rupa Publications India.

Kumar, Mohan. 2023. *India's Moment: Changing Power Equations around the World*. HarperCollins India.

Menon, Shivshankar, Sunil Khilnani, Rajiv Kumar, Pratap Bhanu Mehta, Lt. Gen. (Retd.) Prakash Menon, Nandan Nilekani, and Srinath Raghavan. 2012. *Non Alignment 2.0: A Foreign and Strategic Policy for India in the Twenty First Century*. New Delhi: National Defence College and Centre for Policy Research.

Ministry of External Affairs, Government of India. 2018. "Prime Minister's Keynote Address at Shangri-La Dialogue." Singapore, June 1.

Modi, Narendra. 2019. "Statement by Prime Minister Narendra Modi at the 74th Session of the United Nations General Assembly." September 27. United Nations.

Modi, Narendra. 2020. "Prime Minister Narendra Modi's Address at the 75th Session of the United Nations General Assembly." September 26.

Nantulya, Paul. 2023. "Africa-India Cooperation Sets Benchmark for Partnership." *Africa Center for Strategic Studies*, December 12.

National Security Council, White House. 2023. "U.S.-India Initiative on Critical and Emerging Technology (iCET): Fact Sheet." https://www.whitehouse.gov/

NDTV. 2023. "India Emerges As 'Vishwa-Mitra', Bringing Stability To The World." *NDTV*.

Non-Aligned Movement. 2012. "Final Document of the 16th NAM Summit." Tehran: Ministry of Foreign Affairs of Iran.

Pande, Aparna. 2018. *From Chanakya to Modi: The Evolution of India's Foreign Policy*. HarperCollins India.

Paul, T.V. 2024. *The Unfinished Quest: India's Search for Major Power Status from Nehru to Modi*. Oxford University Press: New York.

Prebisch, Raúl. 1962. "The Economic Development of Latin America and Its Principal Problems." *Economic Bulletin for Latin America* 7(1): 1-22.

Press Information Bureau (PIB), Government of India. 2023. "Union Minister Dr Jitendra Singh Says Chandrayaan Will Herald India's Quantum Leap in the Global Arena." https://pib.gov.in/PressReleaseIframePage.aspx?PRID=1939213

Prime Minister's Office, Government of India. 2023. "Prime Minister Shri Narendra Modi's Opening Remarks at the Inaugural Leaders' Session of the Voice of Global South Summit." January 12. Press Information Bureau, Government of India. https://www.pib.gov.in/PressReleasePage.aspx?PRID=1891102

Ramachandran, Sudha. 2021. "India's Vaccine Diplomacy: A Potent Card?" *The Diplomat*.

Saran, Shyam. 2021. "India and the Global South: Strengthening Partnerships." *Observer Research Foundation*.

Singh, Swaran. 2020. "India's Foreign Policy in the Modi Era." *International Studies.*

Talbott, Strobe. 2004. *Engaging India: Diplomacy, Democracy and the Bomb.* Brookings Institution Press: Washington D.C.

Tellis, Ashley J., Bibek Debroy, and C. Raja Mohan. 2022. *Grasping Greatness: Making India a Leading Power.* India Viking: New Delhi.

The Hindu. 2024. "India Does Not Believe in Expansionism." August 02.

The Indian Express. 2025. "India's Russian Oil Imports at 9-month high in April." May 4.

The Times of India. 2022. "India Ties Most Important for Joe Biden: White House." February 10.

U.S. Department of Defense. 2023. "Fact Sheet: India-U.S. Defense Acceleration Ecosystem (Indus-X)." https://www.defense.gov/News/Releases/Release/Article/3682879/fact-sheet-india-us-defense-acceleration-ecosystem-indus-x/

Wallerstein, Immanuel. 1974. *The Modern World-System I: Capitalist Agriculture and the Origins of the European World-Economy in the Sixteenth Century.* New York: Academic Press.

The White House. 2022. *Indo-Pacific Strategy of the United States.*

Zakaria, Fareed. 2008. *The Post-American World.* W. W. Norton & Company.

Zeng, Jinghan. 2023. "China's Growing Influence in the Global South: A New World Order?" *International Affairs.*

Zhao, Minghao. 2024. "The Belt and Road Initiative and U.S.-China Competition Over the Global South." *China Economic Journal* 17(2): 166-181.

웹사이트

인도 상공부(Ministry of Commerce & Industry, Government of India) 무역 통계 웹사이트 https://www.commerce.gov.in/trade-statistics

# 제8장 러시아의 글로벌사우스에 대한 인식과 전략

장세호(국가안보전략연구원)

최근 글로벌사우스의 부상에 대한 논의가 뜨겁다. 국제관계의 주변부에 위치한 채 무시되고 경시되던 그들의 위상과 역할에 대한 재인식·재평가가 활발하게 진행되고 있다. 세계 주요 강대국 중 러시아는 오래 전부터 글로벌사우스를 중시해 왔고, 우크라이나 전쟁 이후 그들에 대한 접근을 비상히 강화하고 있는 대표적 국가이다. 이에 본 글에서는 구조, 자극, 담론, 정책 이상 네 측면에서 러시아의 글로벌사우스에 대한 인식과 전략을 분석한다. 이와 함께, 러시아가 개최한 제16차 브릭스 정상회의의 의미를 살펴보고, '중간국가' 개념을 중심으로 글로벌사우스의 부상 국면에서 한국의 정책적 대안을 모색해 본다.

## I. 구조: 러시아의 다극질서 추구와 글로벌사우스

러시아의 대외정책에서 글로벌사우스가 중요한 위치를 점하고 있다는 것은 사실 새삼스런 일이 아니다. 러시아는 2000년대 중반 이후부터 글로벌사우스를 중요한 대외정책 대상으로 설정해 왔고 점차 그 비중을 강화해 가고 있다. 그리고 우리는 이 같은 경향이 러시아의 다극적 국제질서 형성·구축이라는 대외정책의 최우선 목표·과제와 직접적으로 연계돼 있음을 명확히 이해할 필요가 있다.

2024년 2월 9일 푸틴 러시아 대통령과 터커 칼슨 전 폭스 뉴스 앵커의 인터뷰가 공개됐다. 러-우 전쟁 발발 2년에 즈음해 이뤄진 이 인터뷰는 여러 측면에서 국제사회의 관심을 불러 모았다. 무엇보다 푸틴의 인터뷰에서 두드러졌던 것은 미국을 위시로 한 서방세계, 그리고 그들이 주도하는 현 국제질서에 대한 러시아의 실망과 좌절 그리고 분노와 적의였다. 그는 뜻밖의 긴 역사 강의를 통해 전 세계 청중들에게 우크라이나 침공의 정당성을 강조했다. 그리고 상당한 시간을 할애해 여러 사례를 열거하며 미국과 서방이 그동안 러시아의 순수한(?) 호의와 열망을 무시한 채 어떻게 자국의 이익을 손상시켜 왔는지 힘주어 설명했다.

주지하듯, 소련 붕괴 직후 러시아는 매우 선명한 친서방 자유주의 외교 노선을 견지한 바 있다. 이 시기 그들은 새롭게 형성된 탈냉전 국제질서하에서 자국이 서방세계의 동등한 일원으로 기꺼이 받아들여질 것이라 낙관했다. 그러나 코소보 사태, ABM 조약의 파기와 MD체계의 구축, 나토의 지속적인 확장, 포스트소비에트 지역의 연이은 색깔혁명 등을 통해 모스크바의 이 같은 희망과 기대는 이내 깊은 실망과 좌절로 바뀌어갔다. 이처럼 1990년대와 2000년대 초반까지 러시아는 미국과 서방이 주도하는 일극적 국제질서하에서 스스로가 철저한 이방인이자 주변인임을 뼈저리게 자각하게 됐다. 결국 이러한 실망과 분노는 러시아가 다시 '독자적 길'의 모색이라는 오래되고 익숙한 노선을 선택하는 인식론적 토대로 작용했다. 그리고 '독자적 길'의 핵심은 궁극적으로 자국의 주권과 국가이익을 효과적으로 달성하기 위한 구조적 틀로써 일극적 국제질서를 다극적 국제질서로 대체하는 것이었다.

하지만 견고하게 자리 잡은 기존 국제질서와 국제체제의 틀과 규칙을 바꾼다는 것은 그들에게 매우 높은 난도의 과제였다. 그리고 이 같은 과제를 추구한다는 것은 현 질서의 주도 세력인 미국을 위시로 한 서방세계와 정면으로 대립한다는 것을 의미했다. 당연히 러시아는 이 같은 서방과의 장기 대립·대결에서 절대적 힘의 열위라는 냉엄한 현실을 고려하지 않을 수 없었다. 따라서 제한된 역량과 자원을 보유한 모스크바로서는 미/서방 주도의 국제질서를 거부하고 새로운 대안질서를 추구하는 국가들 또는 세력과의 적극적인 연대·제휴가 필수적이었다. 러시아가 오랜 불화와 불신을 뒤로하고 중국과 역사상 최고의 밀월을 구가하고 있는 것도 바로 이 맥락에서 이해될 수 있는 전략적 행보이다. 이런 점에서 구조적으로 러시아가 다극적 국제질서를 추구하며 대외정책의 벡터를 대결의 상대가 돼버린 서방세계에서 비서방세계 또는 글로벌사우스로 이동하는 것은 지극히 자연스러운 귀결이며 합리적인 선택이라 할 것이다.

## II. 자극: 우크라이나 전쟁과 글로벌사우스 '현상'

러시아는 2000년대 중반 이후부터 미/서방에 대한 설득이나 회유보다는 힘을 통한 변화를 본격적으로 추구하기 시작했다. 그들은 2008년 조지아 전쟁, 2014년 크림반도 병합, 2015년 시리아 내전 개입 등에서 나타나듯 국익의 수호와 국제질서의 현상변경에 대한 의지를 군사력을 활용해 현실에 적극적으로 투사해 나갔다. 이런 점에서 2022년 우크라이나 침공은 러시아의 힘을 통한 '새판짜기' 행보의 최신판이자 과격 버전이라 할 수 있다. 하지만 무릇 세상의 모든 일에서 작용이 있으면 반작용이 뒤따르듯 러시아의 입장에서 우크라이나 침공은 예상치 못했던 일련의 반작용들을 만들어냈다. 절대적인 군사력 열세로 곧 항복할 줄 알았던 우크라이나는 거세게 저항하며 러시아군을 수렁에 빠뜨렸다. 또한 서방세계는 그동안의 크고 작은 불협화음에도 불구하고 러시아의 '난폭한 질서 교란 시도'를 묵과할 수 없다는 공통의 이해관계에 기초해 예상 밖으로 강하게 결속했다. 분열을 기정사실화했던 서방세계가 키이우를 지원하고 러시아를 응징하기 위한 공동의 대오를 형성하고 일치된 대응에 나선 것이다. 결국, 모스크바는 인접한 핀란드와 스웨덴의 추가 나토 가입, 동유럽과 발트해 연안 국가들의 날선 대응 등의 부정적 반작용에 직면할 수밖에 없었다.

그러나 안젤라 스텐트가 잘 지적한 것처럼, 푸틴과 크렘린은 우크라이나 침공과 관련한 여러 심각한 오판에도 불구하고 한 가지 측면에서는 매우 정확한 판단을 했다(Stent 2022). 그것은 다름 아닌 비서방세계 국가들이 러시아를 앞장서 비난하거나 제재에 적극적으로 동참하지 않을 것이라는 판단이었다. 러시아의 우크라이나 침공 직후 유엔 차원에서 제기된 규탄 결의에 대다수 회원국들이 찬동한 것은 분명한 사실이다. 그러나 비서방세계 국가들은 대부분 미국과 서방이 주도한 포괄적 범위의 고강도 대러 경제제재에 동참을 거부했다. 그뿐만 아니라 이들 국가들은 전쟁의 지속 과정에서 발생한 여러 현안에 대한 대러 규탄 및 추가 제재 제안에 대해 미/서방의 이니셔티브에 일정한 거리를 두고 중립적 입장을 취하는 경향을 보였다. 그 이유는 러시아의 침략 행위가 잘못된 것이지만 미/서방에 이를 단죄할 확고한 도덕적 우위가 없고, 국가이익의 관점에서 대러 제재 참여가 자국에 여러 부정적 영향을 미칠 것을 우려했기 때문이다. 이런 점에서 일부 전문가들은 비서방세계 또는 글로벌사우스의 이익 관점에 입각한 모호한 행태를 '신기회주의'로 평가하기도 한다.

무엇보다 러시아가 비서방세계 또는 글로벌사우스로 대변되는 국제관계의 '회색지대'에서 생존과 회복의 동력을 획득했다는 데 주목할 필요가 있다. 이들 국가들은 미국과 서방이 주도한 대러 경제제재에 동참하지 않음으로써 러시아가 국제적 고립을 탈피하고 전황을 재조정하는 데 상당한 기여를 제공했다. 여러 실증 자료들이 증명하듯, 이미 경제적 규모와 수준에서 비약적 성장을 이룬 비서방세계 또는 글로벌사우스는 러시아에 미/서방의 대러 제재를 회피하기 위한 '작은 구멍'

이 아닌 '커다란 우회로'로 기능했다(Kantchev 2024). 러시아는 글로벌사우스 국가들과 직접·병행 무역을 통해 에너지를 수출하고 필요한 기술 부품·자재와 소비재를 조달했다. 또한 SWIFT 배제라는 가혹한 금융 환경 속에서도 비서방세계에 거점을 둔 주요 금융 허브들을 통해 교역 대금을 안정적으로 수령·지불했다. 실제로 러시아는 우크라이나 전쟁 이후 예상 밖의 경제적·군사적 회복력과 탄력성을 보여줬고, 장기 소모전이 지속되고 있는 전장에서도 상대적으로 유리한 고지를 점하고 있다. 이런 점에서 우크라이나 전쟁은 어느덧 뚜렷하고 강력한 형태로 자리 잡은 글로벌사우스의 존재와 그 부상을 국제사회가 하나의 '현상'으로 인식하게 만든 중요한 계기로 작용했다. 동시에 우크라이나 전쟁은 러시아가 소위 글로벌사우스의 존재와 위상을 재인식·재평가하고 그들과의 협력에 전략적 의미를 부여하는 중요한 전환점으로 작용했다.

## III. 담론: 러시아의 긍정 담론 정식화와 '세계다수'

작금의 국제질서 변화와 관련하여 전 세계의 많은 전문가들이 '강대국 경쟁'을 빈번하게 언급하고 있다. 그런데 여기서 유의할 점은 강대국 간의 충돌과 경쟁이 비단 힘의 영역에 국한하여 나타나지 않는다는 것이다. 트루먼이 냉전을 "대안적 삶의 방식들 간의 갈등"으로 묘사했듯, 국제질서의 판도를 놓고 벌이는 강대국들 사이의 경쟁은 힘의 경합임과 동시에 가치와 이념의 쟁투이기도 하다(Brands 2024). 여기서 가치와 이념은 인류와 국제사회의 대안적 진로·비전과 긴밀히 연계되기 마련이다.

이와 함께 우리는 러시아가 대안 국제질서와 관련한 긍정 담론(positive discourse)의 정교화와 정식화에 상당한 노력을 기울이고 있다는 데 주목해야 한다. 반미, 반서방, 반패권 등은 "무엇이 잘못됐다"라는 소위 부정 담론(negative discourse)으로서 특정 세력과 정책을 비판하 는데 일정한 효용을 갖는다. 하지만 대안 없는 비판은 공허할 수밖에 없다. 실제로 명확한 대안적 비전과 방향을 제시하지 못하는 이들 부정 담론은 국제사회 전반으로부터 신질서에 대한 폭넓은 공감과 설득을 얻는 데 명백한 한계를 드러낸다. 모스크바는 2023년 3월 갱신·발표한 「러시아연방 대외정책개념」에서 "더욱 공정하고 평등한 국제관계", "국제관계의 민주화", "국제 정치와 세계 발전의 지역화", "법치에 기초한 국제관계" 등 국제관계의 바람직한 미래상을 대변하는 긍정적·미래지향적 개념들을 제시한 바 있다(「러시아연방 대외정책개념」). 그리고 바로 이런 러시아의 행보는 앞서 언급한 부정 담론의 한계를 자각하고 공허의 취약지대를 메우기 위한 노력의 일환이라 할 수 있다.

러시아의 새로운 긍정 담론들 가운데 글로벌사우스와 관련하여 "세계다수"(Мировое большинство: World Majority)라는 개념이 우리의 눈길을 붙든다. 이 개념은 2023년 9월 푸틴이 브라질에서 개최된 국제의회 콘퍼런스 화상 연설에서 처음 사용한 후 러시아의 대외정책 관련 문서들과 세르게이 라브로프 외무장관의 공식 발언 등에서 그 활용 빈도가 급속히 증가하고 있다(TACC 2023.9.29.). 특히 러시아 대외정책에 상당한 영향력을 가진 세르게이 카라가노프를 비롯한 세 명의 학자가 2024년 초 「세계다수와의 관계에서 러시아의 정책」이라는 제목의 긴 보고서를 발표했는데, 이는 러시아가 동 개념을 장기적 관점에서 생산하고 향후 전 세계적 차원에서 적극적으로 유통할 것임을 시사한다(Караганов 2024). 러시아는 그동안 국가 공식 문서와 주요 핵심 공직자의 발언 등에서 소위 개도국, 신흥국, 비동맹 국가들을 글로벌 남동부(Global South and East)라 부르는 것을 선호해 왔다. 그렇다면 러시아가 이 국가들을 새롭게 '세계다수'로 명명(naming)하고 적극적으로 유통·활용하려는 의도는 과연 무엇일까?

첫째, '세계다수' 개념의 제시와 유통은 소위 프레임 전쟁에서 유리한 고지를 점하기 위한 고도의 전술이다. 비서방세계와 글로벌사우스는 모두 경제적으로 부유하고 공고화된 민주체제를 보유한 국가군을 서방세계와 글로벌 노스로 전제하고 여기에 속하지 않은 나머지 국가군을 구별·구분하여 총칭하는 개념들이다. 두 개념에서 종종 부차적이고 비하적 뉘앙스가 읽히는 까닭은 바로 이 때문이다. 이런 점에서 '세계다수'는 기존의 서방세계와 글로벌 노스, 그리고 비서방세계와 글로벌사우스의 이분법적 구분에서 전자의 주도성·우월성을 반전시키는 개념이다. '세계다수'는 개념상 국제사회 내 소수와 다수의 존재를 떠올리게 한다. 그리고 소수와 다수의 대립 시 다수의 자연스런 승리를 연상하게 만든다. 결국, '세계다수'는 소수의 미/서방과 그들이 주도하는 일극적 국제질서가 이완·붕괴되고, 국제사회 행위자들의 다수와 그들이 열망하는 다극적 신국제질서의 등장이 불가피하고 불가역적 대세(大勢)임을 암시한다. 따라서 '세계다수는' 러시아가 소위 프레임 전쟁 차원에서 영리하게 고안한 개념이라 할 수 있다.

둘째, 동 개념의 등장은 러시아가 신질서의 형성을 위한 긴 여정에서 글로벌사우스의 위상과 역할에 심중한 의미를 부여하고, 그 안에서 새로운 위치짓기(positioning) 전략을 구사할 것임을 보여준다. 앞서 언급한 것처럼, 러시아는 우크라이나 전쟁을 계기로 글로벌사우스를 자국 대외정책에서 가장 중요한 자산으로 인식하게 됐다. 러시아에 글로벌사우스가 서방세계의 포위·봉쇄를 뚫고 생존을 보장하는 중요한 회색지대이자 생명선이며, 미/서방과의 지정학적·지경학적 장기 경쟁의 성패를 결정하는 격전지이자 핵심 변수로 받아들여지고 있는 것이다. 즉 '세계다수' 개념의 생산·유통은 러시아가 글로벌사우스를 단순한 포섭이나 포획의 대상이 아니라 그 자체로 신질서 형성·구축의 핵심 동력으로 간주하고 있음을 방증한다. 또한, 러시아가 글로벌사우스 밖이 아니라 그 일부로 자리매김하면서 선도자(지도국)의 지위를 점하려는 새로운 전략을 구사할 것임을 암시한다.

## IV. 정책: 러시아의 글로벌사우스에 대한 접근 정책과 한계

'세계다수'로 새롭게 정의된 글로벌사우스에 대한 러시아의 접근 전략은 내용상 크게 두 축으로 나누어 살펴볼 수 있겠다.

첫 번째 축은 글로벌사우스와의 거래와 관계망을 지속적으로 강화·확장하는 것이다. 이와 관련하여, 러시아는 국제 정치·경제의 중심이 서에서 동으로, 북에서 남으로 조금씩 이동하고 있는 추세와 경향에 주목한다. 현재보다는 미래의 잠재력에 초점을 맞춰 글로벌사우스 내 주요 지역·국가들과 협력의 폭을 넓히고 밀도를 높여가겠다는 것이다. 이를 위해 러시아는 정치적으로 글로벌사우스가 서방의 규범, 제도, 질서에 얽매이지 않고 완전한 주권을 실현코자 노력해 왔던 의지를 자극하려 한다. 또한, 경제적으로 국제 통화·금융 체제 내의 신식민지적 관행과 수단들에 대한 글로벌사우스의 불만을 더욱 고양하려 한다. 또한 소련 시기 제3세계의 민족 자결·해방에 대한 지원과 그들과 두텁게 형성된 인적 관계망은 러시아의 중요한 자산이기도 하다. 이를 토대로 러시아가 글로벌사우스와의 상호관계 발전과 거래의 확대를 위한 존재론적·인식론적 공통분모를 넓히고, 이를 토대로 그들과의 공동행보를 조직해 가려는 것이다.

두 번째 축은 글로벌사우스를 포괄하는 대안 국제·지역 거버넌스의 구축이다. 러시아는 '세계다수'와의 관계가 자국 대외정책의 가장 중요한 자산이라는 인식하에 BRICS와 SCO를 대안적 제도·관행의 원형(prototype)으로 만들기 위한 노력을 경주하고 있다. 이와 관련하여, 러시아는 세계적 차원에서 BRICS, 확대 유라시아 지역 차원에서 SCO를 미/서방 중심의 거버넌스 플랫폼의 새로운 대안으로 인식한다. 러시아에 BRICS와 SCO는 대안적 규범과 표준을 설정하고 정책 수행과 제도 구축의 잠재력을 보유한 기구로서 세계다수 내 상호관계의 원칙, 수단, 경험을 발전시키는 미래 세계의 원형으로서 의미를 갖는다. 즉, 러시아는 BRIC와 SCO를 필두로 세계다수와의 관계에서 국제 공공재 제공을 위한 대체재로서 광범위한 협력 인프라를 공동으로 구축코자 희망한다. 특히 두 대안 제도 내에서 특정 국가의 지배적 리더십을 인정하지 않고, 회원국 또는 유관국이 제기되는 모든 의제에 대해 자발적으로 합의·수용하는 작동 원칙을 구축코자 한다.

동시에 러시아의 글로벌사우스에 대한 접근 전략은 각 지역별로 일정한 차이를 내포한다. 이와 관련하여, 앞서 언급한 「대외정책개념」의 지역별 정책에서 나름의 단서들을 찾을 수 있다. 동 문서에서 모스크바는 세계를 총 10개 지역으로 분류하고 각 지역과 국가들에 대한 정책 방향을 제시하고 있다. 10개 지역은 ① 근외(Near Abroad), ② 북극, ③ 유라시아 대륙, 중국, 인도, ④ 아·태지역, ⑤ 이슬람 세계, ⑥ 아프리카, ⑦ 중남미, ⑧ 유럽, ⑨ 미국과 앵글로색슨 국가들, ⑩ 남극으로 구성되며, 우리는 편의상 ③~⑦의 지역과 그 소속 국가들을 글로벌사우스로 구분할 수 있을 것이다(「러시아연방 대외정책개념」). 먼저, 러시아는 아·태지역에서 그 역동적 경제성장 추세와 발전 잠재력에 주목하면서 ASEAN을 매개로 경제, 안보, 인도주의 등 포괄적 협력을 추구한다. 둘째, 이슬람세계에 대해서는 자국과의 우호적 관계와 향후 국제질서의 중심으로 부상할 가능성을 강조하면서 그들과의 폭넓은 관계 발전을 도모하려 한다. 셋째, 아프리카와 중남미에서는 그들의 신식민주의와 불평등에 대한 불만을 최대한 활용하고, 다양한 지역 기구와 협의체 등을 매개로 주로 안보 분야에서의 협력을 심화시키고자 한다.

## V. 제16차 카잔 브릭스 정상회담의 의미

2024년 10월 22~24일 사흘간 러시아 카잔에서 제16차 브릭스 정상회의가 개최됐다. 주지하듯, 브릭스는 2001년 골드만삭스가 하나의 임의적 분석 단위로 제시한 개념이었다. 그러나 브릭스는 2009년 공식 정상회의를 통해 그 조직적 실체를 형성했고, 이후 영향력을 지속하여 확대해 나가고 있다. 실제로 브릭스는 대표적인 비서방 국제협력기구로서 2023년 남아프리카공화국 요하네스 정상회의를 계기로 회원국을 대폭 확장한 바 있다. 올해에는 미/서방과 격렬하게 대립하며 '다극질서의 조산사'를 자처하는 러시아가 순회 의장국으로서 정상회의를 주최·주도해 브릭스가 과연 어떤 합의와 결정을 이끌어 낼지 관심을 모았다.

2024년 제16차 브릭스 정상회의에는 총 35개국과 유엔 등 6개 국제기구 대표단이 참여했고. 그중 24개국은 국가수반이 대표단을 이끌었다. 참가국의 지위는 회원국과 초청국으로 나뉘었다. 공식 회원국인 기존 5개 국가에 더하여 이집트, 에티오피아, 이란, UAE 이상 4개 국가가 추가로 합류해 회의에 참여했다. 정상회의는 축소, 확대, 플러스/아웃리치 이상 세 형태로 이뤄졌다. 일정 첫째 날에는 회원국과 초청국 간 정상회의가 동시다발적으로 진행됐고, 둘째 날에는 회원국의 축소·확대 정상회의가 개최된 후 〈카잔 공동선언〉이 합의·채택됐다. 셋째 날에는 회원국을 비롯해 모든 초청국과 국제기구가 참여하는 브릭스 플러스/아웃리치 회의와 푸틴 러시아 대통령의 정리 기자회견이 이어졌다.

참가국들은 "공정한 글로벌 발전과 안보를 위한 다자주의 강화"를 주제로 크게 정치·안보, 무역·투자, 문화·인도주의 이상 세 의제 영역에서 논의를 전개했다. 논의의 결과는 총 43쪽 134개 항으로 구성된 방대한 분량의 〈카잔 선언〉으로 종합됐다. 선언은 전문과 '더욱 공정하고 민주적인 세계질서를 위한 다자주의 강화', '글로벌·지역적 안정과 안보를 위한 협력 증진', '공정한 글로벌 발전을 위한 경제·금융 협력 촉진', '사회·경제적 발전을 위한 인적 교류 강화' 제하의 네 섹션으로 구성됐다. 각각의 항목이 보여주듯, 선언에서는 다극 질서 형성에 대한 의지, 유엔·WTO·IMF 등 기존 글로벌 거버넌스의 개혁, 중동·북아프리카를 비롯한 다수 지역 분쟁의 정치적·외교적·평화적 해결, 일방적 경제 제재와 강압 조치에 대한 비판, 브릭스 투자플랫폼/클리어/곡물거래소 구축, 문화·체육·의회·정당·지방·여성·시민사회 교류 확대 등에 대한 지향과 방안이 폭넓게 제시됐다.

이번 정상회의는 브릭스가 비서방 국제협력기구로서 자신의 국제적 영향력 확대를 가시적으로 입증한 회의였다.

먼저, 참가국의 규모와 면모, 향후 기구의 조직적 확대 전망이 이를 방증한다. 위에서 언급했듯, 동 회의에는 북미를 제외한 지구 전 대륙에 소재한 국가들이 대거 참여했다. 또한 회의를 앞두고 약 30개 국가가 브릭스에 가입 의사를 타진한 것으로 알려진다. 무엇보다, 이번 정상회의를 통해 브릭스는 기구의 조직 구성 범주를 회원국과 파트너국으로 구분하고, 앞으로 12~13개국에 파트너국 지위를 부여해 추가로 인입할 계획이다. 잠재적 파트너국으로는 튀르키예, 카자흐스탄, 우즈베키스탄, 알제리, 벨라루스, 볼리비아, 쿠바, 인도네시아, 말레이시아, 나이지리아, 태국, 우간다 등이 거론된다. 이 같은 상황은 브릭스가 비서방 국가들로부터 소위 글로벌 이스트/사우스의 연대·연합체로서 대표성과 확장성을 인정받고 있음을 보여준다.

다음으로, 이번 정상회의의 의제, 합의·결정 사항 등도 신장된 브릭스의 위상과 역할을 대변한다. 상술한 바와 같이, 참가국들은 회의를 통해 현 국제사회의 사실상 모든 분쟁과 현안을 포괄적으로 논의했고, 글로벌 이스트/사우스의 입장·관점에서 나름의 진단과 해법을 제안했다. 이는 브릭스의 관심과 역할이 특정 지역과 일부 현안에 국한하지 않으며, 제기되는 여러 국제 문제에 독립적·적극적·능동적으로 개입·관여할 것임을 암시한다. 또한, 신개발은행(NDB)을 매개로 한 브릭스 투자 플랫폼과 브릭스 클리어 구축 등의 사례처럼, 브릭스가 국제 공공재 제공을 통해 국제 협력 거버넌스로서 앞으로 비서방세계의 공감과 지지를 더욱 넓혀갈 것으로 예상된다.

덧붙여, 브릭스가 참가국 간의 갈등·이견을 정치적·외교적·평화적으로 해결하려는 의지와 경험을 축적해 나가고 있는 것도 긍정적 평가를 이끌어 낸다. 중국-인도, 아르메니아-아제르바이잔 간 대화·회담이 대표적 사례이다. 예컨대, 이번 정상회의 과정에서 시진핑 중국 국가주석과 모디 인도 총리가 5년 만에 양자회담을 가져 눈길을 끌었다. 잘 알려진 것처럼, 양국은 오랫동안 불화와 갈등을 빚어왔고, 2020

년에는 히말라야 국경 무력·유혈 충돌을 경험한 '앙숙' 국가이다. 그런 두 국가가 브릭스의 핵심 주도국으로서 "개발도상국에 모범을 보이자"며 '화해'와 '예측 가능한 안정적·우호적 관계'를 선언했다. 이는 그 자체로 환영받을 일이며, 부가적으로 비서방세계에 대한 브릭스의 신뢰성과 소구력을 높여주는 사건이라 할 수 있다.

제16차 정상회담의 여러 성과에도 불구하고 브릭스에 장밋빛 미래가 보장됐다고 보기는 아직 이르다. 실제로 대안적 국제협력기구로서 브릭스의 성장·발전을 가로막는 아래와 같은 여러 제약 요소들이 존재하기 때문이다.

첫째, 현 국제질서의 재편에 대해 상이한 지향을 가진 국가들의 집합체로서 브릭스의 한계에 주목할 필요가 있다. 현재 브릭스는 '비(非)서방성'을 공통분모로 다수의 글로벌 이스트/사우스 국가가 결집돼 있다. 대체로 중국과 러시아를 위시로 한 글로벌이스트 국가들은 기존 질서의 전복을 지향하며, 인도와 브라질 등 글로벌사우스 국가 다수는 기존 질서의 조정·개혁을 추구하고 있는 것으로 알려진다. 실제로 이번 정상회의에서 러시아가 야심차게 제안한 탈달러 국제결제시스템인 브릭스 브릿지에 대해 회원국 간 합의가 도출되지 못한 데서 나타나듯, 기존 질서에 대한 개혁의 수위와 속도에 대해서는 여전히 이견이 상당한 것으로 판단된다. 무엇보다, 중국과 러시아가 강압적으로 브릭스의 정체성을 '비서방성'에서 '반(反)서방성'으로 전환하려 시도할 경우 글로벌사우스 국가들로부터 상당한 반감과 반발을 불러일으킬 수 있어 주목된다.

둘째, 브릭스의 조직적 확대와 교과서적인 운영 원칙이 초래할 수 있는 잠재적 비효율성의 문제이다. 주지하듯, 브릭스는 큰 규모의 소수 신흥경제개발도상국 집합체로 출발했다. 그러나 어느 과격한 논평가가 브릭스를 '잡동사니' 집단이라 규정했듯, 조직적 확대 과정을 거치며 브릭스는 인구·경제 규모, 정치체제, 비교우위 분야, 정체성 등의 측면에서 매우 이질적인 국가들의 집단이 돼가고 있다. 따라서 기구의 조직적 확대로 인하여 규모와 성격이 다른 국가들이 각각의 이해관계를 조정하고 공동의 행보를 조직하는 일은 점점 어려워질 수밖에 없다. 특히 이런 조건에서 브릭스의 상호 존중과 이익의 배려, 주도국의 부재와 합의제 방식 등의 다분히 이상주의적 운영 원칙이 향후 기구의 순발력과 효율성을 저해하는 요인으로 작용할 수 있다. 브릭스는 미/서방 중심 글로벌 거버넌스의 기능 저하에 대한 비서방세계의 불만을 토양삼아 성장해 왔다. 그런데 마찬가지로 브릭스가 거버넌스의 비효율성으로 말미암아 적절한 합의·집행 역량을 확보하지 못한다면 기구의 활력에 심각한 도전이 제기될 가능성이 크다.

그럼에도 불구하고, 푸틴과 러시아에 이번 브릭스 정상회의는 국제·국내 청중에게 자국의 서사와 메시지를 적극적으로 홍보·발신할 수 있는 기회의 공간이었다. 서사와 메시지의 핵심은 기존 일극 질서의 다극 질서로의 이행이 불가피하고 불가역적이며, 미/서방의 강력한 고립 시도에도 불구하고 러시아가 핵심 글로벌 플레이어로서 건재하다는 것이었다. 실제로 러시아는 자국 13개 도시에서 200여 개 이상의 브릭스 관련 행사를 개최하는 소위 '빌드업' 과정을 거치며 정상회의의 '흥행'을 이끌었다. 러시아는 〈카잔 선언〉을 통해 비서방세계의 미/서방의 위선과 무능에 대한 불만과 좌절, 더욱 공평·공정하고 민주적·균형적인 다극적 국제질서 모색 의지를 재확인하고 명문화하는 데 성공했다.

또한, AP통신이 담담하게 논평했듯, 제16차 브릭스 정상회의는 러시아를 국제사회에서 철저히 고립시키려는 미/서방의 정책이 그다지 성공적이지 못했음을 여실히 보여줬다. 구테흐스 유엔 사무총장과 나토 소속국 튀르키예의 에르도안 대통령이 정상회의에 참석한 것도 이와 관련한 대표적 이야깃거리였다. 실제로 의장국 대표로서 정상회의 기간 동안 푸틴의 얼굴에는 그 어느 때보다 자신감이 넘쳐흘렀다. 푸틴은 확신에 찬 모습으로 비서방세계의 주요 대표자들과의 양자·다자회담을 이끌었고 회의 종료 후 정리 기자회견을 진행했다. 이는 러시아가 눈보라치는 광야에 홀로 서 있는 외톨이가 아니라 여전히 많은 친구들과 함께 하는 글로벌 플레이어로 복귀하는 장면으로 인식됐다(장세호 2024).

## VI. 글로벌사우스의 부상과 '중간국가' 한국

주지하듯 근대 국제정치는 강대국(major powers) 위주의 체제였다. 당연히 그동안 외교정책과 외교행태에 대한 학술·정책적 논의들도 주로 이들 강대국을 중심으로 이뤄질 수밖에 없었다. 하지만 이른바 강대국 정치의 위력이 조금씩 줄어들면서 중간국에 대한 논의들이 활발해지고 있다(이수형 2019, 51). 중견국가(middle power), 중추국가(pivotal state), 중간국가(middle ground state), 낀국가(in-between state) 등에 대한 논의들이 바로 그것이다. 학자마다 다소간의 차이가 있기는 하지만, 이들 국가들에 대한 정의에 있어서는 국가능력, 외교행태, 지정학적 위치와 의미 등이 중요한 개념적 척도로 활용된다.

이를테면, 중견국가는 중간 정도의 국가능력을 보유하고, 대체로 갈등의 평화적 해결과 다자주의를 선호하는 외교행태를 보이는 국가를 의미한다(김형종 2021, 22). 그리고 중추국가 개념에서는 특정 국가의 지정학적 가치에 큰 의미가 부여된다. 이에 따르면, 특정 지역 내에서 벌어지는 강대국 간 경쟁에서 이 중추국가가 어떤 강대국과 연대하는가의 문제가 해당 지역 질서의 변화에 지대한 영향을 미친다(전봉근 2021, 39; 이수형 2019, 55-56). 반면, 중간국가와 낀국가는 개념적으로 지정학적 위치에 주목한다. 이 국가는 강대국 간 이해관계가 교차하는 '지정학적 단층대'(geopolitical fault zone)에 위치한 국가들로서 외교적 선택의 압력에 강하게 노출된 국가들을 의미한다(신범식 2020, 39).

이처럼 소위 중간지대에 존재하는 다양한 국가들을 설명하는 다양한 개념들은 각각의 차별성을 가지고 있다. 하지만 이들 개념들은 서로 상충하는 측면보다는 교집합을 형성하거나 상호 보완하는 성격이 강하다. 이에 본 글에서는 앞서 논의한 여러 개념들이 갖고 있는 세밀한 차이보다는 그 존재론적·기능적 의미의 중첩에 주목하려 한다. 따라서 우리는 이 글에서 국가능력의 규모(size)와 지리적·전략적 위상(position)을 모두 염두에 두면서 중견국가, 중추국가, 협의의 중간국가, 낀국가를 포괄하여 광의의 '중간국가(middle power)'로 정의한다.

흥미롭게도 한국은 지정학적으로 강대국들의 영향력이 교차하는 지역, 즉 지정학적 단층대에 위치해 있다. 또한 경성권력과 연성권력의 두 측면에서 중간 규모의 국가능력을 보유하고 있으며, 국제법과 국제규범을 준수하고 평화롭고 안정적인 질서를 도모하는 외교정책을 지향한다. 무엇보다 강대국들로부터 지정학적 효용가치를 인정받고 있는 전형적인 중간국가이다.

한국은 미중 전략경쟁이 나날이 심화하는 가운데 무엇보다 두 강대국 사이에서 평화와 번영을 모색해야 하는 어려움에 직면해 있다. 변화무쌍하고 분리·분열의 경향이 강한 작금의 국제관계 속에서 한국외교가 나아갈 방향을 무엇일까. 한국 외교의 대상은 경쟁의 두 축인 미국과 중국만이 아니다. 오히려 훨씬 더 넓은 범위의 중간국가들을 대상으로 할 때 그 효과는 배가될 수 있을 것이다. 이를 통해 중장기적으로 역내 진영구도의 완화 또는 종식, 그리고 한반도의 평화와 번영에 유리한 구조적 환경을 조성할 수 있을 것이다. 이런 점에서 한국은 전형적 중간국가로서 유사한 중간국가들과의 견고한 '연대(solidarity)'를 적극적으로 모색해야 한다.

중간국가들과의 조직적 연대 또는 연합을 형성하기 위한 전략의 구현을 위해 다음의 세 가지 측면을 면밀히 고려할 필요가 있다.

첫째, 전통적 중간국가들의 기능적 역할에 주목하면서, 이들 중간국가와의 교감과 연대를 모색해야 한다. 캐나다, 오스트리아, 스위스, 네덜란드, 덴마크 등은 전통적인 중간국가들이다. 이 국가들은 행태의 측면에서 강대국 또는 약소국과 구별되는 독특한 외교정책을 구사했다. 먼저, 이들은 대체로 국제사회의 다양한 이슈와 관련하여 인도주의적, 도덕적 입장을 취했고, 국제법과 국제규범을 준수하고 유지하고자 노력했다. 또한 여러 국제 현안을 매개로 나타나는 갈등의 해결에 있어서도 군사적 수단보다는 다자주의에 기초한 중재와 타협이라는 외교적 수단을 선호했으며, 인류의 보편적 이익에 토대를 둔 공동체 또는 연합 제도의 구축에 관심을 둬왔다. 여러 관찰자들이 국제적 평화와 안정의 촉진자(facilitator), 매개자(broker), 규범창조자(norm creator)로서 중간국가의 지향과 역할에 주목했던 것은 바로 이 때문이었다. 전형적 중간국가로서 한국도 국제적·지역적 안정을 촉진하는 외교정책을 구사할 필요가 있으며, 동시에 우선적으로 이들 전통적 중간국가들과 다양한 영역에서 교감을 확대하고 협력과 연대를 추진해야 할 것이다.

둘째, 더욱 넓은 범위의 중간국가들과의 연대와 연합을 모색해야 한다. 주지하듯 미국과 중국은 지속적으로 대립과 경쟁을 심화하고 있으며 전선을 전방위로 확장하고 있다. 더욱이 양국은 이 경쟁에서 승리하기 위해 또는 상대를 압도하기 위해 각각 강력한 세력연합을 구축하려 하고 있다. 실제로 이런 과정을 통해 미중 경쟁에의 참여국들이 지속적으로 확대되어 가고 있는 추세이다. 당연히 많은 중간국가들이 이 경쟁에의 연루를 원치 않지만, 양자택일에 대한 강력한 압력에 노출돼 있는 실정이다. 따라서 우리로서는 미중 사이에서 이른바 '선택강제'의 압력에 직면해 있는 다수 중간국가들과의 조직적 연대와 연합을 추진해볼 필요가 있다. 이와 관련하여, 한국은 '구상주창자(idea initiator)'로서 국제적·지역적 차원의 긴장과 갈등의 완화를 목적으로 '중간국가연합(middle power coalition)'을 제안하고 적극 추진해 나가야 한다. 지역적 차원에서는 연대의 대상에 대한 선입견을 버리는 것이 중요하다. 동북아시아 지역의 일본이나 러시아와 같은 주요 행위자들은 각각 미국, 중국과 강한 관계의 축을 형성하고 있지만, 동시에 저마다 독자적인 기동을 위한 기회를 탐색하고 있다. 중장기적으로 '중간국가연합'의 영향력 확대와 역내 진영구도의 완화 또는 해소를 위해 이들 국가와의 협력이 필수적이다. 따라서 이들 국가와 가치와 이익의 여러 측면에서 접촉면을 넓히기 위한 노력을 경주할 필요가 있다.

셋째, '중간국가연합'의 추진 과정에서 우리의 '혼합정체성(hybrid identity)'을 능동적으로 발현해야 한다. 일반적으로 국가정체성은 특정 국가 또는 국민이 오랫동안 축적해온 역사, 전통, 관습, 지향 등과 관련한 자기규정을 의미한다. 이런 점에서 국가정체성은 특정 국가와 국민이 오랫동안 자신을 타자와 구별해온 공유된 믿음체계이다(Fukuyama 2018, 126). 한국은 반도국가로서 지정학적 측면에서 대륙세력의 일부 또는 해양세력의 일부로 여겨질 수 있는 양가적(兩價的) 존재이다. 이 때문에 대륙세력과 해양세력 간 경쟁의 틈바구니에서 항구적인 압력에 직면해온 '중간국가'이기도 하다. 또한 한국은 '동아시아의 기적'으로 불릴 만큼 짧은 기간 민주화와 산업화를 달성한 나라이다. 1, 2차 세계대전 이후 이른바 근대성을 상징하는 이  두 개의 과제를 동시에 달성한, 특히 정치적·경제적 주변부에서 중심부로 성공적으로 이동한 사례는 극히 드물다. 이처럼 한국은 지리적으로 대륙세력과 해양세력의 사이에 존재하면서, 정치적으로 권위주의에서 민주주의로 이행, 경제적으로 저개발국에서 선진국으로 도약하는 과정에서 혼합정체성을 형성해 왔다. 자연세계에서와 마찬가지로 혼합정체성은 국가에도 본질적으로 유연함을 요구한다. 이런 점에서 한국은 대륙세력과 해양세력, 선진국과 개도국을 연결하는 혼합국가로서 국가정체성을 재정립할 필요가 있다. 특히 '중간국가연합'을 제안하고 추진해가는 과정에서 이를 유력한 수단으로 활용해야 할 것이다.

러시아의 글로벌사우스에 대한 협력 강화 전략은 구조적으로 지극히 자연스런 선택이며, 우크라이나 전쟁을 큰 자극으로, '세계다수'라는 영리한 개념(프레임)을 제시하는 등, 나름의 맞춤형 지역 정책들을 그 내용으로 채워가고 있는 것 같다. 하지만 이 전략이 과연 어느 정도의 성취를 담보할 것인지에 대한 전망은 여전히 불투명해 보인다. 글로벌사우스는 미국과 서방에 비판적이지만 그렇다고 러시아를 열렬히 환호하지도 않는다. 비동맹과 기회주의의 오랜 전통을 고려할 때 글로벌사우스가 러시아와 동맹 또는 동맹에 준하는 견고한 연대를 제도화하고 미/서방에 분연히 일어나 맞서 싸우는 선택을 할지 의문이다. 또한, 글로벌사우스 내에는 인도와 파키스탄, 사우디아라비아와 이란 등 지역(문명)별로도 소속 국가들 사이의 종교, 문화, 영토 갈등이 존재하며, 언제든 그들 간의 심각한 갈등과 대립을 촉발시킬 위험 요소들이 많다. 무엇보다, 대안적 거버넌스의 작동·운영 원칙으로서 특정 국가에 의한 지배적 지도력의 불허, 자발적 합의에 기초한 의사결정과 준수 등은 다분히 이상적 구호로 다가온다. 하지만 예상되는 험난한 도전과 질곡에도 불구하고, 글로벌사우스의 부상이라는 현 국제관계의 큰 '변화'에 대한 러시아의 적극적인 대응 노력은 우리에게 시사하는 바가 크다. 이제 한국도 글로벌사우스를 매개로 한 강대국들의 치열한 담론전과 구애전을 어떻게 인식할지 또 나름의 전략을 세워나갈지 진지하게 고민하고 행동할 때가 아닐까?

## 참고문헌

김형종. 2021. "말레이시아 중간국 외교 전략과 중립성." 『아시아연구』 24(2): 21-38.

신범식. 2020. "지정학적 중간국 우크라이나의 대외전략적 딜레마." 『국제·지역연구』 29(1): 37-69.

이수형. 2019. 『중추적 중견국가로서 한국의 「외교안보전략 3.0」』. 서울: 국가안보전략연구원.

장세호. 2024. "2024년 제16차 카잔 브릭스 정상회의: 개요와 함의." 『INSS Issue Brief』 No. 616.

전봉근. 2021. 『동북아 지정학과 한국 외교전략: 강중국과 중추국 정체성을 중심으로』. 서울: 국립외교원.

Brands, Hal. 2024. "The Age of Amorality." *Foreign Affairs*, February 20.

Fukuyama, Francis. 2018. *Identity: The Demand for Dignity and the Politics of Resentment*. New York: Farrar, Straus and Giroux.

Kantchev, Georgi. 2024. "How Russia Dodged Sanctions, in Seven Charts." *The Wall Street Journal*, February 24.

Stent, Angela. 2022. "The West vs. the Rest." *Foreign Policy*, May 2.

"The Concept of the Foreign Policy of the Russian Federation." March 31, 2023. https://mid.ru/en/foreign_policy/fundamental_documents/1860586/ (검색일: 2024.3.10.)

Караганов, С.А., А.М. Крамаренко, Д.Т. Тренин. 2024. *Политика России в отношении Мирового большинства*. НИУ ВШЭ.

"Путин: РФ сделает все, чтобы мировое большинство из стран БРИКС ощутило свои перспективы." *ТАСС*, 29 сентября 2023.

「러시아연방 대외정책개념」 제5장 49~76절.

# 제9장 글로벌사우스의 도전과 대응: 남아프리카공화국의 전략과 딜레마*

김태균(서울대학교 국제대학원)

* 본 연구는 김태균(2024b)의 서울대학교 국제문제연구소 이슈브리프를 수정 · 보완하여 작성되었음을 밝힌다.

## I. 글로벌사우스의 부상과 남아프리카공화국의 위치권력

'글로벌사우스(Global South)'의 부상이 언제부터 시작된 것인가에 대한 답변은 논쟁거리이지만, 미·중 전략경쟁이 심화되고 우크라이나 전쟁 종결이 지연되고 있는 가운데 미국·중국·러시아 모두 글로벌사우스의 지지를 얻고 국제사회 여론 장악 및 영향력 강화를 위한 경쟁구도가 형성되고 있다는 분석에 이견을 달기 어려운 상황이다. 글로벌사우스 권역에 살고 있는 인구수가 전 세계 85%에 달하고 있고, 1964년 결성된 G77의 회원국 수가 2025년 현재 135개국으로 확장되어 UN 등 국제기구의 투표과정에서 글로벌사우스의 정치적 영향력이 강력해졌으며, 사우스 국가 중 상당수가 자원 부국이라는 점에서 글로벌 공급망 안정화를 위해서 그리고 남남협력 등 해외원조와 투자에 있어서도 글로벌사우스는 대단히 중요한 파트너 그룹이 되었다.

미국은 상대적으로 소홀하게 관리했던 글로벌사우스로부터 미국의 입장에 대한 지지를 얻기 위해 바이든 행정부는 2023년 '미국-아프리카 지도자 정상회의(U.S.-Africa Leaders Summit)'를 개최하여 경제외교와 공적개발원조(official development assistance, ODA) 정책 등을 적극적으로 동원하였다. 그러나, 2025년 1월 출범한 미국 트럼프 2기 행정부가 행정명령으로 90일 동안 미국국제개발처(USAID)의 활동을 정지시키고 예산 방만 운영 등의 이유로 USAID에 대한 구조조정에 착수한 가운데 전체 직원 1만여 명 중 290명만 남길 계획을 밝힘으로써, 미국의 향후 국제개발협력 분야 글로벌 리더십과 영향력에 큰 타격을 받을 것으로 예상된다.[1] 한편, 중국은 2013년부터 추진해 온 일대

1 https://www.academyofdiplomacy.org/news/press-release-%7C?fbclid=IwY2xjawIewF5leHRuA2FlbQIxMQABHWAdxWM6XtZjqmIvZzLlv-S4Pa14H5a7UnPkSsGez85

일로(Belt and Road Initiative, BRI)를 통해 인프라 구축 프로젝트, 부채탕감, 디지털 실크로드, 보건 실크로드 등 다양한 투자와 지원으로 사우스 국가들을 중국의 영향력 아래 두기 위하여 적극 개입하고 있는 상황이다. 트럼프 행정부에 의해 미국의 미국우선주의와 보수주의적 ODA 및 국제개발협력 정책이 지속된다면, 글로벌사우스의 정치적 팽창력은 미국이 아닌 중국·러시아 중심의 글로벌 이스트 또는 인도·브라질 등 브릭스 중심의 글로벌사우스 권역 내 주축국가들과의 연대와 협력으로 집중될 가능성이 커지고 미국 등 글로벌 웨스트의 영향력은 중국의 패권 등에 가려지게 될 것으로 전망된다. 향후 국제관계 질서의 재편 과정에서 글로벌사우스 지지를 자유민주주의 진영의 '글로벌 웨스트(Global West)'와 권위주의 진영의 '글로벌 이스트(Global East)' 가운데 어느 진영이 더 많이 보유하는가가 중요한 변수로 인식되고 있다(Ikenberry 2024).[2]

글로벌사우스의 부상에 관한 논의는 궁극적으로 두 가지 이슈로 수렴될 수 있다. 첫째, 사우스의 부상이 글로벌 거버넌스와 국제정치 질서 재편 과정에서 반드시 고려해야 하는 구조적 변수로 작동할 것인가? 미국의 패권이 쇠락하고 있는 전환기에 역동하는 국제사회 '권력'의 무게중심이 주도권을 잃어가는 서구와 연대하기보다 글로벌사우스 국가들끼리 협력하여 국제사회에서 목소리를 높이거나, 기존 강대

zClrenezJiY3isQ_aem_0BryiyDZm7D3G_1ULb6-IQ (검색일: 2025.2.15.).

2 최근에는 미국 바이든 대통령이 중국과의 경쟁을 "우리 세계의 미래를 위한 경합"이라고 표명하면서, 미국·서유럽 중심의 자유민주주의 진영을 제1세계 대신 글로벌 웨스트(Global West)라 칭하고, 제2세계를 대신하여 중국과 러시아가 주축인 글로벌 이스트(Global East)로 구분하여 미국이 보유한 동맹국들의 국제적 네트워크인 글로벌 웨스트와의 협력을 강화하기 위한 노력을 강조한 바 있다. https://www.ft.com/content/d885aecf-4202-41cd-ad3f-476ffb19631e (검색일: 2024.2.10.)

국과 협상을 통해 사우스에 필요한 원조와 투자 및 기술이전 등을 받아내는 방향으로 선회하고 있다는 해석이 가능하다(Ero 2024). 세계의 7대 주요 선진 강대국인 G7의 총 국부는 이미 브릭스(BRICS) 5개국에게 추월당하였다. 산적한 범세계적인 문제들을 UN과 브레턴우즈 기구 등의 다자주의가 아닌 소다자주의를 통한 유동적이며 일시적인 동맹관계 또는 협력관계로 대응하는 경향이 강해지고 있다(Carmody 2013). 글로벌사우스를 구조적 변수로 인정하게 되면, 글로벌사우스라는 거대한 행위주체가 결국 국제정치질서의 게임 체인저(game changer)로 인식되는 새로운 국제사회의 암묵적인 규범이 공유될 가능성을 배제하기 어렵다(김태균 외 2024).

두 번째 이슈는 글로벌사우스의 주요 행위주체가 사우스의 부상을 스스로 어떻게 인식하고 자국의 국익을 위하여 또는 지역공동체의 이익을 위하여 그 확장력을 전략화하는가에 대한 분석이다. 이를 위해, 사우스 행위주체 가운데 맹주국들의 협력체라 할 수 있는 브릭스[브라질·러시아·인도·중국·남아프리카공화국(이하, 남아공)] 5개국의 인식과 전략에 대한 분석이 선행되어야 할 것이고, 본고는 남아공에 초점을 맞춰 남아공의 최근 전략적 행보에 관하여 분석한다. 글로벌사우스의 핵심 행위자로서 남아공이 자국의 위치권력을 어떻게 기획하고 활용하고 있는가에 대한 남아공의 외교전략과 그 한계점을 전통적인 비동맹주의(Non-Aligned Movement, NAM)와 균형전략(Balancing Act)의 원칙에서 재해석이 필요하다(Mouritzen 2022; Prashad 2007; Rikhotso 2022). 이러한 경향도 미·중 패권경쟁으로 진영화가 깊어지는 가운데 글로벌사우스가 제3극으로서 국제사회에서 그 존재감을 높여가는 과정에서 나타나는 현상이다. 2023년 남아공 요하네스버그에서 개최된 제15차 브릭스 정상회의에서 남아공의 브릭스 대사인 아닐 수크랄

(Anil Sooklal)은 전 세계 인구의 85%를 차지하는 글로벌사우스가 "글로벌 의사결정에는 소외되고 있다"고 비판하면서 글로벌 수준의 다자기구가 아직도 서구의 소수 국가들에 의해 점유된 상태라고 강조한 바 있다.[3]

글로벌사우스의 부상이 새롭게 부각시킨 이슈 가운데 미·중 전략경쟁에서 사우스의 위치권력 강화뿐만 아니라, 사우스 권역 내 중국과 인도 간 패권경쟁에서 나타난 두 남반구 강국의 아프리카에 대한 포섭 과정에서도 글로벌사우스에 속하는 아프리카 국가는 자국의 위치권력을 전략화할 수 있다(김태균 2024a; 김태균·이일청 2018). 전 지구적 차원에서의 미·중 전략경쟁 현상과 유사하게 글로벌사우스 차원에서도 중·인 간 패권경쟁이 진행되고 있기 때문에, 남아공을 비롯한 아프리카 국가들은 국익을 위하여 경쟁구도를 이용할 수 있다(Carmody 2013; 2016). 즉, 남아공의 위치권력은 글로벌사우스 외부와 동시에 권역 내부에서도 확장될 수 있다는 것을 의미한다. 2023년 9월 인도 뉴델리에서 개최되었던 G20 정상회의에서 의장국인 인도의 모디(Modi) 총리는 아프리카연합(African Union, AU)을 G20 회원국으로 승인하고 영구적인 정회원 지위를 AU에 부여하는 안건에 G20 회원국들의 합의와 지지를 유도하였다.[4] 중국 시진핑이 뉴델리 정상회의에 불참을 통보하면서 G20는 인도의 영향력을 아프리카에 확장하는 데 중요한 전략적 플랫폼으로 사용되었다. 2024년부터 아프리카 대륙에서 G20

3 https://www.aljazeera.com/economy/2023/8/22/can-brics-end-apartheid-against-the-global-south (검색일: 2024.11.23.).

4 모디 총리는 AU를 환영하는 메시지를 전달하면서 글로벌사우스의 목소리가 적극적으로 반영될 수 있도록 아잘리 아수마니(Azali Assoumani) AU 의장을 G20 정상회의 장소에서 핵심 회원국 자리 옆에 배치할 정도로 아프리카 대륙에 세심한 의전을 제공했다는 후문이 나올 정도이다.

정회원의 지위를 보유한 주체는 남아공과 AU로 확장되었다. 인도가 글로벌사우스 권역 내의 영향력 확대를 위하여 적극적으로 AU를 G20 회원으로 수용하였듯이, AU와 남아공도 G20 내부에서 기후변화, 경제 협력 등 다양한 이슈영역에서 아프리카의 영향력을 확대할 것으로 전망된다.

글로벌사우스의 부상은 사우스의 내외부에서 남반구 맹주국들이 국익을 확장하기 위하여 어떤 국가와도 경쟁과 협력을 시도할 수 있는 적극적 NAM과 전략적 자율성에 기반한 '대항적 공존'이라는 이중적 복합원리와 접목된다(김태균 2023). 1955년 반둥회의 이후 공유된 NAM의 주류화와 제3세계의 국제연대는 포스트-탈냉전 시대로 진입하면서 미·중 경쟁과 중·인 경쟁으로 인하여 쇠퇴하게 되고, 느슨한 형태의 NAM 원칙을 유지하면서 급변하는 외부 상황에 맞게 연대와 경쟁을 전략화하는 선택적 균형전략이 남아공을 포함한 글로벌사우스의 주요 국가들이 공통적으로 취한 외교정책의 토대로 작동하게 된다.

## II. 글로벌사우스의 행위자로서 아프리카: 위치권력과 딜레마

글로벌사우스의 주요 행위자로서 아프리카가 보유한 위치권력은 반둥회의의 유산인 NAM과 선택적 균형전략을 통해 구체화된다(김태균 2024c). NAM은 서구 중심의 자유민주주의 진영인 '글로벌 웨스트(Global West)'와 중국·러시아 중심의 권위주의 진영인 '글로벌 이스트(Global East)' 가운데 어느 진영에도 동맹관계를 맺지 않는 것을 의미한다. 그러나, 실제 양 진영은 경쟁적으로 얼마나 많은 아프리카 국가들과 긴밀하게 협력할 수 있는가에 외교정책의 무게중심을 두고 있다(Ero 2024; Shidore 2023). 아프리카뿐만 아니라 사우스 국가들도 반둥회의의 상대적으로 엄격한 NAM이 아닌 느슨한 형태의 NAM을 외교정책의 원칙으로 활용하고 있기 때문에, 중국 또는 러시아와 같이 권위주의 국가와 가까운 관계를 유지하여 미국과 G7에게 다소 위협이 될 수 있는 긴장감을 유발하기도 한다. 남아공의 라마포사 대통령은 실용주의 외교정책을 강조하지만, 실질적으로 글로벌사우스의 중요한 결정을 내릴 경우에는 중국과 러시아와 협력하는 모습을 보이곤 한다. 그러나, NAM 원칙하에 아프리카는 특정 글로벌사우스 국가 및 글로벌 노스(Global North) 국가와 동맹관계를 유지하지 않고 글로벌 이슈에 따라 협력관계를 유지할 파트너 국가를 다양하게 선택할 수 있다. 글로벌사우스 권역 내 중국과 인도 간의 주도권 경쟁에 있어 아프리카는 어느 한쪽으로 기울지 않고 양쪽 모두와 친교를 통해 균형자 역할을 강화하고 자국의 안보와 이익을 도모할 수 있다(Carmody 2016).

NAM과 밀접하게 연동되어 작동하는 선택적 균형전략은 아프리카 국가들이 미·중 전략경쟁과 중·인 갈등 구도에서 해당 국가들과 선택적으로 균형적인 관계를 모색하여 균형자로서 자국의 위치권력을 극대화하려는 실용주의 외교술이다(김태균 2024c). 2023년 8월 남아공에서 개최된 제15차 브릭스 정상회의에서 신입 회원국 승인에 관하여 외연 확장을 적극 찬성하는 중국·러시아와 미국 및 G7과 경쟁구도를 반대하는 브라질·인도 간의 긴장상태가 발생하였고 남아공이 주최국으로서 이를 중재하고 균형을 잡는 역할로 브릭스 내 위치권력을 확보하게 되었다. 또한, 아프리카는 일본·중국·러시아·인도·미국·튀르키예 등 다양한 원조 공여국이 자국의 전략적 이익을 위해 ODA를 비롯한 투자와 경제원조를 제공하는 주요 파트너 가운데 가장 핵심적인 대상이다. 이제 2024년 6월 한국이 한-아프리카 정상회의를 주최하면서 이러한 경쟁대열에 참여하게 되었는데, 아프리카는 공여국 간의 경쟁적 지원에 균형관계를 유지하려고 노력할 것이며 균형전략을 통해 각 공여국으로부터 받을 수 있는 경제지원을 극대화할 가능성이 크다.[5] 같은 맥락에서, G20에 신규회원 국제기구로 가입한 AU를 통해 아프리카는 글로벌 웨스트와 글로벌 이스트로 구성되는 글로벌 노스와 글로벌사우스 사이에서 균형전략을 선택적으로 동원함으로써 아프리카 집합행동의 위치권력을 G20 내에서 확대해 나갈 것으로 예상된다.

이렇게 아프리카가 다른 글로벌사우스 지역에 비해 주요 공여국의 주목을 경쟁적으로 받는 이유는 아프리카가 지정학적으로 중요한 균형자 역할을 수행한다는 점과 함께 아프리카의 경제적 잠재력으로 인하여 글로벌사우스 부상을 견인할 중요한 행위자로 인식되기 때문이다. 우선, 아프리카의 경제적 매력은 풍부한 전략 자원, 노동인력의 비교우위, 경제성장의 가능성 등으로 요약할 수 있는데, 이러한 아프리카의 잠재적 힘은 전략경쟁 중인 미국과 중국에게는 반드시 포용해야 하는 파트너임에 틀림없다. 〈그림 9.1〉에서 확인할 수 있듯이, 2050년까지 아프리카는 약 8억 명의 노동력을 글로벌 시장에 공급할 수 있는데, 아프리카 노동력이 다른 지역의 노동력과 비교해서 가장 큰 규모이고 가장 젊은 노동력이라는 전망이 2023년 스위스 다보스포럼에서 발

5 아프리카와의 협력관계를 확장하기 위한 공여국들의 경제원조 플랫폼이 1990년 초반부터 구축되었고 점차 다양한 공여국으로 확대되었다. 일본이 1993년 도쿄아프리카개발국제회의(Tokyo International Conference on African Development)를 출범하여 54개의 아프리카 국가들을 상대로 대규모 원조를 제공해 왔으며, 중국은 2000년부터 중국-아프리카협력포럼(Forum on China-Africa Cooperation)을 운영해 왔고, 인도는 2008년에 인도-아프리카포럼정상회의(India-Africa Forum Summit)을 출범시켰으며, 미국도 늦게나마 2022년에 미국-아프리카지도자정상회의(U.S.-Africa Leaders Summit)를 시작한 바 있다.

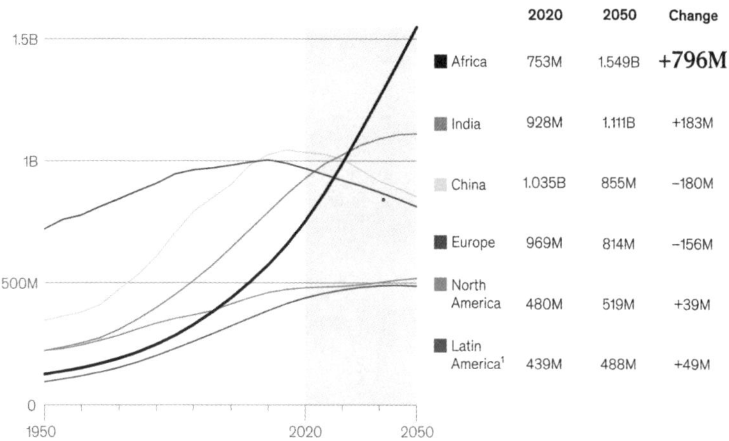


**그림** 9.1 경제활동 가능 연령(15세-64세) 추이 비교

자료: https://www.weforum.org/agenda/2023/07/why-africa-will-become-a-prominent-player-in-global-geopolitics/ (검색일: 2024.2.10.)

표되었고 2024년 다시 확인되었다. 또한, 희토류 금속과 관련된 광물 자원의 전 세계 30%가 아프리카 대륙에 매장되어 있으며, 미·중 전략 경쟁 속에 전략 자원의 가치는 더욱 커질 전망이며 이미 한국도 한-아프리카 정상회의를 통해 핵심광물 관련 협력 프로그램을 아프리카 국가들과 가동하고 있다(그림 9.2 참조).[6]

그러나, 아프리카가 균형자 역할을 넘어서 국제질서의 게임 체인저가 되기에는 분쟁, 빈곤, 부패 등 아직 아프리카 내부에서 해결해야 할 숙제가 즐비하고 아프리카의 위치권력 확장을 위하여 고안된 균형 전략도 쉽게 딜레마에 봉착할 수 있다는 문제가 발생한다. 스위스 연구소 집계에 따르면, 2024년 사하라사막 이남의 아프리카에서 발생하는 무력분쟁의 수가 최소 35건으로 중동과 북아프리카의 45건 다음으로

6 https://ke.mofa.go.kr/www/brd/m_4076/view.do?seq=371223 (검색일: 2025.2.15.)

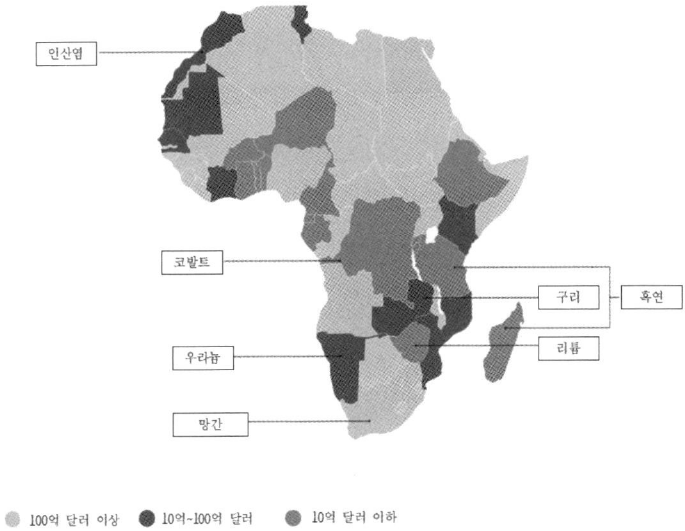


**그림 9.2** 아프리카의 핵심광물 분포

자료: https://source.benchmarkminerals.com/article/can-africa-fill-the-eus-critical-mineral-deficit (검색일: 2025.2.15.)

전 세계에서 무력분쟁이 두 번째로 많이 발생하는 지역이다.[7] 빈곤문제의 경우, 글로벌 기준에서 극빈율(extreme poverty rate)이 30% 이상으로 나타나는 전 세계 28개의 최빈국 중 23개국이 아프리카 대륙에 있다.[8] 또한 지독한 부패로 인하여 공공재원을 일부 엘리트 개인이 착복하는 문제가 아프리카에서 반복되고 있으며 이러한 부정부패는 결국 경제성장을 저해하고 해외직접투자의 의욕을 꺾는 부작용을 양산한다(Calderisi 2006).

7 https://geneva-academy.ch/galleries/today-s-armed-conflicts#:~:text=Africa%20comes%20second%20in%20the,Somalia%2C%20South%20Sudan%20and%20Sudan (검색일: 2024.2.10.)

8 https://issafrica.org/iss-today/africa-is-losing-the-battle-against-extreme-poverty (검색일: 2024.2.11.)

한편, 아프리카 균형전략의 딜레마는 아프리카 국가들의 공통된 위치권력 확장 전략에서 비롯된다. 전반적으로, NAM과 선택적 균형전략을 토대로 아프리카는 글로벌사우스 경계를 넘나들며 국제사회의 균형자로서 글로벌사우스 내 위치권력을 확보하여 사우스 내 아프리카 지분을 확장하려는 전략을 도모하고 있다. 그러나, 아프리카에 포함된 국가별로 차이가 있겠지만, 통상 아프리카 국가의 외교정책은 광의의 실용주의 목표하에 명확한 세부원칙 없이 임의적인 선택에 의해 균형전략을 구사하고 있어 이러한 균형전략의 모호성 때문에 딜레마가 양산될 수 있다(Rikhotso 2022; Park 2019). 일례로, 국제형사재판소(International Criminal Court, ICC)에 제소된 러시아 푸틴 대통령의 전쟁범죄에 대해서는 암묵적으로 러시아 입장을 지지하는 남아공이 이스라엘의 경우는 제노사이드 혐의로 ICJ에 제소하는 상충된 행보를 보이고 있다.[9] 남아공 정부는 자국의 이해관계를 전략적으로 관리하기 위하여 선택적으로 균형전략을 적용하고 있지만, 국제사회는 쉽게 라마포사 정부의 일관성이 부족한 외교적 계산에 동의하기 어려울 것이다. 이렇듯, 아프리카의 선택적 균형전략은 아프리카 국가들에게 전략적 자율성을 제공할 수 있겠지만, 외교 파트너 입장에서는 협력관계의 지속 가능성과 신뢰성이 떨어지는 상충성의 딜레마가 존재한다.

## III. 남아프리카공화국 외교정책: 비동맹원칙과 균형전략

글로벌사우스의 맹주국 중 하나인 남아공 외교정책의 근간은 여

9 https://www.aljazeera.com/features/2024/2/1/is-south-africas-foreign-policy-contradictory-or-a-balancing-act (검색일: 2024.2.11.)

타 아프리카 국가들과 유사하게 비동맹원칙과 균형전략의 두 가지 핵심원칙을 토대로 한다. 남아공 시릴 라마포사(Cyril Ramaphosa) 대통령이 2018년 의회연설을 통해 남아공의 '새로운 새벽(new dawn)'을 선언하고 아프리카 지역과 글로벌 수준에서 남아공의 위치 재선정 전략을 과감하게 추진하였다(Hendricks and Majozi 2021; van Nieuwkerk 2024). 라마포사 대통령은 2019년 1월부터 2021년 2월까지 남아공이 AU 위원장과 UN안전보장이사회 이사국으로 활동하면서 글로벌사우스의 전통외교인 NAM과 남아공만의 균형외교를 중심으로 실용주의 노선을 구축하게 된다.

비동맹주의는 남아공이 1955년 반둥회의 이후부터 아파르트헤이트가 1994년 넬슨 만델라(Nelson Mandela)가 대통령으로 당선되어 종식될 때까지, 그리고 현재 라마포사 대통령이 새로운 새벽 정책을 모색하는 동안에도 지속적으로 남아공 외교정책의 핵심 근간으로 유지된 원칙이다(Clark and Worger 2022; 장사기 2014; 김광수 2016). 특히, 라마포사 대통령은 전직 대통령들보다 글로벌 이슈에 실용적인 접근을 강조하였으나, 결과적으로 글로벌사우스의 중요한 결정을 내려야 하는 상황에서는 중국과 러시아와 협력하는 모습을 보이게 된다. 전반적으로, NAM의 주류화로 남아공은 특정 사우스 국가와 동맹관계를 유지하지 않고 글로벌 이슈에 따라 협력관계를 구축하는 파트너 국가가 다양하게 선택되었다. 글로벌사우스 맹주국들의 협력체인 브릭스의 회원국으로 남아공이 활동하는 동시에, 미국과 EU 국가들이 참여하는 G20에도 남아공은 협력관계를 유지하고 있다. 이는 남아공의 전통적인 NAM 원칙과 일관된 연계성을 보여주는 반면, 인권 중심의 외교정책을 고수했던 만델라의 유산과는 여전히 거리가 있는 반인권적인 특성이 종종 목도되기도 한다(IISS 2021).

NAM과 함께 균형전략은 남아공이 외교정책의 우선순위를 결정하고 미·중 전략경쟁과 중·인 경쟁 구도에서 선택적 균형잡기로 자국의 위치권력을 극대화하려는 실용주의 접근에 주요한 외교전략이다. 2023년 요하네스버그에서 개최된 브릭스 정상회의에서 남아공 라마포사 대통령이 중국·인도·러시아 사이에서 균형을 잡는 위치권력을 확대하려고 노력한 흔적을 확인할 수 있다. 요하네스버그 정상회의에서의 긴장관계는 브라질·인도와 중국·러시아 사이에서 발생하였다. 브릭스의 외연을 사우디아라비아·아르헨티나·에티오피아·이란·이집트·아랍에미리트 등 6개국으로 확장하는 이슈에 대하여 경제·안보 분야에서 미국의 견제를 받는 중국과 우크라이나 전쟁에 따른 고립을 탈피하려는 러시아는 적극적으로 지지하였다. 특히, 중국은 최근 미국 캠프 데이비드 정상회의를 계기로 한·미·일의 공조 강화에 맞서 브릭스를 토대로 G7에 맞설 연대 구축을 강조하였다. 한편, 룰라 브라질 대통령은 브릭스가 G7 또는 G20의 대항마가 아니라고 강조하였고, 미국 주도의 쿼드(Quad)에 참여하는 인도 모디 총리도 브릭스를 통해 미국과의 경쟁 체제를 구축하지 않는다고 밝혔다. 이는 브릭스를 중심으로 반서방 연대 구축 가능성을 부인한 것으로 미국과 EU 중심의 국제질서에 대항하기 위해 브릭스를 전략적으로 활용하려는 중국·러시아와 반대 입장을 견지하는 언급이었다.

브릭스 정상회의에서 6개국 신규 회원국 가입 건과 미국 중심의 국제질서에 대한 브릭스의 입장을 논의하는 가운데 글로벌사우스를 대표하는 브릭스 내부의 경합을 남아공이 봉합하는 균형전략을 사용하면서 동시에 중국과 러시아 편을 들어주는 결과를 만들었다. 라마포사 대통령이 중국 시 주석이 브릭스 정상회의와 별도로 제안한 중국-아프리카 지도자 라운드테이블(정상회담)을 공동 주재한 것도 이런 노력의 일환으로 평가할 수 있다. 라마포사 대통령은 브릭스 정상회의에 앞서 중국과 양국 정상회담을 열고 브릭스 회원국 확대 문제에 대해 남아공과 중국은 비슷한 견해를 갖고 있다고 밝혔다. 또한, 라마포사 대통령은 우크라이나 전쟁에 대한 남아공의 입장으로 러시아의 입장을 지지한다고 밝히면서 남아공이 전통적으로 지켜왔던 국가주권 존중, UN헌장과 국제법을 통한 평화적 분쟁 해결, 그리고 국제분쟁의 다자주의 해법 증진이라는 기존 원칙에 위배되는 행보를 보였다(IISS 2023). 반면, 공식적으로 남아공은 브라질과 사우디아라비아, 이란 등과 유사하게 미국·중국·러시아 가운데 어느 한쪽으로 기울지 않고 모든 강대국들과 협력을 통해 자국의 안보와 국익을 도모하는 균형전략을 견지하고 있다.

2022년 8월, 남아공 국제관계협력부(Department of International Relations and Cooperation, DIRCO)가 *Framework on South Africa's National Interest and its Advancement in a Global Environment*라는 외교전략 문서를 공포하였고, 본 프레임워크는 남아공의 국익을 정의하고 글로벌사우스 및 국제사회와의 상호작용 방식에 관한 관여전략을 기술한 중요한 가이드라인으로 인용되고 있다. 남아공은 국제사회의 평화와 안보 영역에서 글로벌 규범과 의제를 설정하는 데 주도적인 역할을 맡겠다는 목표를 가지고 있지만, 본 프레임워크가 구체적으로 남아공 외교정책의 비전과 새로운 역할로의 전환에 필요한 세부 전략을 포함하지 못하고 있다는 비판이 있다.[10]

새로운 외교정책의 불명확성은 선택적 균형전략을 위한 남아공의 전략적 자율성을 강조하는 데에서 기인한다. 본 문서는 정부정책 가이

10 https://theconversation.com/south-africas-foreign-policy-new-paper-sets-the-scene-but-falls-short-on-specifics-188253 (검색일: 2024.11.23.)

드라인, 경제협력을 위한 투자결정, 그리고 동맹 또는 우호국에 대한 기준을 제시하는 데 명확한 입장을 보이지 않는다. 지정학적 관점에서도 본 문서는 남아공의 국익이 관련된 지리적 범주를 명확하게 정의하지 않고 있다. 아프리카 맹주국 중 하나인 남아공에게는 아프리카 지역이 가장 중요한 외교의 대상이지만, 남아공의 수출입 파트너로서 유럽(남아공 무역의 22%)과 브릭스(남아공 수입의 59%, 수출의 41%)에 대한 외교관계가 대단히 중요하기 때문에 유럽과 브릭스는 남아공 정부가 지정학적·지경학적으로 신경 써야 할 아프리카 이외의 지역에 해당된다. 이와 유사하게, 인권외교에 있어서도 남아공은 보편적인 국제법과 다자외교를 강조하지만 이에 대한 구체적인 가이드라인과 원칙이 제시되지 않기 때문에, 우크라이나 전쟁에서 암묵적으로 러시아 입장을 지지하는 동시에 가자분쟁 사례에서는 이스라엘을 ICJ에 제소하는 이중적인 접근을 가능하게 한다. 결론적으로, 남아공의 외교정책은 자국의 다양한 이익, 지역의 역동성, 그리고 국제사회가 요구하는 남아공의 글로벌 책무성 등을 동시에 고려한 대단히 실용적인 계산법에서 나온 선택적 균형전략이라 할 수 있다.

## IV. 남아프리카공화국의 글로벌사우스 관여정책

남아공의 선택적 균형전략은 외부환경의 급격한 변화에 유연하게 대처할 수 있는 한편, 외교정책에 일관성이 부족하다는 비판을 동시에 받게 된다. NAM과 균형전략이 토대가 되는 남아공의 외교정책은 미국과 중국의 깊어가는 경합 국면과 글로벌사우스의 부상으로 인하여 사우스의 주요 행위자로서 남아공이 글로벌사우스 문제에 관여하는 궤적을 만들어 낸다. 남아공의 외교정책과 글로벌사우스 관여정책은 인도, 브라질 등 여타 글로벌사우스의 핵심 국가들과 크게 다르지 않으며 아래와 같이 세 가지 관여방식을 통해 남아공의 위치권력을 강화해 나가고 있다(김태균 2024c).

첫째, 글로벌사우스 중심의 소다자주의 협의체를 구성하거나 기존의 플랫폼을 활용하여 남아공의 리더십과 위치권력을 확보한다. 지정학적 위치로 남아공이 우선적으로 신경을 쓰는 아프리카 지역에는 다양한 지역기구들이 운영되고 있고, 대표적으로 AU, 아프리카개발은행(AFDB), 남아프리카개발공동체(Southern African Development Community) 등에 남아공이 주요 회원국으로 활동하면서 아프리카의 정치·경제·안보 이슈를 협력하고 있다. 아프리카 지역을 넘어서 남아공은 브릭스의 창립 회원국 중 하나로 2023년 8월 브릭스 정상회의를 주재하고 6개 신규 회원국 가입을 승인하는 데 일조하였다.[11] 브릭스는 '신개발은행(New Development Bank, NDB)'이라는 브릭스 은행을 보유하고 있으며, 신규 회원국을 포함하여 2024년부터는 9개국으로 확대되면서 중동을 껴안은 브릭스가 국제질서의 '게임 체인저'로 부상할지 주목되는 한편, 내부적으로 서로 다른 이해와 갈등관계로 복잡하게 묶인 브릭스 회원국들을 조정하고 중재하는 역할을 누가 할 것인가도 앞으로의 관전 포인트이다.[12] 지금까지 NDB가 지원하는 개발

11 특히, 신규 회원국 중 역사적으로 우호관계가 아닌 사우디아라비아와 이란이 동시에 브릭스에 가입하게 된 경위가 중국의 중재자 역할과 이를 지원한 남아공의 역할이 있었기 때문이라는 평가가 있다. 이른바 브릭스+ 체제에 신규 회원국으로 승인된 6개국 가운데 아르헨티나는 국내 정치 변수로 인하여 브릭스 가입이 취소되었고, 사우디아라비아는 현재까지 가입에 대한 최종 결정을 내리지 않은 채 브릭스 정상회의에 옵서버로 참석하고 있기 때문에 2024년 브릭스 정상회의 당시 최종 브릭스 회원국 수는 총 9개국이었다.

12 https://www.ilemonde.com/news/articleView.html?idxno=17570 (검색일: 2024.11.23.)

협력 프로젝트의 최대 수혜국 중 하나가 남아공이며, 새로 가입한 이집트, 에티오피아와 함께 브릭스 내부에서 아프리카의 목소리를 높이는 데 남아공이 일조할 것으로 기대하고 있다. 또한, 2024년 러시아 카잔에서 개최된 브릭스 정상회의에서는 13개국에게 파트너국 자격을 부여함으로써 브릭스 외연 확장에 더욱 박차를 가하고 있다.[13]

둘째, 남아공은 글로벌사우스를 넘어서 글로벌 노스와의 소다자주의 협력기구에 참여함으로써 사우스의 입장을 강조하고 남아공의 위치권력을 확장한다. 대표적인 사례가 G20로서, 2023년 9월 인도에서 개최된 G20 정상회의에서 남아공의 글로벌사우스 일원으로서 활동한 내용에 주목할 필요가 있다. 우선, 인도 뉴델리 정상회의에서 인도 주도로 AU가 G20의 국제기구 회원으로 가입이 되어 EU와 동급으로 대우받게 되었는데, 이 과정에서 기존 G20 회원국 중 유일하게 AU 회원국인 남아공이 인도와 협력하여 AU의 가입을 지원하였다. 중국이 불참한 2023년 정상회의에서 인도 주도로 글로벌사우스가 규합되는 모습이 강조되었고, 특히 2023년 1월과 11월 인도 정부는 이른바 '글로벌사우스의 목소리(Voice of Global South)' 정상회의를 온라인으로 두 차례 개최하면서 중국과의 신경전을 벌이게 된다. 이렇게 인도와 함께 AU 가입을 성공적으로 이룬 남아공은 G20 정상회의에서 러시아를 규탄하는 합의문을 도출하는 과정에서 중국의 입장을 지지하는 행보를 보인다. 합의문 도출 과정에서 인도는 미국 등 자유민주주의 진영의 입장을 고려했지만, 남아공과 브라질은 중국과 러시아의 입장을 지

13 2024년 10월 22일부터 24일까지 러시아 카잔에서 개최된 제16차 브릭스 정상회의는 그 전해와 같이 13개국(튀르키예, 벨라루스, 카자흐스탄, 우즈베키스탄, 알제리, 나이지리아, 우간다, 볼리비아, 쿠바, 인도네시아, 말레이시아, 태국, 베트남)에 파트너국 자격을 부여하며 외연 확장 움직임을 지속·강화하였다.

지한 것으로 알려졌다. 또한, 2021년 영국에서 개최된 G7 정상회의에 남아공, 호주, 한국, 인도가 공식 초대된 바 있는데, 남아공이 세계경제 선도국 회의인 G7에 유일하게 글로벌사우스 국가로 참석하여 존슨(Johnson) 영국 총리가 G7을 확장시켜 세계 10대 민주주의 선도국인 D10을 만들겠다는 구상에 부합하는 행보를 보이기도 했다.

남아공의 글로벌사우스 관여정책의 마지막 방식으로 글로벌 이슈에 대한 남아공 스스로의 독자적인 행동을 들 수 있다. 대표적인 사례가 2023년 12월 말, 남아공 라마포사 정부가 이스라엘을 ICJ에 제노사이드 혐의로 제소한 사건이다.[14] 이스라엘과 남아공은 지리적으로도 먼 거리에 있고 역사적으로도 갈등을 빚은 경험이 없기 때문에 남아공의 이스라엘 제소는 의외의 행보로 국제사회의 주목을 받았다. 남아공은 과거 아파르트헤이트를 철폐하기 위해 만델라가 이끌었던 아프리카민족회의(African National Congress, ANC)를 중심으로 아파르트헤이트 반대운동을 주도하였는데 ANC와 연대했던 국가 중 하나가 팔레스타인이었고, 이러한 과거 연대를 기반으로 ANC는 친팔레스타인 입장을 유지해 오고 있다. 라마포사 대통령이 최근 남아공이 이스라엘을 ICJ에 제소한 이유 중 하나가 만델라의 정치적 유산을 거론하면서 국제사회의 보편적 원칙에 의해 제노사이드를 벌이는 이스라엘을 비난한 바 있다. 남아공의 이러한 독자적 행보는 2024년 2월 에티오피아 아디스아바바에서 열린 AU 정상회의에서 이스라엘의 가자지구 공세를 비난하고 즉각적인 중단을 촉구하는 결정으로 이어지게 된다.[15] 혹자는 남

14 https://k-af.or.kr/load.asp?subPage=731.View&searchValue=&searchType=&page=1&idx=7895 (검색일: 2024.11.23.)

15 AU 정상회의에서 이루어진 가자지구에 대한 입장 토론에서 우간다, 남수단, 르완다 3개국은 이스라엘 측을 지지하는 입장을 표한 것으로 알려졌다.

아공이 이스라엘을 제노사이드 위반으로 ICJ에 제소함에 따라 하마스에 대한 처분과 이스라엘과 팔레스타인이 휴전할 수 있는 기회를 박탈했다고 비판하기도 하지만, 남아공은 이번 제소를 통해 아프리카 우선주의에서 벗어나 글로벌사우스 이외의 지역에 직접 관여하기 시작했다는 의미와 함께 만델라의 인권 중심 외교의 전통을 승계하고 있다는 긍정적인 평가를 받게 되었다.[16]

## V. 맺으며: 남아프리카공화국 글로벌사우스 전략의 딜레마

2025년 G20 정상회의를 남아공이 개최할 예정이다. NAM과 선택적 균형전략을 토대로 남아공은 글로벌사우스 내외를 넘나들며 사우스의 미들맨(middle man)으로서 글로벌사우스 내 위치권력을 공고하게 확보하여 사우스 내 남아공 지분을 확장하려는 전략을 도모하고 있다. 그럼에도 불구하고, 남아공의 외교정책은 명확한 중장기 비전과 원칙이 없이 선택적으로 실용적인 균형전략을 구사하고 있어 앞으로 균형전략의 애매모호성으로 인한 딜레마가 양산될 수 있다는 지적이 나오고 있다.[17] 앞서 언급했듯이, ICC에 제소된 러시아 푸틴 대통령의 전쟁범죄에 대해 암묵적으로 러시아 입장을 지지하는 남아공이 이스라엘을 ICJ에 제소하는 상충된 행보에 대하여 국제사회가 쉽게 남아공의 외교적 계산을 동의하기 어려울 것이다. 또한, 2024년 2월 러시아와

16 에보에-오수지(Eboe-Osuji) 전 ICJ 소장은 2024년 2월 Foreign Policy를 통해 남아공의 ICJ 제소가 낳은 부정적인 결과를 피력하였다. https://foreignpolicy.com/2024/02/02/south-africa-israel-icj-gaza-genocide-hamas/ (검색일: 2024.11.23.)

17 https://www.aljazeera.com/features/2024/2/1/is-south-africas-foreign-policy-contradictory-or-a-balancing-act (검색일: 2024.11.23.)

중국과 공동으로 해군 군사훈련에 동참하는 남아공을 글로벌사우스 국가들과 미국 중심의 서방진영이 쉽게 우호적인 파트너로 인식하기 어려울 것이다. 유사하게, 라마포사 대통령은 2024년 1월 수단의 준군사조직인 신속지원군(Rapid Support Forces, RSF) 수장인 모하메드 다갈로(Mohamed Dagalo)를 초대하여 회의를 진행하는 등 자국의 이익을 위해서 국제사회의 보편적 가치를 위반하는 행보를 선택하고 있다. 이렇듯, 남아공의 글로벌사우스 전략인 선택적 균형전략은 명확하고 일관된 원칙이 담보되지 않아 남아공 스스로는 전략적 자율성이 제고되는 이점을 활용할 수 있겠지만 외교 파트너의 입장에서는 협력관계의 지속 가능성과 신뢰성이 떨어지는 상충성의 딜레마가 존재한다.

한편, 남아공 글로벌사우스 전략의 딜레마는 실용적인 외교의 균형전략에서 발생할 뿐만 아니라, 국내 정치의 변수에서도 그 원인을 찾을 수 있다. 2024년 5월 실시된 남아공 제7대 총선에서 집권 여당인 넬슨 만델라의 ANC가 총 39.77% 득표율을 획득하여 총 의석수 400석 가운데 159석을 확보하였으나, 1994년 민주 선거 이래 30년 만에 최초로 과반 수성에 실패하여 라마포사 대통령이 선거 참패를 공식적으로 인정하였다.[18] 이번 총선에서 주마 전 대통령이 이끄는 신생정당 MK당이 득표율 14.36%를 획득하여 58개 의석수를 확보하는 등 예상보다 선전한바, 연정 구성 및 향후 정국 운영에 상당한 영향을 미쳤다. 최악의 실업률과 범죄율, 전력난, 부패 등으로 촉발된 ANC에 대한 유권자들의 실망감이 득표율에 여실히 반영된 것으로 해석되고 있어 라마포사 정부는 글로벌사우스를 비롯한 외교정책보다는 당분간 국내 정치

18 ANC는 총 400석(전국명부 200석 및 전국 지역명부 200석) 중 전국명부 73석, 전국 지역명부 86석 확보한 것으로 집계되었다. https://www.bbc.com/korean/articles/c888d5rpkx7o (검색일: 2025.2.15.)

에 무게중심을 둘 가능성이 크며 국내 정치 지지세력을 복구하고 안정화하는 정책 방향이 우선시될 것이다.

국내외 변수로 인한 남아공 글로벌사우스 전략의 딜레마에 대한 리트머스 테스트는 당장 2025년 11월 요하네스버그에서 개최될 G20 정상회의를 통해 일정 수준 판가름이 날 것으로 예상된다. 2024년 새로운 회원으로 승인된 AU와 함께 남아공 정부는 아프리카에서 개최되는 G20 회의를 적극 활용하여 글로벌사우스뿐만 아니라 글로벌 노스와 공통으로 협력해야 하는 글로벌 현안에 대한 리더십을 발휘할 것으로 예상된다. 그러나, 자국중심의 보수주의 성향을 강해지는 미국 트럼프 행정부가 다자협력을 거부할 수 있고, 이에 반해 중국과 인도의 글로벌사우스 및 글로벌 거버넌스에 관한 장악력은 더욱 강해질 것이며, 남아공은 국내 정치 상황을 무시한 채 다자외교에 모든 정책 에너지를 투입할 수 없다는 변수들이 동시에 작동하는 상황에 국제사회는 대비해야 할 것이다.

## 참고문헌

김광수. 2016. “아프리카중심주의(Afrocentrism) 시각에서 바라본 범아프리카주의(Pan-Africanism)의 역사적 맥락화: 남아프리카공화국의 아프리카 르네상스를 중심으로. 『외국학연구』 35: 383-418.

김태균. 2023. 『반둥 이후: 글로벌사우스의 국제정치사회학』. 과천: 진인진.

김태균. 2024a. “아시아의 회고와 전망(3): 아시아-아프리카 이슈의 2023년 회고와 2024년 전망.” 『아시아 브리프』 4(4). 서울대학교 아시아연구소.

김태균. 2024b. “글로벌사우스의 도전과 대응: 남아프리카공화국의 인식과 전략.” 『국제문제연구소 이슈브리프』 215. 서울대학교 국제문제연구소.

김태균. 2024c. “글로벌사우스의 부상과 한국의 대아프리카 외교.” 『외교』 149: 23-40.

김태균·김보경·김윤희·심예리. 2024. 『한·일·중의 글로벌사우스 포용전략 비교분석』. 서울: 국립외교원.

김태균·이일청. 2018. “반둥 이후: 제3세계론의 쇠퇴와 남남협력의 정치세력화.” 『국제정치논총』 58(3): 49-99.

장사기. 2014. “넬슨 만델라와 남아프리카공화국의 노마드 국가론.” 『황해문화』 82: 215-231.

Calderisi, Robert. 2006. *The Trouble with Africa: Why Foreign Aid Isn't Working*. New York: St. Martin's Press.

Carmody, Pádraig. 2013. *The Rise of the BRICS in Africa: The Geopolitics of South-South Relations*. London: Zed Books.

Carmody, Pádraig. 2016. *The New Scramble for Africa*. Cambridge: Polity.

Clark, Nancy L. and William H. Worger. 2022. *South Africa: The Rise and Fall of Apartheid*. Abingdon: Routledge.

Ero, Comfort. 2024. “The Trouble with "the Global South“: What the West Goes Wrong About the Rest.” *Foreign Affairs*, April 1.

Hendricks, Cheryl and Nkululeko Majozi. 2021. “South Africa's International Relations: A New Dawn?” *Journal of Asian and African Studies* 56(1): 64-78.

IISS. 2021. “South Africa's Foreign Policy under Ramaphosa.” *Strategic Comments* 27(2): vii-ix.

IISS. 2023. “The State of Non-alignment in South Africa's Foreign Policy.” *Strategic Comments* 29(5): v-vii.

Ikenberry, John. 2024. “Three Worlds: the West, East and South and the Competition to Shape Global Order.” *International Affairs* 100(1): 121-138.

Mouritzen, Hans. 2022. “Between Polarity and Foreign Policy: Freedom of Manoeuvre Is the Missing Link.” in Nina Græger, Bertel Heurlin, Ole Wæver, and Anders Wivel (eds.). *Polarity in International Relations: Past, Present, Future*. Cham: Palgrave Macmillan.

Park, Jong-Dae. 2019. *Re-Inventing Africa's Development: Linking Africa to the Korean Development Model*. Cham: Palgrave Macmillan.

Prashad, Vijay. 2007. *The Darker Nations: A People's History of the Third World*. New York: The New Press.

Rikhotso, Siviwe. 2022. *South Africa's Balancing Act Crisis: Between the East-West Policy Calculus, National Interests, Moral Principles, Non-alignment, and BRICS*. Johannesburg: Rosa Luxemburg Stiftung.

Shidore, Sarang. 2023. "The Return of the Global South: Realism, Not Moralism, Drives a New Critique of Western Power." *Foreign Affairs*, August 31.

van Nieuwkerk, Anthoni. 2024. "South Africa's Foreign Policy Constraints and Opportunities in the Changing World Order (2020-2024)." *Journal of African Foreign Affairs* 11(2): 103-121.

# 제10장 브라질의 글로벌사우스 인식과 전략

권기수(한국외국어대학교 국제지역대학원)

# I. 서론

브라질은 방대한 영토와 자원을 바탕으로 강대국으로서의 꿈을 지향하며, 전통적으로 중립적이고 실리적인 외교정책을 펼쳐왔다. 이러한 기조 아래 브라질은 국제사회에서 미국과 중국의 힘에 휘둘리지 않는 독립적 외교를 추구하며, WTO 협상과 기후변화 이슈에서 선진국과 개도국 간의 가교 역할을 수행해 왔다. 특히 브라질의 이러한 적극적인 외교 활동은 2000년대 좌파 정권인 룰라 정부 시기에 두드러졌다.

한동안 국내 정치·경제적 혼란으로 주춤했던 브라질의 글로벌 무대에서의 역할과 존재감은 2023년 룰라 3기 정부 출범을 계기로 다시 주목받고 있다. 특히 브라질은 2024년 G20 정상회의의 성공적 개최, 2025년 제30차 유엔기후변화협약 당사국총회(COP30) 및 BRICS 정상회의 개최와 같은 주요 국제 행사를 통해 글로벌사우스(Global South)의 입장과 목소리를 대변할 것으로 기대된다.

이에 본 연구는 글로벌사우스 시대를 맞아, 글로벌 노스(Globla North)와 사우스의 대변자로서 중요한 역할을 수행하고 있는 브라질의 글로벌사우스에 대한 인식과 전략을 규명하는 것을 목표로 한다.

이러한 연구 목표를 달성하기 위해 본 논문은 다섯 개의 절로 구성된다. 먼저, 서론에 이어 제2절에서는 글로벌사우스 국가로서 브라질의 정체성과 인식을 분석한다. 제3절에서는 브라질의 전통적인 외교정책과 글로벌사우스 전략을 고찰하며, 제4절에서는 2023년 룰라 3기 정부 출범 이후 브라질 외교정책의 정상화, BRICS 확장에 대한 인식과 대응, 그리고 2024년 G20 의장국인 브라질의 글로벌사우스 전략을 살펴본다. 마지막으로 제5절에서는 글로벌사우스의 대변자로서 브라질의 역할을 전망하고 과제를 도출한다.

## II. 글로벌사우스 국가로서의 브라질의 정체성과 인식

브라질은 정치적, 경제적, 탈식민지적 맥락에서 글로벌사우스 국가들과 유사한 조건을 공유하면서도, 역사적·문화적 정체성 측면에서는 이들과의 차이를 강조해 왔다. 이는 브라질 엘리트 계층이 자국을 유럽 문화적 정체성을 지닌 신흥 강국이자 남아메리카의 헤게모니를 추구하는 국가로 인식하는 경향에서 비롯되었다. 이러한 경계적 정체성(Liminal Position)은 브라질이 국제무대에서 글로벌사우스 국가들과 관계를 맺는 방식과 동기에 중요한 영향을 미쳐왔다(Grimaldi 2022).

브라질의 경계적 특징은 크게 세 가지로 정리할 수 있다. 첫째, 브라질은 서구적 정체성과 글로벌사우스의 정체성이 혼재된 독특한 특성을 지니고 있다. 브라질의 엘리트 계층은 유럽의 문화적 유산을 강조하며 자신들을 서구의 일부로 인식해 왔다. 동시에, 브라질은 식민지적 역사와 아프리카 유산을 바탕으로 글로벌사우스와의 연대를 표방해 왔다(Hönke et al. 2022).

특히 2000년대 룰라 정부 집권 시기에는 남남협력을 내세우며 포르투갈 식민지 국가들과의 관계를 강화하려는 노력을 기울였다. 그러나 이러한 접근은 주로 외교적 영향력을 확대하려는 목적에서 이루어진 것이며, 글로벌사우스의 정치적·경제적 이상을 기반으로 한 것은 아니었다. 이처럼 브라질은 서구와 글로벌사우스 사이에서 하이브리드 정체성을 형성하며, 양측에서 유리한 입지를 확보하려는 외교적 유연성을 보여왔다(Vieira 2018; Hönke et al. 2022).

둘째, 브라질은 라틴아메리카 내에서 독자적인 정체성을 유지하며 다른 국가들과 이질적인 경로를 걸어왔다. 포르투갈 식민지의 유산, 군주제 체제, 언어와 문화의 차이, 그리고 유럽 중심의 역사적 발전 경로는 브라질과 스페인계 라틴아메리카 국가들 사이에 거리감을 형성했다(Bethell 2009).

브라질은 19세기 독립 이후 치키토스(Chiquitos) 침공, 시스플라티나 전쟁(Guerra da Cisplatina), 그리고 삼국 동맹 전쟁(Guerra da Tríplice Aliança)과 같은 사건들을 통해 확장주의적 성격을 드러냈다. 이후 20세기 중반 냉전 기간에는 군사 독재 정권에 대한 외교적·경제적 지원을 통해 라틴아메리카에서의 영향력을 더욱 공고히 했다. 특히 브라질은 칠레를 비롯한 여러 남아메리카 국가의 독재정권을 지원하고, 좌파 운동을 탄압하는 데 기여함으로써 라틴아메리카 내에서도 글로벌 노스와 가까운 위치에 있었다(Grimaldi 2022).

브라질은 인구와 경제 규모 면에서 라틴아메리카 최대 국가임에도 불구하고, 지역 내 리더십을 발휘하는 데 한계를 보여왔다. 이러한 한계와 거리감을 의식한 브라질은 자신을 라틴아메리카와 구분된 글로벌 강국으로 자리매김하려는 경향을 보여왔다. 특히 1990년대에 들어 브라질은 남미공동시장(MERCOSUR) 설립 등 지역 통합체를 적극적으로 추진하며, '라틴아메리카'라는 범주보다 '남아메리카'라는 지리적 개념에 중점을 둔 독립적 리더십을 모색했다. 이를 통해 브라질은 스스로의 독자적인 정체성을 강화하고자 했다.

이처럼 라틴아메리카와 차별화된 브라질의 정체성은 브라질이 지역 내 완전한 통합을 이루지 못하게 했을 뿐만 아니라, 글로벌사우스와의 연대에서도 복합적이고 모호한 위치에 놓이게 했다.

마지막으로, 브라질은 국제 체제에서 강대국과 중견국 사이의 과도기적 위치에 놓여 있다. 넓은 영토와 인구, 막대한 경제적 잠재력을 보유하고 있지만, 군사력과 기술적 역량이 부족하고 경제 불평등과 사회적 불안정으로 인해 강대국으로 인정받기에는 한계가 있다. 브라질은 국제 협력과 다자주의를 지지하며, 지역 리더십과 글로벌 거버넌스 참여를 강조해 왔으나, 자원과 전략적 명확성의 부족으로 인해 비일관적인 모습을 보이기도 했다.

브라질의 정체성은 서구 강대국과 글로벌사우스 사이에 걸쳐 있다. 서구의 민주주의와 자유주의 가치를 수용하면서도, 라틴아메리카 및 글로벌사우스와의 연대를 강조하는 이중적 입장을 취했다. 이러한 양면성은 브라질이 국제사회에서 중재자적 역할을 가능하게 했지만, 국제 체제에서 확고한 지위를 확보하는 데 어려움을 초래했다.

브라질은 유엔 안보리 상임이사국 진출 등 국제적 리더십 확보를 목표로 내세우고 있지만, 자원과 전략의 한계로 인해 목표 달성에 어려움을 겪고 있다. 이러한 맥락에서 브라질은 잠재력을 지니고 있지만 강대국으로 인정받기에는 부족한 '어색한 강대국(awkward great power)'으로 분류될 수 있다(Wilkins & Rezende 2022).

결과적으로 브라질의 글로벌사우스 국가들과의 협력은 그 경계적 특성에 기반하여 전략적이고 상황적인 필요에 따라 이루어졌다. 브라질의 외교정책은 글로벌사우스와의 동질성보다는 독립적 외교 노선과 글로벌 강대국으로서의 입지를 강화하는 데 초점을 두었다고 평가할 수 있다.

## III. 브라질의 전통적 외교정책과 글로벌사우스 전략

브라질의 외교정책은 복합적인 정체성과 경계적 위치를 바탕으로, 전통적으로 세 가지 신념과 원칙에 의해 형성되어 왔다. 첫째, 미국 등 강대국으로부터의 자율성(autonomy) 중시, 둘째, 보편적 가치(universalism) 추구, 셋째, 강대국으로서의 열망(the destiny of grandeur)이다(Saraiva 2011). 이들 원칙은 브라질 외교정책의 지속성과 변화 속에서도 일관된 기조를 형성하며, 브라질 외교의 전략적 방향성을 제시해 왔다.

이러한 세 가지 신념과 원칙에 기초해 브라질의 외교정책은 1960년대 이후 외교정책의 전권을 갖고 있던 외교부(Itamaraty)가 주도해오고 있다. 브라질 외교는 전통적으로 독립적이고 중립적인 노선을 견지하면서도, 상황에 따라 유연한 접근을 보여왔다. 1964년 군사정부 집권 초기에는 미국과 긴밀한 관계를 유지했지만, 이후 제3세계 및 공산주의 국가들과의 관계 강화를 통해 독자 외교를 추구했다. 1970년대 후반에는 '책임 있는 현실주의적 전방위 외교'를 표방하며 냉전 이데올로기에 얽매이지 않고 경제적 실리를 중시하는 전략을 구사했다. 이 시기 브라질은 국제사회와 일정한 거리를 유지하면서도 자주성을 확보하려는 저강도(low profile) 외교정책을 펼쳤다. 브라질은 적극적으로 국제사회 변화를 주도하기보다는 자국의 국익을 챙기며 외교적 목표를 달성하는 방식을 채택했다.

그러나 1990년대 민정 이양과 시장개방을 계기로 국내 산업계가 외교 이슈에 관심을 가지기 시작하면서, 외교정책은 외교부 중심에서 벗어나는 경향을 보였다. 이러한 환경 변화 속에서 외교부 내부에서는 실용주의파(institucionalistas pragmáticos)와 자주파(autonomistas)

간의 대립이 본격화되었다(Pinheiro 2000; Saraiva 2011). 이는 브라질 외교가 전통적 원칙을 유지하면서도 변화하는 국내외 환경에 따라 재조정되는 과정을 보여준다.

1995년부터 2002년까지 카르도주(Fernando Henrique Cardoso) 정권 시기, 브라질 외교정책은 '통합을 통한 자율성'이라는 전략을 중심으로 전개되었다. 실용주의파가 주도한 이 시기의 외교정책은 미국과의 일정한 거리를 유지하면서도 자율적이고 적극적인 외교를 지향한 것이 특징이다. 카르도주 정부의 핵심 목표는 글로벌 경제와의 통합을 통해 브라질이 경제 및 금융 분야에서 국제 규범을 단순히 수동적으로 수용하는 것을 넘어, 국제질서 형성에 기여하는 적극적인 주체로 자리매김하는 데 있었다.

이를 위해 카르도주 정부는 남미공동시장(MERCOSUR)과 같은 지역 협력체의 강화를 우선시하며, 남아메리카 국가들이 협력을 통해 글로벌 시장에서 협상력을 높일 수 있도록 노력했다. 또한, 카르도주 정권은 WTO 가입, 유럽연합(EU)과의 자유무역협정(FTA) 협상, 그리고 미국 주도의 미주자유무역지대(FTAA) 협상에 적극 참여하며 개방적이고 다각적인 외교를 추진했다.

카르도주 정권 시기의 외교정책은 과거 국제사회와 일정한 거리를 두던 저강도 외교에서 벗어나, '참여형' 적극 외교로 전환한 것으로 평가된다. 특히, 이 시기 브라질 외교는 실용주의에 기반해 자율성을 유지하면서도 국제무대에서 영향력을 확대하려는 전략적 접근으로 주목받았다.

2003년부터 2010년까지 룰라(Luiz Inácio Lula da Silva) 정부는 자주파를 중심으로 외교정책을 주도하며 브라질 외교의 새로운 전환을 이끌었다. 룰라 정부는 적극적 외교라는 점에서 카르도주 정부의 노선을 계승했지만, 단순한 국제사회 참여를 넘어 새로운 국제 규범의 형성에 깊은 관심을 보이며 외교적 비전을 확장했다.

룰라 대통령의 외교 목표는 남아메리카에서의 리더십 확보와 글로벌 플레이어로서의 역할 확대였다. 이를 실현하기 위해 브라질은 G20, BRICS 정상회의 등을 통해 글로벌사우스의 목소리를 대변하며, 국제질서 재편에 적극 나섰다. 특히 남아메리카 지역에서는 남미국가연합(UNASUR) 창설을 주도하며 지역 통합을 강화했고, 같은 포르투갈어권 국가인 모잠비크와 앙골라 등 아프리카 국가들과의 연대도 적극적으로 추진했다. 또한, 브라질경제사회개발은행(BNDES)의 자금을 활용하여 남아메리카 지역의 인프라 개발을 지원하며, 경제적 협력을 강화함으로써 지역 리더로서의 입지를 공고히 했다.

룰라 정부는 '다각화를 통한 외교적 자율성'을 전략의 핵심으로 삼으며, 미국 중심의 외교에서 벗어나 다양한 국제 파트너십을 구축했다. 이 시기 브라질은 다자주의적 접근을 통해 유엔 안전보장이사회(UNSC) 상임이사국 진출을 노리며 국제적 영향력을 확대하려 했다. 동시에, BRICS 및 IBSA와 같은 남남협력 플랫폼을 통해 개발도상국 간 협력을 주도하며 글로벌사우스에서의 위상을 강화했다.

룰라 정부는 특히 남남협력을 적극 추진하며, 미국의 신자유주의 정책에서 벗어난 독립적 외교를 통해 상호 이익과 평등을 강조했다. 브라질 국제협력청(ABC)은 글로벌사우스의 사회적 지표 개선과 빈곤 감소를 목표로 아프리카, 라틴아메리카, 카리브해 국가들과의 기술협력 프로젝트를 주도했다.

이처럼 룰라 정부는 브라질 외교를 미국 중심의 틀에서 벗어나 다자적이고 독립적인 외교로 재편하며, 글로벌사우스의 리더로서 국제질서 형성에 기여하는 중요한 주체로 자리매김했다.

그러나 룰라 정부를 계승한 호세프(Dilma Rousseff, 2011~2016년 8월) 정부의 외교정책은 경제 위기와 정치적 혼란 속에서 크게 위축되었다. 호세프 정부는 룰라 정부의 외교정책 기조를 이어받아 글로벌 리더로서의 입지를 강화하려 했지만, 대내외 경제 상황 악화와 부패 스캔들로 인한 정치적 혼란으로 외교에 집중할 여력이 부족했다. 결국, 호세프 정부가 내정에 우선순위를 두면서 외교정책은 사실상 후순위로 밀려났고, 룰라 정부 시절 자주파가 추진했던 글로벌 리더 전략도 크게 약화되었다.

2016년 9월 호세프 대통령의 탄핵 이후 집권한 테메르(Michel Temer, 2016.9~2018년) 우파 정부에서는 실용주의파에 의해 외교정책이 주도되었다. 이 시기 브라질은 룰라와 호세프 정부에서 우선시되었던 글로벌사우스 중심 외교에서 벗어나, EU, 캐나다, 한국 등과의 FTA 협상을 재추진하며 실용적이고 경제 중심적인 외교로 전환했다.

극우 성향의 보우소나루(Jair Bolsonaro, 2019~2022년) 정부는 브라질의 외교정책에서 기존의 중립적이고 실용적인 전통적 노선과는 완전히 다른 모습을 보였다. 먼저, 우파 포퓰리즘과 강한 보수적 이념을 바탕으로 반공주의와 반글로벌리즘을 강조하며, 전통적으로 중시되던 다자주의 가치를 약화시켰다. 특히 도널드 트럼프 전 미국 대통령과의 개인적 유대와 정책적 동조를 통해 친미·반중 외교 노선을 노골적으로 드러냈다.

둘째, 환경보호보다는 경제 개발과 농업 확장에 우선순위를 두고 아마존 산불과 벌목 문제에 소극적으로 대응하며, 국제사회로부터 강한 비판을 받았다. 특히 보우소나루 정부는 트럼프 대통령을 따라 파리기후협약 탈퇴 가능성을 언급하며, 환경 문제에 대한 책임 회피 논란을 더욱 심화시켰다.

마지막으로 미국과의 관계를 최우선시하면서 BRICS 및 라틴아메리카 지역과의 협력은 물론 글로벌사우스와의 연대도 크게 약화되었다. 특히 보우소나루 정부는 개발협력 예산의 대폭 축소와 국제 기아퇴치 프로그램(CGFORME) 등 핵심 협력 프로그램의 해체를 통해 좌파 정부의 트레이드 마크였던 남남협력 정책을 사실상 무력화시켰다.

결과적으로, 보우소나루 정부의 이념 편향적, 반환경적, 반다자주의적 외교정책은 국제무대에서 그간 브라질이 쌓아온 외교적 신뢰와 명성을 훼손했을 뿐 아니라, 브라질의 국제적 고립을 초래하는 결과를 낳았다.

## IV. 룰라 3기 정부의 글로벌사우스 전략

### 1. 브라질 외교정책의 정상화

2023년 출범한 룰라 3기 정부는 브라질 외교정책의 정상화를 목표로 다자주의와 글로벌사우스 협력을 통해 국제적 위상을 회복하려는 강한 의지를 보여주고 있다. 이는 보우소나루 정부 시절의 외교적 고립주의를 극복하고, 브라질을 국제무대에서 영향력 있는 리더로 재정립하려는 노력의 일환이다. 룰라 대통령은 "브라질이 돌아왔다"고 선언하며, 글로벌사우스의 리더로서 글로벌 노스와 사우스를 잇는 가교 역할을 하겠다는 포부를 밝혔다.

룰라 3기 정부의 외교정책은 2000년대 룰라 1기와 2기 정부의 정책 기조를 재현하는 모습을 보이고 있다. 특히, 과거 외교정책을 주도했던 아모링(Celso Amorim) 전 외무장관이 이번에는 대통령 외교정책

특별자문관으로 중추적인 역할을 맡으며, 자주파가 외교부 내에서 외교정책을 주도하는 점에서 이러한 경향이 더욱 두드러진다.

룰라 정부는 다자주의 복귀, 기후변화 대응, 그리고 지역 리더십 복원을 주요 외교 의제로 삼고 있다. 이를 실현하기 위해 브라질은 COP30 회의 유치를 추진하며 아마존 열대우림 보존을 위한 국제적 자금 지원을 이끌어내는 등 적극적인 환경 외교를 전개했다. 또한, 실추된 남아메리카 내 리더십을 회복하기 위해 남미공동시장(MERCOSUR)의 내적 공고화와 외연적 확장을 도모했다. 아울러, 회원국 간 정치적 갈등으로 정상회의 개최가 중단되고 여러 회원국이 탈퇴하면서 와해 위기에 처한 남미국가연합(UNASUR)의 부활에도 적극 나섰다.

룰라 3기 정부 집권을 계기로 새롭게 국제 외교 무대에 복귀한 브라질이 글로벌 플레이어로서의 존재감을 보여주기 위해 가장 역점을 두고 추진한 구상은 러시아-우크라이나 전쟁의 평화적 해결을 위한 평화그룹 제안이었다. 룰라 대통령은 미국 및 중국과의 정상회담은 물론 G20 정상회의, 유엔총회 등에서 반복적으로 평화그룹 구상을 제안했다. 그러나 브라질의 평화그룹 제안은 러시아-우크라이나 전쟁에 대한 G7과 글로벌사우스 국가 간의 시각 차이, 브라질의 친러시아적 태도로 큰 호응을 얻지 못했다.

룰라 대통령은 러시아-우크라이나 전쟁에 대해 브라질 외교의 전통적 원칙인 '타국의 주권 침해와 무력 개입 반대' 입장과는 다소 모순된 태도를 보였다. 룰라 대통령은 러시아의 침공을 명확히 비판하기보다는 우크라이나가 크림반도를 포기하는 것이 평화 해결에 도움이 될 것이라는 견해를 밝혔으며, 동시에 미국과 유럽이 우크라이나에 무기를 지원하는 것이 평화를 저해한다고 주장했다. 이러한 태도는 브라질과 러시아 간의 경제적, 정치적 이해관계와 더불어 반미적 이념이 복합적으로 작용한 결과로 평가된다. 이로 인해 룰라 정부의 외교정책은 비개입 원칙과 상충되는 모습을 보였으며, BRICS 국가인 러시아와의 경제적 유대가 외교적 판단에 영향을 미쳤다는 비판을 받았다(Stuenkel 2023).

베네수엘라와 가이아나 간 영토 분쟁에서 브라질은 마두로(Nicolás Maduro) 대통령에게 국제법 준수를 촉구하며 원칙적인 대응을 시도했지만, 군사적 혹은 외교적 차원에서 실질적인 조치를 취하지 않았다. 베네수엘라의 군사 행동에도 불구하고, 브라질은 가이아나와의 군사협력 강화나 물리적 존재감을 보여주지 못했고, 그 역할은 미국과 영국이 대신 맡게 되었다. 또한, 브라질 정부는 가이아나 영토 합병을 묻는 마두로 정부의 국민투표를 '내부 문제'로 간주하며 소극적인 태도를 보였다. 특히 룰라 정부는 2024년 7월 마두로 대통령의 논란이 된 재선과 이를 둘러싼 국제사회의 비판에도 불구하고, 신중한 외교적 접근을 고수하며 베네수엘라 대선 결과에 대한 직접적인 개입을 피하려는 태도를 보였다. 그러나 이러한 친베네수엘라 성향에 기반한 소극적 대응은 남아메리카에서 브라질의 리더십과 국제적 신뢰도를 크게 약화시키는 결과를 초래했다.

가자지구 사태에서 브라질은 유엔 안전보장이사회 의장국으로서 중재와 평화 구축에서 중요한 역할을 할 기회를 맞았다. 그러나 룰라 대통령은 이스라엘의 가자지구 침공을 홀로코스트에 비유하는 발언으로 국제적 논란을 일으켰다. 이는 평화적 해결을 위한 원칙적 리더십이나 실질적 자원 투입 없이 상징적인 발언에 그친 사례로 평가되며, 브라질이 국제사회의 신뢰를 얻고 지도적 역할을 발휘할 기회를 놓쳤다는 지적을 받았다.

이와 같이 룰라 대통령은 남아메리카와 글로벌 무대에서 브라질이 리더로서의 역할을 수행할 기회를 여러 차례 맞이했지만, 이념적 접근과 실질적 리더십 발휘 사이의 갈등으로 인해 효과적인 대응에 실패했다. 우크라이나 사태, 베네수엘라-가이아나 분쟁, 가자지구 사태 등 주요 국제 안보 이슈에서 룰라는 원칙보다 정치적·경제적 이해관계에 치중하는 모습을 보였고, 이는 브라질 외교정책의 일관성을 약화시키는 결과를 낳았다(Braun 2024). 다자 외교 복원의 노력에도 불구하고, 브라질은 주요 국제 갈등에서 중재자로서 신뢰를 확보하지 못하며 외교정책의 한계를 드러냈다.

## 2. 브라질의 BRICS에 대한 인식과 전략

2008년 출범한 BRICS 협의체는 브라질이 다극적 국제질서를 옹호하고 대안적 다자주의를 전개하기 위한 주요 플랫폼으로 기능해 왔다. 브라질은 이를 통해 글로벌사우스 국가들의 입장을 대변하며, 자국의 남남 협력 의제를 국제사회에 투사하려는 노력을 지속해 왔다. 특히, BRICS는 브라질에 IMF와 세계은행과 같은 기존 글로벌 금융체제를 보완할 대안이자 다극적 세계질서 구축의 중요한 도구로 작용했다. 신개발은행(NDB) 설립은 이러한 비전을 구체화한 대표적인 사례로, 브라질은 이를 통해 개발도상국의 인프라 개발을 지원하고 금융 거버넌스 개혁을 추진하고 있다.

그러나 최근 BRICS 회원국의 확대 과정에서 브라질은 자국의 상대적 영향력 약화를 우려하고 있다. 브라질의 대표적인 언론인 Valor Economico는 회원국 확대로 인해 "브라질이 BRICS 내에서 조연으로 전락할 것"이라고 경고했다(Stuenkel 2024). 브라질 대외무역협회

(AEB)의 카스트로(José Augusto de Castro) 회장은 "브라질은 BRICS에서 영향력이 크지 않고 경제 대국도 아니며 정치적 영향력도 없다. 현재 BRICS에서 우리는 남아공과 같은 수준이며, 더 많은 국가가 BRICS에 포함되면 브라질은 더욱 불편한 입장에 처할 수 있다"고 지적했다(Souza 2023). 일부 전문가들도 "브라질이 호세프 전 대통령이 BRICS 은행 총재로 임명되었지만, 다른 회원국에 영향력을 행사할 수 있는 재정적·정치적 힘이 없다. 회원국이 늘어날 때마다 BRICS 내에서 브라질의 영향력은 약화되고 이로 인해 브라질이 대표성을 잃을 수 있다"고 우려했다(Averbug 2023).

또한, 브라질은 BRICS가 회원국 확대를 계기로 미-중 분쟁의 도구로 변질되는 것을 우려하고 있다. 브라질은 BRICS의 반서방적 성향이 심화되고 중국과 러시아의 주도권이 강화되는 상황에서 미국과의 새로운 갈등 가능성을 염려하며, 외교적 자율성이 훼손될 위험을 경계하고 있다(Valor Econômico 2024; Gomes et al. 2024).

브라질은 BRICS 내에서 자국의 입지를 강화하기 위해 아르헨티나 등 우호 세력을 BRICS와 신개발은행(NDB)에 참여시키려는 전략을 추진했다. 이를 통해 브라질은 중국 중심의 패권주의를 견제하고, 탈달러화 및 중립외교와 같은 자국의 정책 방향에 대한 지지를 확보하고자 했다. 그러나 브라질의 이러한 전략은 아르헨티나에서 극우 정권인 밀레이(Javier Milei) 정부가 출범하고 그간 우방이었던 베네수엘라와의 관계가 악화하며 복잡한 상황을 맞고 있다. 밀레이 정부가 BRICS 가입을 거부한 데다, 브라질이 베네수엘라의 BRICS 가입을 반대하면서 BRICS 확장에 대응한 브라질의 외교전략은 큰 차질을 빚고 있다.

브라질은 2024년 11월 20일 중국과의 정상회담에서 중국이 기대했던 일대일로(BRI)에 가입하지 않기로 결정하며 지나치게 친중적인 모습으로 비칠 수 있는 스탠스를 완화하는 전략을 추진하고 있다. 일대일로 프로젝트는 중국의 글로벌 영향력을 확대하려는 전략으로, 최근에는 군사적·지정학적 성격이 강해지고 있다. 브라질은 이에 동참하지 않음으로써 미국과의 협력을 저해하지 않으려는 신중한 태도를 보이고 있다. 이러한 결정은 BRICS의 확장과 반서방적 경향이 심화되는 가운데서도 브라질이 전략적 자율성을 유지하려는 의도를 반영하며, 중국의 지정학적 전략에 동조하지 않으면서도 경제적 협력을 지속하려는 균형 잡힌 접근으로 평가된다.

BRICS는 출범 이후 브라질이 신흥 강국으로서의 지위를 강화하고 중국과의 관계를 공고히 하는 중요한 플랫폼 역할을 해왔다. 그러나 2023년 이후 중국과 러시아의 주도권 강화 및 회원국 확대와 함께, BRICS는 점차 반서방적 성향의 권위주의 국가들로 구성된 집단으로 변모하고 있다. 이러한 변화는 브라질에게 더 이상 기회라기보다 통제하기 어려운 외교적 리스크로 작용하고 있다(Stuenkel 2024).

## 3. 2024년 G20 정상회의와 브라질의 글로벌사우스 전략

2024년 11월 리우데자네이루에서 개최된 G20 정상회의는 브라질의 글로벌사우스에 대한 인식과 전략을 확인할 수 있는 중요한 장이었다. 브라질은 G20 정상회의를 부자 국가와 가난한 국가, 글로벌 노스와 사우스의 이해관계를 잇는 가교이자 중재자 역할을 할 수 있는 절호의 기회로 인식하였다. 이러한 인식을 바탕으로 브라질은 G20 정상회의 의장국 수임을 통해 명실상부한 글로벌사우스의 리더로 부상하겠다는 전략을 펼쳤다.

브라질은 G20 의장국으로서 빈곤 퇴치, 지속 가능한 발전, 그리고 글로벌 거버넌스 개혁이라는 세 가지 우선순위를 설정했다. 이러한 주제는 글로벌 과제와 브라질의 국내 정책 우선순위를 동시에 반영한 것으로, 국가의 외교적 방향성을 명확히 제시한 점에서 돋보였다.

특히, '기아와 빈곤 퇴치를 위한 글로벌 동맹'의 결성은 이번 G20 회의의 가장 대표적인 성과로 꼽힌다. 이 동맹은 84개국, 24개 국제기구, 9개 국제금융기관, 31개 NGO가 참여하는 대규모 협력체로, 브라질이 글로벌 리더십을 발휘한 상징적인 사례로 평가받고 있다. 글로벌 동맹은 2030년까지 △ 5억 명의 소득 지원 △ 1억 5천만 명의 학교 급식 제공 △ 2억 명의 여성·아동 건강 지원 △ 1억 명의 경제적 자립 지원이라는 목표를 설정했다. 이를 실현하기 위해 미주개발은행(IDB)과 세계은행 등은 250억 달러의 재정 지원을 약속했다. 룰라 대통령은 이러한 이니셔티브를 통해 불평등 해소를 글로벌 의제로 부각시키며 브라질의 국제적 위상을 크게 높였다(Moura 2024).

브라질은 초고액 자산가에 대한 부유세 도입을 논의의 핵심 주제로 삼아, 빈곤과 기후 문제 해결을 위한 재원 마련 방안을 글로벌 의제로 제시했다. 룰라 대통령은 전 세계적으로 2%의 부유세를 도입할 경우 연간 2,500억 달러를 조달할 수 있다는 구체적 수치를 제시하며, 이를 통해 사회적 도전과 기후변화 대응에 필요한 자금을 확보할 수 있음을 강조했다. 이러한 브라질 정부의 노력에 힘입어 G20 선언문에는 강제적 실행 계획이 포함되지 않아 실질적 진전은 제한적이라는 비판에도 불구하고 부유세 필요성이 명시되었다.

기후변화와 지속 가능성에 관한 논의에서 브라질은 개발도상국의 이익을 적극 대변하며 회원국 간의 합의를 끌어냈다. 선언문에서는 기후 금융을 기존 수십억 달러 수준에서 수조 달러로 확대할 필요성을 강조하며, 개발도상국이 에너지 전환 및 지속 가능한 개발을 실행하는 데 필요한 재원을 제공해야 한다는 데 합의했다. 유럽 국가들이 개발도상국에 추가적인 의무를 요구했지만, 브라질의 중재로 해당 조항은 최종 선언문에서 제외되었다. 대신 정의로운 전환과 각국의 지역적 특성을 고려한 기후변화 대응 방향이 제시되었으며, 이를 통해 브라질은 기후 문제에 있어 선진국과 개발도상국 간 갈등을 완화하고 협력의 토대를 마련했다.

브라질은 글로벌 거버넌스 개혁의 일환으로 유엔 안보리와 다자체제의 현대화 필요성을 주요 의제로 제시했다. 룰라 대통령은 아프리카, 라틴아메리카, 아시아-태평양 지역 국가들이 글로벌 거버넌스에서 충분한 대표성을 갖추지 못하고 있다는 점을 지적하며, 이들의 참여 확대를 강력히 주장했다. 아울러, 경제사회이사회(ECOSOC)를 강화하여 지속 가능 개발 목표(SDGs) 달성을 지원하고, 유엔 산하기관 간 협력을 촉진하자는 방안도 제시했다. 또한, 브라질은 다자개발은행(MDB)이 개발도상국의 대표성을 충분히 반영하지 못하고 있다고 보고, IMF 쿼터 조정과 MDB의 대출 역량 확대를 통한 개혁을 핵심 과제로 제시했다. 이를 통해 저소득 및 중소득 국가에 대한 지원을 강화하려는 구체적인 목표를 제안했다. 그러나 이러한 논의는 선언적 수준에 머물렀으며, 구체적인 행동 계획이 부족해 실질적인 개혁으로 이어지기에는 한계가 있다는 평가를 받았다.

전쟁 및 분쟁 해결과 관련하여 브라질은 우크라이나 전쟁과 중동 문제에 대해 균형 잡힌 접근 방식을 취했다. 우크라이나 전쟁에 있어 러시아를 직접적으로 비판하기보다는 전쟁의 인도적 피해와 글로벌 경제적 영향을 논의의 중심에 두며 합의 도출을 위한 실용적인 접근을 보였다. 중동 문제에 관해서도 가자 지구의 인도적 위기와 레바논 폭력 사태를 우려하며, 이스라엘-팔레스타인 문제에 있어 두 국가의 해법을 지지했다. 브라질은 민감한 국제 분쟁 사안에서도 균형 잡힌 태도를 유지하며 대화와 협력의 가능성을 열어 두었다.

이상에서 살펴본 바와 같이, 룰라 정부는 브라질에서 열린 G20 정상회의에서 전례 없는 글로벌 정치·경제적 혼란 속에서도 다양한 부문에서 실질적인 성과를 거두었다는 평가를 받고 있다. 특히, 3년 만에 G20 회의에서 첫 공식 선언문이 채택된 것은 브라질의 뛰어난 외교적 협상력을 상징적으로 보여주는 중요한 성과로 여겨진다. 이번 G20 정상회의에서 브라질은 글로벌사우스의 대변자로서 빈곤과 기후 문제를 글로벌 의제로 끌어올리며 개발도상국의 입장을 적극적으로 대변했다. 기아와 빈곤 퇴치를 위한 글로벌 동맹 결성을 통해 빈곤 문제 해결을 위한 새로운 협력체계를 구축했고, 기후 금융 확대 논의에서도 개발도상국의 필요를 중심으로 한 논의를 이끌었다. 또한, 글로벌 거버넌스 개혁을 통해 국제 체제 내에서 개발도상국의 영향력을 강화하려는 노력을 보여주었다. 그러나 선언문 대부분이 구속력 없는 합의에 그쳤고, 국가별 이견으로 인해 실행 가능성이 제한되는 한계를 드러냈다. 이러한 한계에도 불구하고, 브라질은 글로벌사우스의 목소리를 강화하고 글로벌 의제를 주도하는 등의 성과를 거두었다는 평가를 받고 있다. 특히 이번 G20 정상회의는 브라질이 빈곤 퇴치와 지속 가능성이라는 글로벌 과제를 선도적으로 이끌며 국제사회의 신뢰를 회복하고, 환경과 사회적 책임을 중시하는 글로벌 리더로서의 이미지를 확립하는 데 기여했다는 점에서 큰 의의를 지닌다(Bueno 2024; Maia et al. 2024; Moura 2024; AFP Tickers 2024).

**표 10.1** 2024년 G20 정상회의 주요 합의 사항

| 항목 | 주요 내용 |
|---|---|
| 평화와 인도주의 | - 국제법 준수 및 평화적 해결 촉구<br>- 우크라이나 전쟁의 부정적 영향 완화 노력<br>- 가자지구 및 레바논의 인도적 지원 확대 |
| 사회적 포용 및 빈곤/기아 | - 빈곤 및 기아 퇴치를 위한 글로벌 동맹 출범<br>- 농업과 식량 안보 개선 약속 |
| 지속 가능한 개발 | - 파리협정 준수 및 재생에너지 3배 확대 목표<br>- 산림 보존 및 삼림 벌채 중단<br>- 순환 경제 및 폐기물 감소 정책 강화 |
| 디지털 경제 및 AI | - 디지털 격차 해소와 보편적 연결성 보장<br>- AI 투명성, 공정성, 개인정보 보호 강화<br>- 책임감 있는 AI 활용 방안 강조 |
| 국제 금융 구조 | - MDB 개혁 및 개발도상국 지원 확대<br>- IMF 쿼터 재조정으로 개발도상국 대표성 강화<br>- 부채 취약성 해결 위한 협력 |
| 다자무역 체계 | - WTO 중심의 공정한 무역 체계 보장<br>- 무역과 지속가능발전의 상호보완성 강화 |
| 포용적 G20 | - 아프리카 연합의 G20 정회원 가입<br>- 시민사회 및 비정부 이해관계자 참여 확대 |

자료: G20(2024).

## V. 향후 전망 및 과제

2023년 룰라 3기 정부 출범으로 브라질은 2000년대 룰라 정부 집권 시기(2003~2010년)에서처럼 국제무대에서 중요한 역할을 다시 수행할 것으로 기대했다. 집권 초기, 룰라 대통령은 다자주의 복귀, 글로벌사우스와의 연대 확대, 민주주의 회복, 아마존 보호, 기후변화 대응 주도 등의 의제를 통해 보우소나루 정부 시기 단절되었던 외교정책을 정상화하며 국제사회로부터 주목을 받았다.

그러나 러시아-우크라이나 전쟁, 베네수엘라-가이아나 분쟁, 가자지구 사태 등 주요 국제 안보 이슈에서 룰라 정부는 원칙보다는 정치적·경제적 이해관계에 치중하는 모습을 보여 외교정책의 일관성을 약화시켰다. 다자 외교 복원의 노력에도 불구하고, 브라질은 주요 국제 갈등에서 중재자로서 신뢰를 확보하지 못하며 외교정책의 한계를 드러냈다. 특히 BRICS가 중국과 러시아 주도로 확장되며 반서방적 성격이 강해지는 상황에서, 브라질의 입지는 BRICS 내에서 점점 더 좁아지고 있는 것으로 평가되었다.

이러한 도전적 상황 속에서 2024년 11월 G20 정상회의는 브라질이 국제사회에서 실추된 신뢰를 회복하고 글로벌사우스의 리더국으로 자리매김할 중요한 기회로 간주되었다. 브라질은 이번 회의에서 글로벌 노스와 사우스 간의 이해와 대립을 조율하며 중재자로서의 역량을 발휘했다는 긍정적 평가를 받았다. 특히 빈곤 퇴치와 지속 가능성을 중심 의제로 삼아 글로벌 과제를 선도적으로 이끌며, 글로벌사우스 국가들의 신뢰를 회복하는 데 성공했다는 평가다. 더불어, 환경과 사회적 책임을 강조하는 글로벌 리더로서의 이미지를 공고히 하며 브라질 외교의 새로운 가능성을 보여주었다는 평가도 이어지고 있다.

그러나 이러한 성과에도 불구하고 브라질이 글로벌사우스의 대변자로서 확고한 역할을 수행하는 데에는 도전 과제가 적지 않다. 먼저 국내 정치의 양극화는 외교정책의 일관성과 지속성을 저해하는 주요 요인으로 지적된다(Braun 2024). 2010년대 중반 이후 심화된 브라질의 정치적 분열은 룰라 정부의 글로벌사우스 전략에 직접적인 영향을 미치고 있다. 룰라가 추진하는 전략은 개발도상국 간 연대를 강화하고 브라질을 국제적 리더로 자리매김하려는 목표를 담고 있지만, 국내 보수층과 복음주의 세력은 이를 '권위주의 국가들과의 연대'로 간주하며 비판하고 있다. 특히, 러시아-우크라이나 전쟁에서 브라질의 중립적 태도와 러시아에 우호적인 입장은 외교정책의 신뢰도를 약화시키는 결과를 초래했다(Stuenkel 2023). 이러한 정치적 양극화는 또한 브라질 외교정책의 전통을 크게 훼손시키고 있다. 이에 따라 2026년 대통령 선거에서 보수 우파 세력이 정권을 잡게 될 경우, 룰라 정부가 추진하는 글로벌사우스 전략은 과거 보우소나루 정부 시기에서와 마찬가지로 크게 후퇴할 가능성이 높다.

둘째, 브라질은 국내 정치적 도전과 더불어 미-중 경쟁이라는 국제적 환경 변화 속에서 복합적인 외교 과제에 직면해 있다. 특히, 2025년 BRICS 정상회의와 COP30 회의의 의장국으로서 브라질은 BRICS 회원국 간의 정치적 복잡성을 조율하는 한편, 미국과의 갈등 가능성을 관리해야 하는 이중의 과제를 떠안고 있다.

최근 이란의 가입과 쿠바와의 연대는 BRICS의 반서방적 성격을 더욱 부각시키고 있다. 이러한 상황에서 트럼프 대통령의 재등장은 미국의 외교정책이 대중국, 대이란, 대쿠바 강경 노선으로 강화될 것임을 시사한다. 이처럼 변화하는 국제 정세 속에서 브라질은 BRICS 회원국들과의 협력을 유지하면서도 미국과의 갈등을 최소화해야 하는 어려운 외교적 과제에 직면해 있다.

특히, 2025년 BRICS 정상회의에서 룰라 대통령은 국제형사재판소(ICC)가 체포 영장을 발부한 푸틴 대통령의 초청 여부를 결정해야 하는 복잡한 상황에 놓여 있다. 여기에 더해, 트럼프 대통령이 BRICS 국가들의 미국 달러 대체 시도를 견제하며 100% 관세 부과를 경고하면서 브라질의 외교적 부담이 더욱 가중되고 있다.

한편, COP30 회의는 브라질 외교의 또 다른 시험대이자 글로벌 환경 정책의 진전을 도모할 중요한 기회로 평가된다. 그러나 트럼프 대통령이 파리 기후변화협약에서 탈퇴함에 따라, 미국이 참여하지 않은 COP30 회의에서 도출된 합의는 실질적인 영향력을 상실하고 단순한 의향서에 그칠 가능성이 커졌다.

마지막으로, 브라질이 '추종자 없는 리더(A Leader Without Followers)'라는 평가를 극복하고 글로벌사우스와 노스 간의 중재자로 확고히 자리 잡기 위해서는 일관된 원칙과 구체적 행동을 통해 파트너십을 강화해야 한다(Malamud 2011; Burges 2024). 룰라 정부는 브라질의 국제무대 복귀와 남아메리카 및 아마존 보호를 위한 리더로서의 역할을 강조해 왔지만, 구체적인 자원 투입과 실행 계획의 부족으로 상징적 선언에 머물고 있다는 비판을 받고 있다.

더불어, 브라질의 지역적 근거지인 남아메리카에서 실추된 신뢰를 회복하는 것도 중요한 과제다. 현재 룰라 정부는 환경 문제와 베네수엘라 사태 등 주요 이슈에서 비일관적인 태도를 보여 칠레와 콜롬비아의 좌파 정부로부터도 지지를 얻지 못하고 있다. 특히, 아르헨티나 및 베네수엘라와의 첨예한 갈등은 남아메리카 내에서 브라질의 리더십을 심각하게 약화시키는 요인으로 작용하고 있다.

따라서 브라질이 국제사회와 남아메리카에서 실추된 리더십을 회복하기 위해서는 글로벌 이슈와 지역적 이슈에서 원칙에 기반한 일관성 있는 접근이 필요하다. 또한, 자금 지원과 같은 실질적 공공재를 제공하며, 선언적 수준을 넘어서는 구체적이고 실현 가능한 정책을 실행하는 노력이 병행되어야 한다.

# 참고문헌

AFP Tickers. 2024. "G20 no Brasil, uma prova de fogo para a diplomacia de Lula." *UOL* (17 de novembro). https://noticias.uol.com.br/ultimas-noticias/afp/2024/11/17/g20-no-brasil-uma-prova-de-fogo-para-a-diplomacia-de-lula.htm (검색일: 2024.11.20.)

Averbug, Marcello. 2023. "A propósito dos Brics: A sofreguidão do governo brasileiro em embarcar no Brics denuncia a carência de uma estratégia coerente de política exterior." *Valor Econômico* (19 de outubro). https://valor.globo.com/opiniao/coluna/a-proposito-dos-brics.ghtml (검색일: 2024.11.2.)

Bethell, Leslie. 2009. "Brazil and the idea of Latin America in historical perspective." *Estudos Históricos* 22(44): 289-321.

Bethell, L., E. Hershberg, and J. Sweig. 2010. "Brazil and Latin America in historical perspective." Wilson Center (March 2). https://www.wilsoncenter.org/event/brazil-and-latin-america-historical-perspective (검색일: 2024.11.4.)

Braun, Julia. 2024. "Quem compete com o Brasil pela liderança do 'Sul Global'?" *BBC Brasil* (31 de maio). https://www.bbc.com/portuguese/articles/c0kl44720r5o (검색일: 2024.12.4.)

Bueno, Guilherme. 2024. "O G20 no Brasil: Ambições, Contradições e o Papel do Sul Global." https://relacoesexteriores.com.br/o-g20-no-brasil-ambicoes-contradicoes-e-o-papel-do-sul- global (검색일: 2024.11.20.)

Burges, Sean. 2024. "How to Stay a Leader Without Followers: Brazil's Foreign Policy Under Lula III." *CEBRI-Revista* 3(9): 38-57.

Hönke, Jana, Eric Cezne, and Yifan Yang. 2022. "Liminally Positioned in the South: Reinterpreting Brazilian and Chinese Relations with Africa." *Global Society* 36(2): 197-224.

G20. 2024. Declaração de Líderes do Rio de Janeiro.

Gomes, Audrey Andrade, Bruno das Chagas Ramos, Ester Gonzalez de Souza. 2024. "Os limites do Brasil no BRICS." Observatório de Política Externa e da Inserção Internacional do Brasil V(88) (07 de novembro). https://opeb.org/2024/11/07/os-limites- do-brasil-no-brics (검색일: 2024.11.10.)

Grimaldi, Anná. 2022. "Introduction: Special issue on Brazil and the Global South." *Journal for Brazilian Studies* 11(1): 3-8.

Maia, A., G. Botão, N. Modesto, and T. Nascimento. 2024. "A Presidência brasileira do G20: entre consensos e divergências." Observatório de Política Externa e da Inserção Internacional do Brasil V(83) (29 de agosto). http://opeb.org/2024/08/

29/a-presidencia-brasileira-do-g20-entre-consensos-e-divergencias (검색일: 2024. 11.20.)

Malamud, Andrés. 2011. "A leader without followers? The growing divergence between the regional and global performance of Brazilian foreign policy." *Latin American Politics and Society* 53(3): 1-24.

Moura, B. de Freitas. 2024. "Especialistas ressaltam importância no combate à fome na fala de Lula: Tema é uma das prioridades do Brasil no G20." *Agência Brasil.* https://agenciabrasil.ebc.com.br/direitos-humanos/noticia/2024-11/especialistas-ressaltam-importancia-no-combate-fome-na-fala-de-lula (검색일: 2024.11.22.)

Pinheiro, Letícia. 2000. "Traídos pelo desejo: um ensaio sobre a teoria e a prática da política externa brasileira contemporânea." *Contexto internacional* 22(2): 305-335.

Saraiva, Miriam Gomes. 2011. "Brazilian Foreign Policy: Causal Beliefs in Formulation and Pragmatism in Practice." in Gian Luca Gardini & Peter Lambert (eds.), *Latin American Foreign Policies: between Ideology and Pragmatism*. 53-66. New York: Palgrave Macmillan.

Souza, Carinne. 2023. "Expansão dos Brics pode tirar protagonismo do Brasil no grupo." Gazeta do Povo (15 de junho). https://www.gazetadopovo.com.br/republica/expansao- dos-brics- pode-tirar-protagonismo-do-brasil-no-grupo (검색일: 2024.10.10.)

Stuenkel, Oliver. 2023. "Lula's foreign policy: Normalisation and friction." *ARI* 54.

Stuenkel, Oliver. 2024. "Brazil's BRICS Balancing Act Is Getting Harder." *Americas Quarterly* (October 21). https://www.americasquarterly.org/article/brazils-brics-balancing- act-is-getting-harder (검색일: 2024.12.5.)

Valor Econômico. 2024. "Brasil tem de manter autonomia ante risco autoritário do Brics: Parece haver uma dúvida crescente no Ocidente em relação à orientação do Brasil sob o governo Lula." *Valor Econômico* (11 de outubro). https://valor.globo.com /opiniao/noticia/2024/10/11/brasil-tem-de-manter-autonomia-ante-risco-autoritario-do-brics.ghtml (검색일: 2024.11.10.)

Vieira, Marco. 2018. "(Re-)imagining the 'self' of ontological security: The case of Brazil's ambivalent postcolonial subjectivity." *Millennium: Journal of International Studies* 46(2): 142–164.

Wilkins, T. Stow & Lucas P. Rezende. 2022. "A Liminal and Transitional Awkward Power: Brazil Betwixt the Great and Middle Powers." In *Awkward Powers: Escaping Traditional Great and Middle Power Theory*. Springer Singapore.

# 제11장 사우디아라비아의 글로벌사우스 인식과 전략*

김강석(한국외국어대학교 아랍어과)

* 이 글은 『중동연구』 제43권, 제2호에 게재된 논문을 저서 출판에 맞춰 수정·보완하고, 내용을 발전시킨 것이다.

## I. 서론

오늘날 미국이 주도하던 자유주의 국제질서가 약화하고 탈단극 시대 혹은 다극화된 국제질서로 전환되고 있다는 평가가 증가하는 가운데 글로벌사우스의 부상 및 브릭스(BRICS) 확대가 국제사회의 이목을 끌고 있다(Shifrinson 2023). 이에 본 연구는 글로벌사우스의 부상과 국제질서 변화 속에서 목도되는 중동의 강국 사우디아라비아의 외교 전략을 규명하고자 한다. 이와 관련 최근 사우디아라비아 외교 전략에 관한 다양한 연구가 활발히 진행되고 있다. 일례로 사우디아라비아는 미중 경쟁 속에서 어느 한 진영에 속하는 것을 회피하고 위험을 분산시키는 헤징 전략을 추구한다는 평가가 제기된다(Jacobs 2023). 특히, 미국의 중동에서의 역할 변화가 사우디아라비아의 전략 변화를 추동한다는 분석도 나온다. 구체적으로 사우디아라비아가 러시아-우크라이나 전쟁 국면에서 미국의 석유생산 증대 요구에 응하려 하지 않았다는 점에 주목하며 미국의 중동 내 축소된 역할로 인해 사우디아라비아 외교가 변화를 겪고 있다는 주장이 제기된다(Guzansky and Zalayat 2024).

이렇게 사우디아라비아의 전략을 둘러싼 다양한 연구를 염두에 두고 본 연구는 글로벌사우스의 부상과 변화하는 국제질서하에서 사우디아라비아 외교 전략 규명을 시도한다. 특히 이를 위해 본 연구는 다음과 같은 세 가지 세부적인 연구 목표를 설정한다. 첫째, 글로벌사우스의 부상과 국제질서 변화에 대응하는 사우디아라비아의 인식과 역할을 살펴보고자 한다. 과거 중동 지역의 맹주로 여겨졌던 전통적 지역 강국들이 탈냉전과 아랍의 봄을 거치며 쇠퇴하고, 지역 강국의 입지를 고착화한 사우디아라비아는 그 위상에 부합하는 글로벌사우스의 리더 역할을 모색한다. 이에 본 연구는 글로벌사우스의 부상 속에서 사우디아라비아가 자국의 정체성을 어떻게 인식하며, 그에 합당한 외교 전략을 어떻게 추진하고 있는지 살펴보고자 한다.

둘째, 글로벌사우스의 부상을 상징적으로 드러내는 국제기구인 브릭스를 둘러싼 사우디아라비아의 전략을 규명한다. 브릭스는 서방 국가 주도의 국제정치 질서에 대안을 모색하며, 글로벌사우스 간 협력을 촉진하는 대표적인 국제기구로 자리매김하고 있다. 2023년 8월 브릭스는 남아프리카공화국에서 열린 정상회의를 통해 사우디아라비아, 아랍에미리트, 이란, 이집트의 중동 4개국을 2024년 1월부로 정식 회원국으로 수용하기로 결정한다. 이에 따라 이란은 2023년 7월 상하이협력기구(SCO) 가입에 이어 브릭스 회원국 지위를 획득하게 되었다. 당시 이란의 에브라힘 라이시 대통령은 상하이협력기구와 브릭스를 미국의 일방주의 노선에 대항하는 신흥 동맹으로 평가하며, 브릭스를 통해 탈달러화 거래를 확대해야 한다고 주장했다(Al-Monitor 2023). 또한, 아랍에미리트와 이집트가 예정대로 브릭스에 가입함으로써 향후 브릭스 내에서 중동 국가들의 영향력이 한층 커질 것으로 전망된다. 하지만, 사우디아라비아는 예정된 브릭스 가입을 앞두고 최종 가입을 주저하는 태도를 보임으로써 그 의도에 대한 여러 가지 의구심을 자아냈다. 이에 본 연구는 사우디아라비아의 브릭스 가입과 보류 과정에서 표출된 전략적 의도와 배경을 파악하고, 이를 배경으로 사우디아라비아의 브릭스 전략을 규명하고자 한다.

셋째, 글로벌사우스의 부상 속에서 사우디아라비아가 추진하는 중동 및 글로벌 강국들과의 협력 다변화 양상을 다자연계(multi-alignment) 전략의 관점에서 분석하고자 한다. 사우디아라비아는 과거 적대 관계를 유지해온 중동 국가를 포함해 다양한 국가들과 화해 및 협력을 강화해 나가고 있다. 특히, 미국과 중국, 러시아 등 글로벌 강대국 간 대결 구도 속에서 미국은 물론 중국, 러시아와도 협력을 강화하는 행보를 보인다. 이에 본 연구에서는 사우디아라비아 다자연계 전략의 의도를 파악하고, 다각화된 국제협력의 양상을 고찰하고자 한다.

결과적으로 본 연구는 중동의 전통적인 세력균형이 변화된 가운데 글로벌사우스의 강국으로 떠오른 사우디아라비아 외교 전략을 살펴보고, 이를 통해 글로벌사우스의 부상에 대한 각국의 전략적 대응을 비교적 관점에서 이해하고자 한다. 막대한 오일머니를 바탕으로 사우디아라비아는 중동 지역을 넘어서서 국제사회에서 영향력을 확대해 나가고 있으므로 사우디아라비아 외교 전략에 대한 분석 필요성은 더욱 커지고 있다. 이러한 맥락에서 본 연구는 국제질서 변화 속에서 사우디아라비아 외교 전략을 조명하고, 이를 통해 글로벌사우스의 부상에 대한 각국의 대응을 이해하는 데 기여한다는 측면에서 연구 의의를 갖는다.

## II. 글로벌사우스의 강국, 사우디아라비아의 인식과 역할

칼 브라운(Carl Brown)은 중동 지역을 가장 외세의 침투가 활발히 일어나는 지역으로 평가했다. 중동이 풍부한 천연자원과 함께 지정학적인 중요성을 지니고 있으므로 외부의 개입과 간섭을 많이 받아 왔다고 평가하고, 역사적으로 외부 세력들은 중동 국가들의 자주적 외교정책 추진을 방해하며 지역 강국의 등장을 저지하려 했다고 지적했다 (Brown 1984). 과거 잠재적 지역 패권국으로 거론되었던 이집트, 이라크, 시리아, 리비아와 같은 국가들은 오늘날 지역의 강국으로서 지위를 모두 상실한 것으로 보이며, 이러한 중동 내 지역 강국의 부재는 역내 갈등 해결의 어려움을 초래하는 원인이 되고 있다(Malmvig 2018).

이러한 맥락에서 사우디아라비아는 아랍의 봄 이후 중동 내에서 전통적 강국들이 쇠퇴한 가운데 아랍에미리트와 함께 리더십을 발휘할 수 있는 대표적 지역 강국으로 부상했다. 포브스가 지도자, 경제 및 정치적 영향력, 강력한 국제동맹, 군사력의 지표를 고려하여 발표한 2024년 세계에서 가장 강력한 국가 순위에 따르면, 사우디아라비아는 세계 9위로 중동 국가로서는 이스라엘과 함께 10위권에 진입하였다. 사우디아라비아는 원유 수입을 바탕으로 중동에서 정치 및 경제적 영향력을 발휘하는 강대국의 반열에 오른 것으로 볼 수 있다(Forbes India 2024).

중동 내에서 강국으로 떠오른 사우디아라비아는 국제사회에서 글로벌사우스의 입장이 더 반영될 필요가 있다고 주장하며, 글로벌사우스 국가들을 선도하는 리더십을 발휘하고자 한다. 구체적으로 사우디아라비아는 2020년 G20 의장국을 맡은 이후 국제무대에서 적극적으로 영향력 확대를 모색해 왔다. 2024년 다보스 세계경제포럼에서 사우디아라비아 재무부 장관 무함마드 알 자단(Mohammed Al-Jadaan)은 자국이 세계 경제에서 핵심적 역할을 담당하고 있음을 강조하며, 글로벌사우스에서 중요한 지정학적 역할 수행의 필요성을 상기시켰다.

사우디아라비아의 무함마드 빈 살만 왕세자는 2018년 리야드에서 열린 "미래 투자 이니셔티브"에서 중동이 새로운 유럽이 될 것이라고 밝히며, 중동의 안정과 경제 번영을 달성할 수 있도록 사우디아라비아가 주도적 역할을 하겠다는 포부를 밝혔다(Al-Khathlan 2024). 이러한 무함마드 빈 살만 왕세자의 구상은 안보와 경제발전이 불가분의 관계를 갖는다는 인식하에서 경제발전을 도모하면서 중동의 정치적 불안정을 해소하는 데 지도력을 발휘하겠다는 의지의 표출로 간주된다.

이러한 맥락에서 사우디아라비아는 중동의 강국으로서 글로벌사우스 내에서 리더십을 발휘하며, 중동 지역의 안정자 역할을 도모하고 있다. 즉, 리야드는 지역 강국으로서 역내 안정을 달성하기 위해 갈등 해결에 기여하는 안정자가 되고자 한다. 일례로 사우디아라비아는 지역 갈등에 대한 외교적 해결을 주창해 왔는데, 2024년 2월 리야드에서 아랍에미리트, 요르단, 이집트, 카타르 외무장관이 참석한 장관급 회담을 주최하여 2023년 발발한 이스라엘-하마스 전쟁 해결 방안을 협의했다(Sager 2024). 이러한 사우디아라비아의 움직임은 중동 지역 강국으로서 역내 문제에 대한 개입 강화는 물론 중동 내 긴장을 완화하는 지역 안정자 역할 수행으로 나타나고 있다. 특히 사우디아라비아는 이란과의 대결 구도에서 벗어나 2023년 중국의 중재로 화해에 합의했다. 또한, 예멘에 대한 국제사회의 군사적 대응에 대한 소극적 태도로 드러났고, 2021년 알 울라 협정을 통한 카타르 단교 사태 해소 및 2022년 4월 예멘 휴전 합의를 모색했다(Atta 2023).

더욱이, 사우디아라비아는 안정자로서의 역할과 함께 역내 갈등의 중재자가 되고자 한다. 이런 배경하에서 아랍의 봄 시기 아랍연맹에서 추방되었던 시리아와의 관계 개선에 적극적으로 나섰다. 다시 말해서, 2011년 시리아 내전 초기 아사드 정권과 대립했던 사우디아라비아는 2023년 시리아와 외교 관계를 재개하고, 아랍연맹 복귀를 주도했다. 사우디아라비아가 시리아와 관계 정상화에 나선 주요 이유는 저가 각성제 캡타곤 확산을 방지하고, 시리아 재건 과정에서 경제적 기회를 확보하려는 의도는 물론 지역 강국으로서 역할을 강화하려는 전략적 이해관계가 자리하고 있기 때문으로 평가된다(Atta 2023). 특히, 사우디아라비아의 시리아와의 관계 정상화는 미국의 반대에도 불구하고 추진된 것으로 사우디아라비아의 독자적 외교 성향을 드러낸다(Guzansky and Zalayat 2024).

결론적으로 사우디아라비아는 중동의 강국이라는 인식하에 글로벌사우스에서 리더십 발휘를 모색하고, 중동의 정치적 불안 해소에 기여하는 안정자이자 갈등의 중재자로서 역할을 도모하고 있다고 볼 수 있다. 이러한 사우디아라비아의 전략적 행보는 중동 정치 불안정성이 자국의 정치적 안정과 경제적 번영에 미치는 부정적 영향을 막으려는 의도하에서 발현되고 있다. 다시 말해서, 중동 내 전통적 역내 강국들이 쇠퇴하고 세력균형이 변화된 상황에서 사우디아라비아는 중동 지역과 글로벌사우스의 강국이라는 인식을 견지하고, 이에 부합하는 역할을 모색하고 있는 것으로 평가된다.

## III. 미중 갈등 속 사우디아라비아의 브릭스에 대한 전략적 고려

### 1. 글로벌사우스와의 연대와 브릭스 가입 모색

오늘날 브릭스의 중동 지역 확대 과정에서 사우디아라비아는 다른 중동 국가들과 달리 2024년 1월로 예정된 브릭스 최종 가입을 보류했다. 사우디아라비아의 마지드 알 카사비 상공부 장관은 2024년 1월 스위스 다보스 세계경제포럼에서 사우디아라비아의 브릭스 미가입 사실을 공식적으로 확인했다(Garcia 2024). 이에 대해 2025년 1월 사우디아라비아 파이살 알 이브라힘(Faisal Al-Ibrahmi) 경제부 장관은 여전히 브릭스 가입을 검토하고 있다고 언급한 바 있다(Dahan and

Zndannikov 2024). 이런 관점에서 사우디아라비아가 브릭스 가입을 추진하다 최종적으로 보류한 의도가 무엇인지 의문이 제기된다.

우선 사우디아라비아의 브릭스 가입 추진은 글로벌사우스 국가들과 연대를 통해 중동 지역의 안정자이자 중재자로서 역할 수행에 더 큰 동력을 확보하려는 의도에 따른 것으로 볼 수 있다. 특히, 2023년 가자 전쟁 발발 이후 이스라엘-팔레스타인 갈등이 중동 정치의 핵심 이슈로 떠오른 상황에서 브릭스와의 협력은 팔레스타인 문제를 포함한 중동의 현안 해결에 도움을 줄 것으로 기대된다. 이러한 배경하에서 2023년 11월 무함마드 빈 살만 왕세자는 브릭스 화상 회의에 참석하여 이스라엘의 군사 활동에 반대하고, 가자 지구에서의 잔혹한 범죄 행위를 중단해야 한다고 강조했다(Al Arabiya 2023). 결과적으로 사우디아라비아는 브릭스와의 협력으로 상징되는 글로벌사우스 국가들과의 연대를 바탕으로 가자 전쟁 종전 이후 중동 지역의 새로운 질서 구축을 주도하고자 했다. 특히, 사우디아라비아는 G20, 상하이협력기구에 이어 브릭스와의 협력 관계를 구축한 최초의 중동 국가가 되려는 포부를 갖고 있다(Al Watan 2023). 아랍 언론 "앗 샤르끄 알 아우사트"는 중국과 인도, 사우디아라비아와 이란, 에티오피아와 이집트 간 갈등에도 불구하고, 사우디아라비아는 브릭스를 국제정치환경 변화 속에서 자국 영향력 행사에 기여할 다자기구로 인식하고 있다고 분석했다(Al Sharq al Awsat 2023).

이 외에도 경제적 측면에서 '사우디 비전 2030'의 실현을 앞당길 국제적 환경을 조성하기 위해 브릭스와의 협력을 강화하려 했다. 신흥경제 강국들이 포함된 브릭스와의 협력은 사우디아라비아의 미래 비전 실현에 도움을 줄 것으로 기대된다. '사우디 비전 2030'의 성공은 중동의 정치적 안정과 주변국과의 경제 협력 없이는 불가능하며, 브릭스 가입을 통해 경제력 강화를 도모했다는 평가가 제기된다.

이러한 관점에서 사우디아라비아의 브릭스 가입 시도는 금융 부문과도 연계되어 있는데, 특히 '브릭스 은행'으로 불리는 신개발은행(NDB)과 협력을 도모한 것으로 볼 수 있다. NDB는 2015년 브릭스 국가들이 설립했으며, 회원국을 대상으로 도로, 교량, 철도 건설 및 수자원 개발 프로젝트 등에 대출을 제공해 왔다. 그리고 NDB는 아랍에미리트, 이집트, 방글라데시를 추가 회원국으로 받아들여 규모를 확장했다. 브릭스는 회원국 간 금융 협력 강화를 위해 다양한 제도를 발전시켜 왔으며, 그중에는 미국 달러 대신 현지 화폐 및 디지털 화폐를 사용하는 거래와 SWIFT 시스템을 대체할 거래 시스템 운용이 포함된다. 이에 브릭스가 서방 주도의 국제경제 질서에 대항하는 새로운 경제체제를 구축하고, 권력을 글로벌 노스에서 글로벌사우스로 이동시키려 한다는 주장이 제기되었다(Al Watan 2024).

### 2. 미국과의 동맹 변수와 브릭스 가입 보류

그렇다면 무함마드 빈 살만 왕세자가 브릭스 가입을 추진하면서 최종적으로 보류한 이유는 무엇일까? 이러한 질문에 대하여 사우디아라비아는 무엇보다 미국과의 동맹 관계가 국가안보 유지에 필수적이라고 인식했다는 점을 지적할 수 있다. 즉, 사우디아라비아는 안보 차원에서 중국이 미국을 대체할 능력과 의지가 부재한다고 판단하며, 미국과의 안보 협력에 우선순위를 두고 있다. 구체적으로 사우디아라비아는 첨단 무기 도입과 안전 보장, 민간 원자력 분야의 협력과 같은 안보 문제에서 미국과의 협력 강화를 중시한다(Guzansky and Zalayat 2024). 사우디아라비아는 군사 장비의 80%를 미국에서 수입하는 미국의 최대 무기 구매국이다. 일례로 2019-2023년 기간 미국 무기 수출의 15%를 차지하며 세계에서 두 번째로 큰 무기 수입국으로 자리매김했는데, 이 시기 사우디아라비아가 수입한 무기의 75%는 미국에서 들여온 것으로 집계되었다(Wezeman 2024).

더욱이, 중국과 러시아가 포함된 브릭스는 서방 세계의 이해관계에 반하는 기구로 해석될 수 있고, 브릭스는 탈달러화 정책을 논의하면서 미국의 반발을 사기도 했다. 2022년 브릭스 정상회의에서 푸틴 대통령이 새로운 통화 발행 필요성을 언급했으며, 2023년에는 브라질의 룰라 대통령이 브릭스 통화 도입을 지지했다(Arabic Post 2023). 이러한 움직임은 브릭스가 탈달러화 정책을 추진하며 미국의 이익에 반하는 행동을 취한 것으로 해석될 수 있다

따라서, 사우디아라비아의 브릭스 가입 보류는 미국을 중심으로 한 자유주의 진영과 중국, 러시아 중심의 권위주의 진영 간 증가하는 경쟁 속에서 전통적인 미국과의 동맹 관계를 고려했기 때문으로 해석된다. 다시 말해서, 사우디아라비아는 브릭스 가입이 중동 미중 경쟁 구도에서 중국을 향해 기울어진 행보로 해석되는 것을 경계한다. 특히 중국이 브릭스를 통해 국제적 영향력을 확대하고, 탈달러화를 추진하려 한다는 측면을 고려할 때, 사우디아라비아는 브릭스 가입이 초래할 미국과의 갈등을 우려했다고 볼 수 있다(Al Sharq al Awsat 2023). 이러한 맥락에서, 사우디아라비아는 미국과의 관계에서 자율성을 모색하면서 동시에 전통적인 미국과의 동맹 관계를 고려하는 신중한 접근을 표방하는 것으로 평가된다. 따라서 2023년 브릭스 정상회의에서 가입하기로 결정된 사우디아라비아가 최종적으로 브릭스 가입을 보류한 배경은 미중 갈등의 여파 속에서 전통적인 대미 관계를 전략적으로 고려했기 때문으로 해석된다.

## IV. 사우디아라비아의 다자연계 전략 추구

### 1. 사우디아라비아 다자연계 전략의 의도와 배경

사우디아라비아는 국제질서의 변화 속에서 중동 및 글로벌 강국들과 다각적 협력을 강화하는 다자연계(Multi-alignment) 전략을 추진하는 것으로 평가된다. 이는 중동 국가들이 국제 체제의 다극화 이행과 함께 새로운 규범으로서 다자연계 전략을 선호하는 것과 관련된다(Hashem 2023). 특히, 사우디아라비아가 자국의 국익을 우선시하며 다각적인 파트너십을 구축하려는 의도에 대하여 라일라 알리(Layla Ali)는 글로벌 국제질서 변화 속에서 대미 의존도를 낮추고 미중 패권 경쟁과 거리를 두고자 했기 때문이라고 지적한다. 특히 이러한 정책 변화를 국제질서의 구조적 변화에 따른 필연적인 조정으로 규정하고, 사우디아라비아가 글로벌사우스 국가들과 협력을 강화하고 있다는 사실을 강조한다(Ali 2024). 비슷한 맥락에서 마이클 싱흐(Michael Singh)는 사우디아라비아의 다자연계 전략을 강대국 대결의 비용 최소화, 강대국 의사결정에 대한 영향력 증진, 그리고 불확실성에 대한 헤징 모색에 따라 추진되는 것으로 평가한다(Singh 2022).

더욱이, 사우디아라비아의 다자연계 전략은 미국의 안보 전략에 대한 불신 속에서 안보 옵션 다양화를 모색하는 가운데 전략적 자율성(strategic autonomy)을 추구하는 사우디아라비아의 의도하에 나타난 것으로 볼 수 있다(Fantappie and Nasr 2023). 이와 관련 사우디아라비아는 전통적인 걸프 수호자의 역할을 미국이 이행하려 하지 않으며, 안보 유지에 소극적이라는 점을 인지하고, 대미 안보 의존도를 낮추며 대미 관계의 자율성을 강화하려 했다고 볼 수 있다. 구체적으로 2019

년 사우디아라비아의 아람코 시설 피격 시 미국의 태도는 워싱턴이 사우디아라비아를 방기(放棄)할 수 있다는 인식을 강화했다(Guzansky and Zalayat 2024). 나아가 미국이 이슬람국가(ISIS), 가자 전쟁, 이란과의 대결 등 중동 내 여러 문제에 개입을 해 왔음에도 불구하고, 사우디아라비아의 안보 유지를 위해 추가적 개입을 회피하려 한다는 인식이 강화되며 미국에 대한 신뢰성이 약화되었다(Gause III 2024).

이러한 맥락에서 사우디아라비아는 전통적 동맹국인 미국의 요구를 일방적으로 추종하기보다 자율성을 추구하면서 국익을 극대화하는 전략을 선호한다. 특히, 냉전 시대 미국-사우디아라비아 동맹의 근간으로 여겨졌던 '석유와 안보 교환(oil-for-security trade off)' 체제는 오늘날 미국이 석유 수출국이 되면서 흔들리게 되었고, 중국이 최대 석유 수입국이 되면서 새로운 역학관계가 형성되었다(Fakhro 2024). 이러한 상황에서 사우디아라비아는 국가 자율성을 중시하는 독자적 외교를 선호하게 되는데, 아랍의 봄 시기 사우디아라비아의 이집트, 리비아, 시리아, 수단, 예멘 등에 대한 개입은 이러한 전략 변화 속에서 나타났다(Fakhro 2024). 특히, 미국과 경쟁 관계에 있는 중국, 러시아와 같은 글로벌 강국들과의 파트너십을 견고히 유지하는 외교적 행보는 대미 자율성 확보의 관점에서 이해될 수 있다(Gause III 2024).

무엇보다 글로벌사우스의 부상 속에 대두되는 국제질서 재편의 흐름 가운데 사우디아라비아는 서구 중심의 국제질서보다 평등하고 공정한 질서를 원하고 있다. 2023년 10월 가자 전쟁 발발 이후 사우디아라비아의 파이살 빈 파르한 외교부 장관이 국제체제의 이중성을 비판하며, 강대국 중심 기존 국제정치 질서를 벗어나 다양한 국가들의 목소리가 반영되는 거버넌스 구축 필요성을 역설한 바 있다. 그는 유엔 등 국제기구의 개혁 필요성을 제기하면서 서구 중심의 자유주의 국제질서에 대한 비판적 견해를 내비쳤다(Ali 2024). 그리고 이러한 국제질서의 변혁을 위해서 사우디아라비아는 다극화된 질서를 옹호하고 있는 것으로 판단되며, 이를 위해 미국은 물론 중국, 러시아와 같은 글로벌 강국과의 협력을 동시에 강화하려 한다.

따라서, 글로벌사우스의 부상과 국제정치 권력 구조 변화 속에서 사우디아라비아가 추진하는 다자연계 전략은 변화되는 국제질서의 속성을 반영한 전략적 의도의 산물로 볼 수 있다. 다시 말해서, 사우디아라비아는 대미 안보 의존도를 낮추는 전략적 자율성의 추진과 함께 서구 중심 자유주의 국제질서 내의 문제점을 인지하고 글로벌사우스 국가들의 목소리가 반영되는 새로운 국제질서 창출을 선호하며 독자적인 외교 노선을 강구하고 있다. 또한, 이러한 행보는 결국 미국과의 안보 협력 강화와 더불어 중국, 러시아, 그리고 글로벌사우스 국가들과의 협력을 도모하기 위한 외교적 행보로 가시화되고 있다.

## 2. 사우디아라비아 다자연계 전략과 국제협력의 다각화

사우디아라비아의 다자연계 전략은 중동 지역은 물론 글로벌 강국들과의 국제협력을 다각화하는 방향으로 전개되고 있다. 우선, 역내에서는 이집트, 이란, 이스라엘, 튀르키예 등과의 관계를 재조정하려는 행보가 나타났다. 구체적으로 2022년 튀르키예와의 관계 회복, 2023년 중국의 중재로 이란과의 극적인 화해 모색, 그리고 향후 이스라엘과의 관계 개선 가능성까지 다층적인 협력이 강화된 바 있다(Fantappie and Nasr 2023). 이와 관련 가자 전쟁으로 인해 반이스라엘 감정이 증폭되면서 사우디아라비아는 이스라엘과의 관계 개선에 더 큰 정치적 부담을 안게 되었다. 하지만, 이런 상황에서도 미국은 가자지구 재건과 관계 정상화를 연계하는 구상을 검토하며, 전쟁 이후 사우디아라비아와 이스라엘의 관계 정상화를 추진하려는 의도를 갖고 있다. 다시 말해, 가자 전쟁으로 인해 사우디아라비아와 이스라엘 관계 개선에 커다란 장애물이 생기게 되었지만, 전후 미국-이스라엘-사우디아라비아 간의 3자 협력이 다시 추진될 가능성은 여전히 남아 있다(Gause III 2024).

무엇보다 글로벌 강대국 관계의 측면에서 사우디아라비아는 미중 갈등 속에서 전통적인 미국과의 협력을 유지하면서도 중국과의 관계를 강화하는 다자연계 전략을 추진하는 것으로 평가된다. 다시 말해서, 사우디아라비아는 중국, 러시아와의 파트너십을 강화하는 동시에 불안정한 지역 정세 속에서 미국과의 안보 협력도 중시하고 있다. 따라서 글로벌 강대국 간 경쟁 심화 속에서 사우디아라비아는 미국, 중국, 러시아 등과 협력을 병행하는 전략을 모색하는 것으로 볼 수 있다(Singh 2022). 이렇게 미국과의 안보 협력과 함께 중국, 러시아와의 협력에 나서는 무함마드 빈 살만 왕세자의 다자연계 전략은 글로벌사우스의 리더로서 사우디아라비아의 정체성에 부합하는 외교 전략으로 기능하고 있다.

이러한 맥락에서, 사우디아라비아는 중요한 정치, 경제적 이슈에 대해 중국, 러시아, 심지어 이란과도 유연한 협력을 모색하고자 한다(Gause III 2024). 특히, 사우디아라비아의 다자연계 전략은 우크라이나 전쟁 발발 이후 대러시아 정책에 반영되어 나타났다. 사우디아라비아는 미국의 반발에도 불구하고, 우크라이나 전쟁 과정에서 러시아와의 경제 협력을 지속하며, 중립주의적 입장을 표방했다. 특히, 우크라이나 전쟁 초기 사우디아라비아의 킹덤 홀딩 컴퍼니는 가즈프롬(Gazprom), 로스네프트(Rosneft), 루코일(Lukoil) 등 러시아 에너지 기업에 5억 달러를 투자했다(Al-Atrush 2022). 2022년 9월에 사우디아라비아 정부 주도로 미국과 영국 시민을 포함한 약 300명의 우크라이나 전쟁 포로 교환 협정이 성사되며, 외교 중재자로서 중요한 역할을 수행했다. 이러한 행보 속에서 대체적으로 사우디아라비아는 서방의 대러시아 제재를 상쇄시키며 러시아를 지지하는 입장을 보였다고 평가된다(Kausch 2023). 사우디아라비아의 이 같은 태도는 우크라이나 전쟁으로 인해 러시아와의 긴밀한 관계가 훼손되는 것을 원하지 않는 무함마드 빈 살만 왕세자의 의지가 투영된 결과이다.

무엇보다도, 사우디아라비아는 중국과의 관계를 중시하고 있으며, 중국과의 협력을 추동하는 주요 요인에는 석유 자원이 있다. 무함마드 빈 살만 왕세자는 자신이 주도하는 '사우디 비전 2030'의 성공을 위해서 글로벌 석유 시장의 점유를 통한 안정적 재정 확보가 절대적으로 필요한 상황이다. 세계 최대 석유 수입국인 중국은 사우디아라비아 석유 시장 점유율을 유지하기 위한 필수 국가로 간주되고 있으며, 사우디아라비아는 중국과의 에너지 협력에 적극적인 입장을 취하고 있다. 중국과 사우디아라비아 경제 협력은 에너지 자원을 넘어서서 무역 및 투자 협력 강화로 나타난다. 중국은 중동에서 일대일로를 적극적으로 추진하며 대사우디아라비아 투자를 확대한다. 이러한 배경하에서 2023년 양국은 70억 달러 규모의 통화스와프 협정을 체결하고, 원유의 위안화 결제 가능성까지 검토했다(Bianco 2024).

이렇게 중국과 사우디아라비아 간 협력이 공고화되면서, 양국 간 투자도 활발히 전개되고 있다. 2024년 8월, 사우디아라비아 국부펀드(PIF)는 중국 6개 금융기관과 500억 달러 규모의 투자 협약을 체결했고, 양국은 교통 및 물류, 금융 시장, 건설, 에너지 및 석유화학, 신재생에너지, 식량 및 수자원 안보 등 다양한 분야로 협력을 확대하고 있다

(Quamar 2025). 특히, 방위 협력 부분에서 2017년 사우디아라비아가 중국제 윙룽 II(Wing Loong II) 무인기를 도입하는 등 협력 강화가 모색되었다. 구체적으로 2024년 6월 사우디아라비아의 칼리드 빈 살만 국방부 장관은 중국을 방문해 방위 협력을 논의했다. 미국이 여전히 사우디아라비아 최대의 안보 협력 국가라는 측면에서 중국-사우디아라비아 국방 협력에 한계가 있는 것은 부정할 수 없으나(Quamar 2025), 양국 협력이 다각적으로 변화되는 양상이 전개되고 있다.

무엇보다 2024년 9월 9~10일, 브릭스 회원국인 러시아, 인도, 브라질의 외교부 장관들이 사우디아라비아를 방문했고, 9월 11일에는 중국의 리창 총리가 리야드에 도착했다. 이는 사우디아라비아와 브릭스 회원국 간 협력 강화를 잘 드러내는 상징적인 방문으로 평가된다(Ali 2024). 특히 리창 총리는 리야드에서 무함마드 빈 살만 왕세자와 회담을 열고, 중국과 사우디아라비아 양국 상호 발전을 위한 지속적인 협력 방안을 협의하였다. 이 자리에서 무함마드 빈 살만 왕세자는 양국 관계를 전략적 파트너로 규정하고, 국제적 그리고 지역적 현안에서 공통된 입장을 공유하고 있다는 점에 의미를 부여했다. 다시 말해서, 중국이 주창하는 주권 존중과 내정 불간섭 원칙, 그리고 팔레스타인 문제를 둘러싼 공정성을 높이 평가하고, 국제무대에서의 평화를 위한 협력을 논의했다(China's State Council 2024). 이러한 사실을 종합해 볼 때, 사우디아라비아의 다자연계 전략은 중국을 포함한 다양한 국가들과의 국제협력 다각화 양상으로 나타나고 있다.

## V. 결론

본 연구는 글로벌사우스의 부상과 국제질서 변화에 대응하는 사우디아라비아의 인식과 역할을 살펴보고, 이를 토대로 사우디아라비아 외교 전략의 특성을 규명하고자 했다. 중동의 세력균형 재편에 따라 지역을 대표하는 강국으로 떠오른 사우디아라비아는 자국의 위상에 걸맞게 글로벌사우스의 리더십을 발휘하는 전략적 행보를 추구한다. 이러한 사우디아라비아 외교 전략의 특성은 다음과 같은 세 가지 측면에서 이해될 수 있다.

첫째, 중동의 정치적 불안을 해소하는 안정자이자 갈등의 중재자로서 역할을 수행하는 외교 전략을 추구한다. 글로벌사우스의 리더 국가로 도약하려는 사우디아라비아는 중동의 정치적 불안정성이 자국의 정치적 안정과 경제적 번영에 미칠 부정적 영향을 최소화할 방안을 찾고 있다. 이에 사우디아라비아는 국제정세의 변화 속에서 중동 및 글로벌사우스의 강국이라는 자국 정체성을 토대로 지역의 안정과 갈등 해소를 위한 중재 역할을 추구하는 외교적 행보를 강화한다.

둘째, 사우디아라비아의 브릭스 외교 전략은 미중 경쟁 구도하에서 전략적 고려 속에서 추진되고 있다. 즉, 사우디아라비아는 글로벌사우스와의 연대 강화를 위해 브릭스 가입을 추진했지만, 미국과의 동맹 관계를 고려해 보류했다고 볼 수 있다. 이러한 사우디아라비아의 브릭스 가입을 둘러싼 전략적 움직임은 국익 극대화 모색 속에서 전통적 동맹국인 미국의 반발을 종합적으로 고려한 결과이다. 따라서, 사우디아라비아의 브릭스 전략은 글로벌사우스의 부상 속에서 연대 모색과 전략적 헤징의 필요성이 복합적으로 작용하며 발현된 것으로 평가된다.

셋째, 국제질서 변화 속에서 사우디아라비아의 외교 전략은 중동 및 글로벌 강국들과 다각적 협력을 확대하는 다자연계 전략으로 표출되었다. 이는 다변화된 파트너십을 통해 대미 의존도를 줄이고, 글로벌사우스 국가들과 협력을 확대하려는 의도의 산물이다. 동시에 미국의 안보 제공 의지에 대한 증가하는 의구심을 반영하여 전략적 자율성을 추구하는 외교의 단면을 보여준다. 또한, 서구 중심 국제질서가 아닌 공정한 질서를 선호하며 국제정치 질서 재편을 옹호하는 사우디아라비아의 정치적 입장이 투영되어 나타난 것으로 볼 수 있다.

결과적으로 오늘날 사우디아라비아의 외교는 글로벌사우스의 부상과 국제질서 재편 속에서 다양한 형태로 발현되고 있다. 특히, 사우디아라비아는 중동 국가는 물론 글로벌 강국들과  국제협력을 확대하고 있으며, 중국과의 전략적 파트너십은 한층 강화되고 있다. 이러한 맥락에서 지역의 안정자이자 갈등 중재자로서 글로벌사우스의 강국이 되려는 사우디아라비아가 향후 브릭스에 대한 정책을 어떻게 발전시키며, 다자연계 전략을 확대해 나갈지는 국제정세에 큰 영향을 미칠 변수가 될 것이다. 따라서 글로벌사우스의 부상에 대응하는 사우디아라비아 외교 전략의 특성을 더 면밀히 고찰하고, 앞으로의 방향성을 면밀하게 추적해 볼 필요가 있다.

# 참고문헌

Al Arabiya. 2023. "Saudi Crown Prince Calls on all Countries to stop arms exports to Israel." November 21.https://english.alarabiya.net/News/saudi-arabia/2023/11/21/Saudi-Crown-Prince-calls-on-all-countries-to-stop-arms-exports-to-Israel (검색일: 2024.10.2.)

Al-Atrush, Samer. 2022. "Saudi Prince Made $500mn Russia Bet as Ukraine War Started." *Financial Times*. August 15. https://www.ft.com/content/c743f14c-b284-4ec4-93f9-2df600d31a89 (검색일: 2024.9.29.)

Al-Khathlan, Saleh Muhammad. 2024. "An Active Saudi Foreign Policy and a Broader Concept of Security in the Middle East." *Valdai Discussion Club*. February 12. https://valdaiclub.com/a/highlights/an-active-saudi-foreign-policy-and-a-broader/ (검색일: 2024.10.28.)

Ali, Layla. 2024. "Shifting Contours of Saudi Arabia's Foreign Policy." *GRC Commentary & Analysis*. Gulf Research Center. https://www.grc.net/documents/66fd59ea8b389ShiftingContoursofSaudiArabiasForeignPolicycompressed.pdf

Al-Monitor. 2023. "Raisi Pushes Anti-US Agenda in BRICS as Iran Celebrates Ascension." August 24. https://www.al-monitor.com/originals/2023/08/raisi-pushes-anti-us-agenda-brics-iran-celebrates-ascension (검색일: 2024.9.27.)

Atta, Ibrahim. 2023. "From Confrontational to Subtle Diplomacy: The Reorientation of Saudi Foreign Policy." *Gulf International Forum*. May 10. https://gulfif.org/from-confrontational-to-subtle-diplomacy-the-reorientation-of-saudi-foreign-policy/ (검색일: 2024.9.27.)

Bianco, Clinzia. 2024. "Global Saudi: How Europeans Can Work with an Evolving Kingdom." *Policy Brief*. European Council on Foreign Relations. https://ecfr.eu/wp-content/uploads/2024/05/Global-Saudi-How-Europeans-can-work-with-an-evolving-kingdom.pdf (검색일: 2024.10.10.)

Brown, L. Carl. 1984. *International Politics in the Middle East: Old Rules, Dangerous Games*. Princeton: Princeton University Press.

China's State Council. 2024. "China prioritizes Saudi Arabia in overall diplomacy, particularly in Middle East-Chinese premier." September 12. https://english.www.gov.cn/news/202409/12/content_WS66e21126c6d0868f4e8eadb0.html (검색일: 2025.2.7.)

Dahan, Maha El and Dmitry Zhdannikov. 2024. "Exclusive: Saudi Arabia still considering BRICS membership, sources say." *Reuters*. January 19. https://www.reuters.com/world/middle-east/saudi-arabia-considering-brics-membershipsources-2024-01-18/ (검색일: 2025.1.14.)

Fakhro. Elham 2024. "The Gulf States in the Multipolar Transition." *Project on Middle East Political Science*. https://pomeps.org/the-gulf-states-in-the-multipolar-transition (검색일: 2025.2.17.)

Fantappie, Maria and Vali Nasr. 2023. "A New Order in the Middle East? Iran and Saudi Arabia's Rapprochement Could Transform the Region." *Foreign Affairs*. March 22. https://www.foreignaffairs.com/china/iran-saudi-arabia-middle-east-relations (검색일: 2024.12.14.)

Forbes India. 2024. "Top 10 Powerful Countries in the World." October 7. https://www.forbesindia.com/article/explainers/top-10-powerful-countries-in-the-world/87201/1 (검색일: 2024.10.30.)

Garcia, Anthon. 2024. "Davos 2024: Minister says Saudi Arabia not yet a BRICS member." *Middle East Economy*. January 17. https://economymiddleeast.com/news/davos-2024-wef-saudi-arabia-brics-membership/ (검색일: 2024.9.28.)

Gause III, F. Gregory. 2024. "The Limits of a U.S.-Saudi Security Deal: Don't Expect Riyadh to Take Washington's Side Against China and Russia." *Foreign Affairs*. August 2. https://www.foreignaffairs.com/saudi-arabia/limits-us-saudi-security-deal-china-russia (검색일: 2024.10.28)

Guzansky, Yoel and Ilan Zalayat. 2024. "The New Saudi Arabia: Hedging and Detente in Saudi Foreign Policy." *Strategic Assessment*. The Instiute for National Security Studies, https://www.inss.org.il/strategic_assessment/the-new-saudi-arabia/ (검색일: 2024.9.28.)

Hashem, Ebrahim. 2023. "Arab world sees multi-alignment as the norm." *Global Times*. September 19. https://www.globaltimes.cn/page/202309/1298459.shtml (검색일: 2025.1.26.)

Jacobs, Annas. 2023. "Understanding Saudi Arabia's Recalibrated Foreign Policy." *Crisis Group*. September 14. https://www.crisisgroup.org/middle-east-north-africa/gulf-and-arabian-peninsula/saudi-arabia/understanding-saudi-arabias (검색일: 2024.10.1.)

Kausch, Kristina. 2023. "Saudi Arabia: A Triangle of Nonalignment." *German Marshall Fund of the United States*. May 2. https://www.gmfus.org/news/new-geopolitics-alliances-rethinking-transatlantic-engagement-global-swing-states/saudi-arabia (검색일: 2024.9.15.)

Malmvig, Helle. 2018. "Middle East Plays to the Tunes of Global Powers." *Al Jazeera Center for Studies*. October 9. https://studies.aljazeera.net/en/reports/2018/10/middle-east-play-tunes-global-powers-181009084522041.html (검색일: 2024.10.8.)

Quamar, Muddassir. 2025. "China and Saudi Arabia: A Deepening Strategic Partnership." *Observer Research Foundation*. January 16. https://www.orfonline.org/research/china-and-saudi-arabia-a-deepening-strategic-partnership (검색일: 2025.2.18.)

Sager, Abdulaziz. 2024. "Kingdom of Saudi Arabia: Emerging Middle Power in Global Dynamics." *Gulf Research Center*. https://shortlink.grc.net/wp-content/uploads/2024/02/Saudi-Arabia-Emerging-Middle-Power-in-Global-Dynamics-_2.pdf (검색일: 2024.9.12.)

Shifrinson, Joshua. et al. 2023. "The Long Unipolar Moment? Debating American Dominance." *Foreign Affairs*. October 17. https://www.foreignaffairs.com/ask-the-experts/did-unipolar-moment-ever-end (검색일: 2024.10.15.)

Singh, Michael. 2022. "The Middle East in a Multipolar Era: Why America's Allies Are Flirting with Russia and China." *Foreign Affairs*. December 7. https://www.foreignaffairs.com/middle-east/middle-east-multipolar-era (검색일: 2024.10.20).

Wezeman, Pieter D. et al. 2024. "Trends in International Arms Transfers, 2023." *SIPRI Fact Sheet*. https://www.sipri.org/sites/default/files/2024-03/fs_2403_at_2023.pdf (검색일: 2024.9.29.)

Al Sharq al Awsat. 2023. "بريكس... دور محوري للسعودية." September 9. https://aawsat.com/الرأي/4535471-«بريكس»-دور-محوري-للسعودية

Al Watan. 2023. "عضوية بريكس." August 29. https://www.alwatan.com.sa/article/1132847

Al Watan. 2024. "بعد مضاعفة عدد أعضائها .. مجموعة "البريكس " تسعى لدور أعظم لدول جنوب العالم." April 1. https://www.al-watan.com/article/100860/آخر-الاخبار/بعد-مضاعفة-عدد-أعضائها-مجموعة-البريكس-تسعى-لدور-أعظم-لدول-جنوب-العالم

Arabic Post. 2023. "من إفريقيا للعالم العربي الكل يبحث عن بديل.. فهل يؤدي انضمام دول الخليج للبريكس لضربة قاصمة للدولار؟." June 19. https://arabicpost.net/تحليلات/2023/06/19/عملة-البريكس-المقترح

# 제12장 튀르키예의 글로벌사우스 인식과 전략

장지향(아산정책연구원)

미국과 중국, 러시아 간 세력 경쟁이 고조되면서 개발도상국이 밀집해 있는 글로벌사우스의 경제와 외교 안보 분야가 강대국의 첨예한 각축전으로 떠올랐다(신범식 2022). 강대국 주도로 국제정치 질서가 숨 가쁘게 재편되는 가운데 글로벌사우스의 대표 국가 중 하나인 튀르키예는 지역 내 영향력을 잃지 않고 자국의 이익과 지분을 확보하기 위해 상충하는 이해관계 속에서 균형점을 찾고자 고군분투해 왔다. 이러한 전략은 튀르키예가 속한 나토(NATO, 북대서양조약기구)의 공동 이해관계와 자주 대립해 탈서구 비동맹 행보나 역내 반미연대에 편승하는 일탈 행위로 읽히기도 했다. 그럼에도 레제프 타이이프 에르도안(Recep Tayyip Erdoğan) 튀르키예 대통령은 미국의 이탈, 러시아의 영향력 강화, 중국의 부상이라는 지정학의 지각변동 앞에서 중동의 지역 헤게모니이자 글로벌사우스의 이익 수호자, 역내 갈등과 분쟁의 중재자를 자임하며 아슬아슬한 외줄 타기 외교를 수행해 왔다. 나아가 튀르키예의 외줄 타기 전략은 '21세기 술탄'이라 불리는 에르도안 대통령의 국내 권력 기반을 다지는 데도 역할을 했다.

## I. 지정학의 지각변동에 맞선 튀르키예의 도전: 나토 회원국의 유라시아주의 추구

2010년대 초반 튀르키예는 자유시장경제와 민주주의를 강조하는 중견국 외교를 내세우며 강대국 중심 논리의 질서에 반대하고 소프트 파워의 중요성을 주장했다. 그러나 2010년대 중반 에르도안 당시 총리의 권위주의 체제가 부상하면서 튀르키예의 외교정책은 배타적인 튀르키예 민족주의, 신오스만주의, 유라시아주의 기조에 근거한 팽창주의 노선으로 변모했다. 나토 회원국인 튀르키예가 오스만제국의 과거를 불러내 시대착오적인 지역 패권 추구의 당위성을 역설하고 자국이 나아갈 방향은 서쪽의 유럽이 아닌 동쪽의 유라시아라고 선언했다. 2014년 튀르키예 역사상 최초로 시행된 직선제 대통령 선거에서 에르도안 후보자는 자신의 지지자를 '오스만제국의 후예들'이라고 칭했다(장지향·신문경·김지연 2024). 제왕적 대통령제의 도입에 성공한 에르도안은 '21세기 술탄'이라 불리며 일인 체제를 공고히 했고 전 세계 200여 나라의 민주주의 정도를 측정하는 프리덤하우스(Freedom House)는 튀르키예를 '자유롭지 않은' 국가로 분류했다(Freedom House 2024).

튀르키예는 점차 러시아, 중국과 밀착했고 탈서구 비동맹 행보를 선보였다. 이러한 외교 노선 변화의 배경으로 에르도안 대통령의 권력 사유화로 비롯된 국내 민주주의 퇴행이라는 내부 요인과 함께 미국의 탈중동 선언에 따른 역내 입지 축소, 러시아의 영향력 강화, 중국의 부상에 따른 중동 지정학의 지각변동이라는 외부 요인을 들 수 있다(장지향 2023). 2009년에 출범한 버락 오바마(Barack Obama) 미 정부가 '아시아 회귀(Pivot to Asia)' 전략을 선언한 후 도널드 트럼프(Donald Trump) 정부에 이어 조 바이든(Joe Biden) 정부 시기에 들어와서도 '중동 내 역할 축소' 정책이 가속하자 튀르키예는 미국의 공백에 대비해 새로운 역학관계를 위한 손익계산에 돌입했다. 이어 튀르키예는 미국의 무책임한 중동 이탈을 러시아, 중국, 이란과 함께 비난하며 반미 연대를 굳건히 했다. 2021년 탈레반이 모두의 예상을 깨고 재집권에 성공한 후 튀르키예는 나토 회원국 가운데 유일하게 아프가니스탄에서 공관을 철수하지 않았고 튀르키예에서도 탈레반 대표부가 아프가니스탄 공관 시설을 운영하는 것을 허용하며 무슬림 세계 지도국의 선의로 포장했다.

중동에서 발을 빼겠다는 미국과 달리 러시아는 2015년 이래 시리아 내전에 깊이 개입해 바샤르 아사드(Bashar al-Assad) 세습 독재 정권을 지원했고 종전 평화 협상을 20여 차례 성공적으로 주도해 역내 질서 재편을 이끌었다. 블라디미르 푸틴(Vladimir Putin) 대통령은 2017년부터 주도해 온 아스타나 평화 협상에서 시리아 정부와 반군 진영을 처음으로 한 테이블에 앉게 해 시리아 헌법위원회를 출범하게 했고 아사드 대통령의 거취 논의를 종식했다. 시리아 정부군을 지원한 러시아에 맞서 반군을 후원했던 튀르키예마저 유엔 주도의 유명무실한 협상이 아닌 러시아가 이끄는 평화 협상에 이란과 함께 적극적으로 참여했다. 나아가 튀르키예는 시리아 독재자 아사드의 퇴진을 강력히 요구한 내전 초기의 입장을 철회하고 이후 시리아 내 쿠르드계 민병대의 해산을 주장하기 시작했다. 당시 미국이 중동 군사 분쟁에 개입을 자제하자 역내 동맹 우방국의 불안감은 높아갔고 러시아는 이 틈새를 공략해 협상력과 영향력을 더 높일 수 있었다. 시리아와 국경을 접하는 튀르키예는 물론 이스라엘까지 러시아와 안보 협력을 논해야 했다.

2019년에 튀르키예는 쿠르드계 시리아 민병대를 자국 내 분리주의 테러 조직인 쿠르드노동자당의 연계 조직이라고 주장하며 시리아 북동부의 쿠르드계 자치 지역에 기습 작전을 벌였다. 이후 에르도안 대통령은 푸틴 대통령과 협의를 거쳐 시리아 접경지대의 자치 지역을 공동 안전지대로 전환해 러시아와 함께 관리하기로 했다. 이어 같은 해 나토 회원국 가운데 두 번째로 큰 규모의 군대는 물론 나토군과 미군이 이용하는 기지와 나토의 탄도미사일 방어 레이더 시스템을 보유한 튀르키예가 러시아제 지대공 미사일 시스템 S-400 장비를 자국 공군기지에 배치했다. 나토 회원국의 거센 반대에도 튀르키예가 S-400 도입을 강행하자 미국은 튀르키예의 F-35 전투기 프로그램 참여를 중지시켰다. 미국이 튀르키예 방위사업청과 데미르(Ismail Demir) 방산 청장과 관리 3명을 제재 대상에 올렸으나 튀르키예는 친러 입장과 군사 모험주의 행보를 철회하지 않았다.

튀르키예는 시리아 내전, 리비아 내전, 아르메니아-아제르바이잔 분쟁 등에서 러시아와 적대국으로 대치하기도 했으나 에르도안 대통령과 푸틴 대통령은 정권의 기반 강화라는 국내 정치적 이해관계 앞에서 종종 전략적으로 협력했다. 또 튀르키예의 에너지, 교역, 관광 분야에서 러시아가 차지하는 비중이 높아 두 나라는 경제적으로도 긴밀한 관계를 맺고 있다. 러시아는 튀르키예의 주요 에너지 공급 국가로서 2019년 기준 튀르키예의 원유와 천연가스 수입국 1위, 석탄 수입국 2위를 차지했다. 또 튀르키예 GDP의 약 6%를 차지하는 관광업에서 러시아 관광객은 주요 수입원이다(장지향·유아름 2022).

2022년 러시아가 우크라이나를 침공하자 자유주의 국제질서 진영의 많은 나라가 미국 주도의 대러 제재에 동참했으나 튀르키예는 제재 참여 대신 외교적 해법과 대화를 강조하며 중재자와 해결사 역할을 자처했다. 미국의 역내 또 다른 우방국인 이스라엘과 사우디아라비아, 아랍에미리트(UAE)도 제재 동참을 거부했다. 미국이 탈중동 정책을 선언한 이후 역내 역학 구도가 크게 흔들리자, 주요 국가들은 공통으로 '지켜보기' 전략을 취한 것이다. 튀르키예는 양측과 신뢰 관계를 유지하는 유일한 국가라는 독특한 입장을 이용해 포로 교환과 곡물 수출 거래 협상을 여러 차례 주도했으나 큰 성과를 내지는 못했다. 그럼에도 중재자 역할을 시도한 나토 회원국이라는 독특한 지위에 비춰볼 때 튀르키예는 우크라이나 전쟁의 평화 협정과 재건 협상에서 주도적인 역할을 할 것이다. 튀르키예는 유엔 안보리 러시아 규탄 결의안에 공동

서명한 80개국 중 하나이지만 에르도안 대통령은 푸틴 러시아 대통령과 전화 회담을 통해 국제 현안을 종종 논의하기도 한다.

한편, 우크라이나 전쟁이 발발하자 군사 중립국이던 스웨덴과 핀란드는 러시아의 공격적인 팽창주의에 안보 위협을 느껴 나토 가입 신청서를 제출했다. 나토에 가입하기 위해서는 모든 회원국이 자국 의회에서 가입 비준안을 처리해야 한다. 두 나라가 나토 가입 신청을 했을 당시 튀르키예와 헝가리를 제외한 다른 회원국은 바로 동의 절차를 마쳤다. 핀란드는 2023년 4월 나토에 합류했으나 스웨덴은 튀르키예와 친러 성향의 헝가리가 동의를 거부하면서 1년 8개월간 가입 승인을 기다려야 했다. 튀르키예 의회 외교위원회는 절차상 문제를 제기하며 비준안의 본회의 상정을 차일피일 미뤘다.

이후, 스웨덴이 자국 내 쿠르드계의 튀르키예 비판 활동을 막을 뿐 아니라 튀르키예의 유럽연합 가입까지 강력하게 지원하기로 선언하고, 미국 또한 튀르키예의 F-16 전투기 구매를 승인하기로 약속한 후에야 튀르키예는 2024년 1월 스웨덴의 나토 가입 비준안을 통과시켰다. 스웨덴이 2022년 5월 핀란드와 함께 가입 신청서를 낸 지 1년 8개월 만이다. 무엇보다 튀르키예는 자국이 테러 조직으로 규정한 쿠르드노동자당 등을 스웨덴이 옹호한다며 나토 가입을 반대했다. 스웨덴은 물론 핀란드 역시 튀르키예 출신 난민의 정치적 망명을 대거 수용해 왔고, 이 중엔 쿠르드노동자당, 쿠르드계 시리아 민병대인 인민수비대 소속 대원들 및 2016년 에르도안 대통령에 대한 쿠데타 시도 연관 인사도 있었다. 이에 두 나라는 관련 단체 소속 인사의 활동을 제한하고, 범죄자 인도 요청이 된 인물 중 일부를 튀르키예로 송환해 문제 해결에 나섰다. 하지만 튀르키예는 2023년 4월 핀란드의 나토 가입에 동의한 뒤에도 스웨덴 내 반튀르키예, 반이슬람 시위 등을 문제 삼으며 계속 비준을 미뤘다.

결국, 스웨덴은 2023년 리투아니아에서 열린 나토 정상회의에서 튀르키예의 EU 가입을 적극적으로 지원키로 공개 선언한 후에야 튀르키예로부터 비준을 얻어낼 수 있었다. 더불어 미국은 튀르키예 의회의 스웨덴 나토 가입 비준의 대가로 튀르키예에 F-16 전투기를 추가 판매하기로 했다. 이에 더해 캐나다도 튀르키예의 드론 사용처에 대한 투명성을 높이는 조건 아래 튀르키예로의 드론 부품 수출을 재개하기로 합의했다. 한편, 헝가리는 스웨덴이 자국의 정치 상황을 비민주적이라고 비판해 온 것을 문제 삼았는데 2024년 2월 스웨덴은 오르반 빅토르(Orbán Viktor) 헝가리 총리에 스웨덴산 그리펜 전투기 판매 협정을 맺는 선물을 안기면서 동의를 받아냈다.

미국의 중동 내 입지 축소 움직임이 가시화하자 중국도 재빠르게 틈새를 노렸다. 중국은 지난 10여 년간 대중동 투자를 늘리고 과학기술, 사회문화 등 여러 분야에서 사우디아라비아, 이란, 이스라엘, 튀르키예, UAE, 카타르 등 중동 주요국과 동반자 관계를 다졌으며 무기 거래, 안보 협력 분야를 넘어 분쟁 조정에서도 눈에 띄는 행위자로 떠올랐다. 과거 중동에 만연한 정치적 불안정이 자국의 공격적인 경제발전 계획에 악영향으로 미칠 것을 우려해 전략적으로 우회하거나 개입을 자제했던 모습과는 사뭇 달랐다. 나아가 역내에서 미국과 함께 전통적으로 강대국의 영향력을 행사하던 러시아도 막대한 경제력을 앞세워 새롭게 존재감을 드러내는 중국과 경쟁하는 데에는 한계를 보였다. 중국은 민주주의와 인권을 강조하는 미국과 달리 중동의 권위주의 국가를 상대로 내정 불간섭과 탈정치 입장을 내세웠다. 중동 주요국의 입장에서 중국은 미국의 공백을 대비할 새로운 협력 다변화의 주요 대상이기도 했다.

튀르키예는 2010년 중국과 전략적 동반자 관계를 맺었고 2015년부터 시진핑 중국 국가 주석의 대표 발전 전략인 일대일로 사업의 주요 대상국으로 부상했다. 유라시아, 중동, 유럽을 잇는 튀르키예는 중국의 '실크로드 경제 벨트'와 '21세기 해상 실크로드' 건설에서 교통 인프라 및 무역 네트워크 구축에 최적화된 지리적 위치를 점하는 곳이다. 2015년 중국은 튀르키예에서 세 번째로 큰 이스탄불 쿰포트(Kumport) 컨테이너 터미널에 약 9억 4천만 달러 투자를 결정하고 65% 지분을 인수했다. 또 중국 상하이 전력회사는 튀르키예 후누틀루(Hunutlu) 화력발전소 건설에 17억 달러 자금을 조달하는 등 투자와 협력을 강화했다. 2016년에 튀르키예와 중국은 카스피해 횡단 국제 운송로를 위한 양해각서를 체결했고, 중국에서 유럽으로 이어지는 철도 운송 시스템을 구축에 착수했다. 2022년 기준 튀르키예의 최대 수입국은 중국이다.[1] 2023년 8월 제15차 브릭스 정상회의에서는 사우디아라비아, UAE, 이란, 이집트 등 6개국의 가입 승인이 발표됐는데 튀르키예도 브릭스 회원국 가입을 적극적으로 추진하고 있다. 튀르키예를 비롯한 중동 주요국의 이 같은 다변화 행보에는 빠르게 발전된 중국과의 협력 관계가 크게 이바지했다.

2017년 중국에서 열린 제4차 세계 인터넷대회에서 중국은 튀르키예를 비롯해 사우디아라비아, UAE, 이집트 등과 함께 일대일로 디지털 경제 국제협력 이니셔티브를 발표해 빅데이터, 클라우드 컴퓨팅, 스마트 시티 분야의 협력 강화를 선언했다. 디지털 권위주의 국가인 중국은 중동 국가와의 디지털 인프라 구축 및 정보통신 기술 관련 협력 과정에서 자국의 표준에 따라 별다른 제한과 규제를 두지 않았고 에르도안

1 튀르키예뿐 아니라 사우디아라비아, UAE, 이란, 이스라엘, 이집트, 요르단, 쿠웨이트, 카타르, 예멘 등의 최대 수입국 역시 중국이다. 장지향·신문경·김지연(2024).

대통령은 정적 감시와 시민사회 탄압이라는 사익 추구에 화웨이의 디지털 통제 시스템을 활용했다.

## II. 글로벌사우스 국가 튀르키예의 외줄 타기 균형 전략

러시아, 중국과 가까워진 튀르키예는 자국의 권위주의 역행과 에르도안 대통령의 권력 사유화를 비판하는 미국, 유럽과는 더욱 멀어졌다. 이미 2016년에 튀르키예는 유럽연합이 제공한 시리아 난민 지원금을 국경지대 군사비로 전용했고 둘의 관계가 크게 악화했다. 역내에서도 튀르키예는 레바논, 시리아, 이라크, 예멘, 가자지구에서 친이란 무장 프록시 조직을 육성하고 지역 패권국 자리를 노리는 이란과 협력과 경쟁을 오갔다. 자유주의 국제질서를 지지하는 나라들은 튀르키예의 이러한 움직임을 탈서구 행보로 평가했지만, 튀르키예로서는 강대국 경쟁 구도를 둘러싼 복잡한 균형 조정 전략이자 자국의 경제와 안보 이익을 담보하는 헤징 전략에 가깝다. 나토 회원국들도 튀르키예를 협력하기 어려운 동맹국이지만 결코 적으로 내칠 수는 없는 파트너로 여기는 것을 튀르키예는 잘 알고 있다.

튀르키예의 이러한 균형 외교 혹은 헤징 전략은 전례 없이 파격적인 결정은 아니다. 1923년 이슬람 제국의 과거를 철저히 부정하며 출발한 튀르키예 공화국은 친서구 정책을 펼치며 서구 블록의 우방국으로 인정받고자 했다. 그러나 제2차 세계대전의 발발 앞에서 신생 공화국의 엘리트는 아직 국가 기틀을 확립하지 못한 자국의 상황을 고려해 중립 입장을 결정했다. 이후 국경을 접한 소련이 흑해와 지중해를 연결하는 다르다넬스와 보스포루스 해협에서 무력시위를 계속 벌이자, 튀르키예는 미국에 도움을 요청했다. 이에 미국은 트루먼 독트린을 선언한 후 마셜 플랜의 원조 대상국으로 튀르키예를 지정했다. 미소 갈등 구도에서 자유 진영의 소속임을 명확히 한 튀르키예는 1949년 이스라엘의 건국 직후 무슬림 국가 가운데 최초로 이를 인정했다. 1950년 한국전쟁에도 참전해 미국과 영국에 이어 세 번째로 많은 병력을 보냈고 이러한 노력을 인정받아 튀르키예는 1952년에는 나토 가입에 성공했다. 하지만 튀르키예는 1955년 인도네시아에서 열린 반둥회의 이후 비동맹 운동 회원국들과 협력을 강화했고 1974년 북키프로스를 무력 점령한 이후에는 이들 회원국과의 협력을 적극적으로 확대했다.

그럼에도 최근 튀르키예가 비자유주의 연대 국가와의 협력만을 심화한 것은 아니다. 우크라이나 전쟁이 시작됐을 때 튀르키예는 우크라이나의 영토 보존을 지지한 최초의 국가 중 하나였다. 더불어 러시아의 우크라이나 침공을 규탄하고 철군을 촉구하는 유엔 긴급총회 결의안을 공동 발의했다. 또 튀르키예는 우크라이나에 자국산 드론을 제공하는 등 군사적 지원을 아끼지 않았고 우크라이나의 요청을 받아들여 러시아 군함의 보스포루스 해협 출입 금지를 조처했다. 전쟁이 일어나기 전인 2019년부터 우크라이나 정부는 튀르키예 드론 회사인 바이카르 마키나(Baykar Makina)와 대규모 계약을 체결했고 초계함도 주문했다. 튀르키예 수출협회 통계에 따르면 2022년 대우크라이나 무기 수출이 전년 대비 약 30배 증가했다(장지향·유아름 2022).

나아가 튀르키예는 우크라이나 전쟁의 중재자를 자임하며 2022년 3월 러시아와 우크라이나 외무장관을 남부 도시 안탈리아로 초청해 자국 외무장관과 함께 3자 회담을 열었다. 이어 같은 달 이스탄불에서 러시아와 우크라이나의 5차 평화 협상 자리를 마련했다. 또 7월에는 우크라이나산 곡물을 러시아 쪽 항로로 실어 나르도록 흑해 곡물 협정

합의를 유엔과 함께 끌어냈다. 비록 협상과 합의는 별 성과 없이 끝났으나 튀르키예는 양국 모두의 신뢰를 받는 역량을 과시했다. 2024년 3월 에르도안 대통령은 볼로디미르 젤렌스키(Volodymyr Zelenskyy) 우크라이나 대통령을 초대해 정상회담을 가진 뒤 러시아-우크라이나 정상 평화 회담을 제안해 푸틴 대통령을 공식 초청했다. 11월에는 브라질에서 열린 G20 정상회의에 참석한 에르도안 대통령은 기자회견을 열고 '우크라이나도 우리 이웃이고 러시아도 우리 이웃'이라며 두 나라의 평화 협상을 바란다고 밝혔다(Reuters 2024.11.20.).

튀르키예는 역내에서도 전략적 모호성을 앞세운 소위 '균형' 전략을 펼치면서 UAE, 사우디아라비아, 이스라엘, 이집트 등과 역내 패권 자리를 두고 다퉈왔던 과거를 뒤로한 채 화해를 모색했다. 이들 국가와의 관계 회복을 위해 이슬람 급진주의 무장단체 하마스를 포함한 이슬람주의자 조직들과 거리를 두기도 했다. 2022년 에르도안 대통령은 2013년 이후 처음으로 UAE를 방문해 관계 개선에 나섰고 UAE도 튀르키예를 위한 대규모 펀드 조성을 발표하며 화답했다. 2011년에 시작된 리비아 내전에서 튀르키예와 카타르는 서부 이슬람주의 통합 정부를 지지하고, UAE, 사우디아라비아, 이집트, 러시아, 프랑스는 동부 세속주의 리비아 국민군을 각각 지원하며 대립했다. 2019년 튀르키예가 서부 이슬람주의 정부와 장기 군사협정을 체결하고 이듬해 의회에서 리비아 파병안을 통과시키자 UAE, 사우디아라비아, 이집트는 반발했다.

앞서 2018년 튀르키예는 동지중해의 에너지 자원개발 문제로 그리스, 키프로스, 유럽연합과 대립해 왔고 같은 문제로 역내 이스라엘, 이집트와도 충돌해 왔다. 키프로스가 배타적 경제수역으로 선포한 해역을 두고 튀르키예는 국제사회에서 튀르키예만이 유일하게 공식적으로 인정하는 북키프로스에도 대륙붕 천연가스 자원에 대한 권리가 있다며 시추선을 투입했고 그리스, 키프로스, 유럽연합의 반발을 샀다. 이어 2019년 튀르키예는 리비아의 서부 이슬람주의 정부와 그리스의 배타적 경제수역을 침범하는 동지중해 협정을 체결했다. 2020년에는 프랑스, 그리스, 키프로스, UAE, 이집트 등이 동지중해에서의 천연가스 시추와 리비아 내전 개입을 놓고 자국을 비판하자 이들 5개국을 '악의 동맹'이라고 맹비난했다(Reuters 2020.3.13.). 또 같은 해 수니파 아랍국가 UAE와 유대국가 이스라엘이 아브라함 협정을 체결해 관계 정상화를 이루자, 에르도안 대통령은 양국에 독설을 퍼부었고 특히 UAE에 외교 관계를 단절하고 대사관을 폐쇄하겠다고 위협한 바 있다. 더 앞선 2017년부터 튀르키예는 사우디아라비아와 UAE의 봉쇄 정책으로 고립된 카타르에 대대적인 군사 및 외교적 지원을 결단했고 카타르는 이에 대한 보답으로 튀르키예에 막대한 투자를 약속했다. 밀착하는 튀르키예와 카타르를 상대로 사우디아라비아와 UAE는 적대감을 감추지 않았다.

하지만 에르도안 대통령은 UAE에 이어 사우디아라비아를 찾아 돌연 협력을 논했고 두 달 후 무함마드 빈 살만(Mohammed bin Salman Al Saud) 사우디아라비아 왕세자가 튀르키예를 답방해 투자 강화 협정에 서명했다. 2018년에 일단의 사우디아라비아 정보국 요원이 이스탄불 주재 자국 총영사관에서 반정부 언론인 자말 카슈끄지(Jamal Khashoggi)를 잔인하게 살해하자 에르도안 대통령이 직접 나서 전 세계에 살해 사건의 전모를 밝히며 무함마드 빈 살만 사우디아라비아 왕세자를 비난한 것은 물론, 상세한 자료도 미국에 넘겼다. 그러던 에르도안 대통령이 2022년 사우디아라비아를 먼저 찾아가 카슈끄지 살해 사건 궐석재판을 사우디아라비아 법원에 이양한다고 발표하며 해빙 분위기를 조성했다.

이에 더해 에르도안 대통령은 2013년 쿠데타로 무슬림형제단 정부를 축출한 압델 파타흐 엘 시시(Abdel Fattah El Sisi) 이집트 대통령과도 관계 회복을 희망한다고 밝혔고 2024년 2월 이집트를 방문해 양국 데탕트의 길을 열었다. 이슬람 원리주의 정당인 무슬림형제단을 지지하는 에르도안 대통령은 엘 시시 대통령과 앙숙 관계였으나 이제 두 나라는 경제와 방위산업 협력, 이스라엘·하마스 전쟁의 휴전 협상 추진에 힘을 모으기로 했다.

## III. 글로벌사우스의 리더를 꿈꾸는 튀르키예의 강경한 반이스라엘 정책

에르도안 대통령은 2023년 대선에서 3연임에 어렵사리 성공한 이후 글로벌사우스를 대표하는 중립적인 중재자의 역할에 더 매진하고 있다. 2023년 10월 이스라엘·하마스 전쟁이 시작된 후 러시아와 중국이 이스라엘의 가자지구 공습으로 비롯된 인도주의 참사 및 서구의 이중 잣대를 줄곧 비판했음에도 정작 실질적인 외교나 중재 노력에는 소홀했으나 튀르키예는 여러 회담과 협상에 활발히 참여했다. 사실 2022년 튀르키예는 4년 만에 이스라엘 주재 자국 대사를 다시 임명해 양국간 대사급 관계를 회복했다. 2018년에 미국이 예루살렘을 이스라엘 수도로 인정하면서 유엔 안전보장이사회 결의안 242호를 위반하고 자국 대사관을 텔아비브에서 예루살렘으로 이전하자 튀르키예는 주이스라엘 대사를 본국으로 소환해 강하게 항의한 바 있다.

그러나 이스라엘·하마스 전쟁이 발발하면서 튀르키예와 이스라엘의 관계는 다시 악화했다. 이슬람 급진주의 무장단체 하마스가 이스라엘을 기습 공격해 1,200여 명을 잔혹하게 살해하고 250여 명을 납치하면서 전쟁이 시작됐는데도 에르도안 대통령이 하마스의 이스라엘 민간인 학살에 대해서는 침묵하면서 하마스를 테러 조직이 아닌 팔레스타인 해방 전사로 칭하고 전폭적인 지지를 선언하면서다(Gumrukcu and Hayatsever 2023). 전쟁 발발 직후 튀르키예는 에르도안 대통령의 직접 지시로 튀르키예발 식량과 의약품 등 인도주의 지원 물품이 이집트 국경을 통해 가자지구로 안전하게 전달되도록 미국, 이집트와 긴밀히 협의했다. 10월 31일에는 이스라엘의 가자지구 군사 작전과 관련해 전쟁범죄 혐의에 대한 자료를 국제형사재판소에 제출했다. 이어 11월 에르도안 대통령은 사우디아라비아가 주최한 이슬람권 최대 국제기구인 이슬람협력기구와 아랍연맹의 합동 특별 정상회의에 이란, 이집트, 요르단 등과 함께 참석해 즉각적인 휴전 촉구, 인질 석방, 인도적 지원을 주장했다.

2024년 1월에는 에르도안 대통령이 튀르키예에서 에브라임 라이시(Ebrahim Raisi) 이란 대통령과 정상회담을 가진 뒤 이스라엘의 공격을 규탄하고 인도주의 원칙을 촉구하는 공동 성명을 발표했다. 5월에는 이스라엘의 팔레스타인 집단학살 혐의에 대한 남아프리카공화국의 국제사법재판소 제소 사건에 공식적으로 동참을 결정했다. 하칸 피단(Hakan Fidan) 튀르키예 외무장관도 전쟁이 시작된 이후 역내 주요국들을 방문해 이스라엘을 규탄하고 토니 블링컨(Antony Blinken) 미국무장관과 인도주의 지원 방안을 협의하며 이스라엘을 압박했다. 11월 이츠하크 헤르조그(Isaac Herzog) 이스라엘 대통령이 아제르바이잔에서 열리는 유엔의 29차 기후변화협약 당사국총회(COP29)에 가기 위해 전용기의 튀르키예 영공 통과를 요청했으나 튀르키예는 이를 거부했고 헤르조그 대통령은 아제르바이잔 회의 참가를 포기했다. 같은 달 미국 대선에서 도널드 트럼프(Donald Trump) 전 대통령이 다시 당선된 후 압박을 느낀 카타르가 하마스 정치국 사무소를 이제는 도하에 수용할 수 없다고 발표하자 정치국원 대부분이 튀르키예를 다음 거처로 꼽았다고 알려졌다(Soylu 2024).

그럼에도 튀르키예와 이스라엘 양국 간 비공식적 무역은 여전히 호황을 누리며 새로운 투자 거래가 비밀리에 이어지고 있다고 알려졌으나(Ünveren 2023; Samson 2024), 여전히 에르도안 대통령의 이스라엘을 향한 비난은 매우 신랄하며 튀르키예의 반이스라엘 입장은 강경했다. 이스라엘·하마스 전쟁 발발 이후 튀르키예와 이스라엘의 공식적 관계는 2010년 마비 마르마라 사건 이래 최악의 수준으로 치달았다고 평가된다(Can and Güneş 2024). 마비 마르마라 사건에서는 당시 튀르키예 NGO 단체가 가자지구를 둘러싼 지중해 해상 봉쇄를 뚫고 인도주의 물품을 전달하려던 중 이스라엘 특공대가 이를 저지하는 과정에서 튀르키예 활동가 9명이 사망했다. 이에 에르도안 대통령은 베냐민 네타냐후 이스라엘 총리를 나치 독일의 아돌프 히틀러에게 빗대며 이스라엘과의 교역 전면 중단을 선언했다.

에르도안의 총리 초창기 시절이었던 2000년대 튀르키예는 이스라엘과 긍정적이고 원만한 관계를 유지했다. 에르도안 당시 총리는 2005년 이스라엘을 방문했고, 2008년까지 시리아와 이스라엘 간의 간헐적 평화 회담에서 중재자 역할을 자처했다. 당시 튀르키예의 정책은 온건한 팔레스타인 자치정부와 호전적인 하마스 사이의 균형을 유지하는 것이었다. 역사적으로 튀르키예는 이스라엘을 인정한 최초의 무슬림 국가였으며, 1956년, 1967년, 1973년, 1982년의 아랍과 이스라엘의 전쟁 기간에도 이스라엘과 우호 관계를 유지했다. 1990년대 튀르키예는 미국과 이스라엘의 협력에 암묵적으로 동의하면서 역내 안보 조정자의 소임을 수행했고, 이는 중동 질서의 전반적 안정에 이바지했다. 하지만 2011년 세 번째 연임에 성공한 후부터 에르도안 총리는 권위주의적 면모를 드러내고 당내 온건파를 숙청했으며 이스라엘을 향한 실용주의적 입장 역시 변경하기 시작했다. 2014년 이스라엘과 하마스 사이에 무력 충돌이 일어났을 때 에르도안 총리는 이스라엘의 군사 작전을 강하게 비판하며 또다시 히틀러의 잔학 행위와 비교했다(Ant 2024). 에르도안 총리의 발언에 이스라엘은 즉각 반발했고 유럽과 미국에서도 문제 삼았으나 튀르키예 국내는 물론 이슬람권 나라에서는 긍정적인 반응을 끌어냈다. 이후 튀르키예와 이스라엘의 외교 관계는 악화했으나 에르도안 총리에게는 무슬림 세계에서 팔레스타인의 수호자로서 자신의 입지를 강화하는 계기로 작용했다.

사실 에르도안 대통령이 이스라엘의 팔레스타인에 대한 폭력 행위를 공개적으로 강하게 비난한 최초의 튀르키예 지도자는 아니다. 2002년에 전임 총리인 뷜렌트 에제비트(Bülent Ecevit)도 당시 이스라엘 총리였던 아리엘 샤론(Ariel Sharon)의 팔레스타인 정책에 대해 거칠게 비난했다. 에제비트 총리는 샤론 총리가 팔레스타인 자치정부 수반인 야세르 아라파트(Yasser Arafat)를 고립시키고 군사 작전을 확대하는 것을 국제법의 심각한 위반이라고 규탄했다(Aras 2002). 그러나 당시 튀르키예의 대이스라엘 비난의 강도와 빈도는 현재 에르도안 대통령 시기와 비교하면 상대적으로 온건했다.

## IV. 에르도안 대통령의 국내 권력 기반 다지기

역내 이스라엘·하마스, 이스라엘·헤즈볼라 전쟁에서 강경한 반이스라엘 전략을 진두지휘해 온 에르도안 대통령은 이미 국내에서 오스만 제국의 영광을 되찾자는 '신오스만주의'와 국수적 '튀르키예 민족주의'와 같은 포퓰리스트 구호로 확고한 지지층을 다져놓았다. 최근에는 무슬림 세계와 글로벌사우스에서 고통받는 시민의 대변자로 자신을 내세우는 동시에 튀르키예를 지역 강국이자 유능한 중재국으로 각인시키기 위해 분투했다. 이에 따라 튀르키예는 나토 회원국임에도 유라시아주의를 추구하며 지정학의 지각변동에 맞서 외줄 타기 균형 전략을 추구해 왔다. 이러한 전략적 대외 행보의 배후에는 에르도안 대통령의 일인 체제 공고화를 위한 국내 정치적 이해관계가 확고히 자리 잡고 있다.

2003년 총리로 취임한 후 10년 넘게 권력을 독점하던 에르도안 당시 총리는 점차 권력 사유화에 치중했다. 2014년 3회 연임으로 더는 총리직을 맡을 수 없게 되자 튀르키예 역사상 처음 열린 대선에서 51.7% 득표율로 대통령에 당선됐다. 에르도안 총리가 이미 2007년에 대통령 직선제 개헌안을 통과시켜 놓은 후였다. 2016년에 총리와 대통령직을 놓지 않은 에르도안을 겨냥해 군사 쿠데타가 일어났으나 참담히 실패했다. 이후 에르도안 대통령은 고강도의 공안 정치를 벌여 무소불위의 권력을 휘둘렀고 2017년 의원내각제를 대통령중심제로 교체해 제왕적 대통령제를 제도화하는 개헌에도 성공했다. 곧 2018년 대선에서도 52.5% 득표로 재선에 성공했다. 2023년 5월에는 에르도안 대통령이 결선 투표까지 가는 접전 끝에 또다시 대선에서 승리함으로써 종신 집권의 길을 열었다. 한때 무슬림 민주주의의 기대를 모았던 튀르키예는 권위주의 체제로 퇴행했고 2024년 튀르키예의 프리덤하우스 민주주의 지수는 100점 만점에 33으로 역내 왕정 국가인 요르단 수준으로 떨어졌다(Freedom House 2024).

그러나 2024년 3월에 치러진 튀르키예 지방선거에서 집권당은 최대 도시 이스탄불과 수도 앙카라 등에서 참패했다. 2023년 대선에서 결선 투표 끝에 3선 연임에 성공해 '21세기 술탄'의 길을 열었던 에르도안 대통령에게는 정치적 위기로 작용할 수 있다. 특히 에르도안의 잠재적 경쟁자인 제1야당 공화인민당 소속 에크렘 이맘오울루(Ekrem İmamoğlu) 현 이스탄불 시장이 다시 승리해 야권 대권 주자로서의 입지를 굳히면서 차기 정치 지형이 요동칠 수 있다. 즉 에르도안의 정권은 경쟁적 권위주의 체제를 강화하고 있지만, 수준 높은 민주적 역량을 보유한 튀르키예 시민사회는 강력한 반정부 연대를 조직했고 집권당의 권력 독점에 균형추 구실을 했다. 게다가 많은 쿠르드계가 공화인민당 후보에 전략적으로 투표한 것도 주효했다.

이에 에르도안 대통령은 의회에 '간첩 조항'을 도입해 이스탄불의 야당 부시장을 체포하고 쿠르드계 정당 소속의 시장 3명을 해임하는 등 국가 통제를 더욱 강화했다. 집권 엘리트는 철권통치와 함께 대국민 설득과 야당 정치인 회유 작업에도 돌입했다. 현행 헌법은 에르도안 대통령이 2028년 3선에 도전하는 것을 허용하지 않아 헌법 개혁이 최우선 과제로 떠올랐기 때문이다. 집권 여당과 함께 연립정부를 구성하고 있는 극우 민족주의 성향의 민족행동당 데블레트 바흐첼리(Devlet Bahçeli) 대표는 에르도안 대통령의 3연임은 튀르키예 역사 앞에 놓인 과제이자 테러리스트를 뿌리 뽑고 물가 안정을 가져올 옳은 선택이라고 강변해 왔다. 개헌안을 국민투표에 부치기 위해서는 전체 의원 정수 600명 중 5분의 3인 360명 이상이 찬성해야 하지만 현재 집권 여당과 연대하는 의석수는 최대 321석에 불과하다. 이에 범여권은 57석을 보유하며 무시하지 못할 정치적 영향력을 행사하는 친쿠르드 성향의 인민평등민주당에 협력을 요청하며 구애에 나섰다. 이에 더해 바흐첼리 대표는 투옥 중인 쿠르드노동자당의 지도자 압둘라 외잘란(Abdullah

Öcalan)에게 폭력을 중단하겠다고 약속하면 사면할 수도 있다는 파격적인 발언을 내놓기도 했다(AP 2024.10.22.).

## V. 나가며

미국과 중국, 러시아 간의 대결 구조 아래에서 중동 지정학의 지각변동이 속도를 내자 튀르키예를 포함한 중동 주요국의 불안감은 높아졌고 이들의 눈치 보기와 이합집산이 시작됐다. 역내에서 러시아의 국제적 위상 제고, 미국과 서방의 입지 축소, 이란의 시아파 헤게모니 추구가 두드러지자 튀르키예는 비자유주의 블록에 합류하려는 계산을 숨기지 않았다. 특히 미국발 역할 축소 가시화에 미국의 전통적 동맹 우방국인 사우디아라비아, UAE, 이스라엘마저 러시아와 중국과의 관계를 발전시켰고 미국의 동맹 체제는 느슨해졌다. 미국의 중동 떠나기와 균형 정책이 흔들림 없는 초당적 기조로 여기는 튀르키예는 미국의 이탈에 대비한 전략을 추구했다. 나토 회원국 튀르키예는 유라시아주의를 표방해 러시아, 중국과 밀착하고 새로운 연대 구축을 위한 치열한 탐색전에 나섰다. 동시에 G20과 믹타[MIKTA, 멕시코(Mexico), 인도네시아(Indonesia), 한국(Korea), 튀르키예(Türkiye), 호주(Australia)의 5개 중견국 협의체] 회원국 자리를 빌려 나토의 안보 협력 체계를 최대한 활용하기 위해 부단한 손익계산을 이어갔다. 또한, UAE, 사우디아라비아, 이스라엘, 이집트 등 역내 라이벌과도 관계를 재조정해 데탕트 수립을 시도하면서 상충하는 이해관계를 넘어선 지정학적 균형자가 되기 위해 분투해 왔다.

한편, 한국의 대중동 정책에는 미국의 중동 내 영향력이 줄어드는 시기 민주주의와 권위주의의 진영 갈등, 글로벌 노스와 사우스의 대립에 어떻게 대처할 것인가를 고민하는 역내 국가의 손익계산서가 고려되어야 할 것이다. 한국은 중동에서 핵확산 금지, 민주주의와 인권 보호, 자유시장경제와 법질서 지지를 핵심으로 삼는 중견국 외교를 강조해 왔다. 무엇보다 비자유주의 질서 진영이 추진하는 최첨단 기술을 활용한 강력한 감시 시스템 강화는 우리의 외교 원칙과 크게 어긋나기에 우리는 보편가치와 다자주의 원칙에 기반을 둔 중동 정책을 꾸준히 펼쳐야 할 것이다.

특히 2010년대 초반 이래 이러한 원칙과 국제사회 내 한국의 위상에 걸맞게 경제 이익을 넘어선 인도적 지원 정책, 평화유지 활동, 대테러 임무를 활발히 수행해 왔다. 이후 레바논 동명부대, 아덴만 청해부대, 남수단 한빛부대의 활약을 발판 삼아 2021년 한국은 유엔 평화유지 활동에서 10번째로 큰 기여국이 됐다. 다만 민주주의 수준이 높지 않아 가치 경쟁 속에서 고민을 겪는 사우디아라비아와 UAE 등 개별 국가와의 관계에서는 가치 중심적 접근을 직접 하기보다는 이들이 역점을 두는 개혁과 개방 및 세계화를 적극 지지하면서 국제규범의 원칙에 기반한 중견국 외교를 펼칠 수 있다. 또한, 한국은 2023년에 발발한 이스라엘·하마스 전쟁 이후 중동 내 인도주의 지원을 위해 과거보다 더 적극적인 정책을 펼쳤고 팔레스타인 민간인을 위한 인도적 지원금을 두 차례에 걸쳐 제공했다. 그럼에도 OECD 산하 개발원조위원회의 자료에 따르면 한국의 국민총소득 대비 공적 개발원조 비중은 0.17%로 회원국의 평균인 0.37%의 절반도 되지 않는다(Harcourt and Rivera 2025). 원조 수혜국에서 기부국으로 전환해 책임감 있고 신뢰받는 중견국으로 성장하는 한국은 국격에 부합하도록 글로벌사우스의 인도주의 취약 지역에 대한 원조와 기부를 늘려야 할 것이다.

## 참고문헌


신범식. 2022. "아시아의 지정학적 중간국 외교 비교연구: 개념, 이론, 설명틀의 모색." 『아시아의 지정학적 중간국 외교』. 과천: 진인진.

장지향. 2023. 『최소한의 중동 수업』. 서울: 시공사.

장지향·신문경·김지연. 2024. 『미중 경쟁 시기 중동과 중국의 협력: 평가와 함의』. 서울: 아산정책연구원.

장지향·유아름. 2022. "우크라이나 전쟁과 중동 주요국의 손익계산서." 아산 이슈브리프 2022-16.

Ant, Onur. 2024. "Turkey's Erdogan Compares Israel Gaza Offensive to Hitler." *Bloomberg*. July 20.

AP. 2024. "A hard-line Turkish politician suggests parole for an imprisoned Kurdish leader." October 22.

Aras, Bülent. 2002. "Turkey and the Palestinian Question since al-Aqsa Intifada." *Alternatives: Turkish Journal of International Relations* 1(3): 49-63.

Can, Yusuf and Seda Güneş. 2024. "Turkey-Israel Relations After October 7: Layers of Complexity and Posturing." *Wilson Center Insight & Analysis*. October 17.

Freedom House. 2024. *Freedom in the World 2024*. Lanham: Rowman & Littlefield.

Gumrukcu, Tuvan and Huseyin Hayatsever. 2023. "Turkey's Erdogan says Hamas is not terrorist organisation, cancels trip to Israel." *Reuters*. October 26.

Harcourt, Sara and Jorge Rivera. 2025. "Official Development Assistance (ODA)." *ONE Data & Analysis*.

Reuters. 2020. "Turkey says UAE spreading chaos in Middle East." May 13..

Reuters. 2024. "Turkey's Erdogan at G20 summit says Russia has to protect itself." November 20.

Samson, Adam. 2024. "Recep Tayyip Erdoğan's rhetoric stokes anti-Israel sentiment in Turkey." *The Financial Times*. September 4.

Soylu, Ragip. 2024. "What's behind the claims Hamas is moving to Turkey?" *Middle East Eye*. November 19.

Ünveren, Burak. 2023. "Israel-Hamas war strains ties with Turkey." *DW*. November 4.

# 제13장 인도네시아의 글로벌사우스 인식과 전략*

최경준(건국대학교 정치외교학과)

* 이 글은 "인도네시아의 글로벌 사우스 외교: 위협과 종속의 분산을 통한 다극 질서의 모색"이라는 제목으로 『아시아연구』(제28권 1호, 2025)에 게재된 논문의 일부를 수정 및 보완하여 작성된 것임을 밝힌다.

## I. 서론

글로벌사우스 국가들은 주권의 존중, 국제사회의 평등, 어느 한 강대국의 편에 서지 않는 비동맹을 추구하는 자유로운 외교정책과 이러한 가치와 원칙을 공유하는 국가들 사이의 연대와 다자주의에 기반하여 국제문제에 적극적으로 참여하는 일관된 흐름을 보여 왔다. 특히 1955년 '아시아-아프리카 회의(Asia-African Conference)'를 반둥에서 개최한 인도네시아는 글로벌사우스 국가들이 지향하는 외교정책의 규범과 실행을 구체적이고 일관된 형태로 드러내 온 국가들 중 하나이다.

인도네시아는 서구 국가들이 주도하는 전후 국제질서에 반대하며 약소국과 저발전국가들로 구성된 비서구(non-West) 국가들의 관점과 역할을 반영한 평등한 국제 구조를 만들기 위해 글로벌사우스 차원의 외교적 노력을 주도해 왔다. 반둥 회의를 시작으로 인도네시아는 식민지 경험과 저발전 상황을 공유하는 국가들의 결집을 도모하였고, 냉전기 미-소 진영 사이에서 독자적인 글로벌사우스 세력이 형성되는 데 기여하였다.

비록 국내 정치 및 경제적 환경의 변화로 중국과 미국 등 특정 국가로 경도되는 양상을 보이기도 하였으나 인도네시아는 어느 한 진영이나 국가의 편에 서지 않으면서 국제정치 문제에 적극 참여하는 외교노선을 외교정책과 조화시키는 노력을 기울여 왔다. 인도네시아에게 미-중 갈등은 주권과 자율성을 강조하는 인도네시아의 전통적 외교규범이 단순한 레토릭이 아닌 현실 속 정책으로 구현될 수 있는 환경을 제공하고 있다.

이 글은 인도네시아 외교가 독립 이후 오늘날까지 시기에 따라 어떠한 연속성과 변화의 모습을 보여왔는지, 그 속에 글로벌사우스에 대한 접근법이 어떻게 반영되어 있는지를 국제체제, 지역, 다자관계, 양자관계 수준에서 살펴본다. 특히 외교정책의 이념과 국내 정치경제적 현실이 어떻게 상호작용하며 글로벌사우스 외교가 다양한 층위에서 수행되도록 만드는가를 미-중 갈등, 러시아-우크라이나 전쟁, 이스라엘-팔레스타인 분쟁, 다자기구 가입, 국제원조에 대한 인도네시아의 접근법을 중심으로 분석한다.

## II. 인도네시아와 글로벌사우스

### 1. 위협과 종속의 분산

제2차 세계대전의 종전은 구 식민지 국가들의 해방과 독립을 자동적으로 가져다주지 않았다. 영국, 네덜란드, 프랑스 등 승전국들은 구 식민지 지역에 대한 지배와 제국적 지위를 지속시킬 질서유지를 원하였고, 공식적인 식민지 지배의 종식 이후에도 많은 비서구 국가들이 구 식민지 지배국들에게 구조적으로 종속되어 있었다. 특히 인도네시아는 1945년 8월 17일 독립을 선언하였으나 네덜란드를 상대로 한 독립전쟁을 벌인 끝에 1949년 12월 27일 독립을 승인받을 수 있었다. 인도네시아가 다른 탈식민지 신생 독립국들과 결집하여 요구했던 것은 제국적 질서로의 회귀가 아닌 저발전 국가들의 목소리가 반영되고 균등한 발전이 실현되는 국제질서의 창출이었다(Phillips 2016, 332-333). 이는 인도네시아가 추구해 온 외교가 정치적 독립성과 경제적 평등성을 국제적으로 실현하는 것을 목표로 삼았음을 의미한다. 인도네시아의 글로벌사우스 외교는 〈표 13.1〉에서 보듯 이러한 목표를 달성하기

**표 13.1** 인도네시아 글로벌사우스 외교의 목적과 수단

| 목표(Vision) | 정치적 독립성 | 경제적 평등성 |
|---|---|---|
| | ↑ ↑ | ↑ |
| 과정(Process) | 위협과 종속의 분산 | |
| | ↑ ↑ | ↑ |
| 독트린(Doctrine) | '자유롭고 적극적인 외교' | |
| | ↑ ↑ | ↑ |
| 수준(Level) | 원칙(Principle) | 수단(Means) |
| 국제체제<br>(International System) | ○다극질서<br>○다원화된 국제사회 | ○반제국주의 이념<br>○연대성, 단결성 |
| 지역<br>(Region) | ○아세안 중심성 | ○역내 리더십<br>○포용성, 단결성 |
| 다자관계<br>(Multi-lateral) | ○비동맹/중립 | ○헤징적 다자주의<br>○등변형(equilateral) 협력 |
| 양자관계<br>(Bi-lateral) | ○"친구는 많게, 적은 없게" | ○헤징<br>○동맹 거부 |
| 국내<br>(Domestic) | ○국내질서 안정 | ○민주주의, 경제발전<br>○다양성 속 내부 통합 |

출처: 저자 작성.

위한 원칙과 수단 및 과정의 체계로 이해될 수 있다.

국제적으로 정치적 독립성과 경제적 평등성을 실현하기 위해 인도네시아에게 필요한 것은 '위협과 종속의 분산'이다. 독립 후 약소국에서 출발하여 중견국의 지위에 오른 인도네시아에게 강대국에 의한 정치적, 군사적 위협과 외부 세력에 대한 경제적 종속은 여전히 독립성과 평등성의 목표 실현을 위해 해결해야 할 과제이다. 위협과 종속을 분산하여 독립성과 평등성을 실현하기 위해 인도네시아가 설정한 '자유롭고 적극적인(Free and Active, *bebas aktif*)' 외교 독트린은 독립 이후 현재까지 인도네시아 외교가 추구한 공식적인 원리로 표방되고 있

다(Febrica 2023, 25).

인도네시아 외교는 국제체제, 다자관계, 지역, 양자관계 차원에서 구체적인 수단과 원칙을 체계화시키는 방식으로 진화되어 왔다. 국제체제 수준에서는 단극체제나 양극체제가 아닌 다극질서에 기반한 다원화된 국제사회 원칙을 지향하고 있으며, 반제국주의 이념과 글로벌사우스 국가들 사이의 연대와 단결이 수단으로 강조되고 있다. 지역 수준에서는 ASEAN을 통한 동남아 지역 국가들과의 협력과 연대를 추구해 왔고, 어떠한 강대국이나 외부 세력이 아닌 ASEAN이 지역질서를 주도해 나가는 'ASEAN 중심성'이 표방되고 있다.

한편 다자관계 수준에서는 비동맹과 중립의 원칙을 이루기 위한 '헤징적 다자주의'와 '등변형 협력'이 추구되고 있다. 헤징적 다자주의는 복수의 다자주의 기구에 참여함으로써 특정 다자주의 집단에 대한 의존을 줄이는 외교 방식이며, 등변형 협력은 협력하는 국가들 사이의 거리를 균등하게 만듦으로써 특정한 국가에 쏠리지 않는 중립성을 유지하는 전략이다(Shekhar 2018, 199-200). 양자관계 수준에서는 '친구는 많게, 적은 없게(million friends and zero enemies)'라는 원칙이 헤징전략을 활용하고 동맹을 거부하는 방식으로 추구되고 있다. 헤징은 특정한 강대국과 명확한 형태의 동맹관계를 맺는 것을 회피하고 강대국 갈등이 발생할 경우 어느 국가의 편에 설 것인지에 대한 불확실성을 의도적으로 만들어내는 외교 전략이다(Yoshimatsu 2022, 162; Gerstl 2022, 17).

특히 인도네시아의 외교 목표, 전략, 수단이 국내정치에 뿌리를 두고 있다는 점이 간과되어서는 안 된다. 내부적으로 종교, 문화, 인종적 다양성을 지닌 인도네시아는 독립 이후 종족 갈등, 분리주의 운동, 무력 사용으로 인한 유혈 사태 등 일련의 국내정치적 혼란을 경험해 왔다. 인도네시아가 경험한 이러한 내부 갈등은 외부 세력의 간섭과 영향력을 최소화할 필요성을 지속시켰다. 또한 인도네시아는 교역과 투자 등 타국과의 협력적 관계를 통해 경제성장을 이루어야 할 필요성에 직면해 있다. 인도네시아는 민주주의, 경제발전, 다양성 속 내부 통합을 통해 국내질서의 안정을 도모하고, 민주주의 성과와 증대된 경제적 능력을 지역 및 국제정치 속에서 자국의 위상과 리더십을 강화하기 위한 외교적 자산으로 인식하고 있다.

## 2. 비동맹주의와 국제적 연대

인도네시아의 외교노선은 초대 부통령 하따(Mohammed Hatta)가 1948년 9월 2일 천명한 '자유롭고 적극적인' 외교 원칙에 기반을 두고 있다. '자유(*bebas*)'의 원칙은 외교정책과 관련된 의사결정에서 외부 세력의 간섭으로부터 벗어나 자신만의 방향성과 입장을 자유롭게 결정하는 것을, '적극(*aktif*)'의 원칙은 강대국을 따르는 수동적인 행위자에 머물지 않고 적극적인 역할을 국제적 사안에서 수행함을 의미한다(이지혁 2023, 38). '2개의 암초 사이에서 노젓기(rowing between two reefs)'로 표현되는 이 노선은 인도네시아가 어느 한 강대국 진영에 속하지 않는 비동맹주의와 강대국 사이 헤징전략을 추구하도록 만드는 외교전략의 독트린으로서 인도네시아 외교에 지속적인 영향을 미치고 있다(Umar 2023, 1463).

인도네시아 헌법은 이러한 외교 독트린의 법률적, 규범적 기반이다. 인도네시아 헌법 서문은 독립이 모든 민족들의 배제 불가능한 권리이며 인간애와 정의의 조건과 양립할 수 없는 식민지주의가 지상에서 소멸되어야 함을 명시하고 있다. 인도네시아 헌법은 자유, 평화의 지속, 사회정의에 바탕을 둔 세계질서를 유지하는 데 참여하는 것이 인도네시아가 추구해야 할 국제적 목표임을 밝힘으로써 독립과 평화를 증진하기 위한 적극적인 외교적 역할을 요구하고 있다(Karim 2023, 52). 따라서 인도네시아가 추구하는 강대국 사이에서의 자율적인 외교전략을 기회주의적이거나 원칙 없는 임기응변식(*ad hoc*) 대응으로 간주할 수 없다. 오히려 인도네시아 외교노선은 동등한 주권의 확보와 유엔을 주축으로 한 다자주의 국제질서에 대한 일관된 원칙과 규범 속에서 제시되고 있다(Acharya 2016, 345).

특히 독립을 추구하는 국가들과의 연대는 인도네시아 외교정책에 정당성을 부여하는 추진 동력이며, 연대주의(solidarity)와 적극주의(activism)를 통한 반제국주의(anti-imperialism)는 인도네시아가 추구해 온 초기 글로벌사우스 외교의 주요 특성이다. 인도네시아는 반식민주의와 국제적 불평등 문제의 해결을 글로벌사우스 차원에서 논의하고 이들과 협력을 이루기 위해 반둥회의를 개최하여 비동맹 운동(Non-Aligned Movement, NAM)을 주도했으며, 보편적인 인권, 유엔에 대한 지지와 개혁을 요구하며 국제사회에 호소력을 지닐 수 있는 규범을 전달하고자 하였다. 반둥회의와 비동맹주의를 이끌었던 수카르노(Sukarno, 1945-1967 재임) 대통령은 독립 국가들로 구성된 '새로운 세력'들이 식민주의와 제국주의 '구세력'들에 대항하기 위해 필요한 리더십을 인도네시아가 발휘할 것을 희망하였다(Sebastian and Priamarizki 2024, 785).

물론 인도네시아의 외교가 현실적으로 비동맹주의를 철저히 지켰던 것은 아니다. 오히려 미국과 중국 등 특정 국가 및 세력과 보다 긴밀했던 모습을 보여왔다. 수카르토 시기에는 중국과 친화적인 관계를 형성하여 서구의 신식민주의와 제국주의에 대항하고자 하였다. 인도네시아는 1950년 중국을 최초로 외교적으로 인정한 국가 중 하나이며, 중국을 반둥회의에 초대하여 중국의 외교적 고립을 타개해 주었다. 반면 수하르토(Suharto, 1968-1998 재임) 시기에는 중국과의 관계를 청산하고 미국 친화적인 정책을 취하였다(Anwar 2022, 356-357). 1966년부터 1998년 시기 동안 인도네시아는 중국으로부터 제기되는 내부적인 공산주의 전복 위협을 안보와 정치적 안정성에 대한 최대 위협으로 여겼고, 이는 중국과의 외교 관계 단절로 이어졌다. 중국과의 관계 개선은 탈냉전 이후인 1990년대 들어서 중국이 1997년 금융위기를 극복하는 데 기여하고, 동남아 화교 문제에 대한 불간섭, 공산주의 확장 지원 중단을 표명한 후에야 이루어졌다(최경희 2021, 205).

미국과 중국 사이에서 인도네시아가 보인 이러한 행보는 기회주의적이거나 일관성이 결여된 외교라기보다는 자유롭고 적극적인 외교 독트린의 일환으로 해석될 수 있다. 수카르노가 비동맹주의 원칙을 추구하면서 사실상 서구에 대한 균형 정책을 취했다면, 수하르토는 서구와의 관계 증진을 통해 국내외적 위협을 가하던 중국에 대한 균형 정책을 전개하였다. 그러나 수하르토 역시 비동맹주의 외교 원칙을 전적으로 부정하지 않았다. 그는 수카르노의 외교가 친중성을 지녀 인도네시아의 '자유롭고 적극적인' 외교 원리에서 벗어났다고 비판함으로써 자신을 비동맹주의 외교의 수호자로 합리화하였다(Fibiger 2023, 106).

비록 글로벌 수준의 연대를 강조하는가 아니면 동남아 지역 단위의 협력을 강조하는가에 있어 차이가 존재하지만, 특정한 강대국 또는 세력의 간섭과 영향력에 대항하여 다자적 협력을 추구했다는 점에서 인도네시아 외교는 일관성을 유지해 왔다. 수카르노가 국제적 차원에서 글로벌사우스의 이념적 연대를 중요시했다면 수하르토는 동남아 지역 차원의 협력과 자국의 역내 리더십 강화에 외교적 초점을 두었다. 수하르토 시기 인도네시아는 지역 단위 협력을 동남아 지역 안정과 평화의 주된 수단으로 접근하여 1967년 ASEAN 창립을 주도하였다(Anwar 2022, 357-358).

냉전 시기 인도네시아가 사실상 서구 국가들과 긴밀한 관계를 발전시킨 것은 인도네시아 외교와 경제에 장기적인 영향을 미쳤다. 미국은 인도네시아가 1970년대 경제발전을 추진하는 데 있어 핵심적인 파트너였고, 서구 국가들로부터 제공받은 재정적 지원은 인도네시아가 국내 경제를 발전시키는 데 활용되었다(Karim 2023, 59). 그러나 미국과의 긴밀한 관계는 역설적으로 비동맹 외교의 중요성을 각인시켰다. 미국의 지지를 받던 수하르토 정권이 1965년에서 1966년 사이 반공산주의 숙청을 통해 약 1백만 명의 민간인들을 학살했던 경험은 인도네시아가 어느 특정한 강대국과 밀착되는 것이 초래할 위험성을 경계하고 특정한 강대국의 편에 서지 않는 원칙이 지닌 중요성을 상기시키는 계기가 되었다(Chivvis et al. 2023).

### 3. 탈냉전과 민주화 속 글로벌사우스 외교

1997년 금융위기와 함께 전개된 국내정치의 민주화와 탈냉전이라는 국제 구조의 변화는 인도네시아가 외교의 목표와 지역 및 국제적 수준의 역할을 어떻게 설정할 것인가에 대한 도전과 기회를 제공하였다. 인도네시아는 민주화된 국가로서 수행할 국제적 역할, 경제성장이라는 국가 이익의 달성, 강대국들과의 관계 설정, 저발전된 글로벌사우스 국가들의 목소리를 대변하는 역할을 '자유롭고 적극적인 외교'의 연장선상에서 추진하기 위한 방안을 모색해 나갔다.

유도요노(Yudhoyono, 2004-2014 재임) 대통령은 자국의 민주주의 정체성을 국제사회 속에서 적극적인 역할을 수행하기 위한 수단과 동력으로 삼고자 하였다. 그는 자국의 주요 대외정책 목표로 국제사회 속에서 민주주의 국가정체성을 강화하고 확대하는 것과 국제적 포럼에서 외교적 성공을 이루어내는 민주주의 국가의 지위를 회복하는 것으로 설정하였다. 특히 이슬람 극단주의가 성장하고 테러와의 전쟁으로 인해 서구와 이슬람 사이의 긴장이 증가하고 있는 상황에서 이슬람 최대의 민주주의 국가이자 세속주의 민주주의를 지키고 있는 인도네시아가 두 문명들 사이 '가교건설자(bridge-builder)'의 역할을 수행할 수 있음이 강조되었다(Karim 2023, 65-66). 인도네시아는 외교적으로 인권, 민주주의 등의 가치를 강조하며 UN 등의 국제기구에 적극 참여하여 인도네시아의 국제적 위상을 높이고자 하였다(이지혁 2023, 60).

그러나 외교에서 민주주의를 강조하는 인도네시아의 입장이 서구식 민주주의의 보편성을 주장하거나 서구 진영과의 밀착을 의미하는 것은 아니었다. 인도네시아는 민주주의를 다른 나라들에 투사하는 대신 다른 국가들의 주권에 간섭하지 않으면서 민주주의와 인권의 가치를 명료화하는 것을 목표로 하였다. 유도요노는 서구와 비서구 민주주의 국가들이 동동한 입장에서 각자의 경험을 공유하고, 평화롭고 안정적인 질서에 기여할 것을 희망하였다. 이는 인도네시아가 주권의 존중, 비동맹주의, 다자주의를 통한 적극적인 외교를 민주주의와 연결하고자 하였음을 말해준다(Brigg et al. 2016, 417).

유도요노의 '친구는 많게, 적은 없게' 외교정책은 적극적인 다자주의와 ASEAN 역내 및 이를 넘어서는 공간에서 자국의 역할을 수행하려는 의지와 방침을 반영하고 있다. 그는 1) 국제관계에 대한 조화로운 접근, 2) 중립과 비위협적 전략적 태도, 3) 외교적 역량을 강화하기 위한 원천으로서의 연결성, 4) 인도네시아의 국제적 정체성을 투사할 수단으로서의 외교정책, 5) 열려 있고, 온화하며, 관용적이고, 외부지향적인 민족주의를 주요 원칙으로 내세웠다. 유도요노 대통령은 민주주의 가치의 공유가 특히 미국과 서구 국가들과의 협력을 위한 디딤돌이 될 것이라 믿었고, 인도네시아의 민주주의 특성이 발현될 수 있는 공간이 국제질서 속에서 확보될 수 있기를 희망하였다(Agastia 2019, 299).

조코위(Joko Widodo, 2014-2024 재임) 대통령 역시 '자유롭고 적극적인' 외교의 핵심적인 원칙과 기조를 계승하였다. 다만 그는 평등한 경제적 성과가 국제적 차원과 국내적 차원에서 나타날 수 있는 국제질서의 필요성에 대해 강조함으로써, 인도네시아 외교의 목표가 가시적인 경제적 성과를 이루는 데 있음을 주장하며 이전 정부와 차이를 드러내었다(Sebastian and Priamarizki 2024, 784). 그는 유도요노 대통령이 추구한 '친구는 많게 적은 적게'의 외교정책을 경제적 이익 관점에서 재해석하여 국가적 이익이 어떤 국가를 친구로 만들 것인가를 결정하는 핵심적인 요인이며, "만약 친구를 만드는 것이 이득을 가져다 주지 않는다면 이를 하지 않을 것"임을 주장하였다(Rüland 2018, 206).

따라서 조코위 정부는 경제적인 실리 추구를 외교의 기본 원칙으로 삼아 양자관계를 통한 해외투자 유치, 인프라 개발에 집중하였고, 미-중 패권경쟁 속에서 두 국가 사이 양자 택일을 강요받지 않겠다는 입장을 견지하였다. 그는 미-중 양국으로부터 오는 투자와 이들과의 인프라 협력을 모두 환영하는 실용적 정책과 양국과의 협력을 강조하는 균형외교를 구사하였다. 그와 동시에 전통적인 다자주의를 강조하는 외교정책을 실행해 나갔다. 인도네시아는 반둥회의 60주년 아시아-아프리카 정상회의(2015), 이슬람협력기구(Organization of Islamic Cooperation, OIC) 특별정상회의(2016), 환인도양연합(Indian Ocean Rim Association, IORA) 정상회의(2017) 등을 개최하며 여러

지역에 걸친 다자협력을 추진하였고, OIC를 통해 이슬람권 국가들과 긴밀한 협력관계를 발전시켜 나갔다(김창범 2019, 38-41).

## III. 강대국 갈등 속 글로벌사우스

### 1. 미-중 갈등과 인도네시아

미-중 갈등에 대한 인도네시아의 인식과 접근은 두 강대국에 대한 양자적 차원의 헤징전략과 동남아 지역 협력 기구인 ASEAN을 통한 다자적 차원의 전략으로 구분된다. 두 접근법 모두 인도네시아가 추구해 온 '자유롭고 적극적인 외교'와 비동맹 외교의 연장선상에 있다. 강대국 경쟁의 귀환이 인도-태평양 지역에서 분쟁과 갈등의 위험성을 증대시킬 불확실성은 인도네시아가 미국과 중국 중 어느 하나를 지지해야 하는 선택의 상황에 내몰리지 않도록 하는 전략의 필요성을 높이고 있다(Anwar 2022, 354).

인도네시아가 헤징전략을 채택하는 이유는 독립성을 중시하는 인도네시아의 전통적인 외교 노선과 부합할 뿐만 아니라 인도네시아가 처한 물질적 역량의 한계 속에서 택할 수 있는 현실적인 대안이기 때문이다. 신생 독립국으로 출발한 인도네시아는 세계 4위의 인구 대국이자 가장 큰 도서 국가이며 풍부한 지하자원을 지닌 중견국으로 부상하였고, G20의 구성원과 신흥 7국(Emerging 7, E7)의 일원으로서 지역 및 국제사회에서 정치 및 경제적 지위를 높여 왔다(Yoshimatsu 2022, 160). 그러나 군사력과 경제력 면에서 인도네시아는 미국과 중국을 비롯한 주요 강대국들과 비교할 때 취약한 국력을 지니고 있다.

첫째, 군사 능력에서 인도네시아는 〈표 13.2〉에서 보듯 2023년 기준 국방비 총액에서 ASEAN 국가들 중 싱가포르 다음으로 가장 많은 국방예산을 집행하고, 베트남 다음으로 가장 많은 현역 군인 수를 지니고 있다. 그러나 미국, 중국과 비교할 때 인도네시아의 국방비는 미국의 1%에도 미치지 못하며 중국의 4%에 불과하다. 현역 군인의 수도 미국의 30.5%, 중국의 19.9% 수준에 불과하다. ASEAN 10개국 중 국방예산이 알려지지 않은 라오스를 제외한 9개국의 국방예산을 다 합쳐도 미국의 5.5%, 중국의 22.8%에 불과하다. 현역 군인의 수는 ASEAN 국가들을 모두 합하면 미국의 142%가 되지만 중국에 비해서는 92%로 열세에 있다.

인도네시아는 베트남, 필리핀 등 다른 ASEAN 국가들과 달리 남중국해에서 중국과 직접적인 영토 분쟁을 겪고 있지 않다. 그러나 나투나

**표 13.2** 미국, 중국, 인도네시아 군사력과 경제력 비교 (군사력: 2023년, 경제력: 2021년)

| 국가 | 국방비 (US$, million) | GDP 대비 국방비(%) | 현역 군인 (천명) | GDP (US$, million) | GDP per capita(US$) |
|---|---|---|---|---|---|
| 미국 | 905,458 | 3.36 | 1,326 | 23,315,085.560 | 70,219.47 |
| 중국 | 219,455 | 1.24 | 2,035 | 17,802,459.342 | 12,617.51 |
| 브루나이 | 485 | 3.20 | 7 | 14,006.497 | 31,448.91 |
| 캄보디아 | 1,182 | 3.82 | 124 | 26,961.061 | 1,625.24 |
| 인도네시아 | 8,782 | 0.62 | 405 | 1,186,505.455 | 4,334.22 |
| 라오스 | n.k | n.k | 29 | 18,827.148 | 2,535.62 |
| 말레이시아 | 4,006 | 0.93 | 113 | 372,981.073 | 11,109.27 |
| 미얀마 | 3,051 | 4.08 | 201 | 65,124.769 | 1,210.54 |
| 필리핀 | 6,177 | 1.43 | 146 | 394,087.362 | 3,460.54 |
| 싱가포르 | 13,401 | 2.69 | 51 | 423,796.995 | 77,710.07 |
| 태국 | 5,670 | 1.11 | 361 | 505,568.057 | 7,060.90 |
| 베트남 | 7,390 | 1.71 | 450 | 366,137.590 | 3,756.49 |
| ASEAN 전체 | 50,144 | - | 1,887 | 3,373,996.007 | - |

출처: IISS(2024, 542-544); World Bank, World Integrated Trade Solution.

(Natuna) 제도에서 인도네시아의 배타적 경제수역(EEZ)이 중국이 주장하는 '구단선'과 중첩되고 있으며, 중국 어선들의 불법적인 어로 행위로 인한 양국 간 충돌이 문제가 되어 남중국해 분쟁에서 자유롭지 않다. 인도네시아는 중국의 군사안보적 위협에 대응하기 위해 미국을 비롯한 서방 국가들과 협력이 필요하다. 조코위 대통령이 인도네시아의 해양 정체성에 기반한 '글로벌 해양 지주(Global Maritime Fulcrum, GMF)' 비전을 주창한 것은 해양국인 인도네시아가 지닌 지리적 특성뿐만 아니라 중국 위협이라는 해양 안보환경과 밀접히 관련되어 있다(Rosydin 2021, 304-305).

둘째, 경제적 측면에서 인도네시아는 2021년 기준 전체 GDP가 ASEAN 국가들 중 가장 높아 2위인 태국보다 2배 이상 많으며 규모 면에서 동남아 지역에서 가장 강력한 경제 대국이다. 그러나 1인당 GDP는 가장 높은 싱가포르의 5%에 불과하며 인접한 경쟁국인 말레이시아의 40%에도 미치지 못한다. 미국, 중국과 비교할 때 인도네시아 전체 GDP는 미국의 5%, 중국의 6%에 머물고 있다. ASEAN 전체의 경제 규모 역시 전체 GDP에서 미국의 14.4%, 중국의 18.9%에 불과하다. 인도네시아와 동남아 국가들이 지닌 경제력의 한계는 비록 인도네시아가 일국 차원 또는 ASEAN을 통해 주도적이고 독자적인 외교적 역할을 희망하더라도 미국과 중국 등 주요 강대국들에 필적할 만한 물질적 능력을 갖추고 있지 못함을 의미한다.

따라서 인도네시아는 경제성장을 자국이 추구할 주요 국가 목표로 설정하고 있으며, 타국과의 경제협력과 외부로부터의 투자와 지원으로 이를 달성하고자 한다. 인도네시아는 경제적으로 미국과 중국을 모두 필요로 한다. 특히 세계 최대의 니켈 보유량을 지닌 인도네시아는 전기차 배터리 부문의 최대 생산국이 되기를 희망하며 이를 육성하기 위한 노력을 기울여 왔다. 인접한 경제 대국인 중국의 투자와 세계 최대의 시장 중 하나인 미국이 모두 중요하기에 두 국가와의 협력 관계가 유지될 필요가 있다(Chivvis et al. 2023).

그러나 인도네시아 경제에서 차지하는 중국의 중요성은 점점 높아지고 있다. 〈표 13.3〉에서 보듯 인도네시아 수출과 수입에서 미국이 차지하는 비중이 각각 11.15%, 5.76%에 머무는 데 비해 중국은 수출과 수입이 각각 23.23%, 28.66%를 차지하는 인도네시아 최대 교역국이다. 인도네시아의 ASEAN 역내 국가들과의 교역도 중국과 비교할 때 매우 미약한 수준이다. 인도네시아의 교역에서 ASEAN 전체 국가들과의 수출과 수입이 차지하는 비중을 모두 합쳐도 중국보다 작다. 가장 큰 역내 수출국인 말레이시아의 비중은 약 5.2%에 불과하고, 가장 큰 역내 수입국인 싱가포르의 비중은 4.7%가량에 머물고 있다. 브루나이,

**표 13.3** 인도네시아의 미국, 중국, ASEAN 역내 교역 구조 (2021년, US$ Thousand)

| 국가 | 수출 | | 수입 | |
|---|---|---|---|---|
| | 교역량 | 비중 | 교역량 | 비중 |
| 미국 | 25,820,254.78 | 11.15 | 11,308,706.99 | 5.76 |
| 중국* | 53,781,904.50 | 23.23 | 56,227,202.30 | 28.66 |
| 브루나이 | 211,434.29 | 0.09 | 162,844.24 | 0.08 |
| 캄보디아 | 531,124.66 | 0.23 | 49,256.30 | 0.03 |
| 라오스 | 7,577.03 | 0.00 | 37,967.25 | 0.02 |
| 말레이시아 | 12,006,469.60 | 5.19 | 9,451,030.47 | 4.82 |
| 미얀마 | 1,122,300.85 | 0.48 | 165,906.47 | 0.08 |
| 필리핀 | 8,603,714.68 | 3.72 | 2,273,265.24 | 0.65 |
| 싱가포르 | 11,634,139.48 | 5.03 | 15,451,683.94 | 7.88 |
| 태국 | 7,090,257.10 | 3.06 | 9,146,469.12 | 4.66 |
| 베트남 | 6,851,269.48 | 2.96 | 4,212,975.83 | 2.15 |
| ASEAN 전체 | 48,058,287.17 | 20.76 | 40,951,398.86 | 20.37 |

출처: World Bank, World Integrated Trade Solution.

* 중국 수치에서 홍콩은 제외

캄보디아, 라오스, 미얀마 등 대부분의 역내 국가들은 수출과 수입 비중이 모두 1%도 되지 않아 인도네시아의 교역 구조에서 사실상 거의 존재감을 지니고 있지 않다.

## 2. 헤징과 ASEAN 차원의 외교

낮은 역내 교역 비중, 경제발전을 위한 외부 투자의 필요성, 중국 경제의 부상이라는 경제환경 속에서 인도네시아는 중국과의 경제협력을 강화하기 위한 외교적 노력을 전개해 나갔다. 조코위 대통령은 2015년 베이징을 방문하여 중국이 제안한 21세기 해양실크로드 계획과 인도네시아의 GMF 전략이 지닌 상호 보완성에 대해 합의하였다. 2017년 베이징에서 열린 제1차 국제협력을 위한 일대일로 포럼에 참석한 조코위는 일대일로가 항만에서 기차에 이르는 "보고 만질 수 있는 산업"을 건설하는 것과 관련되어 있으며 이는 "세계가 지금 바로 필요로 하는 일종의 용기이자 진정한 행동이다"라고 평가하였다(Yoshimatsu 2022, 164-167).

중국의 대규모 투자는 인도네시아가 필요로 하는 인프라 건설을 가속화하기 위해 필요한 재원 조달에 도움이 된다는 점에서 국내적으로 환영을 받았다. 2014년 이후 조코위 정부는 급속한 경제성장과 이를 위한 인프라 구축에 매진하였고, 인도네시아의 발전 전략은 자국 국영기업이 중국 회사로부터 돈을 빌려 고속도로, 공항, 발전소, 고속철도를 건설하는 형태로 나타났다. 그러나 중국에 대한 과도한 부채와 경제적 종속을 야기할 수 있는 중국의 약탈적 투자가 자국 주권에 대한 위협을 초래할 수 있다는 우려와 비판 역시 제기되었다. 일대일로 사업과 함께 많은 중국인 노동자들이 국내로 유입되면서 반중 정서가 표출되는 문제도 나타났다(Chivvis et al. 2023).

따라서 인도네시아는 중국의 일대일로와 협력하는 동시에 중국에 대한 의존과 종속 가능성을 줄이기 위해 타국가들과의 협력을 통해 투자의 다각화를 추구하고 있다. 중국은 자카르타(Jakarta)와 반둥 사이의 고속철도 건설을 인도네시아로부터 수주하였지만, 자카르카와 수라바야(Surabaya)를 연결하는 장거리 준고속철도(semi-high-speed train network) 노선의 건설 사업(약 80억 달러 규모)은 일본이 수주하였다. 일본은 수도 자카르타에서 다른 2개의 거대 인프라 개발 프로젝트를 진행하고 있다. 이는 경제 영역에서 인도네시아가 추구하는 헤징 전략을 보여준다(Shekhar 2018, 210; Anwar 2020, 120).

안보 영역에 있어서도 인도네시아는 헤징전략을 구사하고 있다. 조코위 정부는 GMF 전략의 일환으로 새로운 해양안보 부서를 창설하고 나투나 제도를 관장하는 주요 해군 기지를 업그레이드하여 해양안보를 강화하였다. 특히 나투나 제도에 대한 주권이 협상 대상이 아님을 분명히 밝히고 중국 어선의 어업 활동을 강력히 단속해 왔다. 그러나 중국으로부터 제기되는 위협으로부터 자국의 주권 보호를 원하면서도 중국과의 직접적인 전략 경쟁에 휘말리는 것을 피하고 있다(Chivvis et al. 2023). 집권 초기 GMF 외교 비전을 통해 해양에서 중국 위협을 경계하던 조코위 대통령은 자국이 원하는 인프라 투자를 중국으로부터 유치하기 위해 더 이상 GMF를 자국의 비전으로 언급하지 않기 시작했다(Febrica 2023, 46).

인도네시아의 헤징전략은 미국과의 관계에서도 명확히 나타난다. 인도네시아는 미국과 안보협력을 강화하여 중국으로부터 제기되는 안보위협에 대응하고 있다. 양국은 매년 소규모 전문가 교환에서 대규모 다국적 군사 훈련에 이르기까지 220회 이상의 군사교류를 지속하고 있다. 2021년 인도네시아와 미국은 3,000명의 병력이 참여하는 Garuda Shield XV라는 역대 최대 규모의 합동훈련을 실시하였고, 이는 2022년 호주, 일본, 인도, 프랑스, 영국 등 14개국에서 온 4,000명 이상의 병력이 참여하는 Super Garuda Shield 훈련으로 발전되었다. 그러나 인도네시아는 2021년 중국과 인도네시아 해군이 참여한 합동훈련을 자바해에서 실시함으로써 미국과 중국 중 어느 한쪽에 기울지 않는 헤징전략을 군사 안보 영역에서 구사하고 있다(Anwar 2022, 363; Chivvi at al. 2023).

미-중 갈등으로 인한 인도-태평양 지역의 불안정성에 대응하기 위해 인도네시아는 지역 협력 기구인 ASEAN을 활용하는 전략을 병행하고 있다. ASEAN이 2019년에 발표한 '인도-태평양에 대한 아세안의 전망(ASEAN Outlook on the Indo-Pacific, AOIP)'에는 강대국 주도의 국제정치와 타국에 대한 배타성을 경계하는 인도네시아의 외교적 관점이 잘 반영되어 있다. 미국 주도로 전개되는 '자유롭고 열린 인도-태평양' 전략이 중국을 배제하는 비포괄성을 지닌 것으로 인식한 인도네시아는 독자적인 '인도-태평양'에 대한 접근법을 모색하였다. 특정 행위자들을 배제하지 않는 인도네시아의 '인도-태평양' 개념은 1) 포괄성, 투명성, 광범위성, 2) 지역의 모든 국가들에 대한 장기적인 이익 부여, 3) 평화, 안정, 번영을 위한 인도-태평양 국가들의 공동의 의지에 기반해야 함을 특징으로 한다(Shekhar 2022, 141; Sambhi 2023, 48).

인도네시아는 동남아 지역에서 야기될 수 있는 강대국 갈등에 대한 대응을 지역 및 다자 차원에서 전개하기 위해 '인도-태평양' 개념에 대해 미온적이거나 이것의 전략적 성격을 우려하는 ASEAN 국가들을 설득해 나갔고, ASEAN은 2019년 6월 방콕에서 열린 제34회 ASEAN 정상회담에서 AOIP를 공식적으로 채택하였다. AOIP는 인도-태평양 지역의 통합적이고 상호 연결적인 특성과 포용성을 규정하고 있으며, ASEAN 메카니즘을 대신할 새로운 매카니즘을 만들고자 하는 어떠한 시도에도 반대함을 명시하고 있다(Ardhani et al. 2023, 361).

미국과 중국 양쪽을 만족시키고자 하는 AOIP는 두 국가로부터 긍정적이고 수용적인 평가를 얻어냈다. 미국은 AOIP가 자국의 인도-태평양 구상과 강한 수렴성이 있음을 표명하였고, 중국은 이것이 미국과 일본의 정책들에 비해 보다 건설적인 것이고 여기에 포함된 여러 원칙들이 중국의 기대와 일치한다고 밝혔다(Agastia 2019, 301). AOIP는 ASEAN 내에서 지도적 역할을 수행하면서 역내 또는 역외 차원의 국제적 분쟁을 관리하는 규칙과 규범을 만들 것을 지향하는 인도네시아 외교가 미-중 갈등의 국제 구조 속에서 이룬 성과 중 하나로 평가될 수 있다(Rosydin 2021, 308).

## IV. 다극 질서와 글로벌사우스

### 1. 러시아-우크라이나 전쟁

인도네시아는 러시아-우크라이나 전쟁에 대해 서구 국가들과 다른 접근법을 취해 왔다. 러시아가 우크라이나를 침공한 2022년 2월 24일로부터 2주 뒤 조코위 대통령은 “우크라이나와 러시아 모두 인도네시아의 친구”라는 입장을 표명하였다. 물론 인도네시아도 러시아의 우크라이나 침공을 규탄하고 러시아가 우크라이나에서 철군할 것을 요구하는 초기 유엔 결의를 지지하였다. 그러나 인도네시아는 러시아에 대한 제재가 오히려 긴장을 강화하고 세계적 차원에서 민간인들에게 피해를 입힌다고 주장하며 러시아에 대한 제재에 참여하지 않았고, 자국 헌법이 타국에 대한 군사원조를 금지한다는 이유로 우크라이나에 대한 무기 제공을 거부하였다(Chivvis et al. 2023).

인도네시아는 전쟁을 종결하기 위한 협상을 추구하며 자유롭고 적극적인 외교를 국제정치 속에서 수행한다는 자국의 외교정책 기조를 국제 분쟁에 대한 접근법에서 이어갔다. 2022년 6월 조코위는 러시아와 우크라이나를 방문하여 양국 사이의 '평화 가교(bridge of peace)' 역할을 자임하며 두 교전국 사이의 데탕트를 이루어 내고자 하였다. 그는 양국 사이의 전쟁 중단뿐만 아니라 식량, 비료, 에너지 부문에서 글로벌 공급망을 재구축해야 할 중요성을 강조하였고, 비록 전쟁 종식에는 영향을 미치지 못했으나 푸틴으로부터 전쟁 지역에서 식량과 비료의 안전한 운송을 보장받는 성과를 이루었다(Chivvis et al. 2023).

2023년 2월 인도네시아는 러시아가 우크라이나에서 즉시 철군할 것을 요구하는 유엔총회 결의에 찬성하였으나, 침략자와 희생자 사이의 '영합적 게임(zero-sum game)' 방식의 협상을 통한 전쟁 종결 접근법을 거부해 왔다(Sebastian and Priamarizki 2024, 783). 대통령에 당선되기 전 프라보워(Prabowo)는 2023년 싱가포르에서 열린 IISS 샹그릴라 대화에 국방장관으로 참석하여 자신의 개인적인 우크라이나 평화안을 제시하였다. 비록 정부 차원의 공식적인 제안은 아니었으나 여기에는 양국 간의 정전, 두 국가의 전선에서 15킬로미터 거리의 비무장지대화, 유엔 평화유지군 파병, 분쟁 지역(비무장 지대)에 살고 있는 사람들에 대한 유엔의 국민투표 실시 등이 담겨 있었다(Jakarta Post 2023.6.6.).

러시아-우크라이나 전쟁에 대해 어느 한쪽을 편들지 않는 인도네시아의 접근이 이념과 외교 전통에만 기반해 있던 것은 아니었다. 전쟁이 인도네시아의 식량 안보에 중대한 영향을 미치고 있는 현실적인 국내 문제 역시 인도네시아의 접근법에 큰 영향을 미쳤다. 우크라이나의 밀과 러시아의 비료에 의존도가 높은 인도네시아는 전쟁으로 인해 인도미(indomie)의 부족, 식료품 가격 상승, 비료 공급 문제가 나타났다 (Shekhar 2018, 202).

비록 인도네시아와 러시아 사이의 교역 규모는 크지 않지만 러시아는 인도네시아의 경제발전을 위해 중요한 파트너이다. 인도네시아의 러시아에 대한 주요 수출품은 대부분 팜오일, 고무 등 1차 생산품들이지만 러시아의 주요 수출품은 비료, 정유, 반완제품 형식의 철강 등 인도네시아 경제발전에 매우 중요한 것들이다. 비료는 인도네시아 식량 안보에 핵심적이며, 석유 산업 측면에서 러시아는 매우 중요하다. 양국은 2022년 인도네시아의 East Java 지역에 있는 Tuban에 석유 정제 관련 조인트 벤처를 설립하는 것에 합의하였으나 서방이 러시아 석유 산업에 대해 제재를 가하면서 러시아의 투자는 답보 상태에 놓여 있다(Sebastian and Priamarizki 2024, 785).

러시아-우크라이나 전쟁은 인도네시아의 군사 부문에도 영향을 미쳤다. 인도네시아는 미국에 대한 군사 무기 의존과 서방 국가들로부터 가해지는 압력을 낮추기 위해 러시아와 군사 부문에서 협력 관계를 강화해 왔고, 특히 낡은 군사 장비를 다양한 러시아제 무기 구입을 통해 개선하고자 했다(Febrica 2023, 81). 그러나 양국 간 군사협력은 러시아 무기 수입에 대한 통제가 이루어지면서 난관에 봉착했으며, 결국 미국, 한국, 프랑스 등을 대안으로 삼을 수밖에 없었다. 여전히 러시아로부터 군사 무기 부품 등을 공급받아야 하는 인도네시아는 우크라이나 전쟁으로 인해 부품 수급에 있어 어려움을 겪게 되었고 군사 부문에 있어 부정적인 영향을 받게 되었다(Chivvis et al. 2023).

## 2. 이스라엘-팔레스타인 분쟁

세계 최대의 이슬람 인구를 지닌 인도네시아는 비록 이슬람 인구가 종교적 다수를 차지하고 있으나 자국의 외교가 이슬람교의 틀 속에서 수행됨을 공식적으로 표방해 온 적이 없으며, 정치와 종교가 분리되는 세속주의 원리를 유지해 왔다(Sukma 2003, 5). 그러나 팔레스타인 문제에 대해서는 이스라엘을 강력하게 비판하고 팔레스타인을 지지해 왔으며, 이스라엘과 외교 관계를 수립하는 것을 거부해 왔다(Strangio 2024). 미-중 갈등과 러시아-우크라이나 전쟁에 대해 어느 한편에 명확히 서지 않는 신중한 외교를 전개해 온 인도네시아는 이스라엘-팔레스타인 문제에 있어서는 명확한 입장과 정책을 견지하고 있다.

이스라엘-하마스 분쟁이 중동 지역으로 확산해 가자 2024년 6월 프라보워 대통령 당선자는 싱가포르에서 열린 샹그리라 대화에서 팔레스타인에 대한 인도적 지원을 위해 할 수 있는 모든 것을 제공하겠으며, "필요하면 그리고 유엔이 요청하면 우리는 정전을 유지하고 감시하며 양측에 대해 모든 측면에서 보호와 안전을 제공하기 위해 상당한 규모의 평화유지군을 파병할 준비가 되어 있다"고 말하였다. 그는 부상 당한 팔레스타인 민간인들을 대피시키고 치료가 필요한 사람들을 위해 이들을 인도네시아 병원에서 치료할 용의가 있다고 밝혔다(Strangio 2024).

프라보워는 분쟁과 이로 인한 희생에 대한 책임 규명과 함께 궁극적인 분쟁 해결 방안 역시 강조하였다. 그는 라파 지역과 남부 가자에서 발생한 비극적 사건들에 대한 포괄적인 조사가 이루어져야 하며, 이스라엘과 팔레스타인이 지속적인 평화와 안보를 이루기 위한 유일한 해결책은 '두 국가 해법(two-state solution)'밖에 없다고 주장하였다. 팔레스타인 문제를 약소 민족의 주권과 권리의 관점에서 바라보는 그의 접근법은 이스라엘만 권리를 지니고 있는 것이 아니라 팔레스타인 인들도 자국의 조국을 갖고 평화롭게 살 권리가 있다는 주장에 입각해 있다(Strangio 2024).

팔레스타인 문제에 대한 인도네시아의 입장은 유엔 차원의 다자외교 무대에서도 제시되었다. 2024년 9월 유엔 총회의 연례 고위급 토론에서 인도네시아 외교부 장관은 팔레스타인 사람들에 대한 불의가 행해지는 것을 목도하며 인도네시아가 가만히 앉아 편안히 있을 수 없다고 말하며, 현재까지 가자에서 4만 1천 명 이상이 죽고, 레바논과 웨스트 뱅크의 상황이 악화되고, 베이루트에 대한 유례없는 대규모 폭격이 이루어지는 상황에서 유엔 안보리는 즉시 이스라엘이 국제법을 대놓고 위반하는 것을 멈추도록 해야 한다고 주장하였다(United Nations 2024).

이슬람 국가들로 구성된 다자기구에서 인도네시아는 이스라엘에 대해 노골적이고 구체적인 실천 방안을 표명해 왔다. 2024년 11월 12일 사우디아라비아에서 열린 OIC와 아랍 리그(Arab League)의 특별 정상회의에서 인도네시아 외교부 차관은 국제사회, 특히 아랍과 무슬림 세계가 이스라엘의 팔레스타인에 대한 공격을 끝내도록 압박해야 하며, 이스라엘과의 모든 경제, 무역, 투자 관계를 단절해야 한다고 주장하였다. 또한 팔레스타인의 독립을 지지하는 글로벌사우스와 다른 국가들이 국제적인 동맹을 형성할 것을 제안하였다. 나아가 그는 팔레스타인 사람들이 벌이는 모든 형태의 저항을 억압받는 모든 민족이 지니는 법적 권리로 봐야 하며 이를 테러 행위로 여겨서는 안 됨을 강조하였고, 이스라엘이 가자와 레바논에서 전쟁을 중단하도록 정치적, 외교적 압력을 가해야 함을 주장하였다(Jakarta Post 2024.11.20.).

미-소 냉전, 미-중 갈등, 러시아-우크라이나 전쟁 등 주요 국제정치 사안에서 어느 한쪽에 서지 않는 중립적이고 균형적인 외교정책을 헤징 등을 통해 추구해 왔던 인도네시아가 이스라엘-팔레스타인 분쟁에 대해 명확하고 강경한 입장을 취하는 것은 일견 인도네시아의 외교 전통에서 이탈한 것으로 여겨질 수 있다. 그러나 서구 국가들과 결탁되어 있는 이스라엘에 저항하여 주권과 생존을 추구하는 팔레스타인에 대한 명확한 지지를 통해 인도네시아는 정치적 독립과 평등성에 대한 규범적 가치를 자신이 존중하고 있음을 국제사회 속에 표출함과 동시에 무슬림 국가들과의 연대를 공고히 하는 효과를 노리고 있다는 점에서 전통적인 외교 노선의 연장선상에 있다.

### 3. 다자주의와 BRICS 가입

서구 주도의 국제질서를 보다 평등한 다극 질서로 전환하기 위한 인도네시아의 자유롭고 적극적인 외교가 다양한 국제기구에 대한 가입을 통해 발현되는 것을 대표적으로 보여주는 사례가 BRICS와의 협력과 가입 결정이다. 인도네시아는 BRICS를 통해 경제 종속, 안보 취약, 기술적 비대칭 문제 등 구조적 불평등성에 대한 글로벌사우스의 목소리를 대변하고 인도네시아 외교가 운신의 폭을 넓혀 영향력을 확대할 수 있는 수단을 확보함과 동시에 자국의 경제적 이익을 실현할 수 있는 기회를 넓힐 것을 기대하고 있다.

조코위 대통령은 2023년 8월 남아공에서 열린 BRICS 플러스 포럼에 참석하여 개도국들의 발전을 위한 노력에 대한 모든 형태의 차별이 제거되어야 하며 동등하고 포용적인 협력이 지속적으로 진흥되어야 함을 강조하였다. 그리고 "BRICS가 발전의 정의와 보다 공정한 지배 형태로 개혁하기 위한 싸움의 최전선으로 기능할 수 있다"고 BRICS의 역할을 긍정적으로 평가하였다(Cabinet Secretariat of the Republic of Indonesia 2023.8.24.). 그러나 BRICS 가입에 대해서는 공식적인 가입 신청을 하기 전에 이것이 지닐 장단점을 따져볼 것이라며 신중한 태도를 보였다(Jakarta Post 2023.8.26; Shofa 2024).

당시 BRICS 가입에 대한 인도네시아의 신중한 접근은 BRICS가 지닌 가능성과 한계에 대한 인식이 반영되어 있다. 애초 브라질, 러시아, 인도, 중국, 남아공으로 출발하여 이후 이집트, 에티오피아, 이란, 아랍에미레이트(UAE)를 새 회원국으로 받아들인 BRICS는 서구의 영향력에서 벗어난 글로벌 거버넌스를 재설정하는 목표를 지닌 국가들의 연합체라 할 수 있다. 초기 단계지만 BRICS는 미국 달러가 주도하는 국제 금융시스템을 다각화하고, NEW Development Bank(NBD) 등 새로운 국제 금융 제도를 만들어 미국이 주도하는 글로벌 금융 체제의 약화를 추구해 왔다(Hogan and Patrick 2024).

새 구성국을 받아들임으로써 G7과 서구 주도의 국제포럼에 대한 대항 세력으로 자리 잡으려는 BRICS는 아직 구성국들 사이의 구체적인 실행 수단과 협력을 보여주지 못하고 있다. 더욱이 인도네시아가 러시아 주도의 조직체에 가입하는 것이 자유롭고 적극적인 외교정책과 배치될 수 있다(Bonesh 2023). 인도네시아는 민주주의와 시장경제를 특징으로 하는 국가들로 구성된 OECD에 가입하는 것에 관심을 기울여 왔으며, 프라보워의 취임 전인 2024년 초에는 향후 2-3년 이내에 OECD에 가입할 것을 목표로 하고 있었다(Reuter 2024.10.25.). 서구 국가들에 도전하는 권위주의 국가들로 주로 구성된 BRICS에 인도네시아가 가입하는 것은 향후 OECD 가입에 부정적인 영향을 미칠 수 있다.

그러나 BRICS 가입에 대해 신중한 태도를 취하던 조코위 정부와 달리 2024년 10월 20일 취임한 프라보워 대통령은 BRICS 가입을 통해 서구에 도전하는 다자주의적 연대를 이루어 국제질서의 다극화를 지향하는 정책을 보다 명확히 하였다(Shofa 2024; Yuniar 2024). 그는 2024년 10월 24일 러시아 카잔에서 열린 BRICS 플러스 포럼에 참석하여 인도네시아의 BRICS 가입을 공식화하였다. 인도네시아의 BRICS 가입은 비서구 국가들을 역사적으로 차별하던 글로벌 지배 구조를 바꾸는 데 공동의 이해관계를 지닌 국가들과 결속하여 다극주의 국제질서 속에서 자국의 영향력을 증대시키려는 인도네시아의 의지를 보여준다(Pradnyana 2024).

러시아와 중국 등이 주도하는 BRICS 가입은 비동맹을 지향하고 어느 특정 국가의 편을 들지 않는 인도네시아 외교와 배치되는 것으로 여겨질 수 있다. 그러나 인도네시아 외교부 장관은 자국의 BRICS 가입이 "어느 특정한 블록에 가입하는 것을 의미하는 것이 아니며, 우리는 모든 포럼에 적극적으로 참여한다"며 이것이 독립적이고 적극적인 외교정책의 연장선상에 있음을 표명하였다. 나아가 BRICS 가입이 식량과 에너지 안보, 빈곤 퇴치, 인적 자원의 향상 등 인도네시아 정부의 프로그램과 잘 부합하며 BRICS가 글로벌사우스의 이익을 증대시키기 위한 수단이 될 수 있음이 강조되었다(Reuter 2024.10.25.).

현재 인도네시아의 교역에서 BRICS 국가들이 차지하는 비중은 〈표 13.4〉에서 보듯 중국과 인도 외에는 매우 낮은 수준이다. 2022년 기준 중국은 수출에서 22.5%, 수입에서 28.5%, 인도는 수출에서 8.0%, 수입에서 3.9%를 차지하고 있다. 나머지 국가들은 브라질이 수

**표 13.4** 인도네시아의 미국, 중국, ASEAN 역내 교역 구조 (2021년, US$ Thousand)

| 국가 | 수출 | | 수입 | |
|---|---|---|---|---|
| | 교역량 | 비중 | 교역량 | 비중 |
| 브라질 | 1,487,060.87 | 0.51 | 3,900,084.50 | 1.64 |
| 러시아 | 1,386,510.71 | 0.47 | 2,180,574.02 | 0.92 |
| 인도 | 23,378,835.99 | 8.01 | 9,329,536.89 | 3.93 |
| 중국* | 65,924,104.12 | 22.58 | 67,723,688.11 | 28.52 |
| 남아공 | 1,090,843.42 | 0.37 | 2,163,790.78 | 0.91 |
| 이집트 | 1,342,382.06 | 0.46 | 226,008.64 | 0.10 |
| 에티오피아** | 47,514.30 | 0.02 | 24,143.72 | 0.01 |
| 이란 | 242,551.54 | 0.08 | 14,633.03 | 0.01 |
| UAE | 2,300,356.18 | 0.79 | 2,760,473.47 | 1.16 |

출처: World Bank, World Integrated Trade Solution.
* 중국 수치에서 홍콩은 제외, ** 에티오피아 수치에서 에리트레아(Eritrea)는 제외.

입에서 1.6%, UAE가 수입에서 1.1%를 차지할 뿐 모두 수출과 수입에서 차지하는 비중이 1% 미만에 머물고 있다.

그러나 인도네시아의 BRICS 가입은 국제적 차원의 영향력 강화와 국내적 차원의 경제 이익 측면에서 긍정적인 의미를 지닐 수 있다. BRICS의 새로운 회원국인 이집트, UAE, 그리고 회원국이 될 가능성이 있는 사우디아라비아는 모두 강한 경제력을 지닌 중동 및 아프리카 지역 국가들이다. BRICS가 추진하는 NBD는 인도네시아가 새로운 자본 투자의 원천을 찾고 달러에 대한 의존도를 낮추는 기회를 제공할 것이다. 또한 새로운 시장의 개척, 기존 시장의 공고화, 투자 유입 지원, 일자리 창출과 수출 증대, 기술 이전 등에서 인도네시아 경제에 긍정적 기여를 할 수 있다. BRICS에 가입은 인도네시아가 탄력성과 협상력을 높일 수 있는 다면적 연결성을 국제적으로 구축할 기회로 여겨질 수 있다(Bonesh 2023).

## 4. 개발 협력과 원조

인도네시아는 글로벌사우스의 연대와 발전을 이끌고 국제적인 공동 발전을 도모하는 국가라는 이미지를 형성하기 위해 다른 글로벌사우스 국가들에 대한 지원 노력을 기울여 왔다. 1980년대 이후 실시되어 온 인도네시아의 남남협력 프로그램(South-South Cooperation Program, SSC)은 공적개발원조(Official Development Assistance, ODA)와는 달리 개도국들의 상호 이익을 강조하는 집단적 외교이자 단합 지향적 활동으로 설정되고 있으며 동등한 국가들 사이의 단합에 기초한 파트너십으로서 주권존중과 어떠한 조건도 배제함을 원칙으로 한다. 다른 개도국들과의 연대 형성을 목적으로 하는 인도네시아의 SSC는 농업과 식량 안보, 사회보장, 재난 관리, 인적 개발, 인프라 등의 분야를 포괄하고 있으며, 재난국에 대한 인도적 지원과 코로나 팬데믹 기간 중 백신 제공 등의 활동으로 나타났다(Hutabarat 2023, 140-143).

인도네시아는 2019년 국제개발협력펀드(International Development Cooperation Fund, LDKPI 또는 Indonesia AID, 이하 AID)를 설치하여 국제원조를 제공하는 국가로서의 역할과 이미지를 강화해 나가고 있다. 7천만 달러의 재원으로 출발한 AID는 아프리카, 아시아, 서태평양의 개도국들을 위한 모든 기술 협력 프로그램들을 조율하는 역할을 담당한다(Jakarta Post 2018.1.12.). 특히 국가 재난 시 원조와 인도주의적 위기 상황 시 지원을 제공하는 것에 초점을 두어 빈곤을 줄이고 선진국과 개도국 사이 사회적 불평등을 완화하는 것을 목표로 하고 있으며, 주로 태평양 지역 국가들에 대한 기술적 지원을 제공하고 있다(Russu 2019).

물론 인도네시아의 개발협력과 원조가 가치만을 지향하는 것은 아니다. 인도네시아의 AID는 건강 산업 분야에서 자국의 상업적 이익을 증대시키려는 전략적 성격 역시 지니고 있다. 인도네시아의 의약품과 의료기기 산업은 그 동안 성장을 지속해 왔고, 특히 코로나 팬데믹은 해당 산업 분야의 수출 기회를 증대시켰다. AID의 해외원조는 인도네시아의 경제외교와 시장 확대 목적과 부합하는 것으로서 전략적인 경제외교의 수단으로서의 의미를 지닌다(Sumando 2024).

특히 아프리카 지역 국가들과의 협력은 인도네시아가 글로벌사우스 차원의 연대를 강화하고, 인도네시아의 외교적 수단과 이들에 대한 영향력을 증진시킬 뿐만 아니라, 국가정책의 우선순위에 놓여 있는 자국의 경제발전을 위해서도 필요하다. 인도네시아가 원하는 전기차 배터리 산업 분야의 육성을 위해서는 안정적인 리튬 공급이 필요하며, 아프리카에는 코발트, 리튬 등 광물자원이 풍부하게 매장되어 있기에 이들과 협력할 경제적 동기를 지니고 있다. 아프리카 국가들과의 협력 강화는 인도네시아가 희망하는 유엔 안보리의 비상임이사국이 되는 데 있어서도 중요한 의미를 지닌다(Shibata 2024). 인도네시아의 개발협력 이면에 깔린 전략적 계산은 글로벌사우스 국가들과의 연대와 협력이 국제질서의 평등성과 반식민지주의를 지향하는 규범적 목표뿐만 아니라 국가 차원의 경제적 이익과 외교적 수단을 확보하는 현실적 이유와도 관련되어 있음을 말해준다.

인도네시아는 여전히 해외원조를 받는 수원국이다. 2020-2021년 사이 ODA를 세계에서 4번째로 가장 많이 받는 국가이며, 매년 일본, 호주, 중국, 미국 등으로부터 수억 달러의 개발 원조를 받고 있다(Azis and Satriawangsa 2024, 51). 그러나 인도네시아는 자국의 개발 정책이 해외 원조와 이를 제공하는 공여국에 종속되는 것을 제한하기 위해 2003년과 2004년에 해외 원조를 국가 예산의 3% 미만으로 줄이는 법을 의회에 통과시키는 등 OECD와 서구 국가들에 대한 의존도를 줄이고 원조의 다각화를 추구해 왔다(Eng 2017).

특히 중동의 이슬람 국가 특히 바레인, 쿠웨이트, 오만, 카타르, 사우디아라비아, UAE와 같은 걸프협력회의(Gulf Cooperation Council, GCC) 국가들이 인도네시아에 제공하는 원조가 증가한 것은 이들이 인도네시아에 대해 갖는 원조 외교의 관심과 원조의 다각화를 추구하는 인도네시아의 입장이 맞물린 결과이다. 세계에서 가장 많은 무슬림 인구를 지닌 인도네시아는 GCC 국가들의 인도주의적 지원의 주요 대상이 되어, 보건의료, 재난구호, 교육, 깨끗한 물의 제공, 인프라, 주거, 운송 등에 대한 지원이 이루어져 왔다(Rakhmat and Purnama 2023).

비록 중국에 대한 의존 문제가 나타나고 있지만 인도네시아는 자국의 경제발전을 위해 해외원조가 현실적으로 필요한 상황에서 기존의 전통적 공여국들에 대한 의존을 줄이기 위한 원조의 다각화와 의존의 분산을 추구해 왔다. 중간 소득국인 인도네시아가 해외원조 수여국과 공여국의 이중 지위를 지니면서 원조 공여국의 역할을 수행하는 것은 글로벌 경제 속에서 자국의 지위를 높이고 국제개발을 위한 적극적인 노력을 기울이고자 하는 글로벌사우스 국가의 입장과 의지 및 딜레마적 상황을 보여주고 있다(Sumando 2024).

## V. 결론

인도네시아 외교는 위협과 종속을 분산시켜 자국의 생존과 이익을 보호하고 증대시키고자 하는 글로벌사우스 외교의 특성을 보여준다. 신흥 중견국으로 성장하였으나 군사적, 경제적 능력 면에서 여전히 상대적인 약소국의 지위에 놓여 있는 인도네시아는 강대국 갈등 구조에 첨예하게 노출되는 '끼어 있는 국가(중간국)'의 고민을 안고 있다. 종교, 인종, 문화적 다양성 속에서 내적 통합성을 달성함과 동시에 경제발전을 도모하기 위해서는 외부 세력의 간섭을 차단함과 동시에 이들과 협력해야 하는 딜레마적 과제도 안고 있다. 이러한 대내외적 도전과 과제를 해결하기 위해 인도네시아는 어느 한 국가나 진영에 경도되기보다는 헤징전략과 다자주의를 강조하고, 갈등하는 강대국 사이에서 이들을 조율하고, 독자적인 비전과 규범을 적극적으로 제시하는 현실적 규범 외교를 수행해 왔다.

연대와 단결성, 헤징적 다자주의, 등변형 협력, 역내 리더십 등은 인도네시아 외교가 어떠한 원칙과 수단을 통해 다극적 국제질서와 다원화된 국제사회를 지향해 왔는가를 보여준다. 강대국 주도의 국제정치를 비판해 온 인도네시아가 많은 인구, 넓은 영토, 민주주의 체제, 경제성장의 지속 등을 바탕으로 비록 오랜 시간이 걸리더라도 향후 강대국의 지위에 올라설 가능성을 무시할 수 없다. 중국의 경제적 부상과 강대국 지위로의 상승이 외교 노선, 전략, 행태에 있어 '평화로운 부상'에서 공격적인 '신형대국관계'로의 전환을 초래한 것처럼 인도네시아 역시 저발전된 약소국의 목소리를 대변하기보다는 자국의 편협한 이익과 국제적 영향력 확대를 도모할 가능성을 전적으로 배제할 수는 없다.

그러나 인도네시아가 독립 이후 글로벌사우스의 일원으로서 추구해 온 일관된 외교 노선이 향후 급격한 변화를 보일 것이라 쉽게 예단할 수 없다. 성장한 국력을 바탕으로 국제사회의 평등성과 불간섭주의, 다자적 문제해결의 원칙과 규범을 확산시키고 이를 공고히 하기 위해 기울인 외교적 노력은 앞으로 상당 기간 지속될 것으로 전망된다. 국제사회의 다양성을 지향하기 위한 일관된 외교 원리와 원칙을 수립하고 다양한 층위에서 체계적인 형태로 정책을 수행해 온 인도네시아의 외교는 글로벌사우스가 국제정치 속에서 갖는 의미와 특성 및 가능성을 보여주고 있다.

# 참고문헌

김창범. 2019. "인도·태평양 정세 변화에 대한 인도네시아의 대응." 『외교』 129: 37-45.

이지혁. 2023. "G20 의장국 외교를 중심으로 살펴본 조코위 행정부의 외교정책: 지속성과 변화." 『동남아연구』 33(1): 33-75.

최경희. 2021. "지정학적 중간국 인도네시아 외교전략: 세 번의 지정학적 단층대 충돌과 선택." 『국가전략』 27(3): 195-223.

Acharya, Amitav. 2016. "Studying the Bandung Conference from a Global IR Perspective." *Australian Journal of International Affairs* 70(4): 342-357.

Agastia, I. Gusti Bagus Dharma. 2019. "Understanding Indonesia's Rold in the 'ASEAN Outlook on the Indo-Pacific': A Role Theory Approach." *Asia & the Pacific Policy Studies* 7: 293-305.

Anwar, Dewi Fortuna. 2020. "Indonesia and the ASEAN Outlook on the Indo-Pacific." *International Affairs* 96(1): 111-129.

Anwar, Dewi Fortuna. 2022. "Indonesia's Hedging Plus Policy in the Face of China's Rise and the US-China Rivalry in the Indo-Pacific Region." *The Pacific Review* 36(2): 351-377.

Ardhani, Irfan, Randy W. Nandyatama, and Rizky Alif Alvian. 2023. "Middle Power Legitimation Strategies: the Case of Indonesia and the ASEAN Outlook on the Indo-Pacific." *Australian Journal of International Affairs* 77(4): 359-379.

Azis, Aswin Ariyanto and Baiq Namira Rizky Satriawangsa. 2024. "From Recipient to Donor: Indonesia's Motives in Giving Foreign Aid to South Pacific 2015-2023." In Proceedings of the World Conference on Governance and Social Sciences (WCGSS 2023), edited by A. R. Cangara et al., *Advances in Social Science, Education and Humanities Research* 843: 49-63.

Bonesh, Farzad Ramezani. 2023. "Indonesia's Approach to BRICS: Opportunities and Membership Potential." *ASEAN Briefing*. October 13.

Brigg, Morgan, Lee Wilson, Frans de Jalong, and Muhadi Sugiono. 2016. "Diversity, Democratisation and Indonesian Leadership." *Australian Journal of International Affairs* 70(4): 407-421.

Cabinet Secretariat of the Republic of Indonesia. 2023. "President Jokowi Calls on BRICS Country Members to Fight for Equal, Inclusive Cooperation." August 24.

Chivvis, Christopher S., Elina Noor, and Beatrix Geaghan-Breiner. 2023. "Indonesia in the Emerging World Order." Carnegie Endowment for International Peace. November 9.

Eng, Pierre van der. 2017. "Why Does Indonesia Seem to Prefer Aid from China?" *East Asia Forum*, December 2.

Febrica, Senia. 2023. *Indonesia and the Indo-Pacific*. London: Routledge.

Fibiger, Mattias. 2023. *Suharto's Cold War: Indonesia, Southeast Asia, and the World*. Oxford: Oxford University Press.

Gerstl, Alfred. 2022. *Hedging Strategies in Southeast Asia: ASEAN, Malaysia, the Philippines, and Vietnam and Their Relations with China*. London: Routledge.

Hogan, Erica and Stewart Patrick. 2024. "A Closer Look at the Global." Carnegie Endowment for International Peace. May 20.

Hutabarat, Leonard Felix. 2023. "Indonesian Diplomacy of South-South Cooperation to Achieve Sustainable Development Goals 2030." *Sociae Politics* 23(2): 140-151.

International Institute for Strategic Studies. 2024. *The Military Balance 2024*. London: Routledge.

Jakarta Post. 2018. "Editorial: Taking and Giving Foreign Aid." January 12.

Jakarta Post. 2023. "Jokowi Will Seek Clarification from Prabowo for Ukraine Speech." June 6.

Jakarta Post. 2023. "Jokowi Calls for Unity in Global South Development." August 26.

Jakarta Post. 2024. "Indonesia Urges Countries to Halt Economic Activities with Israel." November 20.

Karim, Moch Faisal. 2023. *Indonesia's Regional and Global Engagement: Role Theory and State Transformation in Foreign Policy*. London: Routledge.

Phillips, Andrew. 2016. "Beyond Bandung: the 1955 Asian-African Conference and Its Legacies for International Order." *Australian Journal of International Affairs* 70(4): 329-341.

Pradnyana, Hadi. 2024. "Navigating Global Power Dynamics: Indonesia's BRICS Entry and the Future of Global South." *Modern Diplomacy*. October 29.

Rakhmat, Muhammad Zulfikar and Yeta Purnama. 2023. "Gulf States' Growing Aid Diplomacy in Indonesia." *The Diplomat*. May 22.

Reuter. 2024. "Indonesia Wants to Join BRICS, Ministry Says." October 25.

Rosyidin, Mohamad. 2021. "The Cult of Glory: National Myth and the Idea of Global Maritime Fulcrum in Indonesia's Foreign Policy, 2014-2019." *South East Asia Research* 29(3): 297-314.

Russu, Catalina. 2019. "Indonesia Launches an International Development Aid Fund. A Look Back at Indonesia's Aid History." DevelopmentAID, December 9.

Rüland, Jürgen. 2018. *The Indonesian Way. ASEAN, Europeanization, and Foreign Policy Debates in a New Democracy*. Stanford: Stanford University Press.

Sambhi, Natalie. 2023. "Indonesia's Indo-Pacific Aspirations and the Reality of Its (Non)strategy." *Asia Policy* 18(3): 46-55.

Sebastian, Leonard C. and Adhi Priamzarizki. 2024. "Indonesia's Russia-Ukraine War

Stance and the Global South: Between Solidarity and Transactionalism." *Global Policy* 15(4): 783-788.

Shekhar, Vibhanshu. 2018. *Indonesia's Foreign Policy and Grand Strategy in the 21st Century: Rise of an Indo-Pacific Power*. London: Routledge.

Shekhar, Vibhanshu. 2022. "Indonesia's Great-Power Management in the Indo-Pacific: The Balancing Behavior of a 'Dove State'." *Asia Policy* 17(4): 123-149.

Shibata, Nana. 2024. "Indonesia Vows to defend interests of Global South at Africa Forum." *Nikkei* Asia. September 2.

Shofa, Jayanty Nada. 2024. "Indonesia Finally Seeks BRICS Membership." *Jakarta Globe*. October 25.

Strangio, Sebastian. 2024. "Indonesia Ready to Send Peacekeepers to Gaza, Prabowo Says." *The Diplomat*. June 3.

Sukma, Rizal. 2003. *Islam in Indonesian Foreign Policy*. London: Routledge.

Sumando, Eko. 2024. "Indonesia Strategically Shaping International Cooperation through Foreign Aid." *East Asia Forum*. May 27.

Umar, Ahmad Rizky Mardhatillah. 2023. "The Rise of the Asian Middle Powers: Indonesia's Conceptions of International Order." *International Affairs* 99(4): 1459-1476.

United Nations. 2024. "Leaders from Global South, East Call for Revamp of West-led Order, as General Debate Continues." Seventy-ninth Session. 15th & 16th Meetings. https://press.un.org/en/2024/ga12639.doc.htm (접속일: 2024.11.23.)

The World Bank, World Integrated Trade Solution. https://wits.worldbank.org/Default.aspx?lang=en (접속일: 2024.3.9.)

Yoshimatsu, Hidetaka. 2022. "Indonesia's Response to the Belt and Road Initiative and the Indo-Pacific: A Pivotal State's hedging Strategy." *Asian Politics & Policy* 14: 159-174.

Yuniar, Resty Woro. 2024. "Indonesia's BRICS Bid Raises Questions about ASEAN's Future under Prabowo." *South China Morning Post*, October 30.

# 제3부 글로벌사우스의 부상과 한국 외교

# 제14장 글로벌사우스의 도전과 한국의 군사협력

박기철(숙명여자대학교 글로벌협력전공)

# I. 들어가기 전에

## 1. 글로벌사우스 부상의 배경과 중요성

21세기 국제정치 지형에서 가장 주목할 만한 변화 중 하나는 글로벌사우스(Global South)[1]의 부상이다. 전통적으로 개발도상국이나 저개발국으로 분류되던 이 국가들은 이제 국제무대에서 자신들의 목소리를 높이며, 새로운 질서 형성의 주체로 등장하고 있다. 특히 2008년 글로벌 금융위기 이후, 그리고 최근의 코로나-19 팬데믹과 우크라이나 전쟁을 겪으며 글로벌사우스 국가들의 전략적 중요성은 더욱 부각되고 있다. 특히, 브릭스(Brazil, Russia, India, China, South Africa, BRICS) 국가 등을 중심으로 경제적 영향력이 증대되고 있으며, 국제 안보, 기후변화 등 다양한 이슈에서 다자외교의 주체로 부상하고 있다(박찬홍 2024).

이러한 변화는 글로벌사우스 국가들이 더 이상 국제정치의 수동적 객체가 아닌 적극적인 주체로 부상하고 있음을 보여준다. 이에 따라 한국의 군사협력 전략 역시 새로운 도전과 기회를 맞이하고 있다. 전통적으로 한국의 군사협력은 미국을 중심으로 한 동맹국들과의 관계에

1 '글로벌사우스(Global South)'는 전통적으로 개발도상국이나 저개발국으로 분류되던 국가들을 지칭하는 용어로, 주로 아프리카, 라틴아메리카, 아시아의 일부 국가들을 포함한다. 이 용어는 단순한 지리적 구분을 넘어, 경제적, 정치적, 그리고 역사적 맥락을 내포하고 있다. 글로벌사우스의 개념은 1980년대 후반부터 사용되기 시작했으며, 냉전 시대의 '제3세계'라는 용어를 대체하게 되었다. 이는 단순히 경제적 발전 수준만을 기준으로 국가를 분류하는 것이 아니라, 국제 정치경제 질서에서의 상대적 위치와 역사적 경험을 반영하는 개념이다. 주요 글로벌사우스 국가들로는 중국, 인도, 브라질, 인도네시아, 남아프리카공화국 등이 있으며, 이들 국가 중 일부는 이미 상당한 경제력과 국제적 영향력을 보유하고 있다(김태균 2023; 이상현 2024).

초점이 맞춰져 왔다. 그러나 글로벌사우스의 부상은 한국에게 군사협력의 지평을 넓힐 수 있는 새로운 기회를 제공하고 있음과 동시에 이는 복잡한 국제관계 속에서 균형을 유지해야 하는 새로운 도전이기도 하다.

## 2. 연구의 목적과 구성

본 연구의 목적은 글로벌사우스의 부상이 한국의 군사협력에 미치는 영향을 분석하고, 이에 대한 전략적 대응 방안을 모색하는 것으로 구체적으로 다음의 네 가지 질문들에 답하고자 한다. 첫째, 글로벌사우스의 부상은 국제안보 환경에 어떤 변화를 가져오고 있는가? 둘째, 한국의 현재 군사협력 전략은 이러한 변화에 적절히 대응하고 있는가? 셋째, 글로벌사우스 국가들과의 군사협력은 한국에게 어떤 기회와 위험을 제공하는가? 넷째, 한국은 글로벌사우스와의 군사협력을 어떻게 발전시켜 나가야 하는가?

본 연구는 다음과 같이 구성된다. 먼저 글로벌사우스 국가의 군사력 현황과 그들이 제기하는 도전을 분석한다. 이어서 한국의 현재 군사협력 현황을 점검하고, 글로벌사우스와의 군사협력 필요성과 가능한 협력 분야를 탐색한다. 주요 글로벌사우스 국가들과의 구체적인 협력 전략을 제시하고, 협력 시 고려해야 할 사항들을 논의한다. 마지막으로 한국의 글로벌사우스 군사협력 강화를 위한 정책 제언을 제시함으로써 변화하는 국제질서 속에서 한국이 보다 능동적이고 전략적인 군사협력을 추진할 수 있는 방안을 모색함으로써, 한국의 국가안보 강화와 국제적 위상 제고에 기여하고자 한다.

## II. 글로벌사우스 군사력 현황과 도전

### 1. 지역별 군사력 현황

#### 1) 아프리카·이란

아프리카 국가들의 군사력은 예산 부족, 기술적 역량의 미흡, 군사 장비의 현대화 부족 등의 이유로 인해 지정학적으로 큰 위협이 되는 수준은 아니다. 지역별로 살펴보면, 남부 아프리카에서는 남아프리카공화국, 북부에서는 이집트, 서부에서는 나이지리아가 비교적 강력한 군사력을 보유하고 있다(GFP 2024).[2] 아프리카 국가들의 군사력은 주로 내전과 같은 내부갈등 해결 및 평화유지활동(Peace Keeping Operations, PKO)에 집중되어 있다(표 14.1 참조). 특히 에티오피아, 르완다, 우간다는 유엔 평화유지활동에서 중요한 병력 기여국으로서, 아프리카 내 주요 분쟁지역뿐만 아니라, 중동지역의 평화유지 활동에도 참여하고 있다(외교부 2024). 이집트는 중동 및 아프리카의 군사 강국으로, 강력한 육군을 보유하고 있으며, 해군과 공군의 현대화를 위한 많은 예산을 투자하고 있다. 한편, 남아프리카공화국은 아프리카에서 가장 현대적인 군사력을 갖춘 국가이지만, 최근 경제난으로 인해 군사비 지출을 점차 줄여가고 있다(Trading Economics 2024; SIPRI 2024).

이란은 이슬람 혁명수비대를 포함하여 61만 명의 상비군을 유지하는 강력한 군사 강국이다.[3] 현재 이란은 핵 프로그램과 탄도미사일

2 2024년 기준 아프리카 역내 군사력 순위를 Global Firepower(GFP)의 Power Index Score를 통해 살펴보면 1위 이집트, 2위 알제리, 3위 남아공, 4위 나이지리아, 5위 에티오피아, 6위 앙골라, 7위 모로코, 8위 콩고민주공화국, 9위 튀니지, 10위 수단 순이다(GFP 2024).

3 이란을 글로벌사우스로 분류하는 근거로는 비동맹·개발도상국과의 협력, 서방과의 대

**표 14.1** 아프리카 국가들의 PKO 참여 현황 (2024년 6월 기준)

| 국가 | 파견 병력(명) | 임무지역 |
|---|---|---|
| 에티오피아 | 2,744 | 남수단(UNMISS), 다르푸르(UNAMID) |
| 르완다 | 3,588 | 중앙아프리카공화국(MINUSCA), 남수단(UNMISS), 다르푸르(UNAMID) |
| 우간다 | 654 | 소말리아(AMISOM), 남수단(UNMISS) |
| 가나 | 3,162 | 레바논(UNIFIL), 남수단(UNMISS), 말리(MINUSMA) |
| 세네갈 | 1,215 | 중앙아프리카공화국(MINUSCA), 말리(MINUSMA) |
| 남아프리카공화국 | 1,138 | 콩고민주공화국(MONUSCO), 중앙아프리카공화국(MINUSCA) |
| 나이지리아 | 6,020 | 레바논(UNIFIL), 남수단(UNMISS), 다르푸르(UNAMID) |
| 이집트 | 3,491 | 중앙아프리카공화국(MINUSCA), 말리(MINUSMA), 다르푸르(UNAMID) |

출처: 외교부 주요국 PKO 참여 현황(외교부 2024).

개발에 집중하고 있으며, 이스라엘 및 사우디아라비아와의 군사적 긴장을 관리하고 있다. 이란은 약 320대의 전투기를 보유하고 있으나 대부분이 F-4, F-5, F-14와 같은 1960년대에 제작된 노후 기종으로, 부품 단종으로 인해 운영에 어려움을 겪고 있다. 반면 이란은 다양한 종류의 미사일을 운용하며, 특히 약 3,000기에 달하는 탄도미사일을 보유한 것으로 알려져 있다. 이란이 미사일 전력을 집중적으로 증강한 배경에는 1980년부터 1988년까지 벌어진 이라크와의 전쟁이 영향을 미친 것

립적 외교정책 등을 고려할 수 있다. 이란은 비동맹 운동(Non-Aligned Movement, NAM)에 속한 국가로 제국주의와 식민주의에 대한 저항의 역사를 가지고 있으며, 서방으로부터 국제 제재와 경제적 고립을 경험하면서 남남협력(South-South Cooperation)의 일환으로 다른 개발도상국들과 협력관계를 강화하고 있으며, 특히 아프리카, 아시아, 라틴 아메리카의 여러 국가와 외교, 경제 협력관계를 맺고 있어 글로벌사우스로 분류될 수 있지만, 그 위치는 다른 개발도상국들과는 조금 구별되는 독특한 특성을 가지고 있다 (Oxford Analytica 2023).

으로 보인다. 최근 이란은 무인기 전력 육성에 집중하는 동시에 사이버 공격 능력 강화하고 있어, 이는 이스라엘에 대한 주요 위협으로 작용하고 있다. GFP 기준으로 이란의 국방력은 세계 14위로 17위로 평가된 이스라엘을 제치고 역내 가장 강한 재래식 군사력을 보유한 것으로 평가된다(Shamim 2024).

2) 남아시아·동남아시아

인도와 파키스탄은 역내에서 가장 강력한 군사력을 보유한 국가들로, 핵보유국으로서 지역 군사균형에 큰 영향을 미치고 있다. 인도는 중국과의 국경분쟁, 파키스탄과의 긴장 관계를 관리하기 위해 군사력을 강화하고 있으며 연간 811억 달러의 국방비를 지출해 세계에서 세 번째로 많은 군사비를 사용하는 국가이다. 이에 따라 GFP 기준 세계 4위의 군사력을 유지하고 있으며, 지속적인 군사 현대화와 방산 산업 육성에 집중하고 있다. 파키스탄은 인도와의 지속적인 군사 긴장 속에서 핵 억제력을 유지하고 있으며, 군사비 지출의 상당 부분을 핵 개발과 국경 방위에 집중하고 있다. 이러한 군사적 역량을 바탕으로 파키스탄은 역내 2위, 세계 9위의 군사강국으로 평가받고 있다. 한편, 방글라데시는 역내 3위, 세계 35위의 군사력을 보유하고 있으며, 주로 국내 치안 유지와 사이클론 등 자연재해 대응을 위해 군사력을 운영하고 있고 있다. 최근에는 해군력 강화에 집중하며 해양안보 능력 향상에 주력하고 있다(표 14.2 참조).

남중국해에서 중국과의 갈등이 심화됨에 따라 최근 인도네시아, 베트남, 태국, 필리핀의 해공군력전력 증강이 두드러지고 있다(그림 14.1 참조). 인도네시아는 40만 명의 상비군을 유지하며, 역내에서 가장 많은 국방비(92억 달러)를 지출하고 국가로, 역내 1위이자 세계 13

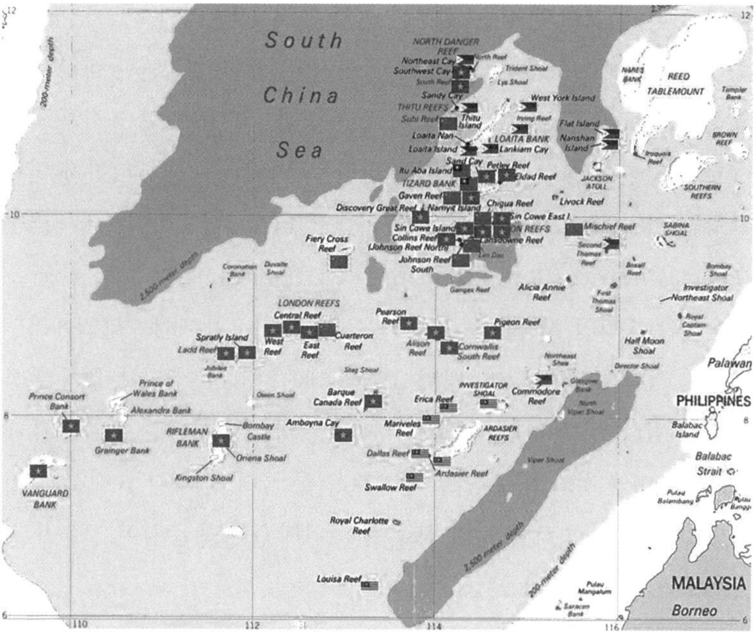


**그림** 14.1 남중국해 영유권 분쟁 국가 현황

출처: Geopolitical Monitor(2018).

위의 군사강국으로 평가된다. 베트남은 48.2만 명의 상비군을 보유하고 있으며, 중국과의 영유권 분쟁에 대응하기 위해 해군과 해안경비대 전력을 집중적으로 강화하고 있다. 태국은 정치적 불안정성에도 불구하고 육군과 해군 전력의 현대화에 박차를 가하고 있으며. 필리핀 역시 중국과의 지속적인 긴장 속에서 해양안보 강화에 주력하고 있다. 특히 필리핀은 중국을 견제하기 위해 미국과의 군사협력 회복을 적극 추진 중이다(Lee 2023; GFP 2024).

3) 중남미(라틴 아메리카)

중남미 지역에서는 다양한 형태의 무력 충돌이 지속적으로 발생하고 있다. 멕시코의 경우, 정부와 마약 조직 간의 대립, 카르텔 간 세력 다툼, 그리고 수많은 하위 조직들의 범죄 활동이 만연한 상황이다. 엘살바도르, 과테말라, 온두라스와 같은 중미 국가들 또한 조직폭력 문제로 심각한 사회적 혼란을 겪고 있다. 남미에서는 콜롬비아가 민족해방군(Ejército de Liberación Nacional, ELN), 콜롬비아무장혁명군(Fuerzas Armadas Revolucionarias de Colombia, FARC)[4] 등 반군 조직들과 지속적인 갈등을 겪고 있다. 또한, 브라질과 베네수엘라에서도 정부가 각종 무장 세력 및 범죄 조직과 대치하고 있어 안보 문제가 심화되고 있다. 이에 따라, 중남미 국가들은 국토 방위뿐만 아니라 대테러 작전, 마약 범죄 대응, 난민 문제로 인한 국경 지역 갈등 해결, 불법조업 어선에 대한 해안 경비 강화 등을 위해 군사력 증강이 절실히 요구되고 있다(김철희 2023).

중남미 지역의 주요 군사 강국으로는 브라질, 아르헨티나, 멕시코가 꼽힌다.[5] 브라질은 세계 12위의 군사력을 유지하고 있으며 연간 193억 달러의 국방비를 지출하고 있다. 최근에는 해공군 현대화를 추진하며, 잠수함 건조 및 전투기 도입을 진행 중이다. 특히 "신성장 가속화 프로그램(Novo PAC)"을 통해 차세대 전차 및 장갑차 전력화, 국경감시체계강화, 해병대 현대화, 다목적 공격기 도입 등 다양한 군사력 증강 프로그램을 운영하고 있다. 그러나 경제 상황이 악화되면서 국방비 지출 증가세는 정체된 상태다. 콜롬비아와 멕시코는 대규모 상비군을 유지하고 있으며 국내 치안문제와 카르텔과의 전쟁을 위해 군사력을

4 민족해방군(ELN), 콜롬비아무장혁명군(FARC)은 극좌 게릴라조직, 미국과 유럽국가들뿐만 아니라 한국에서도 테러단체로 지정되었다(국가정보원 2024).

5 중남미 지역의 군사력 순위는 브라질(12위), 아르헨티나(28위), 멕시코(31위), 콜롬비아(44위), 페루(53위), 베네수엘라(57위) 순이다(GFP 2024).

**표 14.2** 중남미 주요 국가별 국방 예산 규모 증가율 (2022년 대비 2023년 증가율)

| 국가 | 국방비(2023년) | 전년 대비 증가율 |
|---|---|---|
| 브라질 | 252억 달러 | 2.8% |
| 멕시코 | 160억 달러 | 116% |
| 콜롬비아 | 55억 달러 | 17% |
| 칠레 | 25억 달러 | 1.36% |
| 페루 | 23억 달러 | 11% |

출처: KOTRA 자체 자료(황현정 2024).

**표 14.3** 글로벌사우스 주요 국가들의 군사력 현황 (2023년 기준)

| 국가 | 상비군 수 (명) | 국방비 (억 달러) | GFP 랭킹(*/145) |
|---|---|---|---|
| 인도 | 1,450,000 | 811 | 4 |
| 파키스탄 | 654,000 | 107 | 9 |
| 이란 | 610,000 | 156 | 14 |
| 이집트 | 438,500 | 46 | 15 |
| 베트남 | 482,000 | 68 | 22 |
| 인도네시아 | 400,000 | 92 | 13 |
| 브라질 | 366,500 | 193 | 12 |
| 태국 | 360,000 | 66 | 25 |
| 콜롬비아 | 293,000 | 104 | 44 |
| 멕시코 | 216,000 | 74 | 31 |
| 나이지리아 | 215,000 | 26 | 14 |
| 방글라데시 | 204,000 | 48 | 37 |
| 필리핀 | 142,000 | 36 | 34 |
| 남아프리카공화국 | 66,300 | 47 | 33 |
| 칠레 | 81,000 | 63 | 52 |
| 페루 | 56,050 | 24 | 53 |

출처: 2023년 기준 스톡홀름 국제평화연구소(SIPRI)에서 군사비지출 통계와 글로벌파이어파워(GFP)에서 파워 인덱스를 확인하여 저자가 작성.

지속적으로 증강하고 있다. 또한, 미국과의 군사협력을 통해 안보 역량을 강화하는 것이 특징이다(SIPRI 2024; GFP 2024).

2023년 중남미 평균 군사비 지출 비중은 GDP의 1.1%로, 이는 전 세계 평균 2.3%를 하회하는 수준이다. 그러나 마약 관련 범죄율이 여전히 높고, 불안정성이 지속됨에 따라 정부는 치안 확보를 위해 군대를 적극적으로 투입하고 있다. 이에 따라 국방비 지출 규모는 상대적으로 작지만, 점진적인 증가 추세를 보이고 있다(표 14.2 참조; 황현정 2024).

## 2. 글로벌사우스 국가들의 군사력 증강과 도전

글로벌사우스 국가들의 국방비 지출 추세를 살펴보면, 경제성장을 기반으로 인도가 가장 두드러지게 국방 예산을 확대하고 있으며, 브라질과 인도네시아도 지출 규모를 늘리고 있다. 이들 국가들은 5세대 전투기,[6] 스텔스 함정, 무인 시스템 등 첨단 무기체계 확보에 주력하며 군사력의 현대화를 적극 추진하는 공통점을 보인다. 반면, 아프리카와 라틴아메리카 국가들은 경제적 어려움으로 인해 국방 예산을 늘리기 어려워 기존 수준을 유지하는 데 그치고 있다. 대신, 중국과 러시아로부터 정부 및 민간 차원의 군사 지원을 받아 전력을 보강하고 있으며, 이는 역내 군비 경쟁을 촉진하는 요인으로 작용하고 있다(그림 14.2 참조).

글로벌사우스의 군사력 증강은 국제안보 환경에 새로운 도전과 기회를 동시에 제공하고 있는데 이러한 변화는 ① 지역안보 구도 변화, ② 군비경쟁 가속화, ③ 비전통적 안보 위협 대응, ④ 글로벌 군사질서 재편, ⑤ 무기수출국으로의 부상, ⑥ 평화유지활동 참여 확대, ⑦

6 5세내전두기는 ① 석 레이더에 탐지되지 않는 스텔스 설계와 코팅기술, ② 초음속순항(Supercruise) 기능, ③레이더와 센서 융합을 통해 종합적인 상황 인식 기능 그리고 ④ 실시간 정보 공유가 가능한 통합 정보공유시스템을 탑재한 첨단 전투기이며 미국의 F-22렙터, F-35라이트팅, 중국의 J-20, 러시아의 Su-57이 5세대 전투기로 분류된다(Kordus 2022).

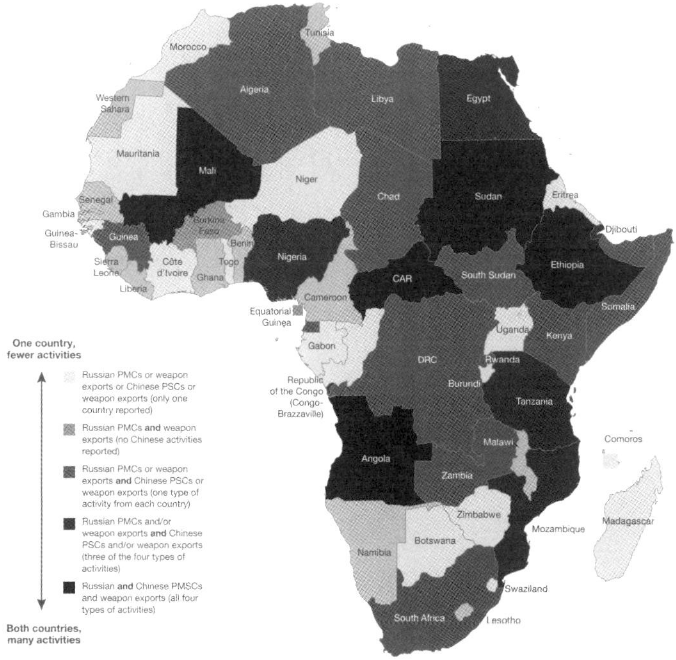


**그림** 14.2 중국과 러시아의 아프리카 군사협력 현황
출처: Weinbaum(2022).

새로운 형태의 군사협력 출현 등 다양한 측면에서 나타나고 있다. 예를 들어, 인도와 파키스탄 간의 군사력 긴장 관계는 남아시아 지역의 안보 구도에 큰 영향을 미치고 있으며, 남중국해 영유권 분쟁은 중국, 베트남, 필리핀 등 관련국들의 해군력 증강을 유발하여 더욱 복잡한 양상을 띠고 있다. 이러한 글로벌사우스 국가들의 군비 증강은 연쇄적인 군비 경쟁을 자극시키고 있으며, 이는 역내 긴장을 고조시키고 군사비 지출 증가로 인한 경제적 부담을 가중시키는 결과를 초래하고 있다. 특히 중국과 인도와 같은 주요 국가들의 군사력 증강은 기존의 글로벌 군사 질서에 도전하는 형세를 보인다. 글로벌사우스 주요 국가들의 군사비

지출은 내부 치안 유지, 지역 갈등 대응, 강대국과의 긴장 완화에 초점을 맞추고 있으며, 경제 상황이 국방비 지출에 큰 영향을 미치는 것으로 나타난다. 경제가 성장하는 국가들은 낙후된 군사력을 현대화하는 데 집중하고 있으며, 특히 핵보유국인 인도와 파키스탄은 지역 안보 균형에서 핵심적인 역할을 수행하고 있다. 또한, 이란과 사우디아라비아, 이집트 등 중동 국가들 역시 군사적 긴장 속에서 군사력을 증강하며 역내 안보 환경을 변화시키고 있다.

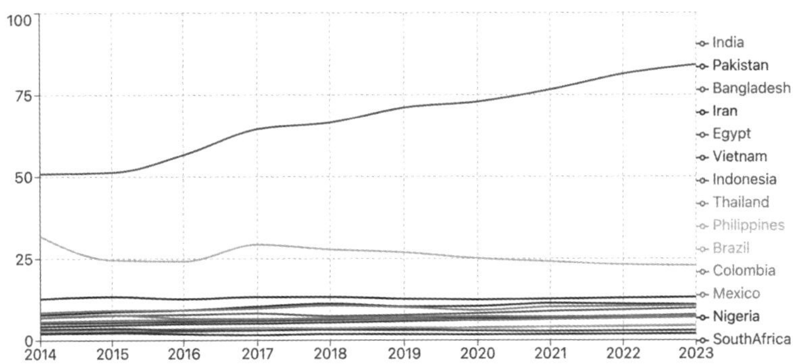


**그림** 14.3 글로벌사우스 주요 국가들의 국방비 지출 추세 (2014~2023년 기준)

출처: 2023년 기준 스톡홀름 국제평화연구소(SIPRI)에서 군사비 지출 통계를 확인하여 저자가 작성.

## III. 한국의 군사협력과 고려사항

### 1. 한국 vs 글로벌사우스 군사협력 현황

한국이 글로벌사우스 국가들과 진행하고 있는 군사협력은 크게 ① 방산협력(방산 수출, 방산 기술이전) ② 평화유지활동(PKO) ③ 해적 퇴치 작전 분야에서 활발하게 이루어지고 있다.

**방산협력** 중국과 국경분쟁을 겪은 인도와 남중국해 영유권 갈등을 겪고 있는 필리핀, 인도네시아는 K-방산의 중요한 시장이다. 인도는 한국의 최대 방산 수출 대상국 중 하나로, 방산 수출 시장으로서 잠재력이 큰 국가다.[7] 2017년 K-9자주포 수출을 시작으로 한화에어로스페이스는 K21-105경전차와 미래형 보병전투차량(FICV)에 대한 수출 협상이 활발히 진행되고 있다. 필리핀은 2015년 KAI가 자체 개발한 FA-50경공격기 12대 수주를 시작으로 KF-21 수출 협상을 벌이고 있으며, HD현대중공업은 호위함(frigate)과 대잠수함 경계/반격 체계를 수출하고 있다. 특히 필리핀은 '전력증강 3단계사업(2023~2028)'을 추진하고 있으며, 이에 본격적으로 참여하기 위해 2024년 9월 필리핀 국제 방산전시회 'ADAS 2024'에 한화, LIG넥스원, HD현대중공업 등 방산 3사를 포함 6개 기업이 참여하여 높은 관심을 받았다. 10월에는 윤석열 대통령이 필리핀을 '전략적 동반자'로 외교관계를 격상시키면서 방산 분야 협력을 강화하고 있다. SIPRI 보고서에 따르면 필리핀은 최근 5년간 K-방산 수출의 19%를 차지하며 폴란드에 이어 한국산 무기를 가장 많이 수입한 국가로 이름을 올렸다(정충신 2024). 인도네시아는 2017년 한국과 외교관계를 "특별 전략적 동반자 관계"로 격상하면서 한국으로부터 KF-21전투기 공동개발, T-50고등훈련기, K-21장갑차를 수입하였고, 낙후된 해군 함정 현대화 사업을 추진하면서 대우조

7 인도는 2018년부터 2022년까지 통계상 전 세계 무기수입시장에서 11%를 차지하는 1위 국가다(참고로 2위부터 5위까지 순위를 살펴보면, 2위 사우디 9.6%, 3위 카타르 6.4%, 4위 호주 4.7%, 5위 중국 4.6% 순이다). 인도의 무기시장 점유율은 러시아 45%, 프랑스 29%, 미국 11%에 이어 한국이 3%로 4위에 이름을 올리고 있으며 K-9자주포가 실제 중국과의 국경분쟁에서 활약하면서 한국 무기에 대한 신뢰도가 높다. 한화에어로스페이스는 K-21장갑차에 주포를 달아 경전차로 개량한 K21-105경전차에 대한 수출 상담을 진행하고 있으며 인도가 보유중인 구형 소련제 보병전투차량 BMP-1과 BMP-2 2,600대를 대체하려는 사업에 적극 참여하고 있다(이세연 2023).

선해양과 협력하여 2016년부터 2019년까지 잠수함 3대를 도입하였다 (Kim 2023).[8]

남미 국가로는 콜롬비아와 KT-1훈련기 수출, 해군 호위함 현대화 사업 추진, K-808차륜형장갑차 수출 협상이 진행 중이며, 파라과이, 칠레, 페루와도 방산협력 양해각서를 체결하였다(임동진 2024). 최근 윤석열 대통령은 볼루아르테 페루 대통령과 정상회담을 통해 국방, 방산 협력을 더욱 확대하기로 하였다. 아프리카 국가와의 방산협력은 2022년 이집트에 K-9자주포를 수출한 것을 시작으로 FA-50경공격기 수출 상담이 진행되고 있으며 에티오피아, 우간다, 보츠와나와 방산협력 양해각서(MOU)를 체결하였고, 남아프리카공화국, 나이지리아, 케냐 등과 방산협력 가능성을 모색하고 있다(표 14.4 참조; 방위사업청 2024).

**평화유지활동** 한국은 1993년 상록수부대를 소말리아로 파병한 것을 시작으로 서부사하라, 앙골라, 동티모르, 이라크, 레바논, 아이티, 남수단, 라이베리아, 코트디부아르, 수단, 인도·파키스탄, 키프로스에 평화유지군을 파병하였다. 2024년 현재 6개 국가에서 평화유지활동에 참여하고 있으며, 2007년부터 임무 수행 중인 동명부대는 레바논 UNIFIL(United Nations Interim Force in Lebanon)에서, 2013년부터 임무 수행 중인 한빛부대는 남수단 UNMISS(United Nations Mssion in South Sudan)에서 각각 작전 중이다. 개별 파병으로 서부사하라, 인도-파키스탄, 예멘에 옵서버 또는 참모장교를 지속 파견하고 있다. 특히 레바논 UNIFIL에서 인도네시아, 말레이시아 파병부대와 함께 '합

8 한국의 대우조선해양과 인도네시아의 PT PAL은 2016년부터 2019년까지 인도네시아 해군으로부터 디젤 잠수함 3척을 약 1조 4,700억 원(11억 달러)에 수주 받아 건조했다. 처음 두 척은 대우조선해양에서 마지막 세 번째 잠수함은 PT PAL이 인도네시아 조선소에서 건조했다(Kim 2024).

**표 14.4** 한국의 글로벌사우스 국가들과의 방산협력 현황 (2024년 기준)

<table>
<tr><th>지역</th><th>국가</th><th>방산협력 사업(무기체계)</th><th>참여업체</th></tr>
<tr><td rowspan="3">동남아시아</td><td>필리핀</td><td>FA-50(경공격기)·KF-21(전투기)·<br>Frigate(호위함)<br>청상어(대잠수함경어뢰)·<br>해성(함대함미사일)</td><td>KAI, 한화오션,<br>한화에어로스페이스,<br>한화시스템,<br>HD현대중공업,<br>LIG넥스원</td></tr>
<tr><td>인도네시아</td><td>KF-21(전투기)·디젤잠수함</td><td>KAI, 한화오션</td></tr>
<tr><td>태국</td><td>K-200장갑차 개조사업</td><td>한화에어로스페이스</td></tr>
<tr><td>남아시아</td><td>인도</td><td>K-9(자주포)·K21-105(경전차)·<br>FICV(보병전투차량)</td><td>한화에어로스페이스</td></tr>
<tr><td rowspan="5">라틴아메리카</td><td>콜롬비아</td><td>KT-1(훈련기)·Frigate(호위함)·<br>K-808(차륜형장갑차)</td><td>KAI, 한화오션,<br>현대로템</td></tr>
<tr><td>파라과이</td><td>한-파라과이 방산협력<br>양해각서체결(2019.10.16.)</td><td>-</td></tr>
<tr><td>칠레</td><td>한-칠레 방산협력 양해각서체결(2015.4.22.)</td><td></td></tr>
<tr><td>페루</td><td>한-페루 방산협력 양해각서체결(2010.6.17.)<br>해군함정(잠수함)공동개발 양해각서<br>체결(2024.11.16.)<br>육군 지상장비 협력<br>총괄협약체결(2024.11.16.)</td><td>KAI, 한화오션,<br>한화에어로스페이스<br>HD현대중공업</td></tr>
<tr><td>베네수엘라</td><td>한-베네수엘라 방산협력<br>양해각서체결(1999.12.6.)</td><td></td></tr>
<tr><td rowspan="4">아프리카</td><td>이집트</td><td>FA-50(경공격기)·K-9(자주포)</td><td>KAI, 한화에어로페이스</td></tr>
<tr><td>에티오피아</td><td>한-에티오피아 방산협력<br>양해각서체결(2019.7.16.)</td><td>-</td></tr>
<tr><td>우간다</td><td>한-우간다 방산협력<br>양해각서체결(2016.5.19.)</td><td>-</td></tr>
<tr><td>보츠와나</td><td>한-보츠와나 방산협력<br>양해각서체결(2017.1.18.)</td><td>-</td></tr>
</table>

출처: 방위사업청(2024) 자료를 기초로 저자 작성.

동 정찰 및 경계작전', '인도적 지원 및 재건 사업'을 공동으로 진행함으로써 협력을 강화하고 있으며, 남수단 UNMISS에서는 민간인 보호 및 인도주의적 지원을 강화하고 있다(외교부 2024).

**국제 해적 퇴치 작전** 2009년부터 한국은 소말리아 인근 아덴만 해역에 청해부대[9]를 파견하여 해적 퇴치 자전을 전개하고 있으며, 케냐, 지부티, 몰디브 등 아프리카 및 중동 국가 해군과 공조하여 정보 공유, 해적소탕작전, 구조 지원 등의 협력을 지속하고 있다. 청해부대의 정식 명칭은 "소말리아 해역 호송전대"로 한국의 합참으로부터 작전 지휘를 받는다. 그러나 국제 해양안보작전(Maritime Secutiry Operations, MSO)에 참여할 경우, "항구적 자유작전-아프리카의 뿔"을 위해 창설된 연합해군사령부(Combined Maritime Forces, CMF) 예하 대(對)해적작전 전담 연합기동부대(Combined Task Forces 151, CTF151)의 전술통제를 받으며, 국적에 관계없이 해적으로부터 모든 상선에 대한 호위 임무를 수행한다. 특히, 청해부대는 작전 지역에서 말레이시아, 싱가포르, 인도네시아 해군 등과 함께 해적, 해상테러 등에 대한 정보를 공유하고 다자간 해양안보 협력 체계를 수립하는 데 기여하고 있다.

글로벌사우스 국가들과의 군사협력은 '전략적 측면'에서 기존 강대국 중심에서 벗어나 새로운 안보 파트너를 확보함으로써 안보협력의 다변화와 지정학적 영향력 확대에 기여할 수 있으며, 국제 평화와 안보에 기여하는 한국의 국제적 위상을 높일 수 있다. '경제적 측면'에서, 방산 수출 기회와 경제협력을 확대할 수 있으며, 이로써 현지 생산

9 청해부대는 해안안보작전에 참여함과 동시에 우리 선박 보호 임무도 함께 수행해야 하는 임무가 부여되었으나, 아덴만에서 활동 중인 연합해군사와 타국 해군과 긴밀하게 협조하여 성공적으로 해적대응작전 임무를 수행함으로써 국제사회에서 대한민국의 위상을 제고하였다. 참고로 청해부대 1진의 편성은 문무대왕함(DDH-2) 1척, 링스헬기 1대, 고속단정 3척으로 구성되었으며, 인원은 참모, 함정, 항공파견대, 검문검색대, 지원부 등 총 298명으로 편성되었다. 청해부대의 지휘권은 합동참모본부에 있으며 우리 선박 호송작전 시는 합참이 작전을 통제하였고, 연합해군사의 해양안보작전 참여 시에는 연합해군사령부 예하 형태의 통제를 받았다. 청해부대는 2024년 11월 현재 43진까지 임무를 완수하고 철수하였으며 현재 44진 강감찬함이 작전을 수행하고 있다(양영조, 2015).

및 기술이전 사업 등을 통해 새로운 일자리와 기술 발전을 도모할 수 있는 기회를 얻을 수 있다. '글로벌 안보 거버넌스 측면'에서 PKO, 테러·사이버 공격 대응, 해적 등 비전통 안보 위협에 대한 공동 대응을 모색하고 있으며, 다자간 군사협력을 통해 새로운 국제안보 규범 및 질서 형성에 적극적인 역할을 담당하고 있다.

### 2. 글로벌사우스와 군사협력 사업 추진 간 고려사항

한국 정부가 글로벌사우스 국가들과 지속적이고 안정적인 군사협력을 추진하기 위해서는 강대국 외교의 전략적 균형을 유지하고, 비용과 기회라는 관점에서 지속 가능한 상호 호혜적인 협력 모델을 개발해야 한다. 한국 정부가 고려해야 할 사항은 다음과 같다.

첫째, 미중 경쟁 구도 속에서 한국은 방산수출과 기술이전을 추진함에 있어 미국과 중국의 이해관계를 신중하게 조율해야 한다. 인도가 러시아와 미국으로부터 무기를 동시에 도입하면서도 전략적 자주성을 유지한 사례는 자국의 국익을 최우선한 성공적인 사례로 볼 수 있다.[10] 자율성 안보 교환모델에 따르면, 군사협력은 무기 거래 등 단순한 군사적 지원이나 동맹 관계를 넘어 양국의 전략적 자율성과 안보 이익을 동시에 고려해야 한다(Morrow 1991). 글로벌사우스 국가들과의 군사협력 과정에서 한국은 자국의 전략적 독립성을 완전히 포기하지 않으면서도 실질적인 안보 이익을 확보할 수 있는 방안을 모색해야 한다.

10 인도는 2021년 12월 러시아로부터 S-400 방공 미사일을 구매하고, AK소총 60만 정을 공동생산 등을 추진하면서도 동시에 미국과의 방위 협력을 지속적으로 발전시켰다. 이는 강대국 간 경쟁 구도 속에서도 자국의 국익을 최우선으로 하는 유연한 외교 전략의 대표적인 사례다(박병수 2021).

둘째, 한국과 글로벌사우스 국가 간의 군사협력은 단순한 무기 거래를 넘어선 복합적이고 전략적인 접근이 필요하다. 대표적인 사례로 인도네시아와의 군사협력을 들 수 있다. 2020년부터 한국은 인도네시아의 지정학적 위치, 해양안보 전략, 경제발전 잠재력을 종합적으로 분석하여 맞춤형 군사협력 모델을 개발했다. 예를 들어, 남중국해의 전략적 중요성과 인도네시아의 해양 방어 능력 강화 필요성을 고려해 FA-50 경전투기와 KT-1 훈련기를 공급했을 뿐만 아니라, 해양 감시 시스템을 공동으로 개발하기도 했다. 이러한 접근의 핵심은 상대국의 고유한 안보 환경과 전략적 이해관계를 깊이 있게 이해하고, 상호 신뢰를 기반으로 한 장기적이고 포괄적인 협력 모델을 구축하는 데 있다. 이를 통해 상대국의 국방 역량을 강화하고, 전략적 파트너십을 공고히 하는 것이 중요하다.

셋째, 기술 유출과 안보 위험 관리를 강화하는 것은 첨단 방위산업 기술을 보호하고 국제적 신뢰를 유지하는 데 필수적이다. 한국 정부는 인도와 방산협력을 추진하면서 K-9 자주포의 핵심 부품과 첨단 기술에 대한 접근을 제한하고, 공동 생산 과정에서 한국 기술진이 상주하여 모니터링하는 방식으로 방산 기술을 성공적으로 보호한 사례가 있다. 그러나 방산 기술 유출 사례는 매년 증가하고 있으며, 그 수법도 점점 정교해지고 있다. 2024년 한 해에만 15건이 발생했을 정도로, 방산 기술 보호 대책의 강화는 매우 시급한 과제다(김준태 2024). 이와 관련해 한국 정부는 이스라엘의 국방 기술 수출 모델을 벤치마킹할 필요가 있다. 이 모델에는 계약 단계부터 기술이전 및 이후까지 포괄적인 보안 메커니즘, 암호화된 기술 문서 관리, 그리고 현지 기술자 교육 시 적용되는 보안 프로토콜 등이 포함되어 있어 다층적인 방산 기술 보호 시스템 구축이 가능하다.

넷째, 인권과 민주주의 가치를 군사협력의 기준으로 삼는 것은 한국 방산의 국제적 신뢰를 높이고 잠재적 외교적 비용을 줄이는 데 중요하다. 한국은 이러한 접근을 더욱 체계화하기 위해 독일의 무기 수출 정책을 참고할 필요가 있다. 독일은 무기 수출 전 협력 대상국의 민주주의 수준, 인권 상황, 그리고 정치적 안정성을 포괄적으로 평가하는 심사 시스템을 운영한다. 예컨대, 독일은 협력 대상국의 정부가 권위주의적이거나 인권 탄압 기록이 있을 경우, 무기 수출 계약을 제한하거나 취소하는 등의 결정을 내린다. 이러한 시스템은 무기 수출로 인해 발생할 수 있는 외교적 리스크를 최소화하고, 수출국의 국제적 신뢰도를 유지하는 데 중요한 역할을 한다. 한국이 이와 같은 체계를 벤치마킹하면, 협력 대상국을 더욱 정교하게 평가할 수 있을 것이다. 이를 통해 잠재적인 외교적 문제를 사전에 방지하고, 수출된 무기가 예상치 못한 상황에서 악용되는 것을 막을 수 있다. 이는 한국이 군사협력 과정에서 윤리적이고 책임 있는 국가로서의 이미지를 강화하는 데 크게 기여할 것이다.

다섯째, 국제사회와의 공조와 다자 협력을 강화하는 것은 협력의 기회를 다양화하고, 협력 실패로 인한 부담을 줄이는 데 중요한 역할을 한다. 호주의 태평양 도서국들과의 해양안보 협력 사례처럼, 한국도 아세안 국가들과의 방산협력을 개별 협력을 넘어 지역 협력으로 확대할 필요가 있다. 또한, 국제규범과 안보 레짐을 존중하는 태도가 필수적이다. 글로벌사우스 국가들과의 군사협력은 반드시 국제법과 안보 원칙을 준수하는 방식으로 이루어져야 하며, 이는 한국의 국제적 신뢰를 유지하고 장기적인 전략적 이익을 보호하는 기반이 된다. 아울러, 협력의 유연성과 적응력도 중요하다. 급변하는 국제안보 환경에 대응하기 위해, 군사협력 모델은 변화에 적응할 수 있도록 설계되어야 한다. 정기

**1** **1단계: 예비 및 탐색(2025년)**

**전략적 기초 조성** : 글로벌 사우스 주요 국가들에 대한 심층 안보, 환경 분석 / 지역별 맞춤형 군사협력 잠재력 진단, 예비 협력 대상국 선정, 전담 연구팀 및 협력 전략 TF 구성
**초기 협력 기반 마련** : 양자간 군사대화 채널 생성 / 군사 정보 교환 및 상호 이해 증진 프로그램 개발 / 공동 안보 세미나 및 워크숍 개최 / 예비적 군사 교류 프로그램 운영

**2** **2단계: 심화협력(-2027년)**

**실질적 협력 영역 확대와 다자간 협력 메커니즘 구축** : 맞춤형 군사기술 협력 모델 개발, 공동 군사훈련 실시, 다자간안보대화플랫폼 창설 등을 진행.

**3** **3단계: 전략적 동반자 관계구축(-2033년)**

**제도화된 협력 체계 완성과 글로벌 안보 이니셔티브 주도** : 포괄적 전략적 동반자 협정 체결, 공동 군사기술 혁신 센터 설립, 국제 평화 및 안보 협력 프로젝트 주도 등을 추진.

**그림** 14.4 한국-글로벌사우스 국가 군사협력 로드맵
출처: 저자 작성.

적인 협력 평가와 재조정 메커니즘을 통해 양국의 변화하는 전략적 이해관계를 반영하며 지속 가능한 협력을 이어가야 한다.

이러한 종합적이고 균형 잡힌 접근을 통해 군사협력 로드맵을 제시하면 다음과 같다(그림 14.4참조).

글로벌사우스와의 군사협력은 ① 제도적 기반 구축, ② 인적교류 확대, ③ 방산협력 모델 개발의 세 가지 축을 중심으로 구성되며, 정책의 실현 가능성과 협력 대상국과의 호혜성, 그리고 단계적 접근의 필요성을 고려하여 각각의 실행 가능과 기대효과를 검토하였다.

**제도적 기반 구축** 군사협력의 기본법이 제정되어야 한다. 이는 글로벌사우스 국가들과의 체계적인 군사협력을 위한 가장 기본적인 토대가 될 것이다. 현재 한국의 군사협력은 개별 협정이나 양해각서(MOU) 등을 통해 이루어지고 있어, 체계적이고 일관된 협력 추진에 한계가 있다. 따라서 다음과 같은 내용을 포함하는 기본법의 제정이 시급하다. 첫째, 군사협력의 기본원칙과 방향성을 명확히 규정해야 한다. 여기에는 협력의 목적, 범위, 기본 이념 등이 포함되어야 한다. 둘째,

협력 대상국 선정을 위한 객관적 기준이 마련되어야 한다. 안보적 중요성, 경제적 실현 가능성, 지정학적 고려사항 등 다양한 요소들을 종합적으로 고려한 평가 기준이 필요하다. 셋째, 기술이전과 보안관리에 관한 명확한 규정이 포함되어야 한다. 전략자산의 보호와 협력의 효과성을 동시에 담보할 수 있는 세부 규정의 마련이 중요하다. 군사협력의 효과적 추진을 위해서는 관련 부처 간 긴밀한 협조체계가 필수적이다. 현재는 부처별로 개별적인 협력사업을 추진하는 경우가 많아 정책의 일관성과 효율성이 저하되는 문제가 있다. 이를 해결하기 위해 다음과 같은 방안을 제시한다. 첫째, 국방부, 산업통상자원부, 외교부 등 유관 부처로 구성된 '글로벌사우스 군사협력 추진위원회'의 설치가 필요하다. 동 위원회는 정책의 수립과 이행을 총괄하는 컨트롤타워 역할을 수행해야 한다. 둘째, 부처별 역할과 책임을 명확히 규정하고, 협력사업의 기획에서 평가까지 전 과정에 걸쳐 협조체계를 구축해야 한다. 셋째, 전문가가 참여하는 정기적인 성과 평가와 피드백 시스템을 통해 정책의 실효성을 제고해야 한다. 이러한 제도적 기반을 바탕으로 한국은 글로벌사우스 국가들과의 군사협력을 보다 체계적이고 지속 가능하게 추진할 수 있을 것이다.

**인적교류 확대** 군사전문가들의 교류는 실질적인 협력성과를 도출하는 데 핵심적인 역할을 한다. 2011년부터 6.25 참전국인 콜롬비아 육군사관학교에 태권도 교관단(장교 1명, 부사관 2명)을 파견하였는데 콜롬비아 육군사관학교에서는 즉시 일본의 가라데 교육을 폐지하고 태권도 교육으로 대치하였으며 대한민국 육군 태권도 교관단은 한-콜롬비아 국방협력의 밀알이 되었다. 윤석열 정부 들어 군 장성 출신이 잇따라 글로벌사우스 국가 재외공관장으로 발령 받는 사례[11]가 늘어나고 있는데 이는 방산 수출 교두보 확보 및 군사 교류 확대라는 차원에서 바람직한 현상이다. 그러나 과거 한국의 글로벌사우스 국가들과의 인적교류는 비정기적이고 단발적인 교류가 대부분이어서 지속성과 효과성이 부족한 실정이었다. 이를 개선하기 위해서는 다음과 같은 방안을 제시한다.

첫째, 분야별 전문가의 상호 파견과 초청을 정례화해야 한다. 특히 방산기술, 군수 관리(Management, Repair, Overhaul, MRO) 교육훈련 등 핵심 분야를 중심으로 장기 파견 프로그램을 운영할 필요가 있다. 둘째, 공동 연구 프로젝트를 적극적으로 추진해야 한다. 이를 통해 실질적인 협력 성과를 도출하고 상호 이해를 증진할 수 있다. 셋째, 정기적인 군사협력 포럼과 세미나를 개최하여 군산학(軍産學) 전문가들의 지속적인 교류의 장을 마련해야 한다. 이러한 인적 교류 확대는 글로벌사우스 국가들과의 군사협력을 보다 체계적이고 효과적으로 발전시키는 데 기여할 것이다.

**방산협력 모델 개발** 글로벌사우스 국가들과의 방산협력 성공을 위해서는 대상국의 특성과 수요를 정확히 파악하고, 이에 맞는 맞춤형 협력 패키지를 제시하는 것이 중요하다. 아프리카, 중남미 등 방산 시장 진출을 확대하기 위해서는 정부 간 계약(G2G) 방식이 효과가 있다. 아프리카, 중남미 국가에서는 프로젝트 관련 정치인 및 관료들의 잦은 부패 스캔들 연루 위험이 높고, 관료들의 책임 기피 성향과 상호 신뢰 부족으로 프로젝트가 만성적으로 지연되는 경향이 있다. 이러한 이유로 이들 국가에서는 외국기업의 참여를 오히려 선호하는 편이다. 정부

11 2024년 11월 현재 주나이지리아 대사에 김판규 전 해군참모차장이, 주사우디아라비아 대사에 최병혁 전 한미연합사 부사령관이, 주피지 대사에 김진형 전 해군 군수사령관이 임무 수행 중이다. 윤석열 정부 들어 8명의 장성 출신이 재외공관장에 임명되었다(송국진 2024).

간 계약 방식은 구매국의 입장에서 계약 이행 신뢰를 높이고 맞춤형 조달이 가능하게 하며, 한국 기업 입장에서는 계약이행의 신뢰도를 확보하고 협상능력을 강화하며, 시간과 비용을 절감할 수 있는 장점이 있다. 또한, 부패 관행을 사전에 차단할 수 있는 점에서 효과적인 협력 방식이다. 글로벌 서비스 국가들은 무기 현대화를 절실히 요구하고 있지만 코로나-19 이후 재정 악화와 의료·보건 등 사회복지 비용 증가로 국방 예산 확보가 쉽지 않은 상황이다. 따라서 각국의 재정상황을 고려한 맞춤형 금융 지원 및 산업협력 전략이 필요하다. 뿐만 아니라, 글로벌사우스 국가들은 중장기적으로 장비를 현지에서 제조하여 자국 및 인근 국가에 공급하는 것을 목표로 하고 있다. 따라서 현지 생산을 위한 기술이전과 인력 교육훈련, MRO센터 건립지원 방안이 고려되어야 한다(김철희 2023).[12] 정리하면 다음과 같다. 첫째, 무기체계 판매, 기술이전, 현지 생산 등 다양한 협력방식을 포괄하는 통합 패키지를 설계해야 한다. 둘째, 재원조달 방안을 포함한 현실성 있는 협력방안을 제시해야 한다. 셋째, 단계적 이행계획과 함께 위험관리 방안도 함께 제시되어야 한다. 지속 가능한 방산협력을 위해서는 단순한 무기 판매를 넘어 기술이전과 생산협력으로 발전해야 한다. 이를 위해 대상국의 기술수준과 산업기반을 고려한 단계적 기술이전 로드맵을 수립해야 하며, 현지 생산시설 구축 지원, 품질관리와 정비능력 향상을 위한 프로그램

12 고등 훈련기의 경우 CKD(Complete Knockdown) 방식, 즉 수출국에서 기계 및 자동차 등을 부품단위로 분해하여 수입국 공장에 수출한 뒤 최종 완제품을 조립, 생산하는 방식으로 현지 조립 및 인근 국 수출이 가능하도록 기술이전을 협력하고 인력 교육훈련과 MRO센터 등을 지원하고, LPD함(다목적)이나 연합경비함은 설계도면 및 CKD 지원으로 현지 조립 생산이 가능하도록 전략을 수립해야 한다. 경전술차량이나 경장갑차량의 경우 시급성에 따라 일부는 완제차량으로, 추후 공급분은 현지 조립 생산을 위해 기술이전, 교육훈련 등을 포함한 패키지 제안서를 제출하는 것이 필요하다(김철희 2023).

개발에도 힘써야 한다. 또한, 현지 협력업체 발굴과 육성을 통해 지속 가능한 산업 생태계를 조성하는 것도 방산협력의 중요한 요소다, 이를 통해 한국의 방산협력이 단기적인 거래를 넘어 장기적인 전략적 파트너십으로 자리 잡을 수 있을 것이다.

## IV. 맺음말

글로벌사우스의 부상은 기존의 국제안보 질서를 근본적으로 재편하고 있다. 과거 수동적이고 주변부적 위치에 있던 글로벌사우스 국가들은 이제 국제정치와 안보 영역에서 주도적인 행위자로 등장하고 있다. 이들 국가들은 단순히 강대국의 영향력에 종속되던 과거와는 달리, 자국의 전략적 이익을 적극적으로 추구하며 다극화된 국제질서의 중요한 축으로 부상하고 있다. 특히 기후변화, 에너지안보, 기술혁신 등 새로운 안보 의제에서 글로벌사우스 국가들의 역할과 영향력이 급격히 확대되고 있다.

이러한 변화 속에서 글로벌사우스와의 군사협력은 한국의 국가전략에서 중요한 전환점을 마련하는 핵심 과제다. 이는 단순한 외교적 접근을 넘어 복합적인 국가안보 전략의 일환으로 이해되어야 한다. 그러나 한국의 현재 군사협력 전략은 이러한 변화에 부분적으로만 대응하고 있는 실정이다. 미·중 패권경쟁의 복잡한 지정학적 환경에서 한국의 군사협력은 전략적 중립성과 유연성을 확보해야 한다. 전통적인 한미동맹과 주변 강대국 중심의 협력 패러다임에서 벗어나 글로벌사우스 국가들의 전략적 자율성을 존중하는 다차원적인 접근이 필요한 시점이다. 이는 단순히 균형을 유지하는 것을 넘어 상호 이익에 기반한 다층적 협력 메커니즘을 구축하는 것을 의미한다.

글로벌사우스 국가들과의 군사협력은 한국에게 매우 복합적이고 다차원적인 전략적 기회와 도전을 동시에 제공하고 있다. 이를 효과적으로 활용하기 위해서는 기회 요소를 극대화하고 전략적으로 관리하는 접근이 필요하다. 기회 측면에서 첫째, 군사기술 협력은 한국의 첨단 방위산업 기술을 새로운 시장에 전파할 수 있는 중요한 통로가 될 수 있다. 특히 동남아시아, 중남미 국가들은 한국의 첨단 무기체계와 군사 장비에 대한 높은 관심을 보이고 있으며, 이는 국내 방위산업의 해외 진출 기회를 확대하는 계기가 될 수 있다. 둘째, 방위산업 공동 개발은 기술적, 경제적 시너지 효과를 창출할 수 있다. 개발도상국들과의 공동 연구개발(R&D) 프로젝트를 통해 한국은 새로운 기술 혁신을 선도할 수 있으며, 동시에 해당 국가들의 군사적 역량 강화를 지원할 수 있다. 이는 단순한 무기 판매를 넘어, 장기적이고 안정적인 협력 관계를 구축하는 데 기여할 것이다. 셋째, 새로운 외교적 네트워크 구축은 한국의 국제적 영향력을 확대하는 데 중요한 전략이 될 수 있다. 군사협력은 단순한 군사적 차원을 넘어, 정치·경제·문화적 교류의 기반을 마련하는 데 기여한다. 글로벌사우스 국가들과의 군사협력을 통해 한국은 다자외교 및 지역 안보 협력의 중심적 역할을 수행할 수 있으며, 이는 국제사회에서 한국의 전략적 입지를 더욱 강화하는 요소가 될 것이다. 이러한 기회를 극대화하기 위해서는 체계적인 군사협력 전략 수립과 맞춤형 협력 모델 개발이 필요하다. 한국은 글로벌사우스 국가들과의 군사협력을 장기적 안목에서 추진하고, 상호 호혜적인 협력 구조를 구축함으로써 지속 가능한 파트너십을 형성해야 할 것이다.

글로벌사우스 국가들과의 군사협력은 전략적 기회를 제공하는 동시에 여러 가지 위험 요인도 수반한다. 대표적인 위험 요인으로는 지정학적 이해관계의 복잡성, 협력의 불확실성, 기존 동맹국들과의 마찰 가능성을 들 수 있다. 첫째, 글로벌사우스 국가들은 역사적으로 식민지 경험, 지역 갈등, 다양한 정치적 이념 등의 요인으로 인해 매우 미묘하고 불안정한 국제관계를 형성하고 있다. 따라서 특정 국가와의 협력이 지역 내 정치적 균형을 자극할 가능성이 있으며, 이는 한국의 외교 전략 전반에 예상치 못한 도전과제를 야기할 수 있다. 둘째, 많은 개발도상국들은 정치적 불안정성, 경제적 취약성, 제도적 미성숙 등으로 인해 장기적이고 안정적인 군사협력을 보장하기 어려운 환경에 처해 있다. 예를 들어, 정권 교체, 내부 정치 불안, 경제 위기 등은 기존의 협력 관계를 단절시키거나 계약 이행을 어렵게 만들 수 있다. 이에 따라 협력 안정성을 보장할 수 있는 제도적 장치와 위험 분산 전략이 필요하다. 셋째, 기존 동맹국들과의 잠재적 마찰 가능성도 신중하게 고려해야 할 부분이다. 특히 미국을 중심으로 한 서방 동맹국들은 한국의 글로벌사우스 국가들과의 군사협력에 대해 민감하게 반응할 가능성이 크다. 한국이 글로벌사우스 국가들과의 협력을 확대할 경우, 서방과의 기존 군사·안보 협력에 미묘한 긴장을 초래할 수 있다. 따라서 한미동맹 및 서방과의 전략적 균형을 유지하면서도, 글로벌사우스 국가들과의 협력을 조율할 수 있는 정교한 외교적 접근이 필요하다.

따라서 한국은 글로벌사우스 국가들과의 군사협력을 추진함에 있어 기회와 위험을 면밀히 고려하며 균형 잡힌 접근이 필요하다. 이를 위해 장기적이고 전략적인 방향을 설정해야 하며, 다음과 같은 세 가지 핵심 전략이 요구된다. 첫째, 각 국가의 특수한 안보 상황과 전략적 이해관계를 깊이 이해하고, 이에 맞는 맞춤형 협력 모델을 개발해야 한다. 단순한 군사협력을 넘어, 해당 국가의 역사적 배경, 지역 내 갈등, 안보 위협, 정치적 환경 등을 종합적으로 분석하여 실질적인 협력 방안을 마련하는 것이 중요하다. 예를 들어, 동남아시아 국가들은 남중국해 영유권 문제로 인한 갈등을 겪고 있으며, 중남미 국가들은 정치적 불안정성이 지속되고 있다. 또한, 아프리카 국가들은 테러리즘과 국경 안보 문제에 직면해 있다. 이처럼 각 국가와 지역이 당면한 안보 도전 과제는 다르기 때문에, 한국은 이를 세밀하게 파악하고 각국의 필요에 맞는 협력 전략을 수립해야 한다. 둘째, 군사협력의 범위를 전통적인 방위 영역에 국한하지 않고 기술, 인프라, 인도주의적 협력 등으로 확대해야 한다. 현대 안보 환경은 단순한 군사력 강화만으로 해결될 수 없으며, 보다 복합적인 접근이 요구된다. 이에 따라, 사이버 보안 기술 공유, 재난 대응 및 인도주의적 지원 시스템 구축, 평화유지활동(PKO) 공동 훈련, 군사 관련 첨단 기술의 공동 개발 등 다양한 형태의 협력이 필요하다. 이러한 포괄적 협력 방식은 군사적 동맹을 넘어 서로에 대한 이해와 신뢰를 구축하는 데 기여할 수 있다. 셋째, 협력을 보다 체계적으로 추진하기 위해 다자간 협력 메커니즘을 제도화하고, 장기적이고 지속 가능한 협력 프레임워크를 구축해야 한다. 이는 양자 협력에 머무르는 것이 아니라, 다수의 글로벌사우스 국가들이 함께 참여하는 협력 플랫폼을 조성하는 것을 의미한다. 이를 위해 정기적인 다자간 안보 대화를 개최하고, 공동 군사 훈련, 정보 교류 시스템, 연구개발(R&D) 프로젝트 등을 추진하여 협력을 지속적이고 제도화된 구조로 발전시켜야 한다.

글로벌사우스 국가들과의 군사협력은 한국의 국가안보 전략에 있어 새로운 패러다임을 요구하고 있다. 국제안보 환경이 빠르게 변화하는 가운데, 전략적 유연성, 혁신적인 접근, 그리고 포용적인 협력 방식이 한국이 미래 국제질서에서 주도적인 역할을 수행하는 데 핵심 요소가 될 것이다. 이러한 접근은 단기적인 군사적 이익을 넘어서 장기적이고 전략적인 국가 이익을 추구하는 방향으로 나아가야 한다. 또한, 글로벌사우스 국가들과의 협력을 통해 한국은 새로운 외교 네트워크를 구축하고 국제사회에서 영향력을 확대할 수 있는 중요한 기회를 얻을 수 있다. 이를 실현하기 위해서는 지속적인 연구와 실질적인 협력 노력이 필요하며, 군사적 협력뿐만 아니라 상호 이해와 신뢰, 그리고 공동 번영을 지향하는 포괄적인 협력 모델을 발전시켜야 한다. 마지막으로, 이러한 협력 전략이 성공하기 위해서는 정부, 군사 기관, 학계, 민간 부문 간의 긴밀한 협력이 필수적이다. 다양한 이해관계자들의 전문성과 통찰력을 결합하여 더욱 혁신적이고 효과적인 협력 모델을 지속적으로 개발하고 실행해 나가야 할 것이다.

# 참고문헌


국가정보원. 2024. "국제테러정보." 대한민국 전자정부 누리집, 국가정보원. https://www.nis.go.kr/AF/1_6_2_2_2/list.do (검색일: 2024.11.21.)

김준태. 2024. "방산기술 유출사례 올해 들어 급증…벌써 15건." 『연합뉴스』. 10.11. https://www.yna.co.kr/view/AKR20241011110600504 (검색일: 2024.12.9.)

김철희. 2023. "러시아-우크라이나 전쟁 반발 이후 중남미 방산시장 진출전략." KOTRA방산물자교육지원센터. https://www.kiep.go.kr/aif/issueDetail.es?brdctsNo=348281&mid=a10200000000&systemcode=06 (검색일: 2024.11.20.)

김태균. 2023. 『반둥 이후: 글로벌사우스의 국제정치사회학』. 과천: 진인진.

박병수. 2021. "인도, 러시아 방공미사일 구매 강행…미국, 제재에 나설까." 『한겨레』. 12.7. https://www.hani.co.kr/arti/international/asiapacific/1022242.html (검색일: 2024.12.9.)

박찬홍. 2024. "국제질서 변화와 글로벌사우스(Global South)의 부상." 『국회도서관』 2034-2.

방위사업청. 2024. "방위사업청 방산군수협력 양해각서 및 조약체결 현황."https://www.data.go.kr/data/15104363/fileData.do (검색일: 2024.11.17.)

송국진. 2024. "군 장성 출신 잇따라 재외공관장 진출 '외교무대로'." 『국방신문』. 3.4. https://www.gukbangnews.com/news/articleView.html?idxno=7278 (검색일: 2024.11.20.)

양영조. 2024. "청해부대의 활동." 행정안전부 국가기록원. https://www.archives.go.kr/next/newsearch/listSubjectDescription.do?id=009714&sitePage= (검색일: 2024.11.18.)

외교부. 2024. "주요국 PKO 참여현황." 외교부 기획조정실 정보화 담당관실, 대한민국 공식 전자정부 누리집. https://www.data.go.kr/data/3038035/fileData.do?recommendDataYn=Y (검색일: 2024.9.19.)

이상현. 2024. "2024년 국제정세 전망." 『정세와 정책』 370. 세종연구소. https://www.sejong.org/web/boad/1/egoread.php?bd=2&itm=&txt=&pg=1&seq=7501 (검색일: 2024.12.9.)

이세연. 2023. "세계최대 무기수입국 반열 오른 이 나라... K-방산도 뻗어간다." 『머니투데이』. 7.4. https://news.mt.co.kr/mtview.php?no=2023070413445471019 (검색일: 2024.11.18.)

임동진. 2024. "한·페루 정상회담…尹 "방산·인프라·핵심광물 협력 확대"." 『한경』. 11.17. https://www.hankyung.com/article/2024111765775 (검색일: 2024.11.21.)

정충신. 2024. "필리핀 사로잡은 'K-방산'…FA50·호위함·해성 등 필리핀 발판 동남아 시장 확장." 『문화일보』. 9.26. https://www.munhwa.com/news/view.html?no=2024092601039930114004 (검색일: 2024.11.17.)

황현정. 2024. "K-방산 대(對) 중남미 진출 확대를 위한 전략." Near Latin. 외교부 라틴아메리카 협력센터 2024-3. https://energia.mofa.go.kr/WZ/WZ_243/html/

center_report2.html (검색일: 2024.11.19.)

Geopolitical Monitor. 2018. "South China Sea Dispute: The Philippines." 6.5. https://www.geopoliticalmonitor.com/south-china-sea-dispute-the-philippines/ (검색일: 2024.11.19.)

GFP. 2024. "African Military Strength 2024: Ranking the Military Powers of Africa by country, from strongest to weakest." The Global Firepower, Power Index Score. https://www.globalfirepower.com/countries-listing-africa.php (검색일: 2024.11.19.)

Kim, Felix. 2023. "인도네시아와 한국, 더욱 강화된 방위 협력관계로 한 단계 도약." Forum. 8.24. https://ipdefenseforum.com/ko/2023/08/%EC%9D%B8%EB%8F%84%EB%84%A4%EC%8B%9C%EC%95%84%EC%99%80-%ED%95%9C%EA%B5%AD-%EB%8D%94%EC%9A%B1-%EA%B0%95%ED%99%94%EB%90%9C-%EB%B0%A9-%EC%9C%84-%ED%98%91%EB%A0%A5%EA%B4%80%EA%B3%84%EB%A1%9C-%ED%95%9C/ (검색일: 2024.11.17.)

Kordus, E. R. 2022. "The Future of US Air Force Air Dominance Fighters: Maintaining Air Superiority Against China." The United States Air Command and Staff College.

Lee, Jaehyon. 2023. "Understanding the recent Southeast Asian Arms build-up: A commitment to a minimum military response capability." Issue Brief, Asan Institute for Policy Studies. 12.20.

Morrow, James. D. 1991. "Alliance and Asymmetry: An Alternative to the Capability Aggregation Model of Alliance." *American Journal of Political Science* 35(4): 904-933.

Oxford Analytica. 2023. "Iran will strengthen ties with Global South Countries." Expert Briefings. https://doi.org/10.1108/OXAN-ES280524 (검색일: 2024.11.17.)

Shamim, Arif. 2024. "이란 대 이스라엘의 군사력 차이는?" *BBC News*. 4.19. https://www.bbc.com/korean/articles/c72pzv6p3m5o (검색일: 2024.11.19.)

SIPRI. 2024. "SIPRI Military Expenditure Database." Stockholm International Peace Research Institute. https://doi.org/10.55163/CQGC9685 (검색일: 2024.11.19.)

Trading Economics. 2024. "South Africa Military Expenditure." https://tradingeconomics.com/south-africa/military-expenditure (검색일: 2024.11.17.)

Weinbaum, Cotney. et al. 2022. "Mapping Chinese and Russian Military and Security Exports to Africa." RAND. https://www.rand.org/pubs/tools/TLA2045-3.html (검색일: 2024.11.23.)

# 제15장　글로벌사우스와 한국의 경제안보

김흥종(아산정책연구원)

경제안보는 보통 국가와 국민의 생존과 안위를 위태롭게 하는 외부의 유·무형 충격에 대한 선제적 방어라고 정의된다(김흥종 2021). 경제안보는 산업안보, 무역안보 그리고 기술안보 분야로 대별되는데, 첨단기술, 공급망, 사이버 안보 그리고 경제안보에 영향을 미치는 규범과 제도는 이 세 영역의 경제안보에서 공통적으로 고려해야 할 핵심 정책 영역으로 인식된다. 과거 냉전 시절과 1990년대 이중용도(dual-use)물품에 대한 수출 통제를 중심으로 좁게 정의되던 안보의 경제적 고려는 최근에 와서 경제안보로 확장되고 구체화된 개념으로 발전되었다.

1990년대 이래 확산되어 온 전면적 세계화와 미국 일극 시대가 2008년 글로벌경제위기 이후 서서히 붕괴되면서 새로운 통상질서가 형성되기 시작했는데, 새롭게 형성되는 신통상질서에서 경제안보는 달성해야 할 가장 중요한 정책목표로 떠올랐다. 다자통상질서의 붕괴, 반세계화 및 보호무역주의의 강화, 미중 경쟁 격화, 무역투자자유화의 퇴조 등을 특징으로 하는 각자도생의 새로운 질서에서는 경제안보를 강화해야 그나마 상대적으로 안정적인 무역통상환경이 최대한 보장될 수 있기 때문이다.

이제 한 국가의 대외통상정책은 경제안보의 틀 안에서 무역안보를 최대한 구현해야 할 뿐만 아니라 첨단기술 산업의 경쟁력을 유지·강화하는 데 도움되고, 이 산업의 공급망 안정화에 기여해야 하며, 기술안보를 강화하기 위한 정책적 뒷받침을 해야 한다. 이를 위하여 첨단기술산업계와의 긴밀한 소통을 통하여 새로운 통상의제를 선별해내고 이를 관철해 나갈 수 있는 정책적 수단을 확보하는 것이 중요해졌다. 이슈를 선별하고 관리하는 가운데 글로벌사우스(Global South)의 존재감이 드러나고 있다.

## I. 글로벌사우스의 범주[1]

글로벌사우스의 개념 정의를 위해서는 현 단계 국제질서의 경제적 역학관계를 고려해 보아야 한다. 글로벌노스(Global North)와 글로벌사우스(Global South)를 명명한 유엔무역개발회의(UNCTAD)는 글로벌사우스를 지리적으로 볼 때 아프리카와 중남미, 그리고 일본, 한국, 이스라엘을 제외한 대다수의 아시아와, 호주 및 뉴질랜드를 제외한 오세아니아 국가들을 지칭했다(UNCTAD 2018). 이 국가들의 공통적 특징으로 낮은 소득과 빈곤, 높은 인구증가율, 불충분한 주거환경, 제한된 교육 기회, 불충분한 의료체계, 빈약한 사회간접자본을 꼽는다(Thomas-Slayter 2003, 9-10).

그런데, 세계를 글로벌노스-글로벌사우스로 이분하는 것 자체가 변화하는 작금의 세계질서를 이해하는 데 불충분할 뿐만 아니라 잘못된 방향으로 이끌 수 있다. 이 기준에 따르면, 단시일 내에 빈곤에서 벗어났고, 높은 기술 수준, 잘 갖춘 인프라와 주거환경을 갖고 있으며, 일대일로(Belt and Road Initiative, BRI)를 통하여 다른 개도국들에게 영향력을 투사하고 있는 중국은 글로벌사우스라고 볼 수 없다. 중국이 글로벌사우스의 이해를 대변하는 것은 아니라는 인식도 점차 강해지고 있다. 현재의 성장속도가 유지된다면 인도도 향후 사,오십 년이 지나면 글로벌사우스를 벗어날 수도 있다. 한편, 러시아의 경우에는 UNCTAD의 정의에서는 글로벌노스에 속해 있지만 경제구조나 소득 수준에서 글로벌노스라고 보기 어려운 측면들이 많이 있기 때문에, 글로벌노스도 글로벌사우스도 아닌 어디쯤에 있다고 보는 것이 옳을 것이다. 이렇

1 이 절은 김흥종(2024a)의 내용을 수정·보완한 것이다.

듯 전 세계를 남과 북으로 단순 구분하는 것은 무리가 있다.

그래서 인도를 포함한 글로벌사우스, G7과 여타 유럽국가, 호주, 뉴질랜드, 한국 등의 글로벌웨스트(Global West), 그리고 중국과 러시아를 글로벌이스트(Global East)로 구분하는 것이 더 현실과 부합하다고 판단된다. 이 구분은 미중 경쟁하 세계질서의 변화를 해석하는 데에도 더 유용하다. 즉, 작금의 경쟁과 협력은 글로벌웨스트와 글로벌이스트의 대립이며, 글로벌사우스에 속하는 각국은 글로벌웨스트 및 이스트와 자신의 처지에 맞는 적절한 관계를 형성해 가려고 노력하고 있다고 보아야 한다. 이렇게 본다면 글로벌사우스의 대변자 자리를 놓고 중국과 인도가 경쟁하는 양상에 대해서도 새롭게 해석되어야 하며, 전쟁을 통하여 서방과 대립하면서 중동과 아프리카에 정성을 쏟고 있는 러시아 대외정책의 본질도 다른 각도로 이해되어야 한다. 경제안보적 관점에서 보면, 글로벌웨스트와 글로벌이스트는 각각 경제안보의 강화를 위하여 글로벌사우스에 다가가고 있으며, 글로벌이스트와 웨스트의 대치가 더 강해질수록, 글로벌사우스의 경제안보적 지위는 상승할 것이다.

## II. 글로벌사우스가 경제안보전략에서 중요한 이유

글로벌사우스가 경제안보를 핵심적 목표로 하는 대외통상정책에서 중요한 위치를 차지하게 된 것에는 몇 가지 이유가 있다.[2] 첫째, 글로벌사우스 국가들의 규모가 과거와는 비교할 수 없을 정도로 커졌기

2 이 절에서 첫째, 둘째 이유는 김흥종(2024b)의 내용을 수정·보완한 것이다.

때문이다. 브릭스(BRICS)로 대표되는 거대개도국들은 그동안 상대적으로 더 높은 경제성장률로 소위 글로벌노스와의 간격을 좁혀 왔다. 인도와 인도네시아 등 동남아와 아프리카 국가들의 약진이 눈부시다. 2010년에 이미 세계 2위 GDP 규모가 되어 더 이상 글로벌사우스라고 하기 어려운 중국은 말할 것도 없고 인도도 2021년 식민지 모국이었던 영국을 넘어서 세계 5위의 경제대국이 되었으며, 2027년경에는 미국, 중국에 이어 세계 3위의 GDP 규모에 도달할 것이 거의 확실하다. 이미 10개국으로 확대된 브릭스플러스(BRICS+)[3] 경제권의 규모는 G7에 근접하고 있다. 사실 2008년 글로벌경제위기 이후 G7을 대신하여 G20이 새롭게 정상회의로 발돋움한 것도 이러한 세계 경제지형의 변화에 기인한다.

향후 전망도 이러한 흐름을 계속 이어갈 것으로 예측된다. 골드만삭스연구소(Goldman Sachs Global Investment Institute)에 따르면, 1980년 GDP 규모로 세계 8위권에 모두 들어 있던 G7 국가들은 2075년에는 미국(3위), 독일(9위), 영국(10위)의 세 나라만이 10위권에 들 것으로 전망한다. 일본은 12위, 프랑스는 15위에 그칠 것이다. 중국, 인도, 인도네시아에 이어 나이지리아, 파키스탄, 이집트, 브라질이 순위에 올라 있다. 국제통화기금(IMF)은 2030년에 이미 G7 국가들 중에서 미국, 일본, 독일, 영국의 네 나라만이 10위권에 남아 있을 것으로 전망

3 브릭스(BRICs)란 용어는 2001년 골드만삭스 회장이 처음 언급하였으며, 초창기 회원국인 브라질, 러시아, 인도, 중국의 외무장관들이 2006년에 처음 회담을 개최했다. 2009년 정상회담이 개최되면서 연례행사로 정례화되었으며, 2010년 남아공이 가입하여 브릭스(BRICS) 5개국이 되었다. 이어서 2023년 남아공 정상회의에서 이란, UAE, 이집트, 에티오피아, 아르헨티나 그리고 사우디아라비아가 공식 초청되었으나 이 중에서 아르헨티나는 정권 교체 후 가입을 거부하였고 사우디는 아직도 결정하지 않아 2024년 9개국이 초청되었다. 2025년 1월 인도네시아가 공식적으로 가입, 현재 10개국이다. 이하에서는 브릭스플러스를 브릭스라고 칭한다.

한다. 이렇듯, 글로벌사우스 국가들의 규모가 커지고 세계 경제에서 중요성이 커짐에 따라 대외관계를 중시하는 경제안보적 관점에서도 이 국가들의 중요성이 커졌다.

둘째, 서방 선진경제권의 관점에서 볼 때 글로벌사우스와의 접점이 커지고 있다. 세계화 이후 다국적 기업들이 세계 경영을 해 나가면서 대개도국 해외 투자는 보편적인 현상이 되었다. 2022년 490억 달러에 달하는 그린필드 투자를 유치했던 인도는 한때 중국으로 향했던 다국적 기업들의 최대 투자처가 되고 있으며, 이러한 추세는 앞으로 다른 글로벌사우스 국가들로 확산할 것이다. 글로벌사우스 국가들은 해외투자의 유치를 위하여 적극적인 인프라 구축과 제도 개선을 서두르고 있다. 그린필드 투자 유치를 통해 글로벌사우스 국가들은 기술전수, 일자리 창출과 소득 증대의 혜택을 누리게 된다,

글로벌사우스 국가들은 막대한 인구를 바탕으로 거대한 내수시장을 갖고 있기 때문에 다국적기업의 투자지로 매력적이기도 하다. 세계화로 국경 간 교역이 활성화되었지만, 경제안보 시대에 많은 제조업은 큰 수요가 있는 시장으로 향한다. 공급망 불안에 대비하고, 교역마찰을 줄이기 위한 방편이다. 과거 인구만 많고 구매력이 약했던 글로벌사우스 국가들은 소득이 증가함에 따라 수요가 폭발적으로 증가하고 있다. 또한 중국같이 큰 내수시장은 토착기업들의 성장을 촉진시켜, 경쟁이 치열한 국내시장에서 살아남은 토착기업은 단숨에 국제경쟁력을 가진 글로벌 기업으로 탈바꿈한다. 국내시장의 크기가 기업의 경쟁력을 결정한다.

셋째, 최근 그 중요성이 새삼스럽게 재조명되고 있는 반도체와, 탄소중립 시대에서 더욱 중요해진 2차 전지, 태양광과 풍력 등 신재생에너지, 그리고 바이오제약 산업이나 철강 산업의 상류(upstream) 부문,

즉 소재부문 공정에서 글로벌사우스의 많은 나라들이 중요한 위치를 차지하고 있다. 원자재가 없으면 첨단 또는 핵심기간산업의 생산활동이 어려워지므로, 강대국들은 글로벌사우스와 긴밀한 협력 관계를 형성하려고 한다.

주요 원자재와 이를 생산하는 국가들을 대별해 보면 호주, 미국, 중국과 러시아를 제외한 대부분의 생산지가 글로벌사우스 국가인 것을 쉽게 알 수 있다. 예컨대, 배터리 제작의 필수 원료인 리튬의 경우 세계 최대 매장량을 보유하고 있는 곳은 칠레, 아르헨티나, 볼리비아의 이른바 "리튬 트라이앵글"이며, 호주, 칠레, 중국, 아르헨티나도 주요 생산국이다. 배터리 양극재의 핵심 원소인 코발트의 경우 콩고민주공화국(DRC)이 전 세계 생산량의 약 70%를 차지하고 있으며, 그밖에 인도네시아, 러시아, 호주, 쿠바에서 생산되고 있다. 배터리와 스테인리스강의 필수 원료인 니켈은 인도네시아, 필리핀, 러시아, 뉴칼레도니아 등지에서 생산되며, 이 중 인도네시아는 배터리급 니켈 가공 산업을 육성, 니켈 분야의 세계 최대 강자가 되려는 야심을 보이고 있다. 전기차, 반도체, 그리고 송전망에서 필수적으로 쓰이는 구리는 칠레에서 가장 많이 생산되며, 페루, 중국, 콩고, 미국 등지에서 주로 생산된다. 배터리와 철강 제조에 사용되는 망간의 주요 생산국은 남아프리카공화국, 가봉, 호주, 브라질이다. 그리고 반도체, 전기차 모터, 방산산업 등 여러 분야에서 광범위하게 사용되는 희토류의 주요 생산국은 현재 전 세계 생산의 60% 이상을 중국이 담당하고 있으며, 미얀마, 베트남, 브라질, 인도, 미국, 우크라이나에서도 생산된다. 희토류 정제 기술이 중국에 집중되어 있어 글로벌 공급망에서 중요한 변수로 떠오르고 있다.

이상의 논의에서 살펴볼 때, 주요 원자재를 생산하는 나라들은 대부분이 글로벌사우스 국가이며, 글로벌웨스트에서 미국과 호주, 글로벌이스트 국가 중국과 러시아가 포진해 있다. 글로벌사우스 국가들은 원자재를 다수 보유하고 있는 만큼 가공과 제조 산업까지 육성하면 미래 첨단산업의 핵심공급망을 장악, 주도권을 확보할 수 있다. 미·중 경쟁 속에서 미국과 유럽 등은 중국 의존도를 줄이기 위해 남미·아프리카·동남아의 자원부국들과 핵심광물 협력을 강화하는 중이다. 일부 국가들은 자원 수출 제한을 통해 가격을 조정하거나 첨단산업 투자 유치를 노리는 전략을 활용하여, 자원 민족주의와 공급망 무기화의 가능성도 높이고 있다.

## III. 글로벌사우스의 약점과 한계[4]

글로벌사우스의 부상은 자연스러운 현상이고 이 방향은 의심할 바 없이 계속 진행되겠지만 현재 상황에서 유의할 점이 다수 있다. 먼저 글로벌사우스의 부상이 그리 빠르지 않을 수 있다는 점이다. 글로벌사우스의 국력이 빠른 속도로 커지고 있지만 이를 가로막는 도전 요인들도 고려해야 한다. 우선 현재 가파르게 진행되고 있는 기술혁명에 대한 대응이다. 디지털전환과 그린전환이라는 대전환을 맞이하여 현재 대다수의 신산업은 미국 및 그 친구들에 대항하는 중국의 대립과 경쟁으로 발전하고 있다. 디지털산업과 그린산업이라는 새로운 산업의 창출에서는 말할 것도 없고, 전통적 제조업 분야에서도 현재 전통 제조업이 글로벌사우스를 부흥시킨다고 하더라도 기존 제조업의 디지털화와 그린화를 요구하는 작금의 상황은 혁신기술의 전파 지체로 글로벌사

4 이 절은 김홍종(2024b)의 일부 내용을 수정·보완한 것이다.

우스의 제조업 생산성 향상에 제약으로 작용, 이 국가들의 경제성장을 더디게 할 것이다.

다음으로 결제통화로서, 그리고 금융자산의 수단으로서 달러체제를 극복하기가 난망하다는 점이다. 2024년 10월 러시아 타타르공화국의 수도 카잔에서 개최된 브릭스 정상회담에서 푸틴 대통령은 당시 브릭스 9개 국가의 GDP 규모는 구매력평가기준(PPP)으로 세계의 36.7%에 달해 G7을 능가하고 있다고 언급한 바 있다. 이러한 경제력을 기반으로 푸틴 대통령은 미국 주도의 금융제재를 벗어날 수 있는 결제시스템을 브릭스에서 구현하겠다고 밝히고 있다. 위안화 국제화를 통해 달러화 패권에 대해 도전하려는 중국에게도 브릭스 차원의 별도의 결제 및 청산 체제 구상은 중요하다. 달러체제의 극복은 글로벌사우스 국가에게도 매우 관심 있는 주제다. 예컨대 제재를 받고 있는 이란이나 베네수엘라에게도 초미의 관심사다.

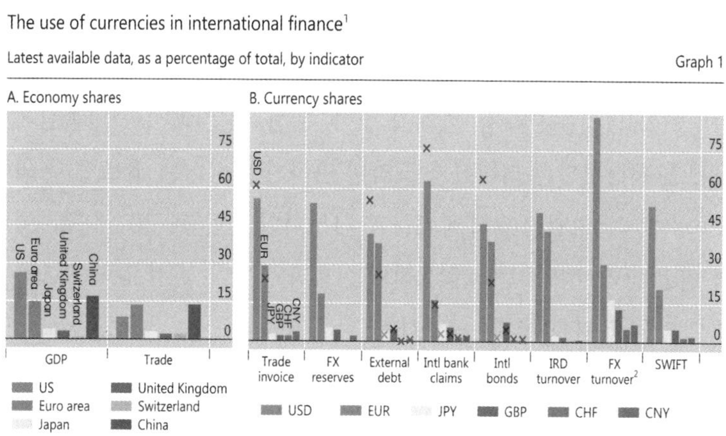


**그림** 15.1 국제통화로서 분야별 비중

주: x: 역외국 간 거래.

출처: McGuire et al.(2024).

그러나 브릭스, 나아가서 글로벌사우스 국가들이 힘을 합친다고 해도 현재의 국제금융질서를 변화시킬 수 있는 실질적인 효과를 불러올 수 있을지는 불분명하다. 왜냐하면, 글로벌 통화로서 달러화의 패권은 여전히 굳건하기 때문이다. 최근 국제결제은행(BIS)은 주요 화폐들이 국제통화로서 어느 정도의 위치를 갖고 있는지를 무역결제수단, 외환잔고, 대외부채, 국제은행청구, 채권, 이자율 관련 파생상품 등 다양한 측면에서 평가한 바 있다. 그 결과 당사국뿐 아니라 역외국 거래에서 사용하는 비중에서 달러화는 압도적 위치에 있는 반면, 경제 규모나 교역 규모가 상당한 중국의 위안화는 무역결제에서 5%에 가까운 비중을 차지하고 있을 뿐 다른 영역에서는 달러화, 유로화는 말할 것도 없고 엔화와 파운드화에도 훨씬 미치지 못하는 수준에 머물러 있다. 중국과 같이 자본시장이 개방되어 있지 않은 통화의 국제화가 갖는 한계를 생생히 보여준다.

한편, 브릭스와 글로벌사우스 국가들은 서방에 대비되는 거대개도국 모임 또는 반민주주의 세력 동맹으로 비춰지지만 회원국마다 처한 입장이 상당히 다르다. 그래서 구체적이고 강력한 수단을 구사하는 동맹체가 되기는 어려운 한계가 있다. 우선, 푸틴 러시아 대통령에게 브릭스 정상회담은 러시아가 소외된 나라가 아니라는 홍보 효과 외에도 참석한 글로벌사우스 국가들과 러시아의 친분 과시로 우크라이나를 침공한 러시아의 원죄가 희석되는 효과가 있다. 가장 강력하고 공개적으로 미국 패권주의를 비판한다.

중국도 각 국가들의 주권을 존중하고 중국의 이익에 부합하는 다극화된 세계질서를 구축하자고 주장한다. 서방의 공세적 체제우월주의와 일방적 가치판단은 명백한 이중기준이기에 브릭스와 글로벌사우스가 이를 변화시킬 엔진이 되어야 한다고 역설한다. 일극체제 탈피와 현상변경을 요구한다는 점에서 러시아와 완전히 의견을 같이하지만, 러시아에 대한 이중용도 물품 수출제한에 동참하는 등 적절한 수준에서 러시아를 견제하고 있기도 하다.

최근 경제적으로 무섭게 질주하는 인도는 최근 몇 년 동안 글로벌사우스의 담론에서 주도적인 역할을 해 왔으며, 2023년 G20 정상회의를 성공적으로 개최하여 존재감을 드러낸 바 있다. 국경분쟁으로 사이가 나쁜 중국과도 2024년 국경의 실효지배선 순찰 문제를 합의하는 등 전통적인 구원관계를 변화시키려는 모습을 보여준다. 인도는 서방과도 연대하고 있기 때문에 매우 독립적이고 중립적인 위치에서 국제분쟁을 해결할 수 있는 위치에 있음을 강조, 러·우 전쟁 해결을 적극 중재하겠다는 의지를 천명하기도 한다. 즉, 자신의 글로벌 외교력을 과시하는 편에 더 관심이 있다.

아메리카 대륙의 유일한 브릭스 국가이자 아르헨티나와 함께 G20 회원국인 브라질은 러시아가 강조하는 반미 다극체제 주장에 가장 소극적이다. 아메리카 대륙에서 미국의 압도적인 영향력을 감안하여 브릭스가 반미동맹으로 비춰지는 것을 피하고 싶어 한다.

2010년에 브릭스에 가입한 남아프리카공화국은 G20회원국이자 글로벌사우스에서 강력한 목소리를 내는 나라이다. 경제 규모나, 인구, 면적에서 볼 때 아프리카에서 가장 큰 나라는 아니지만, 비극적인 식민지 유산과 아파르트헤이트에 맞선 독특한 역사성과 상징성으로, 그리고 지정학적 위치와 풍부한 광물 자원에 대한 접근성으로 볼 때 아프리카를 대표하는 나라로 자리매김해 왔다.

이란과 UAE는 걸프를 두고 마주하고 있으면서 긴장과 협력의 미묘한 관계를 유지해 온 나라들이다. 오랫동안 지속되어 온 미국의 제재에 경제적 타격을 심각하게 받고 있는 이란은 브릭스 가입을 통해서

서방의 대이란 고립화정책을 극복할 수 있는 계기로 삼고자 한다. 아울러 중동지역에서 영향력을 유지하는 데 브릭스가 도움이 될 것을 기대하고 있다. 전 세계에 대해서 가장 개방적인 태도를 취하고 있는 UAE는 강대국에 둘러싸여 있는 작은 나라들이 취해야 할 대외개방적 태도를 현명하게 잘 구사하고 있다. 브릭스 참여를 통해 글로벌사우스와의 연대를 더 강화하는 것이 UAE 입장에서는 일종의 보험으로 기능할 것이다.

새로 가입한 이집트와 에티오피아는 비록 두 나라가 나일강 댐 문제로 심각한 갈등상황에 있지만, 아프리카의 목소리를 강화하는 데 도움이 될 것이라는 기대를 받고 있다. 대체로 신흥 경제국, 그중에서도 특히 경제적 빈곤이나 제재로 어려움을 겪고 있는 국가들에게 브릭스 가입은 무역과 경제 관계를 촉진하고, 유리한 대출을 얻어낼 기회이며, 서방 세계 중심의 질서가 도전받고 있는 이 시기에 국제무대에서 주목받을 수 있는 기회이기도 하다.

## IV. 한국 경제안보전략의 발전 과정

수출주도 성장전략, 기술의 도입과 내재화 및 혁신, 경제의 단계적 개방화를 통한 경쟁 제고를 통해서 고도성장을 해 온 한국의 입장에서 경제안보는 항상 중요한 국가적 어젠더가 되어 왔다. 원료와 중간재 조달을 주로 해외에 의존하고, 최종재 수출도 해외 시장에 크게 의존하는 한국 경제에서 안정적인 무역환경과 산업협력, 기술협력은 어떤 상황에서도 반드시 확보해야 할 필수적인 조건이기 때문이다. 경제가 고도화되면서 중국, 아세안 국가 등 주변국과의 국제 분업구조가 촘촘히

짜여진 현실에서 경제안보는 더더욱 중요해졌다. 비록 미중 전략경쟁에 따라 우리 경제의 주요 산업에서 선택적 난제가 갑자기 급부상하고, COVID-19 팬데믹에 의해 공급망 단절이 가시화된 사건들을 경험함에 따라 경제안보 이슈가 비교적 최근에 갑자기 떠오른 것처럼 보이지만 사실 대외의존형 경제체제에서 경제안보는 항상 중요한 관심사가 될 수밖에 없다.

한국의 경제안보전략은 국내외 환경 변화에 대응하고 적응하며 발전해 왔다.[5] 미국과 중국 간 전략적 경쟁, COVID-19의 세계적 확산, 러시아-우크라이나 전쟁과 같은 지역 분쟁, 보호무역주의의 확산, 세계 여러 나라에서 보이는 산업 정책의 활성화, 경제적 강압의 경험 등에 따라 이런 국내외 환경 변화에 신속히 대응할 필요가 있었다. 또한, 국제 분업구조가 확산하는 산업구조의 변화, 국내제도의 기반, 통상정책의 관성, 외교 관계와 같은 국내적 요인들도 전략 형성에 영향을 미쳤다.

한국이 직면한 도전 과제들은 다른 국가들과 공통적인 부분이 많지만, 외부 환경 변화와 국내 요인 간의 상호작용으로 인해 한국 경제안보전략에는 몇 가지 독특한 특징이 있다. 우선, 경제안보전략에서 공급망 안정정책의 우선순위가 높다. 미·중 간 전략적 경쟁과 COVID-19 팬데믹으로 인한 공급망 차질은 한국뿐만 아니라 전 세계적인 문제였지만, 2016년 사드(THAAD) 배치 이후 중국의 비공식 경제 제재와 2019년 일본의 수출 규제와 같은 예상치 못한 사건들은 한국이 외부의 예상치 못한 공급망상의 충격에 대해 조속하고 강력한 회복력을 강조하게 만든 중요한 계기가 되었다. 당연히 핵심 소재·부품·

5 한국의 경제안보 소개는 Lee & Kim(2024)에 의존하고 있다.

장비의 경쟁력 강화, 특정 국가 의존도 축소, 공급망 다변화 등의 정책이 추진되었다. 또한, 3대 공급망 법안 제정, 공급망 안정화 펀드 조성, 조기 경보 시스템(Early Warning System, EWS) 도입 등 공급망 관련한 일련의 구체적인 조치가 경제안보전략의 핵심 요소로 자리 잡았다. 이 과정에서 소재와 부품 분야 공급망에서 글로벌사우스와의 협력기제를 더욱 강화시켜야 할 필요성이 높아졌다.

둘째, 한국의 경제안보전략은 대응적 성격의 전략으로 특징지어진다. 글로벌 경제 불안정성과 지정학적 불확실성이 커지는 가운데, 미국과 중국뿐만 아니라 EU, 일본, 인도 등도 보호무역 정책과 산업 전략을 강화해 왔다. 이에 대응하여 한국은 첨단 산업의 경쟁력 강화에 초점을 맞추고, 타국의 산업 전략에 대응할 수 있는 정책을 개발하는 방향으로 경제안보전략을 발전시켜 왔다. 이를 위해서 글로벌웨스트 국가들과의 기술협력 강화에 중점을 두고 정책을 추진하게 된다.

셋째, 첨단 산업에서 취약점을 점검하고 이를 보완하려고 한다. 미국, EU, 일본 등은 첨단 산업에서 국내 생산 역량 확대에 중점을 두고 있다. 미중 갈등과 COVID-19 팬데믹을 거치면서 생산지가 어디인지의 중요성이 커졌기 때문이다. 이 과정에서 생산기반을 갖고 있는 한국의 전략적 중요성이 커진 측면이 있다. 한국은 반도체, 배터리, 전기차 등에서 강력한 제조 기반을 보유하고 있는 만큼, 생산 설비를 유지하면서도 소재·부품·장비와 같은 공급망의 취약한 부분을 보완하는 데 주력하게 된다. 이는 한국이 첨단 기술 제품의 강력한 수출 능력을 보유하고 있음에도 불구하고, 핵심 원자재 및 중간재에 대한 높은 해외 의존도를 해결해야 하기 때문이다.

넷째, 산업정책 분야에서 한국은 직접 보조금보다는 간접 지원을 선호하고 있다. 미국, EU, 일본 등은 국내외 투자를 유치하기 위해 대규모 직접 보조금을 제공하고 있지만, 한국은 직접 보조금보다는 대출, 세액공제를 포함한 세금 감면, 투자 보증과 같은 간접 지원 방식을 선호하고 있다. 이러한 접근 방식은 반도체, 첨단 기술 산업 등 여러 분야에서 일관되게 적용되고 있다. 이는 대규모 생산설비에 대한 투자는 대기업에 의해 주도되고 있는 현실을 반영한 것이다. 대규모 생산설비 투자에는 천문학적인 자금이 필요한바, 대기업들이 이를 담당할 능력이 있는 상황에서 정부의 보조금은 더 효과적인 다른 분야에 사용하는 것이 더 유용하리라는 판단이다. 즉, 생산설비에 대한 대규모 투자보다는 소부장 분야나 공급망 분야에서 정부의 지원이 더 선호되고 있다는 현실도 반영된 특징이라고 하겠다.

다섯째, 포괄적 국제협력 전략을 추진하고 있다. 한국은 산업 경쟁력 강화 및 자급자족 확대를 추구하면서도, 국제 무역 의존도가 높은 경제구조를 고려해 상호 보완적인 협력 관계를 유지하고 있다. 미국과의 리쇼어링(Reshoring) 협력은 경제적 상호 보완성을 활용하는 대표적인 사례이며, 일본, EU, 영국, 호주 등과의 협력 강화도 포함된다. 한국은 양자간, 복수국간, 다자간, 지역, 글로벌 협력을 모두 결합한 다층적 협력 모델을 활용하며, 한미 협력을 중심으로, 한미일 3자 협력, RCEP 등 지역협력체, 글로벌 협력으로 확장하는 구조를 취하고 있다.

마지막으로 한국의 경제안보전략은 경제적 강압에 대한 직접 대응보다는 능동적인 사후 대체과 사전 예방적 대응에 더 주력하고 있는 것으로 보인다. 향후에는 경제적 강압에 대한 대응 전략이 더 개발되어야 할 것으로 보인다. 중국과 일본으로부터 경제적 압력을 받은 경험이 있음에도 불구하고, 한국은 적극적인 보복 조치를 취하지 않았고, 사후 대처에 주력했다. 이어서 사전 예방적 대응의 가능성을 중시하고 있다. 구조적 의존도를 낮추고, 공급망을 다변화하며, 핵심 기술의 경쟁력을 강화하고, 유사 입장의 국가들과 협력하는 방식으로 잠재적인 경제적 강압의 효과를 제어하려는 전략을 채택하고 있다.

다음으로 최근 한국 경제안보전략의 발전 과정을 살펴보자. 한국의 경제안보전략은 국내외 환경 변화에 대응하면서 몇 가지 핵심 발전 단계를 거쳐 발전해 왔다. 첫째, 비전 및 계획 수립 단계에서 실행 중심으로 진화하고 있다. 초기에는 목표 설정과 계획 수립에 초점을 맞췄지만, 이제는 각 분야에서 구체적인 전략을 실행하는 단계로 전환되었다. 이를 보다 효과적으로 수행하기 위해 정부는 법률 제정과 거버넌스 개혁을 최우선 과제로 설정하였으며, 경제안보 정책을 뒷받침할 법적·제도적 기반을 강화하고 있다.

둘째, 부처 간 정책 조정을 강화하고 있다. 한국은 경제안보전략을 보다 체계적이고 선제적으로 추진하기 위해 통합 거버넌스 체계를 구축하고 있다. 이에 따라, 국가안보실 제3차장이 신설되어 경제안보 사안을 전담하며, 통합 데이터 플랫폼 구축을 통해 경제안보 관리역량을 강화하고 있다. 이와 관련해서는 뒤에 좀 더 자세히 살펴본다.

셋째, 제도적 기반이 강화하고 있다. 기존에는 경제안보전략의 법적, 제도적 기반이 상대적으로 취약하다는 평가가 있었다. 일본의 "경제안보추진법(2022)", EU의 "경제안보전략(2023)"과 비교하면, 한국은 제도적 기반이 부족한 편이었다. 이를 해결하기 위해, 한국은 3대 공급망 법안뿐만 아니라 경제 안보를 위한 공급망 안정화 지원 기본법, 소재·부품·장비 산업의 경쟁력 강화 및 공급망 안정화 특별법, 국가 자원 안보 특별법, 국가 전략 기술 육성 특별법, 첨단 전략 산업 경쟁력 강화 및 보호 특별법과 같은 핵심 법안을 제정했다. 이러한 법률 제정으로 경제안보 정책을 보다 체계적이고 종합적으로 추진할 수 있는 법적 기반이 마련되었다.

넷째, 국내정책과 국제협력의 연계가 강화되었다. 한국의 경제안보전략이 성공하려면 국내 정책과 국제 협력을 효과적으로 연계하는 것이 필수적이다. 반도체, 배터리, 전기차 산업에 대한 정부 차원의 맞춤형 지원을 제공하면서, 이러한 핵심 산업을 국제 협력의 핵심 축으로 활용하고 있다. 한국은 한미 및 한미일 3자 협력, IPEF(인도-태평양 경제 프레임워크) 공급망 안정화 협력, MSP(핵심광물 안보 파트너십) 참여 등을 통해 국내외 경제안보전략을 효과적으로 연계하며, 국내 산업 경쟁력을 강화하는 동시에 국제협력에서 주도적인 역할을 수행하고 있다.

## V. 최근 경제안보전략 평가[6]

2024년 6월 27일 한국 정부는 경제부총리 주재로 열린 제1차 공급망 안정화 위원회 회의에서 한국의 경제안보조치와 전략 평가회를 열고 최신 경제안보 조치를 보다 구체적으로 발표하였다. "경제 안보를 위한 공급망 안정화 지원 기본법(이하 "공급망 기본법")"에 따라 설립된 이 위원회는 정부의 공급망 안정화 정책을 총괄하는 범정부 컨트롤 타워 역할을 한다. 이 회의에서는 공급망 안정화 전략, 경제안보 품목 및 서비스 지정(안), 공급망 안정화 위원회의 구성 및 운영 방향 등 여러 가지 사안이 종합적으로 논의되었다.

공급망 안정화 전략에는 핵심 품목 및 서비스의 수급 안정화, 공급망 회복력 및 위기 대응 역량 강화, 핵심 기술의 경쟁력 및 보호 체계

6 이 절의 주요 내용은 Kim(2024)의 내용을 수정·보완한 것이다.

강화, 글로벌 공급망 리더십 제고와 같은 정책 방향을 포함한다. 이 전략을 살펴보면, 한국은 다른 국가들과 달리 국내 공급 기반 확충보다는 공급망 관리 체계, 비축 역량 강화, 수급 모니터링, 조기 경보 시스템(EWS) 구축 등에 더 초점을 맞추고 있음이 드러난다. 이것은 한국이 핵심 품목과 서비스에서 해외 의존도가 높다는 점을 반영한다.

한편, 정책 목표를 달성하기 위한 주요 조치로는 공급망 안정화 위원회 설립, 공급망 펀드 조성, 3대 공급망 법안 시행, 공공-민간 협력 체계 구축 등을 발표하였다. 주요 8대 정책 과제를 발표했는데 각각을 평가해 보면, 첫째, 정책과제로 경제안보 품목 및 서비스 관리·지원 강화 분야에서 정부는 관리 품목을 기존 200개에서 300개로 확대하고, 물류와 사이버 보안 서비스를 포함할 계획을 밝혔다. 또한 펀드를 활용해 공급망 안정성을 강화하고자 한다. 하지만 최근 2년 동안 희토류 등 원자재 부문의 중국 의존도가 오히려 증가했다는 비판이 제기되고 있다. 향후 경제안보 품목의 상류부문에서 중국 의존도를 줄이는 것이 큰 과제가 될 것이다. 다른 글로벌사우스 국가로의 공급망 다변화 노력은 여전히 지지부진한 수준이다.

둘째, 비축 역량 및 인프라 확충 분야에서 정부는 2027년까지 희귀 금속을 60~180일, 2024년 말까지 기타 원소를 30~80일 분량을 비축하겠다는 계획을 발표했으며, 추가적인 경제안보 품목도 검토할 예정이며, 전략 비축 위원회를 설립해 부처 간 협력을 강화할 계획이라고 밝혔다. 이 계획에 대해서 평가하자면, 코로나19 이후 필수 품목의 비축을 확대해 왔지만 기존 저장 시설을 활용한 비축량 증가는 한계에 도달했다고 볼 수 있다. 이번 조치는 5조 원 규모의 공급망 안정화 펀드를 활용해 신규 시설을 구축하는 것이 핵심이다. 기획재정부와 조달청이 주도하는 비철금속(2025년까지) 및 희귀 금속(2027년까지) 저장

시설 확충 여부가 관건이 될 것이다.

셋째, 국내·국제 공급망 생태계 조성 및 강화 분야에서는 경제안보 품목을 생산하거나 대체 기술을 보유한 기업을 U턴 기업으로 인정하여 해외시설 감축의무에서 면제하는 조치가 포함되었다. 기존에는 첨단 전략 기술 및 소재·부품·장비 기업만이 대상이었으나, 이번 개정으로 경제안보 핵심 품목 관련 기업까지 포함되었다. 여기서 특기할 만한 사항은 U턴 기업에 대한 금융 지원이 확대되고, 동반형 기업에는 5% 추가 투자 지원, 협력형 기업에는 구조조정 요건 면제가 적용된다는 점이다. 다만, 첨단 기술 U턴 보조금은 3,000억 원에서 4,000억 원으로 증가했지만, 비수도권 지역만 적용 대상이라는 점에서 한계가 있다.

넷째, 범정부 위기 대응 체계 강화 분야에서 정부는 조기 경보 시스템(EWS) 통합 시스템을 구축하고, 위기 대응 매뉴얼을 기반으로 모의훈련을 실시할 계획이라고 밝혔다. 하지만 공급망 관련 정보 공유를 꺼리는 기업들의 참여 부족이 문제로 대두되고 있다. 기업들은 특히 미국과 중국 대상으로 정보가 유출될까 우려하고 있어 정부와의 협력에 소극적인데, 이런 문제로 인해 민간 부문과의 협력 한계가 예상된다. 정부는 이러한 우려를 충분히 고려하여 전략을 실행해 나가야 한다.

다섯째, 핵심 기술 국산화 및 리더십 확보 분야에서 정부는 첨단 전략 산업 및 주요 공급망 품목의 R&D 예산 지원을 강화하고, 투자 세액 공제 확대 등을 검토할 계획이다. 하지만 정부는 2024년 R&D 예산을 5조 원 이상 삭감하는 결정적 정책 실패를 저질렀으며, 2023년 여름부터 R&D 예산이 사실상 축소 집행되면서 지난 2년 동안 연구개발에서 엄청난 충격이 발생했다. 특히 모험적, 미래 기술에 대한 투자 프로젝트가 격감했다. 이로 인해 장기적인 연구개발 투자가 위축되고 있다.

여섯째, 기술 유출 방지 및 보호 시스템 강화 분야에서 주요 조치로는 외국인이 국내 첨단 전략 기술 기업을 인수할 경우, 기존 승인된 투자도 재검토할 수 있도록 하는 "콜인(Call-in) 시스템"이 도입되었고, 중소기업과 협력 기업을 위한 실시간 사이버 공격 대응 지원 등이 포함되었다. 기술유출에 대한 대응으로서 너무 늦은 감이 있다.

일곱째, 외교·통상 전략 강화 분야에서 정부는 산업별, 이슈별 대응 전략을 개발하여 국가 이익을 극대화하고, 글로벌 규범 형성을 촉진하고 있다. 이를 위해 2024년 하반기에 공급망 안정화 위원회 산하에 대외경제전략 전문위원회를 신설하였다. 한편, 글로벌 규범 형성을 위해서는 세계무역기구(WTO) 중심의 활동이 강화되어야 한다. 다만, 현재 WTO의 기능이 심각히 손상되어 있는 상황에서 WTO를 너무 믿지 말고 규범 형성을 위한 글로벌 협력에 적극 동참하면서 의견을 내야 한다. 다른 한편으로 글로벌사우스와의 협력 강화를 위한 다층적, 다차원적 외교 관계를 강화해야 한다.

마지막으로 여덟째, 공급망 협력 네트워크 강화 분야에서 한국은 2024년 7월부터 1년간 MSP(핵심광물 안보 파트너십) 의장국을 맡고 있는데, 이를 통해 희귀금속 확보 기회를 더욱 확대해야 한다. 특히 MSP 회원국 중 글로벌사우스 국가들과의 협력을 더욱 강화할 수 있는 계기로 삼아야 한다.

한편 IPEF(인도-태평양 경제 프레임워크) 공급망 안정화 프로젝트 추진을 위해 공동 프로젝트 팀을 구성하고, 주요 품목에 대한 협력 방안을 마련해야 한다. 다만, 트럼프 정부 들어서서 미국의 IPEF 탈퇴가 논란이 되고 있는 만큼, IPEF의 합의사항을 기반으로 양자간 협상에도 주력해야 할 것이다. 석유·천연가스 공급의 다변화를 위해서 석유 수입부담금 환급제도를 2027년까지 연장하고, LNG 공급선을 미국을 포함하여 다변화하며, 일본 및 싱가포르와의 협력 강화 등의 조치가 추진된다.

이러한 정부 조치는 그동안 분산되어 있던 경제안보 정책을 체계적으로 정리했다는 점에서 의미가 있다. 정부는 이를 바탕으로 "공급망 안정화 기본계획"을 발표, 향후 3년간 실행할 보다 구체적인 계획을 추진할 것이다. 하지만 경제안보가 핵심 이슈로 부상한 지 3~4년이 지났음에도 조치가 다소 늦은 감이 있다. 실제로 최근 2년간 한국 경제의 경제안보 상황은 개선되지 않았으며, 일부 부문에서는 악화되었다. 또한, 이번 정책에서 성과 평가에 대한 구체적 내용이 부족하여 향후 개선 여부를 평가하는 데 한계가 있을 것이다.

## VI. 한국의 경제안보전략과 글로벌사우스

글로벌사우스 국가들이 한국의 경제안보전략에서 중요한 것은 주요 미래 핵심산업의 상류부문의 많은 핵심광물이 글로벌사우스 국가로부터 공급된다는 현실인식에서 출발한다. 에너지원의 주요 수입처로서 중동지역의 전략적 중요성은 이미 오래전부터 강조되어 왔지만, 아프리카의 콩고민주공화국을 비롯하여 중남미의 볼리비아, 페루, 칠레, 아르헨티나 등 다수의 국가들이 배터리, 반도체 등 미래 성장산업의 핵심광물의 공급처로서 기능하고 있다.

뿐만 아니라 주로 선진국에 의존했던 우리나라 수출의 대상지가 지난 30년 동안 글로벌사우스 국가로 바뀌었다는 사실을 분명히 인식할 필요가 있다. 통상협력을 통해 경기순환 사이클을 완화할 수 있는 기회와 역할을 중요하게 고려할 필요가 있다. 향후 글로벌사우스 국가들의 경제 규모가 더욱 커질 것이라는 전망에서 볼 때, 글로벌사우스 국가와의 무역투자 협력 확대는 매우 중요한 경제안보 과제가 아닐 수 없다.

경제안보 차원에서 글로벌사우스 국가가 한국의 경제안보전략에서 점점 더 중요한 역할을 차지하고 있지만 정확한 자리매김을 하기 위해서는 유의할 사항이 있다. 첫째, 핵심광물의 공급처로서 글로벌사우스의 역할은 많은 경우 중국, 호주, 미국 등 다른 거대 글로벌웨스트와 이스트 국가들이 현재 담당하거나 향후 협력의 확대를 통해 더 많은 역할과 기여를 할 수 있다는 사실에 유념해야 한다. 둘째, 글로벌사우스 국가들에 있는 광산의 채굴권이 중국의 국영기업들이나 다른 거대 다국적기업의 권한에 속한 경우가 많아 글로벌사우스와의 핵심광물 협력 확대 과정에서 이러한 정치적, 경제적 영향력에 대한 면밀한 고려가 필요하다. 셋째, 글로벌사우스 국가들과의 협력에서 중요한 역할을 하는 공적개발원조는 경제안보적 관점에서 재조명되어야 한다. 즉, 경제안보 관점에서 중요한 국가들에게 공적개발원조가 더 갈 수 있도록 하는 원조의 우선순위에 대한 고려가 필요하다.

이러한 상황에서 우리의 경제안보 및 대외전략은 어떠해야 하는가.[7] 우리의 대응은 긴 안목을 갖고 차근차근 해 나가야 한다. 첫째, 섣불리 글로벌웨스트를 경시해서는 안 된다. 계속 위축되고 있는 G7의 입장에서 볼 때 G7의 확대는 필수불가결하다. 이 상황에서 우리는 가치를 공유하는 국가들과 연대를 더 강화해야 한다. 경제안보적 관점에서 기술협력을 위한 중요한 대상으로 글로벌웨스트 국가들과의 더욱 강화된 과학기술협력이 필요하다. 둘째, 글로벌웨스트에 정체성을 두고 글로벌이스트와 사우스를 구분하여 보는 안목을 키워야 한다. 이것

7 이하는 김흥종(2024a)의 일부를 수정·보완한 것이다.

은 거대개도국에 대한 우리의 정책이 보다 정밀해져야 함을 말한다. 거대개도국과 보다 촘촘하고 다면적인 협력관계를 확대, 발전시키고 단기충격에 따라 성급하게 정책기조를 변경하는 우를 범해서는 안 된다. 특히, 대중남미, 대아프리카, 대중앙아시아 정책에서 경제안보적 관점이 반드시 중요하게 반영되어야 한다. 경제안보적 관점에서 글로벌사우스의 가치를 재인식하고 글로벌사우스 국가들과의 전략적 협력을 강화해야 한다. 셋째, 인도태평양지역에서 한국의 존재감을 더 확대해야 한다. 인태지역 선진국과의 협력은 안정적인 다자 틀 위에서 구축되어야 하며, 개도국과의 협력은 개발협력을 넘어서야 한다. 넷째, 대전환이 가져오는 부작용과 충격을 줄이기 위해 기술개발, 인적자본, 국제협력, 통상정책을 모두 고려하는 대책을 세워야 한다. 대외정책은 정밀하고 다양하며 선별적이어야 하며, 국내정책과 긴밀히 조응하고, 무엇보다도 현실에 대한 정확한 인식 아래 전략적이어야 한다.

## 참고문헌

김홍종. 2021. “경제안보(Economic Security).” 경제안보 TF.

김홍종. 2024a. “글로벌사우스의 부상, 어떻게 볼 것인가. 김홍종의 세계의 창(1).” 『이코노미조선』. 3.20.

김홍종. 2024b. “몸집 키우는 브릭스, 미국 주도 글로벌 질서 바꿀까. 김홍종의 세계의 창(11).” 『이코노미조선』. 11.6.

Kim, H. 2024. “An Evaluation on recently adopted South Korean Economic Security Measures and Strategies.” unpublished monograph. July 1.

Lee, S. & Kim H. 2024. “Economic Security strategies/frameworks between Korea, the EU and Japan.” EU-ROK Policy Dialogue Support Facility, Job Number J330300751. October 28.

McGuire, P. et al. 2024. “International finance through the lens of BIS statistics: the global reach of currencies.” *BIS Quarterly Review*. June.

Thomas-Slayter, Barbara P. 2003. *Southern Exposure: International Development and the Global South in the Twenty-First Century*. United States: Kumarian Press.

UNCTAD. 2018. The Global South. https://unctad.org/system/files/official-document/osg2018d1_en.pdf

# 제16장 글로벌사우스의 도전과 한국의 개발협력외교

김태균(서울대학교 국제대학원)

## I. 들어가며: 글로벌사우스의 개발협력적 접근

미·중 전략경쟁과 함께 우크라이나 전쟁 및 가자지역 분쟁이 동시다발적으로 진행됨에 따라 냉전 이후 안착된 미국의 단극체제가 점차 약화되고 중국·러시아 등 권위주의 국가의 도전이 강해지고 있는 상황에서 글로벌사우스(Global South)는 다양한 국제무대에서 캐스팅 보트를 쥔 '글로벌 스윙국가(global swing state)'로 인식되고 있으며, 심지어는 국제정치질서를 재구성하는 게임체인저(game changer) 역할까지 거론되고 있다(Ero 2024; 김태균 외 2024). 즉, 미국을 위시한 G7로 대표되는 글로벌웨스트(Global West)에 순응하지 않으며, 동시에 러시아·중국 중심의 글로벌이스트(Global East)의 수정주의 국제질서에도 전적으로 동의하지 않는 전략적 자율성을 글로벌사우스가 확장하고 있는 추세인 셈이다(Ikenberry 2024). 글로벌노스(Global North)를 구성하는 글로벌웨스트와 이스트는 글로벌사우스와의 파트너십을 확보하기 위하여 경쟁하고 있으며, 본 경합은 경제협력과 군사안보뿐만 아니라 공급망·수출·기술패권에 이르기까지 기존 글로벌 거버넌스에 지각변동이 예상되고 있다.

그러나, 이러한 글로벌사우스의 부상과 도전을 미·중 전략경쟁과 미국·G7 중심의 자유주의 국제질서 쇠퇴에서 기인하는 일시적인 현상으로 해석하기보다, 역사적으로 지속되어 온 글로벌사우스의 탈식민화 노력에 배태된 구조적인 결과로 이해해야 한다(김태균 2023; 김태균·이일청 2018). 〈그림 16.1〉에서 확인할 수 있듯이, 제2차 세계대전 이후 제3세계로 명명된 아프리카, 아시아, 중남미 등의 신생독립국들은 1955년 반둥회의(Asian-African Conference)에서 결의한 비동맹주의(non-aligned movement, NAM)를 시작으로 1964년 그룹77(G77)

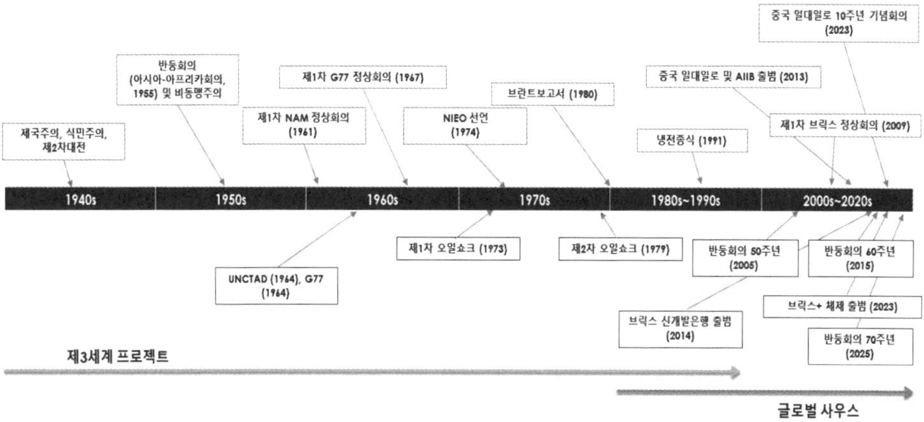


**그림** 16.1 제3세계에서 글로벌사우스까지 역사적 진화 과정

자료: 김태균(2023).

과 유엔무역개발회의(UN Conference on Trade and Development, UNCTAD)를 통해 UN 내부에서 응집력을 강화해 왔으며, 비록 실패하였지만 UN 체제를 통해 1970년대 이른바 '신국제경제질서(New International Economic Order, NIEO)'를 관철시킨 바 있다(Braveboy-Wagner 2009; Toye 2014). 반둥체제 이후 지속적으로 확장되어 온 제3세계의 영향력은 1980년대 후반부터 냉전의 종식과 신자유주의 국제경제질서 도래로 인하여 점차 쇠퇴하게 되고 '글로벌사우스'라는 메타적 범주가 새롭게 형성되어 현실주의적 남남협력(South-South Cooperation)과 거래주의적(transactional) 비동맹주의가 교차하며 사우스 국가들의 다층적인 헤징과 협력이 동시에 지정학적으로 형성되는 작금의 상황으로 이어진다.

이러한 장기지속의 역사가 만들어낸 결과물로 글로벌사우스의 부상을 이해하려는 노력은 국제개발협력 분야에서 글로벌사우스가 기존 대외원조의 질서와 규범에 도전하는 전략을 분석하는 시각과도 연동

된다. 반둥 회의 이후 제3세계는 남남협력의 중요성을 강조하지만 기본적으로 제1세계 또는 제2세계에서 지원하는 대외원조의 수혜자로서 전통적인 '남북협력(North-South Cooperation)'에 의존하는 경향이 강하였다. 종속이론과 세계체제론에 따르면 이러한 남북협력은 제3세계를 신식민주의로 점철된 글로벌노스에 종속시키는 저발전의 발전(development of underdevelopment) 문제로 귀결된다는 비판적 해석이 주류이다(Amin 2019). 이는 제3세계의 입장을 냉전 시기 동안 대변하는 이론으로 역할을 해 왔고, NIEO 등 탈식민화를 위한 제3세계의 집합적 권력을 UN 내에서 지속적으로 강화하는 이론적 배경이 되기도 하였다(Comaroff & Comaroff 2016).

1980년에 와서 전 서독 총리였던 빌리 브란트(Willy Brandt)가 초대 의장을 맡은 독립위원회가 국제개발 이슈를 검토하기 위하여 작성한 이른바 '브란트 보고서(Brandt Report)'에서 1인당 국내총생산(GDP)을 기준으로 남반구(South)와 북반부(North) 간의 경제 분열을 시각적으로 묘사한 '브란트 라인(Brandt Line)'을 통해 본격적으로 글로벌사우스의 경제적 위치와 개발협력을 토대로 남북 간의 격차를 줄이자는 논의가 글로벌 수준으로 확장되었다(Independent Commission on International Development Issues 1980). 경제발전의 남북격차 문제는 글로벌노스의 개발원조가 글로벌사우스의 빈곤감소와 경제성장을 위한 필수요건으로 인지되었고, 동시에 제3세계 국가들은 북반구의 원조는 식민지와 제국주의 피해의 보상으로 국제기구 내에서 강조하였다.

이러한 남북문제는 1980년대부터 시작된 신자유주의 세계화를 통해 기존의 남북협력 방식에 구조조정이라는 원조조건(aid conditionality)이 장착되면서 실제로 탈식민화를 위한 글로벌사우스 개발도상국 간의 국제연대는 점차 쇠퇴하고 개별 수원국으로서 세계화에 순응하고 브레턴우즈 체제가 요구하는 원조조건을 충족하려는 방향으로 전환하게 된다. 신자유주의에 의거한 공격적인 세계화로 인하여 1980년대부터 라틴아메리카에서 시작된 국가부도는 글로벌사우스 권역 내로 확산되었고, 이러한 글로벌노스 중심의 국제경제질서에 불만을 품고 도전하는 중국과 인도 등 신흥경제국들이 브레턴우즈 체제의 개혁을 요구하며 2010년대에 들어와 BRICS를 결성하고 BRICS의 다자개발은행인 신개발은행(New Development Bank, NDB)을 출범시키게 된다.

한편, 글로벌 수준에서의 개발협력 패러다임은 UN을 중심으로 2000년 새천년개발목표(Millennium Development Goals: MDGs), 그리고 2015년 지속가능발전목표(Sustainable Development Goals, SDGs)로 인류공동의 개발목표가 이어지고 있다. MDGs의 경우, 이행주체는 글로벌노스의 공여국(특히, OECD DAC 회원국)이고 수원주체는 글로벌사우스였던 것에 반해, SDGs는 이행주체가 공여국에 국한되지 않고 UN 회원국 전체로 확장되었으며 각 국가는 국내 수준에 SDGs 이행을 위한 자구책을 마련해야 한다. 이러한 글로벌 규범과 원칙이 UN을 통해 수렴되는 과정에서 글로벌사우스의 영향력은 점차 강화되었고, 다양한 사우스의 목소리를 반영하기 위해서 SDGs는 내부적으로 정리되지 않은 채 목표들 간에 중복되고 교차되는 복잡성을 띠게 되었다. 앞으로 2030년 이후 포스트-SDGs 시대가 조만간 도래할 것이고 이에 대한 준비가 UN 차원에서 이미 시작되었으나, 우크라이나 전쟁과 전 세계의 분쟁과 난민 문제 등으로 인도적 지원이 절실히 필요한 상황에서 SDGs를 대체할 UN의 새로운 글로벌 개발협력 목표 설정 과정에서 글로벌사우스의 적극적인 개입이 예상되고 있다.

이러한 역사적 맥락에서, 글로벌사우스의 부상과 도전에 대응하는 한국의 개발협력외교는 한국이 글로벌사우스에 대한 총체적인 포용전략을 수립하여 변화하는 세계질서에서 한국의 전략적 포지션을 강화하는 데 중요한 필수요건이 될 것이다. 우리가 흔히 개발협력이라고 칭할 경우, 공적개발원조(official development assistance, ODA)에 국한하여 분석하는 것이 일반적이라고 인식하고 있지만, 실제로 개발협력의 영역은 ODA를 넘어 넓은 의미의 개발이 연계되는 섹터와 이슈로 확장되어야 한다. 따라서 본 연구에서는 ODA를 중심으로 경제협력, 경제안보 등 광의의 개발영역이 포괄되는 개념으로 개발협력외교를 정리하고자 한다. ODA가 마중물 역할을 수행하여 ODA를 통해 한국이 추구하는 글로벌사우스 포용전략과 연계되는 다양한 이슈영역을 적극적으로 수용하는 전략을 본 연구는 개발협력외교라고 개념화한다. 한국의 대(對)글로벌사우스 개발협력외교를 논의하기 전에 글로벌사우스가 개발협력 분야에서 보여주고 있는 전략적 행보와 최근 국제개발협력의 변화하는 동향에 관해 간단한 고찰을 시도한다.

## II. 글로벌사우스의 전략적 행보와 국제개발협력의 동향

### 1. 글로벌사우스의 다층적 연대와 연성적 헤징

〈그림 16.2〉가 보여주듯이, 1955년 반둥회의의 비동맹주의와 평화적 공존을 위한 글로벌사우스의 국제연대는 1961년 비동맹정상회의(NAM Summit)를 시작으로 다층적으로 진화되어 왔다. 비동맹정상회의는 1961년 유고슬라비아 티토의 리더십하에 시작하여 3~5년 단

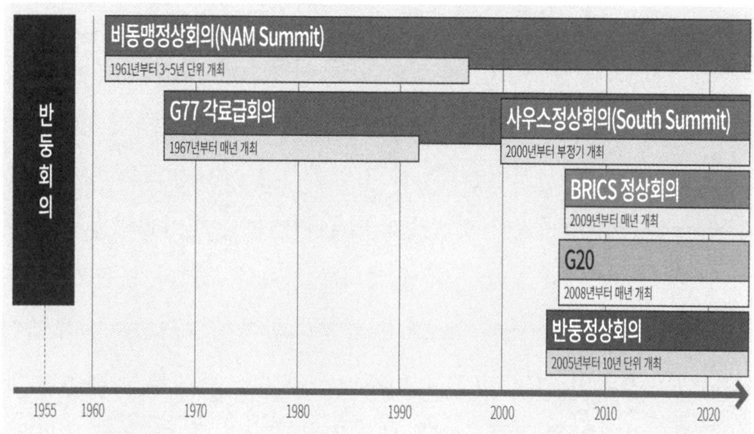


**그림** 16.2 글로벌사우스의 국제연대

자료: 김태균(2024).

위로 최근 2024년 우간다 캄팔라에서 개최되면서 그 명맥을 이어오고 있으며 비동맹정상회의에서 국제경제질서 개편과 경제개발에 대한 남남협력 등 다양한 개발협력 의제가 글로벌사우스 내에서 공유되고 이에 대한 대안적 제안이 도출되어 왔다. 비동맹정상회의와 함께 1967년 알제리에서 시작된 G77 각료급회의는 지금까지 매년 개최되어 UN 내부에서 제3세계와 글로벌사우스의 영향력을 확대하는 데 일조하였으며 경제협력과 개발협력의 의제를 설정하고 사우스에 이롭게 방향을 설정하기 위하여 핵심적인 역할을 수행해 왔다. G77 각료급회의는 2000년에 들어와서 각료급회의와 동시에 사우스정상회의(South Summit)를 부정기적으로 개최하였는데 최근 2024년 제3차 사우스정상회의가 우간다 캄팔라에서 개최되었다. G77 회의가 각료급에서 정상급 회의로 격상되면서 UN 내에서부터 글로벌사우스 권역 내에서도 그 영향력을 확장하고 있다는 것을 예상할 수 있다.

글로벌사우스의 국제연대는 글로벌웨스트에서 발발된 2008년 글로벌 금융위기를 전후로 2005년 반둥정상회의, 2008년 G20 정상회의, 그리고 2009년 BRICS 정상회의 등 사우스의 (소)다자주의 세력화 노력이 더욱 다변화되고 있다. 1955년 개최되었던 글로벌사우스의 역사적 전환점이었던 반둥회의를 기념하기 위하여 인도네시아 정부는 적극적으로 10년 단위로 반둥회의를 기념하는 정상회의를 개최하고 있으며 2025년에 70주년 기념 회의를 기획하고 있다. 또한 G20 정상회의는 글로벌사우스와 노스가 함께 다자협력을 도모하는 사례로서 2023년 주최국인 인도, 그리고 2024년 주최국인 브라질 등 BRICS 핵심 국가들이 G20를 통해 글로벌사우스의 리더로 부상하고 있고 2026년부터는 미국을 시작해서 글로벌웨스트가 주최국이 되기 때문에 개발협력 의제 선정과 논의 과정에 있어 갈등과 협력이 공존할 예정이다. 마지막으로 BRICS 정상회의는 2023년 남아공 회의에서 신규 회원국으로 추가된 6개국 중 아르헨티나와 사우디아라비아가 회원으로 가입하지 않아 4개국이 회원국으로 가입하였으며, 2024년 러시아 카잔 정상회의에서는 새롭게 13개 신규 회원국을 승인하는 등 BRICS+라는 새로운 사우스 그룹으로 그 세력을 확장하고 있다. 이러한 다층적인 연대를 통해 글로벌사우스는 선진국발 경제위기와 구조적 불평등 등 글로벌웨스트의 기존 글로벌 거버넌스 역량에 비판적 자세를 취하며, 브레턴우즈 체제의 개혁과 글로벌 현안에 대한 공정한 책임 분담을 요구하는 등 글로벌웨스트 중심의 자유주의 국제질서에 변화를 요구하고 있다.

글로벌사우스 국가들은 전략적 자율성을 확보하기 위한 전략으로 반둥체제의 비동맹주의를 미·중 간 헤징(hedging)전략으로 활용하는 경향을 보이고 있다. 헤징전략으로 미·중 전략경쟁 및 러·우 전쟁 등의 상황에서 어느 한쪽을 지지하지 않고 자국의 국익에 맞게 유연한 전략으로 위험요소를 분산시키는 효과가 창출된다. 글로벌사우스의 헤징전략은 거래주의적 행동규범을 토대로 현실주의적 계산이 깔려 있지만 기존 탈식민화를 위한 반둥체제의 비동맹주의 전통을 계승하는 연성적 헤징을 내포하고 있다. 다시 말해, 글로벌웨스트와 글로벌이스트가 상호 경쟁을 통해 글로벌사우스의 핵심국가들과 협력하려는 상황이 전개되고 있으며, 글로벌사우스 국가들은 이러한 외부조건을 이용하여 자국의 자산 가치를 높이고 전략적 자율성을 극대화하고 있다.

### 2. 글로벌 수준의 국제개발협력 변화 동향

글로벌사우스의 전략적 행보와 함께 글로벌웨스트가 주도해 온 OECD DAC 개발협력 레짐이 최근 미중 전략경쟁과 우크라이나 전쟁 등 자유주의 국제질서가 흔들리는 가운데 DAC 회원국의 ODA 정책에 커다란 변화가 발생하고 있다. DAC 회원국들은 정도의 차이는 있지만 2000년 이후 양자 ODA, 다자 ODA, 인도주의 원조 등이 지속해서 증가해 왔다. 하지만, 2022년부터 우크라이나 전쟁과 난민 유출 문제 등이 발생한 이후에는 다자원조 추세가 주춤하고 최빈국을 위한 부채탕감정책이 축소되어 전반적으로 최빈국을 위한 ODA 규모가 정체되는 한편, 양자원조의 증가 및 공여국 내 난민지원 비용(in-donor refugee costs)을 ODA로 계상하는 경향이 강해지고 있다(그림 16.3 참고). 특히, DAC 회원국의 양자원조와 EU의 원조가 2021년 이후 우크라이나 재건과 인도적 지원을 중심으로 우크라이나 지역에 집중됨에 따라 기존 인도적 위기 상황에 처한 아프리카 사헬지역 등에게 지원되었던 인도적 지원의 규모가 축소되고 전반적으로 ODA 제공이 정체되는 딜레

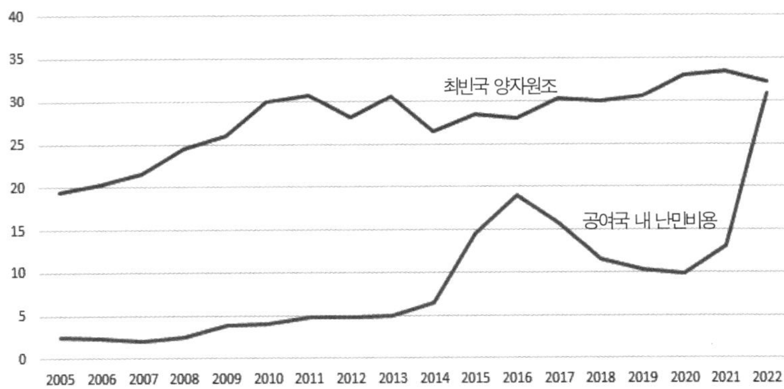


**그림 16.3** DAC 회원국 양자원조의 대상별, 지역별 추이 (단위: 10억 달러)

자료: OECD Trends and Statistics.

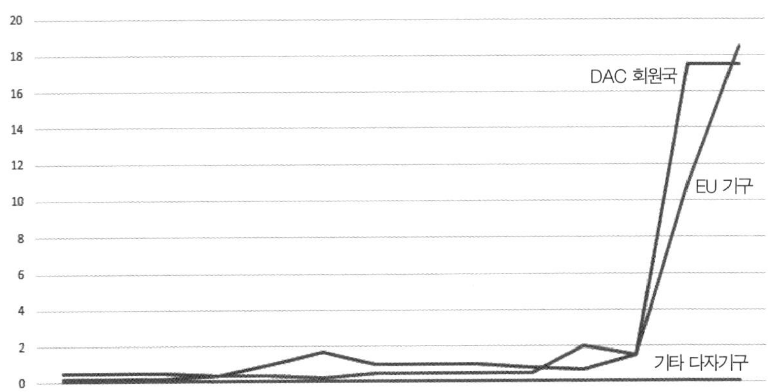


**그림 16.4** DAC 회원국의 우크라이나에 지원된 ODA 규모 (단위: 10억 달러)

자료: OECD Trends and Statistics.

마가 발생하였다(그림 16.4 참고). 또한, DAC 회원국의 국내로 유입된 우크라이나 및 분쟁국 난민에게 제공된 지원을 ODA 총계로 계상함으로써 서유럽의 주요 DAC 공여국이 글로벌사우스에 실제로 제공하는 ODA 규모는 축소되고 있다. 이에 2023년 ODA 예산을 전년 대비 46%까지 증액한 한국은 OECD DAC에게 중요한 우군이 되었고, 한국의 역할에 대한 기대와 함께 글로벌사우스에 대한 개발원조의 확대를 2024년 DAC이 출판한 한국 ODA에 관한 동료검토(Peer Review)에 강조하고 있다(OECD 2024).

또한, 2025년 1월 트럼프 2기 행정부가 출범하면서 행정명령으로 90일 동안 미국국제개발처(USAID)의 활동을 정지시키고 예산 방만 운영 등의 이유로 USAID에 대한 구조조정에 착수한 가운데 전체 직원 1만여 명 중 290명만 남길 계획을 밝힘으로써, 미국의 향후 국제개발협력 분야 글로벌 리더십과 영향력에 큰 타격을 받을 것으로 예상된다. 미국의 미국우선주의와 보수주의적 ODA 및 국제개발협력 정책이 지속된다면, 글로벌사우스의 정치적 팽창력은 미국이 아닌 중국·러시아 중심의 글로벌이스트 또는 인도·브라질 등 브릭스 중심의 글로벌사우스 권역 내 주축국가들과의 연대와 협력으로 집중될 가능성이 커지고 미국 등 글로벌웨스트의 영향력은 중국의 패권 등에 가려지게 될 것이다. 이러한 거시적 맥락에서의 국제개발협력 동향을 인지하고 한국의 개발원조 정책 방향에 대한 논의가 전개되어야한다.

## III. 한국의 글로벌사우스 개발협력외교[1]

### 1. 글로벌사우스에 대한 한국의 개발협력 전략 및 정책

한국은 전통적인 선진공여국이 주도하는 글로벌노스와 대다수 개발도상국이 속한 글로벌사우스 그룹 간의 교두보 역할을 자처하며, 글

1 본 연구의 III절과 IV절은 김태균 외(2024)의 일부를 수정·보완한 발췌본임을 밝힌다.

로벌사우스와 노스를 연결하는 중견국으로서의 우위를 만들어내고자 그간 부단히 노력해 왔다. 2010년 OECD DAC에 가입한 이후에 본격적으로 한국은 ODA를 수단으로 글로벌사우스와의 협력을 추진해 왔다고 해석할 수 있으며, 특히 문재인 정부 당시 새롭게 시작한 '신남방정책'은 ASEAN과 인도를 중심으로 한국의 외교 파트너십을 다변화하는 전략을 구상하였다면, 윤석열 정부는 이른바 인도·태평양 전략을 중심으로 다양한 협의체(G7, G20, BRICS, IPEF, APEC 등) 참여를 통해 국제무대에서 '글로벌 중추국가(Global Pivotal State, GPS)'의 국가정체성을 확립하고자 하였다.[2] 이러한 GPS 개념은 2023년 6월 정부가 발간한 「국가안보전략 – 자유, 평화, 번영의 글로벌 중추국가」 문서에서도 확인할 수 있는 핵심 정책이며, 국제사회에서 한국이 취할 전략적 위치와 역할에 대한 기본적인 구상이라고 볼 수 있다.[3]

그러나 최근 글로벌 남반구 국가들 간의 다양한 결집형태와 경쟁구도를 고려할 때, 한국은 글로벌 중추국가 역할을 수행하는 데 있어 보다 적극적인 대글로벌사우스 외교전략 수립이 필요하다. 이는 인도, 브라질, 중국 등 브릭스 국가 주도의 남남협력뿐만 아니라, 글로벌사우스를 외교의 주축으로 활용하여 인도-태평양 지역에서 주도권을 잡으려는 일본과 미국의 움직임도 지역정세를 크게 바꾸고 있기 때문이다. 또한 UN, 세계무역기구(WTO) 등 국제기구에서도 기존 비동맹운

2 한국의 외교정책 목표상 정의되는 글로벌 중추국가란, "주요 분야 다자외교 리더십 확대 및 국제사회 평화안보·민주주의·인권·법치·비확산·기후변화·개발 분야 협력에 선도적 역할을 수행하고 규범 기반 국제질서 강화를 주도하는 국가"를 의미함. 외교부. "외교정책 목표." https://www.mofa.go.kr/www/wpge/m_24965/contents.do 참고 (검색일: 2024.11.1.).

3 대한민국 대통령실. "윤석열 정부의 국가안보전략 – 자유, 평화, 번영의 글로벌 중추국가." https://www.president.go.kr/newsroom/press/D26t9Wdf 참고 (검색일: 2024.11.1.).

동(NAM)으로부터 출발한 협의의 남남협력 대신 글로벌노스와 사우스 간의 삼각협력(triangular cooperation) 또는 다자협력의 중요성을 더욱 강조하는 방향으로 논의를 넓히는 추세이다.

국제사회 전반에서 이루어지는 글로벌사우스에 대한 재정의 시도와 동조화-탈동조화 양상을 고려할 때, 한국의 현주소는 어디이며, 글로벌사우스에 대한 포용적 파트너십의 적용 가능성에 대한 보다 입체적인 정책 기조가 필요하다. 이러한 배경하에서 글로벌사우스와 관련된 최근의 주요 논의를 검토하면 다음과 같다(표 16.1 참조).

**표 16.1** 글로벌사우스 전략 관련 최근 주요 국내 논의

| 연월 | 제목 | 내용 |
|---|---|---|
| 2022.12. | 「자유, 평화, 번영의 인도-태평양 전략」 | • 공동 이익을 기반으로 양자 협력관계를 심화하고 한국의 협력 원칙에 부합하는 소다자 협력체와 지역 및 국제기구와의 중층적이고 포괄적인 협력 네트워크 구축 |
| 2023.04. | 「한-아세안 연대구상(Korea-ASEAN Solidarity Initiative, KASI)」 | • 인도·태평양 전략의 틀 속에서 핵심 파트너인 아세안에 특화된 지역정책 |
| 2023.05. | 「2023 한-태평양도서국 파트너십 정상선언: 회복력 있는 태평양의 자유, 평화, 번영을 위한 파트너십」 | • 태평양도서국과의 협력을 강화하여 해양안보 및 기후변화 대응에 기여<br>• 푸른태평양대륙 전략과 그 이행전략에 따른 맞춤형 협력사업을 확대 |
| 2023.06. | 「국가안보전략 - 자유, 평화, 번영의 글로벌 중추국가」 | • 동아시아 번영의 기틀을 마련하고 글로벌 역할을 확대<br>• 자유·민주·인권 등 핵심 가치를 공유하는 국가들과 연대를 강화 |
| 2024.06. | 「한-중앙아시아 K 실크로드 협력 구상」 | • 중앙아시아와 5개국과의 에너지, 인프라, 광물 협력관계 강화 등 산업협력 고도화를 통한 신성장동력 창출<br>• 소다자협력 활성화를 통한 동북아 통합네트워크 및 평화기반 구축 |
| 2024.06. | 「한-아프리카 정상회의 공동신언」 | • 제1회 '한·아프리카 정상회의'<br>• 아프리카 각국과의 양자 협력을 확대함으로써 아프리카와의 호혜적·장기적·지속 가능한 파트너십 구축 |

출처: 김태균 외(2024).

이 중에서도, 2022년 말 발표된 한국의 독자적인 지역구상인 「자유, 평화, 번영의 인도-태평양 전략」(이하, 인도-태평양 전략)은 한국의 외교정책 전반을 규정하는 상위 대외전략으로서, 협력 의제를 발굴하여 역내외 국가 간 논의를 주도하는 글로벌 중추국가 표방에 방점을 두었다.[4] GPS는 단순히 국제규범의 추종자에 머무는 것이 아닌, 규범과 규칙을 정하는 주도적인 역할을 수행한다는 것을 의미한다. 또한, 글로벌사우스 국가 또는 지역단위의 협의체와 파트너십을 형성하여 연대와 합의를 이끌어가고 이를 바탕으로 거시적인 글로벌 거버넌스의 기제를 장기적으로 변화시키는 힘을 갖는 주체를 일컫는다(Sneider 2024). 한국이 자유와 민주주의라는 핵심가치에 기초하여 다자외교의 주요 분야에서 ODA와 같은 자원을 활용하여 이 같은 글로벌 리더십을 발휘하려는 움직임은 글로벌 중추국가로 도약하려는 시도를 일부 반증하지만, 한국 정부의 GPS 전략이 실제로 글로벌 거버넌스와 국제개발협력 레짐에 있어서 한국의 위치권력에 긍정적인 결과를 창출했는가에 대해서는 보다 정치한 분석과 평가가 필요하다(Kim 2023).

인도-태평양 전략은 글로벌 중추국가로의 도약을 위해 세 가지 협력 원칙을 기반으로 하는데, 이는 특정 국가를 겨냥하거나 배제하지 않는 '포용'적인 구상, 공고한 상호 '신뢰'에 기반한 협력관계 추구, 그리고 모든 당사자에게 상호이익이 되는 '호혜'적 협력을 추구한다는

4 이러한 보편적 규범과 규칙에 기반을 둔 인태지역 질서를 구축하기 위해 정부는 상술한 '포용·신뢰·호혜'의 3대 협력 원칙을 토대로 중점 추진과제를 이행하고 있으며, 여기에는 1) 규범·규칙 기반 인태질서 구축, 2) 법치주의·인권증진 협력 3) 비확산·대테러 협력 강화, 4) 포괄안보 협력 확대, 5) 경제안보 네트워크 확충, 6) 첨단 과학기술 분야 협력 강화 및 역내 디지털 격차 해소 기여, 7) 기후변화·에너지안보 관련 역내 협력 주도, 8) 맞춤형 개발협력 파트너십 증진을 통한 적극적 기여외교, 9) 상호 이해와 교류 증진의 내용이 인도-태평양 전략의 9대 중점 과제에 해당함.

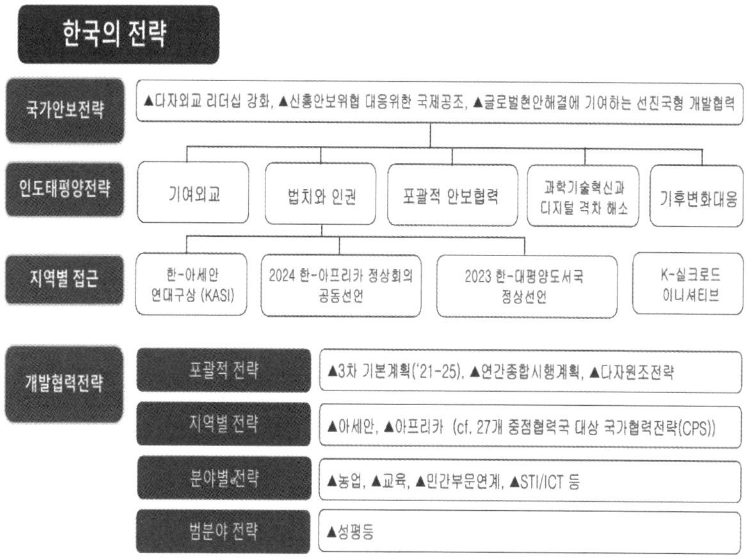


**그림** 16.5 한국의 글로벌사우스 대응전략 관계도

자료: 송지선(2024).

점이다. 이 전략은 자유, 평화, 번영이라는 보편적 가치를 바탕으로 협력 원칙을 설정하고, 규칙기반질서(rules-based order) 확립을 위한 연대를 추구한다. 이 같은 기본방향을 토대로 글로벌사우스에 대한 포용적 접근전략을 수립하고자 하는 한국은 GPS의 역할을 더욱 공고히 하여, 지속 가능한 발전과 평화를 추구하는 글로벌노스 중 중견국의 입지를 다지고자 한 것이다.

한국의 글로벌사우스 개발협력외교는 아직까지 구체적으로 설계된 추진체계 또는 대응전략으로 발전되지는 못한 상태이다. 송지선(2024)에 따르면, 국가안보전략에서부터 시작해서 인도-태평양전략, 지역별 전략, 개발협력전략 등 다층적으로 수립되어 추진되고 있는 전략들을 체계적으로 연계하고 정책 일관성을 제고하는 노력이 필요하다(표 16.1과 그림 16.5 참조). 특히, 글로벌사우스의 다양한 구성과 특성을 무리하게 하나의 개발협력 프레임 내에서 다루기보다는, 사우스 내 균형전략(balancing) 또는 헤징전략(hedging)을 선택적으로 사용하는 국가들에 맞게 차별화된 개발협력 파트너십을 맞춤형으로 준비하되 다른 층위의 전략들이 체계적으로 연계되는 방식을 구상하는 것이 중요하다. 또한, 정부기관의 하향식(top-down) 정책 가이드라인을 넘어서 비정부 주체가 적극적으로 참여할 수 있는 글로벌사우스 전략과 추진체계를 구축할 수 있도록 다중이해관계자(multi-stakeholder)와 범사회적(whole-of-society) 접근법을 강조하는 노력도 수반되어야 한다.

## 2. 글로벌사우스의 지역별 전략

지역전략 전반에 있어 한국은 윤석열 정부의 인도-태평양 전략을 통해 '경제와 안보를 아우르는 포괄적 지역전략'을 추진하고 있다. 한국은 '공동의 이익을 바탕으로 양자협력 관계를 심화'시키는 동시에, 한국의 '협력 원칙에 부합하는 다양한 소다자 협력체와 지역 및 국제기구와의 중층적이고 포괄적인 협력 네트워크를 구축'하기 위한 전략을 수립하고 있다. 이러한 방침은 2022년 인도-태평양 전략 문서에 명기되어 있다. 해당 문서에서는 특히, '국제규범을 지지하고 자유, 민주주의, 법치주의, 인권 등 보편적 가치에 기초한 지역질서를 촉진'하는 것을 중요한 목표로 설정하고 있음을 강조하고 있다.

한국은 특히 주요 지역협의체와 중점적으로 협력관계를 맺음으로써 지속 가능하고 회복력 있는 지역별 역내 질서를 만들어 내고자 연결망을 구축해왔다. 이는 지역별로 특화된 맞춤형 네트워크를 구축하여 역내외 국가들과 전략적 협력을 강화하는 전략의 일환으로, 각 지역에 따라 협력원칙의 무게중심이 특화되어 있다는 점이 주목할 만하다. 〈표 16.1〉에서 확인할 수 있듯이, 지역에 따라 한국 ODA 및 글로벌사우스 지역전략이 2023년부터 보다 구체적으로 수립되기 시작하였다. 2023년 4월 「한-아세안 연대구상」을 통해 인도-태평양 전략 내 핵심 파트너인 아세안과의 협력을 구체화했으며, 동년 5월에는 「2023 한-태평양도서국 파트너십 정상선언」을 도모하면서 태평양도서국과의 협력을 강화하고 해양안보 및 기후변화 대응을 통해 이 지역 글로벌사우스 국가들의 회복력을 지원하고 한국에게도 도움이 되는 상생의 협력을 강구하고 있다. 2024년 6월에는 「한-중앙아시아 K 실크로드 협력구상」과 「한-아프리카 정상회의 공동선언」을 통해 중앙아시아 5개국 및 아프리카 54개국과의 에너지·인프라·핵심광물 등 양자협력 및 소다자협력 활성화를 추진하였다. 마지막으로, 한국의 개발협력 전략 내에서도 하부 단위의 아세안과 아프리카 지역의 세부전략 및 27개 중점협력국의 국가협력전략(Country Partnership Strategy)을 수립하고 있어 개발협력의 지역별 전략이 상위 수준의 지역별 외교전략과 유기적인 연계와 일관성을 유지하고 있는가에 대한 면밀한 점검이 필요하다 (그림 16.5 참조).

### 3. 한국의 글로벌사우스 협력방식

글로벌사우스와의 개발협력을 추진하는 방식으로 한국이 취할 수 있는 협력방안은 크게 소다자협력을 포함한 다자협력, 특정 국가와의 양자간 협력, 그리고 글로벌사우스의 남남협력을 토대로 제3의 협력 파트너가 참여하는 삼각협력으로 나누어 접근할 수 있다.

1) (소)다자협력

한국은 2012년부터 자칭 중견국 국가협의체로 발족한 믹타(Mexico, Indonesia, South Korea, Turkey and Australia, MIKTA)에 참여한 것을 시작으로, 2022년 12월 인도-태평양 전략에 명시된 '개발도상국에 대한 맞춤형 ODA 확대' 등 이른바 기여외교를 꾸준히 전개해 왔다. 한국은 또한 외교전략의 일환으로 공적개발원조를 통해 다자협력을 촉진하고 있으며, 글로벌사우스와의 협력을 강화하기 위한 다양한 협력 플랫폼 구축을 검토하고 있는 것으로 평가된다. 가치를 공유하는 역내 국가 간 협력과 연대를 모색하는 것을 기본 방침으로 삼는 특징을 나타내는데, 2010년 이후로는 G20 등에서 중견국으로서의 활동이 주목을 받으면서 'Korean Pivot'이라는 개념까지 언급된 바 있다(Hwang 2017).

최근에는 G7·G20·G77·브릭스 등에서 글로벌사우스 국가들이 주요 세력집단으로 부상함에 따라 글로벌 남반구 국가들이 중심이 되어 형성한 협의체와의 협력방안에 대한 정교한 구상의 필요성이 높아졌다. 이러한 측면에서 지난 2022년 영국, 그리고 2023년 일본에서 개최된 G7 회의에서 글로벌사우스에 관련 내용이 상당히 강조된바, 한국이 연이어 G7 정상회의에 초청되어 글로벌사우스를 논의하는 플랫폼에 참여하고 일정 정도의 기여를 할 수 있었다는 점은 고무적이다. 특히, APEC은 2025년 한국이 의장국을 맡아 지역의제를 주도할 수 있는 역할을 맡을 것으로 많은 기대가 모이고 있다. 유엔 안전보장이사회를 대체할 수 있는 거버넌스 수단으로 평가되는 G7+ 가입과 관련하여 작년 말부터 여러 진통을 겪고 있으나 호주, 브라질, 인도, 튀르키예, 사우디아라비아 등 여타 중견국과의 경쟁 속에서 한국도 신규회원국으로 승인받고자 많은 공을 들이고 있다. 이처럼, 인도-태평양 전략과 부합하는 호혜적 양·다자협력을 모색함과 동시에 글로벌 남반구 국가들이 중심이 된 소다자협력에 참여할 수 있는 방안에 대한 다각적인 접근이 필요한 것이다.

2) 양자협력

양자협력에 있어서도 한국은 '특별 전략적 동반자'에 해당하는 인도네시아, '포괄적 전략 동반자'에 속하는 베트남, '전략적 동반자' 태국, 그리고 메콩지역의 캄보디아·라오스·미얀마 및 해양지역의 브루나이·말레이시아·필리핀·싱가포르·동티모르와 다양한 분야에서의 협력 증진을 통해 인도-태평양 지역의 자유, 평화, 번영에 기여해 나가고자 한다. 개발협력적 측면에서도 지리적 접근성, 문화적 친밀성을 공유한 아시아태평양 국가들이 한국 중점협력국 27개국 중 40% 이상을 차지한다. 아프리카에서는 인도주의적 관점에서 접근이 필요한 가나·에티오피아·르완다·우간다·탄자니아·세네갈·이집트를 지원하며, 중남미에서는 콜롬비아·페루·볼리비아·파라과이, 그리고 중동 및 독립국가연합(CIS)에서는 지속 가능한 평화와 번영을 핵심 개발과제에 녹일 수 있는 우즈베키스탄·키르기스스탄·우크라이나·타지키스탄을 중심으로 양자협력을 지원한다.[5]

동아시아-서아시아 및 대륙-해양 간 교차로에 있는 남아시아 지역은 한국과 주요 양자 개발협력의 동반자로 성장할 수 있는 국가가 다수 속해 있다. 현재 한국은 한-인도 포괄적경제동반자협정(Comprehensive Economic Partnership Agreement)을 기반으로 한양국 간 '특별 전략적 동반자 관계'를 구축해 나가는 과정에 있으며, 앞

5 한국국제협력단. "주요사업-지역별 현황." KOICA. https://www.koica.go.kr/koica_kr/933/subview.do (검색일: 2024.12.1.)

서 언급된 환인도양연합(Indian Ocean Rim Association)에 대화상대국으로 가입하고 남아시아지역협력연합(South Asian Association for Regional Cooperation)에도 2006년 옵서버로 가입하는 등 소다자 지역협의체와의 적극 호흡하면서 동시에 지역협의체를 구성하는 지역별 회원국과의 양자협력도 다방면으로 협력방안을 꾀하고 있다. 특히, 파키스탄·방글라데시·스리랑카·네팔 등의 지역 국가들과도 경제협력, 개발원조를 활용한 외교를 강화함으로써 호혜적인 양자협력 파트너십을 구축할 수 있을 것으로 전망되고 있다.

호주와 뉴질랜드의 경우 인도-태평양 지역 내 한국과 유사입장국으로서 전략적 소통 가능성이 높은 국가들이다. 특히, 호주와는 국방·방산·안보·핵심광물·기후변화·공급망 등의 분야에서 호혜적 협력관계를 공고히 해나가고 있다. 또한, 태평양도서국 협력이니셔티브 푸른태평양동반자(Partners in the Blue Pacific)와 태평양소도서국에 대한 양자지원을 상호 협력을 통해 강화하고자 한다. 그 중에서도 기후변화 대응, 해양 및 수산자원 관리, 사이버 보안 등의 분야에서 태평양도서국들과 긴밀히 협력하고 있다. 이러한 지원은 태평양도서국의 기후 회복력 강화와 해양 생태계 보호에 크게 기여할 것으로 전망되며 장기적으로 인도-태평양 전략에도 긍정적 파급효과를 낳을 것으로 기대할 수 있다.

#### 3) 삼각협력

한국은 OECD에서 정의하는 개발협력에서의 삼각협력(triangular cooperation)—글로벌사우스의 남남협력에 공여국인 한국 또는 국제기구가 제3의 조력자로서 참여하는 협력방안—방식을 통해 글로벌사우스 국가들과의 긴밀한 교류협력을 모색하고 있다(OECD 2023).

예로, 2022년 유엔남남협력사무소(United Nations Office for South-South Cooperation, UNOSSC)가 주최한 '글로벌 남남협력 엑스포(Global South-South Development Expo)'에서 한국국제협력단(KOICA)은 메콩지역 물-식량-에너지 기술지원 프로젝트 관련하여 우수 사례로 선정된 바 있다.[6] 또한, KOICA는 유엔개발계획(UNDP)과의 파트너십을 통해 아프리카에서의 평화 구축과 폭력 극단주의 예방을 위한 노력을 확대하고 있다. 최근 2024년 6월, KOICA-UNDP 간 양해각서 체결을 통해 케냐·소말리아·남수단 지역에서의 평화구축 프로젝트가 개시된 바 있다. 해당 파트너십은 UNDP의 「전략계획 2022-2025」와 더불어 한국의 '2021년 인도적-개발-평화 트리플 넥서스 실행전략'과도 부합한다고 평가되고 있다(UNDP 2024). 한국은 또한 중남미 지역과의 삼각협력을 통해 기술 및 교육 프로그램을 개발하고 있나. 2021년 2월, KOICA는 브라질 국립직업훈련센터(Serviço Nacional de Aprendizagem Industria)와 파라과이 민간항공청(National Directorate of Civil Aviation)과 함께 항공기 유지보수 분야의 전문 인력을 위한 기술 및 교육 프로그램 개발을 위한 양해각서를 체결하였다. 이러한 협력은 파라과이의 항공 산업 발전에 크게 기여하고 있다고 평가되며, 한국의 삼각협력 프로젝트가 글로벌사우스 커뮤니티에서 상당한 인지도를 올리고 있는 것으로 해석할 수도 있다(UNOSSC 2021).

하지만 이러한 삼각협력 사업들은 여전히 제한적이다. 한국의 삼각협력은 개발협력적 측면에서 특정 지역과 섹터에 집중되어 있으며,

6 UNOSSC. "South-South and Triangular Cooperation Featured Partner." UNOSSC/UNDP. https://www.southsouth-galaxy.org/featured-partner/koica (검색일: 2024. 12.11.)

전체적인 글로벌사우스 국가들과의 포괄적 협력 네트워크를 구축했다고 보기에는 아직 미흡한 단계에 머물러 있다. 다양한 분야에서 글로벌사우스와의 삼각협력을 강화하고 이를 규범과 규칙기반 질서와 연계하여 중견국의 역할을 넓혀 나간다면 국제사회에서 글로벌사우스와 글로벌노스 간 가교로서 한국의 위상을 더욱 확고히 할 수 있을 것으로 전망된다.

## IV. 맺으며: 글로벌 커넥터로서의 한국

한국이 글로벌사우스와 협력관계를 확장하기 위해서는 남반구의 다양한 지역 및 다자 연계 플랫폼에 대한 체계적인 관여와 투자가 필요하다. 특히, ODA는 경제협력, 중소기업 진출, 군사협력 등 소프트파워를 창출할 수 있는 촉매제 역할을 해야 한다. 전체적으로 한국의 글로벌사우스 전략은 글로벌사우스와 노스를 적극적으로 연계하고 소통의 정치적 기회공간을 확장하는 역할을 수행하는 글로벌 커넥터(global connector)로서 한국의 포용전략을 구상하는 노력으로 발전해야 한다(김태균 2024). 한국이 지금까지 축적해 온 글로벌사우스와의 협력 사례를 지속적으로 그리고 일관되게 앞으로의 글로벌사우스 포용전략으로 발전시키기 위해서는 다음과 같은 사항을 핵심 요소로 반영해야 한다.

첫째, 한국은 스스로의 글로벌사우스 전략 수립을 위한 국내 여론 환기 및 추진체계 정비를 위한 노력이 강구되어야 한다. 한국은 아직 글로벌사우스와의 관계를 강화하기 위해 어떤 전략적 선택을 해야 하는지를 구체적으로 결정하지 못한 동시에, 글로벌사우스 전략을 이행하고 관리할 추진체계가 정부기관 내에서도 아직 형성되지 못한 상태이다. 특히, 한국은 글로벌 중추국가로서의 역할을 수행하기 위해 글로벌사우스와의 협력을 보다 체계적으로 구축할 필요가 있다는 점에서도 정부기관 내 글로벌사우스 전략을 기획하고 조정하는 추진체계가 필요하다. 글로벌사우스와의 협력은 개발협력의 수준을 넘어서 경제협력 및 군사안보 협력까지 도모할 수 있기 때문에 범부처 간 협력 시스템이 도입되는 것이 바람직하며, 정부를 넘어서 민간부문과 국회 등과의 협업체계도 수립되어야 하는 소위 '범사회적 접근'이 필요하다. 아울러 글로벌사우스와 협력의 중요성과 한국 외교의 글로벌 다변화의 필요성 등이 대국민 홍보를 통해 국내 여론의 지지를 받을 수 있도록 다각도의 노력이 필요하다.

둘째, 한국이 표방하는 글로벌사우스 전략의 핵심 비전으로 글로벌 공공재로서 커넥티비티(connectivity)를 글로벌사우스와 노스에게 한국이 제공한다는 거시적인 로드맵이 제고되어야 한다. 글로벌사우스 전략이 표방하는 공식적인 비전은 한국의 국익만을 위한 모토가 아니라 글로벌사우스와 상생할 수 있는 사우스의 핵심 요구가 수용될 수 있는 내용의 비전이어야 한다. 동시에 한국의 성공적인 근대화 과정에 배태된 정체성과 비교우위적 정책 노하우를 토대로 핵심 비전이 작동되어야 한국이 기여할 수 있는 전략의 가시성이 글로벌사우스 내부와 외부에서 인식될 수 있다. 이러한 맥락에서 본 연구는 한국이 제공하는 글로벌 공공재로서 '포용적 커넥티비티(inclusive connectivity)'를 한국의 글로벌사우스 전략이 강조하는 핵심 비전의 모토를 제안하고자 한다. 한국이 진정한 의미에서 GPS가 되기 위해서는 글로벌사우스 지역별 맹주국들과 협력틀을 구축하고 글로벌사우스가 한국에 기대하는 역할을 글로벌사우스와 글로벌노스를 연계하고 글로벌 이슈를 양 진영이 협력하여 해결할 수 있도록 커넥티비티의 모범사례(best practice)를 발굴 및 축적할 때 한국의 중추국가 역할은 국제사회로부터 인정을 받게 될 것이다.

따라서, 한국이 추구할 글로벌노스-글로벌사우스 연계 전략을 상호 차이를 인정하면서 포용하여 상생의 성과를 올리자는 의미에서 '포용적 커넥티비티'로 제언하고, 포용적 커넥티비티를 구성하는 세부 연계전략을 아래와 같이 세 가지 유형의 개방적·민주적·혁신적 커넥티비티로 제시한다. 커넥티비티는 이미 EU 및 다른 글로벌노스 국가들이 제시한 바 있기 때문에, 한국이 제시하는 커넥티비티는 한국 고유의 발전경험과 국제사회의 보편적 공공성을 토대로 중견국으로서 양 진영을 소통하는 기제를 마련하고 한국이 제공할 수 있는 특수성이 반영된 연계 플랫폼으로서 세 가지 커넥티비티를 구상하여 기존의 연계방식과 차별화할 수 있다.

한국이 표방할 수 있는 글로벌 공공재 성격의 커넥티비티로 연계 플랫폼의 개방성을 강조하여 자유민주주의 국제질서와 규범기반 국제질서를 강조하는 동시에 중국뿐만 아니라 글로벌웨스트와 민감한 외교관계가 있는 글로벌사우스 국가들이 참여할 수 있도록 '개방적 커넥티비티(Open Connectivity)'를 한국이 주창한다. 자유주의 국제질서와 세계화의 개방성으로 한국이 경제성장과 민주화를 달성하는 데 도움을 받았다는 측면에서도 글로벌사우스와 글로벌노스 간의 연계는 어느 국가도 개방적 커넥티비티에서 배제되지 않고 참여할 수 있도록 개방되어야 한다. 커넥티비티의 개방성을 강조함으로써 차후 중국의 글로벌사우스 전략과 상호 협의가 가능할 수 있는 플랫폼을 중국에 제공할 수 있으며 미국과 일본이 아닌 중견국이자 글로벌사우스와 노스를 동시에 경험한 한국이 이러한 개방성을 강조하기에 다른 노스의 국가들보다 용이할 것이다.

또한, 글로벌사우스와 노스를 연계하는 역할에 있어 한국이 표방할 수 있는 연계 플랫폼의 특성으로 민주성을 강조함으로써, 굿거버넌스(good governance), 법의 지배(rule of law) 등 규범기반(rule-based)의 연계성이 형성될 수 있는 '민주적 커넥티비티(Democratic Connectivity)'가 포용적 커넥티비티의 핵심 원칙이 되어야 한다. 이는 글로벌웨스트 중심의 서방 진영이 강조하는 민주성으로 해석될 수 있지만, 글로벌사우스가 원하는 방식의 민주성이 반영되도록 조정하는 커넥티비티를 강조하고 민주주의, 시민사회, 젠더 및 인권 등이 이슈가 UN 등 다자국제기구 내부에서 논의되는 과정에서 한국의 민주적 커넥티비티 이니셔티브와 연동되어 작동될 수 있도록 설계할 필요가 있다. 글로벌웨스트의 민주적 가치를 한국이 일방적으로 대변하게 된다면 글로벌사우스 파트너 국가들이 정치적으로 대단히 민감하게 받아들일 가능성이 크기 때문에, 여기서의 민주성은 글로벌사우스와 노스가 함께 컨센서스를 만들어 갈 수 있는 공론장을 한국이 전략적으로 제공하는 것이다. 이로써, 미국과 G7로부터 한국의 민주적 커넥티비티에 대한 중요성을 인정받고 동시에 글로벌사우스로부터 서방 진영의 일방적인 민주화 요구가 아닌 절충과 타협이 가능한 플랫폼으로서 한국의 이니셔티브를 이해할 수 있다. 이러한 플랫폼은 한국과 함께 북유럽, 호주, 뉴질랜드 등 중견국 그룹이 협력하여 선도할 수 있으며, 이는 곧 글로벌 거버넌스의 재편 과정에서 자유·평화·민주주의 가치를 강조하는 한국의 중추적 역할을 수행할 수 있는 근거로 활용될 수 있다.

마지막으로, 한국이 비교우위를 가지고 있는 경제발전, 디지털 및 AI, 그리고 기후환경 관련 혁신적 기술을 토대로 글로벌사우스에 혁신적 프로젝트를 제공하고 이를 글로벌노스가 함께 협력하는 플랫폼으로서 '혁신적 커넥티비티(Innovative Connectivity)'를 전략적으로 구상할 수 있다. 이른바 ICT와 4차 혁명 중심의 디지털전환(digital transformation) 및 기후변화와 탄소중립 등의 그린전환(green transformation)으로 대표되는 한국의 혁신적 개발협력과 전문성이 글로벌사우스가 적극적으로 필요로 하는 협력 분야일 뿐만 아니라, 글로벌노스도 한국의 이니셔티브를 통해 전 지구적 난제를 글로벌사우스와 협력하에 진행할 수 있다는 장점을 인정할 가능성이 크다. 혁신의 아이콘으로서 한국이 선도적으로 구축하는 혁신적 커넥티비티에 사우스와 노스 양 진영의 이해당사국들이 적극적으로 참여할 가능성을 토대로 한국은 글로벌사우스 포용전략을 수립해야 할 것이다.

# 참고문헌

김태균. 2023. 『반둥 이후: 글로벌사우스의 국제정치사회학』. 과천: 진인진.

김태균. 2024. “글로벌사우스 대응전략: 글로벌 커넥터로서의 한국.” 『서울대학교 국가미래전략원 이슈브리프』 10.

김태균·김보경·김윤희·심예리. 2024. 『한·일·중의 글로벌사우스 포용전략 비교분석』. 서울: 국립외교원.

김태균·이일청. 2018. “반둥 이후: 제3세계론의 쇠퇴와 남남협력의 정치세력화.” 『국제정치논총』 58(3): 44-99.

송지선. 2024. “개발협력 관점에서 글로벌사우스.” 한국국제협력단 제59회 개발협력포럼.

Amin, Samir. 2019. *The Long Revolution of the Global South: Toward a New Anti-Imperialist International*. New York: Monthly Review Press.

Braveboy-Wagner, Jacqueline Anne. 2009. *Institutions of the Global South*. Abingdon: Routledge.

Comaroff, Jean and John L. Comaroff. 2016. *Theory From the South: Or, How Euro-America Is Evolving Toward Africa*. Abingdon: Routledge.

Ero, Comfort. 2024. “The Trouble with ”the Global South“: What the West Goes Wrong About the Rest.” *Foreign Affairs*, April 1.

Fortin, Carlos, Jorge Heine, and Carlos Ominami (eds.). 2023. *Latin American Foreign Policies in the New World Order: The Active Non-Alignment Option*. London: Anthem Press.

Hwang, Balbina. 2017. “South Korean in the G20: A Middle Power Role.” in Victor D. Cha and Marie Dumond (eds.). *The Korea Pivot: the Study of South Korea as a Global Power*. Washington, D.C.: CSIS.

Ikenberry, John. 2024. “Three Worlds: the West, East and South and the Competition to Shape Global Order.” *International Affairs* 100(1): 121-138.

Independent Commission on International Development Issues. 1980. *North-South: A Programme for Survival*. Cambridge: MIT Press.

Kim, Taekyoon. 2023. “South Korea's Strategic Prospects of Development Assistance for the Global Democracy Promotion.” *EAI Democracy Promotion Special Report*. https://eai.or.kr/new/en/pub/view.asp?intSeq=22192&board=eng_special (검색일: 2024.12.1.)

OECD. 2023. “Global Perspectives on Triangular Cooperation.” https://www.oecd.org/content/dam/oecd/en/publications/reports/2023/10/global-perspectives-on-triangular-co-operation_4ac56870/29e2cbc0-en.pdf (검색일: 2024.12.1.)

OECD. 2024. *OECD Development Co-operation Peer Reviews: Korea 2024*. Paris: OECD.

Sneider, Daniel. 2024. "South Korea's Global Geopolitical Pivot." *East Asia Forum*. https://eastasiaforum.org/2024/01/15/south-koreas-global-geopolitical-pivot/ (검색일: 2024.12.1.)

Toye, John. 2014. "Assessing the G77: 50 Years After UNCTAD and 40 Years After the NIEO." *Third World Quarterly* 35(10): 1759-1774.

UNDP. 2024. "UNDP & KOICA Expand Partnership to Strengthen Peacebuilding and Prevent Violent Extremism Across Africa." June 10. https://www.undp.org/news/undp-koica-expand-partnership-strengthen-peacebuilding-and-prevent-violent-extremism-across-africa (검색일: 2024.12.6.)

UNOSSC. 2021. "KOICA, SENAI of BRAZIL and DINAC of Paraguay Partner to Strength the Aircraft's Maintenance Sector in Paraguay through Triangular Cooperation." April 9. https://unsouthsouth.org/2021/04/09/koica-senai-of-brazil-and-dinac-of-paraguay-partner-to-strength-the-aircrafts-maintenance-sector-in-paraguay-through-triangular-cooperation/ (검색일: 2024.12.11.)

# 제17장 글로벌사우스의 도전과 한국의 공공외교

김치욱(울산대학교 국제관계학과)

## I. 서론

이 연구는 글로벌사우스(Global South)의 부상과 그로 인한 국제질서의 변환 가능성에 주목하여 한국의 공공외교가 나아갈 방향을 찾는다. 구체적으로 기존 한국 공공외교의 성과와 한계를 짚어보고, 글로벌사우스의 도전에 대응하기 위해 일종의 '혁신적' 공공외교 전략으로서 도시 공공외교의 유용성을 탐색한다. 특히 글로벌사우스의 부상이 한국의 기업 공공외교에 주는 함의를 탐구한 연구(김치욱 2025)를 재구성하여 한국 도시외교의 새로운 지평을 모색한다.

국제정치의 새로운 분석 단위로서 글로벌사우스는 미-중 전략경쟁 속에서 중요한 화두로 떠올랐다. 대표적인 예로, 2022년 12월 유엔(UN)총회는 「신국제경제질서를 향하여(Toward a New International Economic Order)」라는 결의안을 채택했는데, 이는 1974년 5월에 제기되었던 신국제경제질서(NIEO) 수립 요구를 되살린 것이다. 이 결의안은 찬성 123개국, 반대 50개국(미국, 캐나다, 일본, 한국, 이스라엘, 뉴질랜드, 호주, 그리고 유럽), 그리고 기권 1개국(튀르키예)으로 통과되었다. 이러한 찬반 구도는 경제발전 수준에 따라 글로벌노스(Global North)와 글로벌사우스를 구분했던 1980년대 브란트라인(Brandt Line)이 여전히 유효할 수 있음을 말해 주었다. 또한 2023년 1월에 인도 정부는 '글로벌사우스'를 회의명에 포함하는 정상회의를 처음으로 개최했다. 여기에는 총 125개국이 참석했고, 이 중 29개국은 라틴아메리카·카리브해, 47개국은 아프리카, 7개국은 유럽, 31개국은 아시아, 그리고 11개국은 오세아니아 국가들이었다.

한편으로, 글로벌사우스라는 범주가 이목을 끄는 이유는 현존 지구질서에 대해 새로운 반감이 일고 있기 때문이다. 다른 이유는 지구질서의 개혁을 위한 글로벌사우스 국가들의 연대 가능성은 국제정치적 파급력이 클 것이기 때문이다(Hogan and Patrick 2024). 이에 글로벌사우스는 그 개념 정의, 영향력 유무, 제도화 가능성 등 여러 탐구 과제를 던져주고 있다. 무엇보다 글로벌사우스의 도전은 한국에게 전략적으로 유연하고 창조적인 외교력을 요구하고 있다(신범식 2024). 그만큼 글로벌사우스 국가들의 마음을 잡기 위한 도시외교 같은 혁신적인 공공외교 전략이 긴요해졌다.

넓은 의미에서 공공외교는 외국 대중의 호감을 얻음으로써 국가이익을 증진하는 활동으로 정의된다. 한국 정부는 외교의 국제화와 선진화를 내세우며 2010년을 공공외교의 원년으로 선포했다. 이로써 흔히 '문화 냉전'이라 불리는 세계 공공외교 경쟁에 본격적으로 뛰어든 것이다(이한규 2020). 이후 공공외교 대사 임명(2011년), 《공공외교법》 제정(2016년), 「제1차 대한민국 공공외교 기본계획(2017-2021)」 수립(2017년), 《지방자치법》 전부 개정(2020년), 「제2차 공공외교 기본계획(2022-2027)」 수립(2022년) 등 공공외교 수행에 필요한 법적·제도적 인프라를 구축했다. 물론 현재의 공공외교는 전혀 새로운 것이라기보다는 기존에 존재했던 것이 21세기 들어 재조명되고 있을 뿐이다(Melissen 2005). 하지만 공공외교는 정무외교, 경제외교와 함께 한국외교의 한 축으로 자리 잡았다.

글로벌사우스가 국제정치에서 잠재적 영향력을 증대함에 따라 한국의 공공외교 전략은 혁신적인 대응을 요구받고 있다. 글로벌사우스는 개념적 범주가 유동적일 뿐만 아니라 그에 해당하는 국가들이 수적으로 매우 많고 특성도 복잡다기하다. 이들을 한두 개의 지역으로 묶어서 중앙정부 차원에서 글로벌사우스 국가들을 대상으로 맞춤형 공공외교를 수행하기란 사실상 불가능하다. 예를 들면, 외교부의 「제2차 공공외교 기본계획(2023-2027)」은 공공외교의 대상을 주요국(미국, 일본, 중국, 러시아), 아세안, 유럽, 그리고 중남미 및 아프리카·중동, 서남아 태평양 및 기타 등으로 묶고 있다. 하지만 중남미, 중동, 아프리카 내부의 문화적·정치적·경제적 이질성을 담아내기 위해서는 공공외교 주체의 다층화와 네트워킹이 필요하다. 외교는 더 이상 중앙정부만의 특권에 머물 수 없게 되었다(Xifra 2009).

이에 본 연구는 공공외교 주체의 다층 네트워크에서 필수적인 도시외교에 주목한다. 글로벌사우스의 부상에 효과적으로 대응하기 위해서는 중앙정부-지방정부(도시) 간 네트워크 공공외교를 추진할 필요가 있다고 본다. 아래 II절에서는 글로벌사우스의 귀환과 그에 따른 외교적 도전을 서술하고, III절은 한국 공공외교의 발전 과정을 그 성과와 한계를 중심으로 논의한다. 이어서 IV절은 한국 공공외교의 혁신 방안으로서 도시외교에 대한 개념적 이해를 도모한다.

## II. 글로벌사우스의 귀환과 한국 외교

최근의 국제정치는 한국 공공외교의 적응력을 시험하는 일련의 귀환(return)을 목도하고 있다. 대표적으로 '글로벌사우스의 귀환'(Shidore 2023), '지정학 블록의 귀환'(Leoni and Tzinieris 2024; Mead 2014), '지경학의 귀환'(Lind 2019) 등이다. 이러한 국제정치적 변곡점들은 한국의 외교전략 일반은 물론 공공외교에 특별한 난제를 던져주고 있다.

보통 글로벌사우스는 주로 북반구에 위치한 선진국에 대칭하는 개념으로서 그 정치적인 의미를 갖는다(Nye 2023). 냉전기에 미국 진영과 소련 진영 중 어디에도 속하지 않은 국가들은 제3세계라 불렸다. 이들은 1955년 비동맹운동(Non-Aligned Movement, NAM)을 결성한 데 이어 1964년 유엔에서 G77을 설립함으로써 집단적 목소리를 낼 수 있는 기반을 마련했다. 탈냉전 시기에는 경제적 의미에서 저개발국, 개발도상국으로 일컬어졌으나, 글로벌 차원의 지정학적 충돌이 가시화되자 정치적 비중이 큰 집단으로 새롭게 이목을 끌고 있다(양갑용·하경석 2023).

글로벌사우스 국가들은 2022년에 신국제경제질서의 부활을 촉구하는 유엔총회 결의안을 채택하고 이듬해에 사상 처음으로 글로벌사우스 정상회의를 개최함으로써 자신의 존재감을 스스로 입증하려고 시도했다. 이뿐 아니라 미국, 중국 등 주요국들과 G7, G20, WTO 등 다자 국제제도에서도 글로벌사우스를 중요한 의제로 다루기 시작했다(최윤정 2023; Bello 2022).

그런데 글로벌사우스의 귀환은 미-중 전략경쟁의 격화, 코로나 팬데믹에 이은 러시아-우크라이나 전쟁, 이스라엘-하마스 분쟁 등을 계기로 한층 뚜렷해진 지정학적 블록의 귀환과 궤를 같이한다. 글로벌사우스는 미국·서구 중심의 글로벌웨스트(Global West)와 중국·러시아 중심의 글로벌이스트(Global East) 간의 경쟁이라는 세계질서의 전환기 속에서 자신의 영향력을 행사할 좋은 기회를 마주하게 되었다(Ikenberry 2024). 국제정세가 미국 주도의 단극체제에서 강대국 경쟁체제로 바뀌면서 글로벌사우스의 향배는 더욱 중요한 변수로 떠올랐다(전재성 2024b).

이처럼 글로벌사우스가 전반적으로 약한 국력에도 불구하고 그 전략적 가치가 높아지는 원인은 연합의 힘과 정당성의 힘에서 찾을 수 있다(Ikenberry 2024). 글로벌사우스는 일종의 스윙집단(swing grouping)으로서 미국·글로벌웨스트 대 중국·러시아·글로벌이스트 간 세력균형에 변화를 가할 수 있다. 예를 들면, 아세안(ASEAN)은 글로벌사우스의 대표적인 지역기구로서 동남아시아 지역에서 강대국들을 좌지우지할 능력을 보유한 것으로 평가된다. 미국과 중국은 모두 아세안 국가들과의 관계 구축을 위해 노력을 배가하고 있으며, 동남아시아에서 호의적인 여론을 만들기 위해 애쓰고 있다.

글로벌사우스의 몸값을 올려주는 또 다른 원천은 정당성의 힘이다. 글로벌사우스는 초강대국 블록의 제안에 정당성을 부여할 수 있다. 국제정치에서 지구적 공론장의 역할이 중요해졌는데(전재성 2024a; 2024b), 글로벌사우스는 일종의 제3자로서 글로벌 청중으로 기능할 수 있다. 다시 말해서 이들은 세계정치에서 무엇이 적절하고 수용 가능한 것인지 그에 관한 지구적 담론을 형성하는 데에 참여한다. 글로벌 파워로서 미국과 중국은 국제여론을 자기편으로 끌어오기를 원한다. 게다가 글로벌사우스 국가들이 비록 국력은 약하더라도 모든 사안에서 발언권과 투표권을 갖는 게 상례다. 1국 1표를 행사하는 국제제도의 경우, 글로벌사우스 국가들의 외교적 영향력은 더더욱 커질 수밖에 없다.

또한 글로벌사우스의 부상은 지구적 공급망의 교란, 세계경제의 불확실성에 따른 지경학의 귀환과도 맥락을 같이한다. 지정학 리스크의 증가, 팬데믹의 확산, 기후변화와 자연재해의 빈발 등으로 지구적 가치사슬의 취약성이 드러났고 핵심광물과 재생에너지 생산에 필요한 자원의 공급망이 재편되었다. 그 과정에서 글로벌사우스 국가들이 보유하고 있는 천연자원의 중요성은 한층 높아졌다(이승주 2024). 희토류, 리튬, 니켈, 코발트, 망간, 갈륨, 게르마늄, 인듐, 셀레늄, 탄탈륨, 텔루륨 등 배터리나 반도체 생산에 필요한 광물들의 확보를 둘러싼 경쟁이 치열해졌다. 이 광물의 상당량이 글로벌사우스 국가들에 매장되어 있다는 사실은 중국 의존도를 줄이고 공급망의 취약성에서 탈피하려는 국가들이 글로벌사우스에 주목할 수밖에 없는 이유이다.

이상과 같이 글로벌사우스는 뒤처진 세계를 뜻하는 제3세계(Third World)로부터 3세계(Three Worlds)의 한 축으로 자리 잡아 가고 있다. 문제는 글로벌사우스가 돌아왔다는 현실은 중앙정부가 거의 주도하다시피 해온 한국의 공공외교 전략에 일정한 변화를 요구하고 있다는 점이다. 이 글은 글로벌사우스의 부상은 한국에게 지방 공공외교, 즉 도시외교의 필요성을 높여주고 있다고 본다. 글로벌사우스는 아직 통일된 정의나 범위는 없으나, 대체로 경제적으로 부진하거나 개발 여력이 제한된 국가군을 지칭한다. 이들은 대부분 식민지를 경험하고 제2차 세계대전 이후 독립한 국가들로서 소득수준, 산업화, 인간개발지수(HDI) 등에서 북반구 국가들에 비해 크게 뒤떨어진 국가들이다. 글로벌사우스는 식민지화의 역사적 경험, 경제 구조, 개발 과제 등에서 공통성을 지닌 다양한 국가 그룹을 아우른다(최윤정 2023).

하지만 글로벌사우스 국가들은 결코 동질적인 집단은 아니며 서로 다른 이해관계와 국제정치 상황에 놓여 있다. 그뿐 아니라 어느 국가가 글로벌사우스에 속하는지 명확한 구분선이 따로 있지 않다. 수적으로 100여 개를 상회하는데, 유엔총회에서 글로벌사우스를 대표하는 G77의 회원국은 134개국에 이르고, 2023년 글로벌사우스 정상회의 참가국은 125개국에 달했다. 유엔총회 투표 결과를 토대로 식별된 신중립국(New Neutrals)도 101개국으로 조사되었다(Gorton-Caratelli et al. 2024). 글로벌사우스 국가들의 수가 많고 이질성이 높다는 점은 전통적인 외교보다 더 포괄적인 공공외교 주체를 필요로 한다. 넓은 범위의 현지 대중에게 더 깊숙이 다가가기 위해서는 중앙정부(외교부, 재외공관 및 중앙부처)의 주도적인 역할에 더하여, 지방정부와 도시(17개 광역시도 및 226개 시군구)의 역할 분담을 요구한다.

## III. 한국 공공외교의 성과와 한계

공공외교는 상대국의 정부가 아니라 상대국의 국민을 대상으로 벌이는 외교다(김상배 2013). 공공외교의 필요성은 새로운 권력자원으로서 소프트파워에 대한 인식이 확산되면서 본격적으로 부각되었다(Nye 2011). 최근에는 글로벌웨스트-이스트 간 지정학 경쟁 속에서 글로벌사우스를 향한 공공외교 경쟁이 더욱 뜨거워지고 있다. 한국 정부는 외교 패러다임이 신공공외교로 변모하는 추세에 발맞춰 2010년을 '공공외교 원년의 해'로 선포했다. 외교부는 2011년 공공외교대사를 최초로 임명하고, 2012년 문화외교국에 공공외교정책과를 설치함으로써 공공외교의 조직 기반을 마련했다. 2013년 공공외교 역량강화 사업 명목으로 편성된 예산 덕분에 정부 부처뿐만 아니라 한국국제교류재단, 국립국제교육원 등 산하기관, 지방자치단체, 민간단체 등이 함께 공공외교 활동을 수행할 수 있게 되었다. 2016년 공공외교법이 제정·발효되고, 2017년 7월 공공외교법 시행령이 공포됨으로써 공공외교 추진을 위한 법적인 토대가 갖춰졌다.

특히 2017년 「제1차 대한민국 공공외교 기본계획(2017~2021)」은 신공공외교의 비전과 목표, 그리고 추진 전략을 정립하여 보다 구체적이고 제도화된 활동을 뒷받침했다. 그리고 2022년 8월 「제2차 공공외교 기본계획(2023-2027)」을 통해 제1차 기본계획의 성과를 평가하고 공공외교 환경의 변화와 그에 따른 새로운 대응 전략을 제시했다. 무엇보다 디지털·혁신적 공공외교 생태계 구축을 위한 세부 과제를 구체화함으로써 공공외교의 새로운 방향성을 제시했다고 평가된다(김강석·이주성 2023).

제1차 및 제2차 공공외교 기본계획에 따르면, 한국의 공공외교는 크게 세 개의 축으로 나뉜다(외교부 2017; 2022). 첫째는 문화 공공외교로, 한국의 문화자산을 활용하여 한국의 호감도와 매력을 증진하는 활동이다. 쌍방향 문화 교류 차원에서 한국주간 행사, K-pop 월드 페스티벌 등이 실행되고 있다. 두 번째 축은 지식 공공외교로, 한국에 대한 올바른 이해와 지식을 전달하는 활동이다. 한국학 진흥 및 한국어 보급을 위한 것이며, 퀴즈 온 코리아가 대표적인 프로그램이다. 그리고 세 번째 축은 정책 공공외교로서, 주요 국가와 국민을 대상으로 한국의 외교정책에 대한 이해도를 높이려는 활동이다. 이는 주요국 및 주요 인사와의 네트워크 강화 및 외연 확대, 디지털 정책 공공외교를 통해 추진되고 있으며, 평화통일 공공외교도 주요 사업 중 하나이다.

한국은 공공외교 세계에서 후발주자에 속한 편이지만 한국의 소프트파워를 증진하는 데 적잖은 성과를 거두었다. 국가별 소프트파워 순위를 얘기할 때 가장 많이 인용되는 영국 브랜드 파이낸스(Brand Finance)의 2024년 글로벌 소프트파워 지수(Global Soft Power Index)에 따르면, 한국은 2023년에 이어 15위를 차지했다. 이 지수는 193개국에서 17만여 명을 대상으로 한 설문조사를 바탕으로 한다. 한국은 '기술 및 혁신의 리더' '과학의 리더' '세계가 사랑하는 제품 및 브랜드' 등에서 5위~8위에 올랐다. 2024년 10월의 IMF 보고서에 따르면, 2021년 한국의 소프트파워 지수는 1.68점으로 가장 높았고, 일본(1.25), 독일(1.18), 중국(1.17) 등이 뒤를 이었다. 저자들은 기존의 측정 방법은 주관적이라면서 객관적 지표에 의거하여 소프트파워를 측정할 필요가 있다고 강조했다. 이 지수는 2007~2021년 66국을 대상으로 상업성, 문화, 디지털, 교육, 세계 영향력(global reach), 제도 등 6개 주요 항목에서 29개 하위 지표로 도출되었다(Cevik and Padilha 2024).

이상의 성과와 더불어, 한국 공공외교는 보완해야 할 한계점도 지니고 있다. 한국의 공공외교는 전통적으로 투사적인 성격을 띠고 있다. 투사형(projection) 공공외교는 한 민족의 문화, 역사 등 정체성의 본원적 요소를 알리는 데 초점을 맞추는 외교 방식이다(김태환 2021). 한국 정부는 세계에서 한국의 문화와 기술·산업이 인기를 끄는 분위기에 편승하여 한국이라는 국가를 세계에 알리는 전략을 구사해 왔다. 이는 한국 정부가 2017~2022년 공공외교 기본계획 추진전략으로 지식 공공외교, 정책 공공외교를 택하고 한국학 진흥, 한국어 보급, 한국 정책에 대한 외국인의 이해 제고를 목표로 한 것에서도 잘 드러났다. 또한 한국의 매력이 기술·산업과 민간 경제활동으로 파급되는 현상이 지속되면서, 한국의 글로벌 비즈니스 활동을 지원하고 홍보하는 역할이 공공외교의 핵심으로 설정되었다. 이 같은 특징은 2022년 8월 발표된 제2차 공공외교 기본계획에서도 그대로 계승되었다. 이전의 지식외교가 한국 알리기 프로그램에 방점을 찍었다면, 이제는 과학기술의 위상 제고가 추가됨으로써 한국의 글로벌 비즈니스를 위한 지원 수단임을 밝혔다. 해외 한국학 양성, 한국어 교육 등 투사형 공공외교로서의 특징도 선명하게 나타났다.

또한 한국의 공공외교는 다분히 하향식 전략으로 한국을 관찰하고 경험하는 수용국의 고유한 사회적 맥락을 간과할 위험성을 내포하고 있다(배기현 2022). 외교부는 공공외교의 핵심 대상으로 외국의 일반대중을 명시하고 있다. 그렇지만 외국의 일반대중은 하나의 집합이 아니라 지역별, 계층별, 문화별 차이점이 뚜렷한 대상이다. 예를 들어,

2017년까지 영국 BBC가 진행했던 각국 영향력에 관한 세계 시민 설문조사에 따르면, 동일 기간 내에 한국에 대한 인식과 평가는 각 대륙과 지역마다 차이를 보였다. 이와 같은 대중의 다양성은 타국에 대한 이들의 인식에 결정적인 영향을 주는 요소가 서로 다를 수 있음을 의미한다. 즉, 문화교류, 한류, 한국의 선진 기술·산업에 대한 경험만이 타국 대중의 인식을 결정하는 요소가 아닐 수 있다. 오히려 각 지역의 시민들은 서로 다른 관계적 상황에서 한국을 바라보고, 경험하고, 인식할 수 있음을 말해준다.

그럼에도 한국의 공공외교는 주로 외국의 엘리트층을 교류·협력의 대상으로 삼고 있는 경우가 많다(배기현 2022). 공공외교의 일환으로 시행되는 국제 네트워킹 사업들 대다수가 기업가, 전문가, 언론인 등 소위 사회주도층에 초점을 맞추고 있다. 그 외연을 확장하더라도 주로 대학생, 유학생, 차세대 인재 등 각 사회의 예비 지식인이나 특권층에게 국제적 경험과 기회를 제공하는 사업이 대부분이다. 많은 글로벌사우스 국가들에서 빈부 격차가 심하고 교육의 기회가 평등하지 못하다는 점을 고려하면, 다수의 글로벌사우스 대중은 한국 공공외교의 직접적인 혜택을 받지 못하거나 아예 소통의 기회에서 배제돼 있을 가능성이 없지 않다.

전략적인 측면에서도 사회주도층 중심의 공공외교는 그 효과가 제한적일 수 있다. 외국의 시민들이 한국을 경험하고 인식하는 계기는 단발성 사업이나 문화교류가 아닐 가능성이 높다. 그보다는 한국 기업에서의 경험, 현지를 방문한 한국 관광객과의 조우, 한국 체류 지인이나 가족으로부터 얻은 지식이 한국을 이해하는 주요 통로가 될 수 있다. 요컨대, 기존의 투사형 하향식 공공외교 전략은 글로벌사우스의 대중에게 폭넓고 깊이 파고드는 데에 한계가 있다. 이는 더 세밀한 공공외교 전략을 요구하고 있는데, 아래에서는 도시의 공공외교에서 그 해답을 찾아본다.

## IV. 한국 공공외교의 혁신방안

### 1. 네트워크 공공외교

21세기 공공외교는 전통 외교보다 공공외교의 행위자를 더 포괄적으로 규정한다. 전통적인 외교방식은 중앙정부가 국가를 대표하여 타국 정부를 대상으로 외교활동을 수행한다. 따라서 외교 행위자와 대상 모두 '국가'였고, 외교의 궁극적인 목표도 군사적·경제적 협력 등 하드파워(hard power)에 기초한 국가이익의 실현에 있었다(홍석훈 외 2021). 국가 간 외교 협상의 방식은 수평적이고 일방통행의 방식이었으며, 상대국의 국민을 포함한 시민사회와의 상호 이해 및 협상 행태는 존재하기 힘들었다. 상대국의 국민을 향한 외교의 범위와 행위는 매우 제한될 수밖에 없었다.

따라서 상대국의 국민에 대한 외교력을 강화하기 위해서는 중앙정부에 비해 상대적으로 효과적인 지방정부 또는 비정부단체의 도움이 필요하게 되었다. 이는 제한된 소수의 인력이 이끌던 과거의 공공외교 관행에서 탈피하여 외교 행위 주체의 수적인 확대가 필요함을 의미한다(홍석훈 외 2021). 즉, 소수가 통제하던 외교 영역의 개방은 중앙정부, 지방자치단체 및 시민사회 사이의 활발한 거버넌스를 촉진하면서 외교의 민주화에 이바지할 수 있다는 사실을 보여준다(Melissen 2005).

한국은 글로벌사우스 국가 출신이며 빠른 성장과 문화적 성취를 이룬 국가다. 글로벌사우스 국가들은 한국과의 관계에서 강대국으로부터 오는 위협을 느끼지 않기 때문에 전략적 파트너십을 설정하기에 쉬운 편이다(전재성 2024a). 전술한 바와 같이, 글로벌사우스의 지리적 범위와 양적, 질적 특수성을 고려할 때 기존의 투사형 하향식 공공외교 전략은 보완이 필요하다. "21세기 공공외교의 성격은 다양한 행위자들이 개방적인 환경에서 서로 협업하는 외교, 즉 네트워크 외교로 요약된다"(김상배 2013).

네트워크 공공외교의 주체와 관련하여, 정부와 비정부 행위자가 공조하는 촉매외교(catalytic diplomacy), 지방자치단체와 같은 국가 하위수준의 병립외교(para-diplomacy) 등을 포괄하는 다중트랙(multi-track diplomacy) 접근법이 대두하고 있다(송기돈 2017). 이 중 병립외교는 도시외교 개념의 도입을 통해서 관심이 더욱 높아지고 있다. 촉매

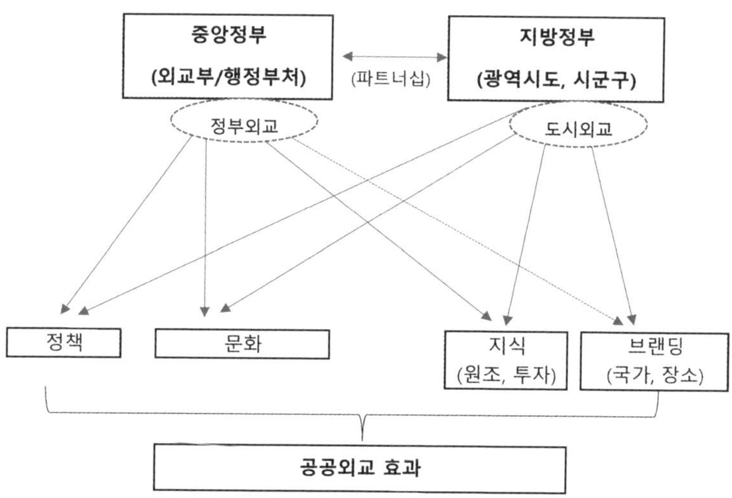


**그림 17.1** 한국의 혁신적 공공외교 개념도

자료: White(2015) 재구성.

외교는 유엔, 다국적기업 등 초국가단체와 더불어 비정부기구들의 역할 확대에 기초한 새로운 외교 전략으로 이해된다(김우상 2013).

요약하면, 오늘날의 신공공외교에서 전통적 외교 행위자인 중앙정부와 함께 지방자치단체, 시민사회, 그리고 기업들의 외교적 역할은 필수적이다(Hocking 2004; 김형수·노병렬 2016). 이에 아래에서는 〈그림 17.1〉과 같이 도시외교에 대한 개념적 이해를 꾀하고 그 발전방안을 탐구한다.

## 2. 도시 공공외교

지방정부의 공공외교는 도시외교 형태로 추진된다. 중앙정부 외교 행위자의 하위수준이라는 뜻에서 '하부국가 외교(sub-national diplomacy)' 또는 '지방외교(local diplomacy)'가 혼용되기도 하지만, 세계지방자치단체연합(United Cities and Local Governments, UCLG)은 도시외교(city diplomacy)를 공식 용어로 사용한다.

도시외교는 민주주의 확산으로 인한 분권화, 기술진보에 힘입은 다양한 형태의 네트워크 형성, 그리고 비전통적 안보 문제의 대응 필요성이라는 복합적인 원인 때문에 공공외교에서 그 역할과 위상이 높아지고 있다(박정훈 2022). 초창기 도시외교라는 명칭은 평화구축(peace-building) 활동과 밀접한 연관이 있었다. 유럽에서 도시외교의 최우선 과제는 평화구축이었으며, 지방정부가 중앙정부와 같이 보편적 평화 가치를 추구하는 것을 중요시했다. 실제로 2005년에 설립된 세계지방자치단체연합(UCLG)의 '도시외교, 평화구축·인권위원회(Committee on City Diplomacy, Peace-building and Human Rights)'는 도시외교 개념을 '사회적 결속, 분쟁 예방, 분쟁 해결 및 분쟁 이후 재건을 위한 도구'로 정의했다(홍석훈 외 2021).

지방정부는 일종의 매개권력(in-between power)을 바탕으로 공공외교를 수행하기에 적합하다. 도시들은 지역 대중과 주민들에게 밀착되어 있다는 점에서 신뢰성을 지닐 뿐만 아니라 국가 통치제도의 일부라는 점에서 정당성도 보유하고 있다. 거대 정보통신(IT) 기업들은 막강한 국제적 영향력에도 불구하고 아직 그러한 정당성을 갖지 못하고 있다. 곧 브랜드나 자매결연 프로그램을 통한 도시의 소프트파워가 국가의 소프트파워로 직결될 수 있는 이유이다. 미국에서처럼 도시들이 자체 네트워크와 집행 능력을 보유하고 있는 경우에는 기후변화, 팬데믹 등 지구적 문제들에 대해 연방정부보다 민첩하게 대응할 수 있다(Amiri and Dossani 2019).

한국의 경우, 2016년《공공외교법》에서 공공외교의 주체로서 중앙정부와 지방자치단체까지 포함하도록 새롭게 규정함으로써 지방자치단체의 외교적 참여를 제도적으로 뒷받침하고 있다. 또한 외교부는 중앙부처의 장 및 시·도지사와 협의하여 5년 단위로 공공외교 기본계획을 수립해야 한다. 이에 따라 시·도지사는 매년 외교부 장관에게 공공외교 수행계획과 추진 실적을 제출한다. 같은 법 제9조에서는 지방자치단체의 장이 공공외교 활동을 위하여 협력을 요청하는 경우에 필요한 지원을 할 수 있도록 하고, 민간부문의 공공외교 참여를 활성화하는 데 필요한 경우 재정적·행정적 지원을 할 수 있도록 하고 있다.

특히 2020년 12월《지방자치법》의 전부 개정을 통해서 지방자치단체 국제교류·협력 조항이 신설된 점이 주목할 만하다. 이 법은 비로소 지방정부가 국제교류의 주체임을 확인하고 도시외교에 새로운 기회의 창을 열어주었기 때문이다. 같은 법의 제13조는 지방자치단체의 사무 범위를 규정하고 있는데, 7호 국제교류 및 협력에 '국제기구·행사·대회의 유치·지원', '외국 지방자치단체와의 교류·협력' 등을 신설했다. 도시들의 다자외교 및 양자외교 활동을 위한 근거 조항이 도입되었고, 준외교대표부의 역할을 할 수 있는 해외사무소의 설치를 허용했다. 실제로 경기도 안양시는 2022년 기초자치단체로는 처음으로 「국내외 교류협력 및 공공외교 활성화 지원에 관한 조례」를 제정하기도 했다. 이를 바탕으로 안양시는 2028년까지 공공외교에 대한 인식 제고, 문화 공공외교, 디지털 및 스포츠 공공외교 사업 등을 추진할 예정이다.

나아가 2024년 4월 23일에 외교부와 대한민국시도지사협의회는 「지방외교 활성화에 관한 양해각서」를 체결했다. 동 양해각서는 지방자치단체의 국제교류협력 강화가 지역경제 활성화와 국가경쟁력 제고에 기여하고, 지방외교가 국가외교의 중요한 보완재 역할을 한다고 인정했다. 구체적인 협력 분야로는 지방 중소기업 및 청년의 해외진출을 위한 정보 공유, 지방정부의 문화대표단 해외 파견 지원, 지방공무원의 국제업무 역량 강화 등을 설정했다. 또 외교부는 본부에 지방외교 전담 지원 부서를 두며, 재외공관에 파견된 대한민국시도지사협의회 해외사무소의 직원들이 고유한 지방외교 지원 업무에 집중할 수 있도록 돕기로 했다.

일부 도시들은 평화 공공외교에서 의미 있는 성과를 거두기도 했다. 예를 들면, 서울시 용산구는 베트남 꾸이년시와 1996년부터 교류를 이어오던 끝에 한국군 증오비를 한국군 위령비로 바꾸었고 2016년에는 도로명에 용산구 이름을 붙이기도 했나. 꾸이년시는 베트남전에 참전한 맹호부대에 대한 반감과 반한(反韓) 감정이 심한 도시였다. 용산구는 용산에서 창설된 맹호부대가 꾸이년시에 상륙했다는 사실을 계기로 교류를 시작했다. 이 사례는 지방정부가 국가와 기업이 외면하는 외교적 장애물을 극복하는 완충 역할을 해낼 수 있음을 잘 보여준다. 대구시 수성구는 2018년 호주 블랙타운시에 태평양전쟁 희생자 추모비를 건립했다. 추모비 건립에 대해 전범 국가인 일본 정부와 기업들의 반대가 거셌지만, 1994년부터 이어져 온 두 도시 간 교류협력의 열매로 결국 성사되었다.

그럼에도 한국의 도시 공공외교는 여전히 행정교류와 문화교류 수준을 벗어나지 못하고 있다는 평가다(김형수 2021). 〈표 17.1〉과 〈표 17.2〉에서 알 수 있듯이, 2023년 말 현재 한국의 17개 광역 지자체 및 221개 기초 지자체는 91개국의 1,386개 도시에서 1,875건의 자매·우

**표 17.1** 한국 지방정부의 국제교류 현황

| 지역 | 단체수 (광역) | 외국 국가 (광역) | 외국 도시 (광역) | 단체수 (기초) | 외국 국가 (기초) | 외국 도시 (기초) | 자치단체 소계 |
|---|---|---|---|---|---|---|---|
| 합계 | 17 | 79 | 374 | 221 | 72 | 1068 | 91개국 1,386개 도시 1,875건 |
| 서울특별시 | 1 | 49 | 75 | 25 | 35 | 163 | 60개국 238개 도시 254건 |
| 부산광역시 | 1 | 39 | 49 | 15 | 10 | 49 | 39개국 98개 도시 102건 |
| 대구광역시 | 1 | 14 | 27 | 8 | 8 | 25 | 18개국 51개 도시 52건 |
| 인천광역시 | 1 | 19 | 39 | 10 | 10 | 60 | 22개국 97개 도시 101건 |
| 광주광역시 | 1 | 13 | 23 | 5 | 3 | 15 | 14개국 38개 도시 38건 |
| 대전광역시 | 1 | 28 | 39 | 5 | 5 | 13 | 29개국 52개 도시 53건 |
| 울산광역시 | 1 | 15 | 21 | 4 | 13 | 25 | 21개국 46개 도시 46건 |
| 세종특별자치시 | 1 | 5 | 6 | 0 | 0 | 0 | 5개국 6개 도시 6건 |
| 경기도 | 1 | 26 | 40 | 31 | 35 | 212 | 41개국 251개 도시 262건 |
| 강원도 | 1 | 16 | 31 | 18 | 27 | 124 | 31개국 155개 도시 158건 |
| 충청북도 | 1 | 11 | 18 | 11 | 11 | 59 | 16개국 77개 도시 77건 |
| 충청남도 | 1 | 14 | 30 | 15 | 19 | 111 | 27개국 141개 도시 144건 |
| 전라북도 | 1 | 5 | 11 | 14 | 16 | 77 | 16개국 88개 도시 91건 |
| 진라남도 | 1 | 13 | 31 | 21 | 25 | 124 | 30개국 155개 도시 159건 |
| 경상북도 | 1 | 16 | 27 | 21 | 25 | 130 | 30개국 156개 도시 163건 |
| 경상남도 | 1 | 15 | 24 | 18 | 26 | 129 | 31개국 153개 도시 155건 |
| 제주특별자치도 | 1 | 9 | 14 | 0 | 0 | 0 | 9개국 14개 도시 14건 |

출처: 대한민국시도지사협의회.

표 17.2 한국 지방정부의 국제교류 분야

| 분야 | 주요 세부사업 | 건수 | 비중(%) |
|---|---|---|---|
| 행정 | 대표단 상호 방문, 행정 정보 교류 | 12,149 | 41.3 |
| 인적 | 공무원 연수, 대학생 상호 교류 | 2,784 | 9.4 |
| 문화예술 | 축제 참가, 예술단 공연, 서예교류전 | 3,965 | 13.5 |
| 관광 | 관광물산전, 의료관광 유치 | 568 | 1.9 |
| 청소년 | 홈스테이, 수학여행, 스포츠 교류 | 2,793 | 9.5 |
| 스포츠 | 친선 축구대회, 국내 육상대회 | 1,197 | 4.1 |
| 기술·학술 | 행정 관련 세미나, 국제심포지엄 개최 | 1,324 | 4.5 |
| 경제 | 경제교류협정 체결, 시장개척단 파견 | 1,884 | 6.4 |
| 민간단체 | 상공회의소 교류 | 1,398 | 4.8 |
| 상징사업 | 거리 명명식, 명예시민증 수여 | 472 | 1.6 |
| 기타 | 의료봉사, 성금 전달, 원조, 동물 기증 | 881 | 3.0 |

출처: 대한민국시도지사협의회.

호 교류 프로그램을 수행했다. 그런데 2023년 말까지 국내 지자체가 진행한 교류 사업 2만 9,415건 중 1만 2,149건(41.4%)이 대표단 상호 방문이었고 공무원 연수 등 인적 교류 2,784건(9.4%)을 포함하면 과반수가 단순 행정교류 활동으로 나타났다. 공공외교의 핵심 분야인 문화 영역의 경우, 축제 참가, 예술단 공연 등 문화예술 교류는 3,965건으로 전체의 13.5%에 불과했다.

게다가 한국 도시들의 교류지역은 2019년 현재 아시아가 1,157건(65%)으로 가장 큰 비중을 차지하고 있다. 나머지는 북미지역 207건(11.6%), 유럽 229건(12.9%), 남미 54건(3.0%), 대양주 32건(1.8%), 중동·아프리카 100건(5.6%) 등으로 조사되었다. 부상하고 있는 글로벌사우스 국가들의 대중에게 더 가까이 다가서기 위해서는 아시아, 북미, 유럽 지역의 지방자치단체와는 인적교류 차원을 뛰어넘는 질적인 심화가 요구된다. 아울러 남미와 중동, 아프리카의 도시들을 포용할 수 있는 아웃리치(outreach) 전략도 필요하다(홍석훈 외 2021).

이처럼 단순 행정·문화교류 활동을 명실상부한 공공외교 차원으로 발전시키기 위해서는 제도적 혁신이 이뤄져야 한다. 그 중에서도 도시외교 활동에 대한 중앙정부 차원의 체계적 지원과 조율 역할을 담당할 조직적 인프라가 강화되어야 한다. 미국 국무부의 '지방외교실'과 유사한 전담 부서를 외교부 안에 설치하는 방안을 검토할 필요가 있다. 외교부는 2020년 7월 14일 외교부를 비롯한 중앙부처와 지방자치단체, 민간으로 구성된 「공공외교 지원 네트워크」를 출범시켰다. 2016년 《공공외교법》에 근거하여 2017년에 「공공외교위원회」가 구성되었지만, 여기에는 중앙부처와 민간위원만 참여함으로써 공공외교의 주요 주체인 지방자치단체의 의견이 반영될 수 없는 구조였다. 이 네트워크에 지방자치단체를 포함함으로써 지방정부의 공공외교 역할을 부분적으로 인정했다고 해석할 수 있다. 그러나 해당 네트워크의 역할은 민관협력 공공외교 사업에 대한 평가, 신규 사업 발굴 등 매우 제한적이다. 또한 지방자치단체의 대표로 대한민국시도지사협의회의 국제화지원국장이 참여하고 있으나, 17개 지방자치단체의 목소리를 반영하기에는 역부족이다. 게다가 동 네트워크의 주요 활동으로 '민간 공공외교 활동 지원 사업'을 운용하고 있는데, 이는 민간의 공공외교 사업에 대한 예산 지원 내용으로 지방자치단체의 공공외교 역량 확대와는 관련성이 적다(김형수 2021).

또한 외교부는 2024년 6월 '청년·지방민생외교팀'을 신설한 바 있다. 이 부서는 지방외교 전문인력 양성뿐만 아니라 지방자치단체의 공무 국외여행 지원, 국제관계대사 운영, 지방외교 관련 제도 마련 등을 전담하고 있다. 외교부는 같은 해 10월 국립외교원에서 「지방공무원 국제업무 역량강화 과정」 교육을 처음으로 실시했다. 이 교육에는 광역지방자치단체에서 국제교류·협력 업무를 담당하는 팀장급 지방 공무원 20여 명이 참여했다. 지방외교에 대한 인식이 강화되고 제도적으로 뒷받침하려는 노력이라고 긍정적으로 평가할 부분이 없지 않다. 다만, 부서명에 '청년'과 '지방', '민생'이란 단어가 붙은 직제라는 점에서 지방외교의 활성화 의지는 그리 두드러져 보이지 않는다. 외교부도 이 부서는 청년 정책을 통해 지방과 민생을 챙기고 '다가가는 민생외교'를 강화하겠다는 취지를 담고 있다고 설명했다.

따라서 외교부가 대한민국 공공외교 플랫폼으로 기능하기 위해서는 그에 걸맞은 활동이 필요하다. 지방자치단체들의 인식 및 재정적 제한, 그리고 행정체계의 불비를 개선하기 위한 종합적인 체계를 마련해야 할 필요가 있다(김형수 2021). 대한민국시도지사협의회는 2022년 11월 「지방외교자문위원회」를 발족시키고 지방정부의 국제 교류협력 사업 및 정책의 발굴, 해외 지자체와의 교류협력 공동사업 추진, 지방외교 정책 관련 대정부·국회 제안 등을 도모하고 있다. 이에 조응하는 중앙정부 차원의 조직이 함께 갖춰질 때 비로소 정부외교와 도시외교 간의 시너지 효과를 기대할 수 있다.

따라서 진일보한 제도적 혁신을 위해서 미국의 최근 움직임을 참고할 만하다. 미국 하원은 2021년 7월 도시외교법(City and State Diplomacy Act, H.R.4526)을 발의한 이래 외교위원회의 심의를 진행하는 중이다. 이 법안의 취지는 지방정부의 외교활동에 대한 연방정부의 지원을 조정하는 도시외교 전담 부서(가칭 'Office of City and State Diplomacy')를 국무부 내에 설치하고, 대사급 부서장을 대통령이 상원의 동의를 얻어 임명하도록 법률적으로 뒷받침하기 위한 것이다. 이에 앞서 미 국무부는 2022년에 지방외교실(Subnational Diplomacy Unit)

을 설치하고 대사급 도시외교특별대표(Special Representative for City and State Diplomacy)를 임명했다. 이 직책은 시장, 주지사, 기타 지방 공무원을 대상으로 지방정부의 아이디어를 외교정책에 반영하고 미국과 해외의 도시 간 유대 구축을 도모한다.

그리고 민간부문과 공공부문이 협력하여 가칭 '도시외교기금'을 창설함으로써 중소도시들의 국제적 활동을 지원해야 한다. 도시들의 규모에 따라 외교 수행 역량에 있어서 편차가 크기 마련인데, 이는 지역적 불균형 문제를 야기한다(Temin and Bouchet 2024). 도시외교기금을 이용하여 국제교류협력 전문가를 고용하여 도시들의 외교 역량을 강화해야 한다. 민관 협력기금의 형식을 띨 수도 있고, 아니면 중앙정부의 협력이 미진할 경우 자선단체와 민간기업이 주도하는 민간기금 형태를 띨 수도 있다.

## V. 결론

글로벌사우스의 부상은 장차 국제정치경제질서의 중요한 전환점이 될 것으로 점쳐지고 있다. 동시에 각국은 소프트파워를 강화하기 위해 문화 냉전이라고도 불리는 공공외교 경쟁에 뛰어들었다. 이 글은 글로벌사우스 국가들의 양적인 다양성과 질적인 이질성에 효과적으로 대응하기 위한 공공외교 전략을 탐색했다. 이를 위해서 기존의 한국 공공외교가 거둔 성과와 그 한계를 검토하고, 공공외교의 혁신방안으로서 도시외교의 개념적 이해, 현황 및 개선책을 제시했다.

전술한 바와 같이, 글로벌사우스는 미-중 전략경쟁의 틈바구니에서 국제정치학의 유행어로 떠올랐다. 그런데 '글로벌사우스'의 유행은 현재의 지구질서에 대해 반감이 분출하고 있고 지구질서의 개혁을 위해 글로벌사우스 국가들의 연대가 가능하다는 점을 시사한다. 글로벌사우스가 세계 3대 축(Three Worlds)의 하나로 발돋움할 가능성을 마주하는 가운데, 한국에게는 유연한 외교전략, 특히 글로벌사우스 국가들의 마음 잡기에 효과적인 공공외교의 혁신이 불가결하다. 글로벌사우스는 개념적 범주가 유동적이고 구성국들의 수가 많을 뿐만 아니라, 각각의 특성도 다양하다. 중앙정부 차원에서 글로벌사우스 국가들을 대상으로 맞춤형 공공외교를 수행하기란 거의 불가능한 일에 가깝다. 글로벌사우스 내부의 문화적·정치적·경제적 이질성에 대처하려면 공공외교 주체의 다층적 네트워킹이 필요하다. 외교는 더 이상 중앙정부만의 특권에 머물 수 없게 되었고, 중앙정부-지방정부(도시)-기업 간 네트워크 공공외교를 추진할 필요가 있다.

한국의 도시 공공외교는 2010년 공공외교 원년 선포 이후 2016년 《공공외교법》 제정과 2020년 《지방자치법》의 개정 등을 통해 일련의 법률적 기반을 갖추었다. 외교부는 2017년 「공공외교위원회」, 2020년 「공공외교 지원 네트워크」를 출범시킨 데 이어 2024년 「청년·지방민생외교팀」을 본부에 설치하여 도시 공공외교의 제도적 인프라를 공고히 하려 했다. 대한민국시도지사협의회는 2022년 「지방외교자문위원회」를 발족시켰고, 2024년 외교부와 「지방외교 활성화에 관한 양해각서」를 체결함으로써 지방외교의 지평을 도모했다.

하지만 한국의 도시외교는 행정교류와 문화교류 수준을 벗어나지 못하고 있다. 국제교류협력의 대상 지역도 아시아권에 편중되어 있어 글로벌사우스를 포용하기에 역부족이다. 국제교류 전문인력이 부족한 데다, 도시의 정체성을 담기보다는 단기 이벤트성 성격의 프로그램이 대부분이다. 따라서 명실상부한 도시 공공외교로 도약하기 위해서는 제도적 혁신이 필요하다. 무엇보다 도시의 공공외교 활동을 중앙정부 차원에서 체계적으로 지원하고 조율하는 전담 부서를 설치해야 한다. 미국의 도시외교법과 유사한 별도의 법률을 제정하는 것도 바람직하다. 나아가 민관협력 도시외교기금을 조성하여 지방외교의 재정적 토대를 강화할 필요가 있다.

아울러 글로벌사우스를 향해 공공외교를 수행하는 새로운 주체로서 도시들이 염두에 두어야 할 보편적인 요소와 특수한 요소가 있다. 우선, 공공외교의 보편성 면에서 한국의 도시들은 지역적 매력을 투사하는 것에 더하여 글로벌사우스에서 삶의 질을 개선하고 인류의 보편적 가치를 증진하려고 노력해야 한다(배기현 2022). 2024년 '좋은 나라 지수(The Good Country Index)'에 따르면, 한국의 좋은 나라 지수는 전체 167개국 중 37위에 올랐다. 이 중 문화적 공헌 면에서 6위의 가장 높은 점수를 받았으나, 지구 및 기후변화와 관련한 공헌은 142위, 세계질서를 위한 공헌은 62위로, 그리고 국제평화를 위한 공헌은 43위 등으로 낮은 점수를 받았다. 국제사회 대중은 어떤 국가의 역사, 문화 등에 대해 상세하게 알지는 못해도 그 국가의 국제적 공헌도에 관심을 둔다. 따라서 한국의 혁신적인 공공외교는 외국 대중의 평화, 자유, 공존의 가치를 증진하는 데에 초점을 맞춰야 한다.

또한 공공외교의 특수성 면에서 도시들은 글로벌사우스 국가들에 대한 심도 있는 이해를 추구해야 한다. 공공외교는 글로벌사우스 시민들의 마음을 얻기 위한 노력임에도 불구하고, 한국의 멋을 알리고 지한파를 육성하려는 노력에 비해 해외 현지의 역사와 문화를 이해하는 세계시민교육에는 관심이 저조하다(배기현 2022). 따라서 글로벌사우스에 관한 연구와 교육을 진흥하여 지역학 전문가를 양성하고 지방정부를 비롯한 도시외교 이해관계자들을 위한 세계시민교육 프로그램을 실행해야 한다. 이와 함께 혁신적 공공외교에 대한 개념적 논의나 정책 제언을 넘어서, 실제로 공공외교 활동이 국익 증진이라는 외교적 목표 달성에 얼마나 효과적인가에 대한 경험적인 연구도 장차 뒤따라야 할 것이다.

# 참고문헌

김강석·이주성. 2023. "한국의 대중동 공공외교에 대한 고찰." 『한국중동학회논총』 44(1): 1-28.

김상배. 2013. "중견국 공공외교의 이론: 매력과 네트워크의 시각." 김상배 외. 『중견국의 공공외교』. 서울: 사회평론.

김우상. 2013. "대한민국 중견국 공공외교." 『정치·정보연구』 16(1): 331-350.

김치욱. 2025. "글로벌사우스(Global South)의 부상과 한국의 기업 공공외교." 『한국과 국제사회』 9(1): 561-590.

김태균. 2024. "글로벌사우스와 한국의 대아프리카 외교." 『외교』 149: 23-40.

김태환. 2014. "한국형 중견국 공공외교: 자유주의적, 구성주의적 접근." IFANS 정책연구과제 2014-03.

김태환. 2021. "정책공공외교로서의 평화공공외교: 개념과 방향성." IFANS 주요국제문제분석 2021-07.

김형수. 2021. "지방공공외교의 현재와 나아갈 방향." 분권레터 Vol. 81.

김형수·노병렬. 2016. "한국 지방자치단체의 공공외교 활성화 방안." 『세계지역연구논총』 34(2): 91-113.

박정훈. 2022. "한국의 대인도네시아 공공외교 연구: 지자체, 이주민, 기업교류의 활성화를 중심으로." 『한국과 국제사회』 6(6): 271-309.

배기현. 2022. "한국의 대아세안 공공외교: 균형적 소통과 외연 확장을 위한 정책 제안." JPI정책포럼 No. 2022-05.

백우열. 2017. "한국 공공외교 전략 및 정책연구: 기초적 유형의 개념화." 『국가전략』 23(3): 5-32.

송기돈. 2017. "지방정부 국제기구, 도시외교 전략의 지렛대: UCLG(세계지방자치단체연합)를 중심으로." 『세계와 도시』 18: 54-67.

신범식. 2024. "글로벌사우스(Global South)의 부상과 국제정치학의 과제." 국제문제연구소 이슈브리핑 No. 227.

양갑용·하경석. 2023. "미중 경쟁구도 하 중국의 '글로벌사우스' 전략과 시사점." INSS 전략보고 No. 246.

외교부. 2017. 『제1차 대한민국 공공외교 기본계획(2017~2021)』. 서울: 외교부.

외교부. 2022. 『제2차 공공외교 기본계획(2023-2027)』. 서울: 외교부.

윤석준. 2020. 『공공외교의 이해』. 파주: 한울아카데미.

이승주. 2024. "지경학 시대의 공공외교." 국제문제연구소 이슈브리핑 No. 233.

이한규. 2020. "한국의 대아프리카 공공외교에 대한 고찰." 『한국과 국제사회』 4(1): 121-160.

전재성. 2024a. "글로벌사우스 개념의 등장과 향후 글로벌사우스의 영향력." 국제문제연구소 이슈브리핑 No. 226.

전재성. 2024b. "글로벌사우스(Global South)의 부상과 국제질서." 『평화통일』 207.

최윤정. 2023. "'글로벌사우스'와 한국 외교." 세종정책브리프 No. 2023-18.
홍석훈·김형수·박은주. 2021. "해외 지자체 도시외교 성공사례 연구: 지자체 공공외교 추진 과제를 중심으로." 『국제정치연구』 24(1): 177-210.

Amiri, Sohaela and Rafiq Dossani. 2019. "City Diplomacy Has Been on the Rise. Policies Are Finally Catching Up." *United Press International*. November 22.
Bello, Walden. 2022. "The Global South in the WTO: Time to Go on the Offensive." *Foreign Policy in Focus*. June 14.
Cevik, Serhan and Tales Padilha. 2024. "Measuring Soft Power: A New Global Index." IMF Working Paper No. 24/212.
Gorton-Caratelli, Nicole, Shawn Donnan, and Enda Curran. 2024. "Meet the New Neutrals." *Bloomberg Businessweek*, Issue 4825, 52-53.
Hocking, Brian. 2004. "Privatizing Diplomacy?" *International Studies Perspectives* 5(2): 147-152.
Hogan, Erica and Stewart Patrick. 2024. "A Closer Look at the Global South." Carnegie Endowment For International Peace. May 20.
Ikenberry, G. John. 2024. "Three Worlds: the West, East and South and the Competition to Shape Global Order." *International Affairs* 100(1): 121-138.
Leoni, Zeno and Sarah Tzinieris. 2024. "The Return of Geopolitical Blocs." *Survival* 66(2): 37-54.
Lind, Michael. 2019. "The Return of Geo-Economics." *The National Interest* 164: 12-18.
Mead, Walter Russell. 2014. "The Return of Geopolitics: The Revenge of the Revisionist Powers." *Foreign Affairs* 93(3): 69-79.
Melissen, Jan. 2005. *The New Public Diplomacy: Soft Power in International Relations*. New York: Palgrave Macmillan.
Nye, Joseph S. Jr. 1990. "Soft Power." *Foreign Policy* 80: 153-171.
Nye, Joseph S. Jr. 2011. "Power and Foreign Policy." *Journal of Political Power* 4(1): 9-24.
Nye, Joseph S. Jr. 2023. "What Is the Global South?" *Project Syndicate*. November 1.
Shidore, Sarang. 2023. "The Return of the Global South: Realism, Not Moralism, Drives a New Critique of Western Power." *Foreign Affairs*. August 31.
Temin, Jon and Max Bouchet. 2024. "The United States Needs Subnational Diplomacy More Than Ever." *Foreign Policy*. October 25.
White, Candace L. 2015. "Exploring the Role of Private-sector Corporations in Public Diplomacy." *Public Relations Inquiry* 4(3): 305-321.
Xifra, Jordi. 2009. "Building Sport Countries' Overseas Identity and Reputation: A Case Study of Public Paradiplomacy." *American Behavioral Scientist* 53(4): 504-515.

# 찾아보기

## 지은이

**신범식** 서울대학교 정치외교학부 교수
서울대학교 외교학과를 졸업하고 동 대학원에서 석사학위를, 러시아 국립모스크바 국제관계대학교에서 정치학 박사학위를 받았다. 현재 서울대학교 국제문제연구소 소장을 맡고 있다. 주요 논저로, 『메가아시아 연구 입문: 역사, 개념, 방법』, 『국제 안보환경의 도전과 한반도』, 『유라시아의 지정학적 중간국 외교』, 『러시아의 사이버안보』, 『북·중·러 접경지대를 둘러싼 소지역주의 전략과 초국경이동』, 『21세기 유라시아 도전과 국제관계』, "The Impact of the Ukraine War on Russian–North Korean Relations", "Russia's Perspectives on International Politics, A Comparison of Liberalist, Realist and Geopolitical Paradigms" 등이 있다.

**전재성** 서울대학교 정치외교학부 교수
서울대학교 외교학과 학사, 석사를 거쳐, 미국 노스웨스턴대학교에서 국제정치이론으로 국제정치학 박사를 받았다. 주요 연구 분야는 국제정치이론, 국제관계사, 동아시아 안보론, 한국외교정책 등이다. 서울대학교 국제문제연구소장, 한국국제정치학회 회장, 서울대학교 통일평화연구원 부원장, 동아시아연구원 국가안보연구센터 소장 등을 역임했다. 주요 저서로는 『동북아 국제정치이론: 불완전 주권국가들의 국제정치』, 『주권과 국제정치: 근대주권국가체제의 제국적 성격』, 『정치는 도덕적인가: 라인홀드 니버의 초월적 국제정치사상』, 『동아시아 국제정치: 역사에서 이론으로』 등이 있다.

**신성호** 서울대학교 국제대학원 교수
서울대학교 외교학과 학사, 미국 터프츠(Tufts)대학 플레처 스쿨(Fletcher School of Law and Diplomacy)에서 국제정치학 석사와 박사학위를 받고, 미 국방부 아태안보연구소 (APCSS) 연구교수, 부르킹스연구소 동북아연구소 객원연구원, 워싱턴 East West Center 개원연구원 등을 역임하였다. 현재 서울대학교 국제대학원 교수와 원장 및 안보센터(ISC) 소장으로 재직 중이다. 연구 관심은 국제 안보와 동아시아 국가전략, 미국 외교 정책, 한미동맹과 한반도, 경제 안보와 동북아 지정학 등이다. 최근 저서와 논문으로는 "핵무력 정책법에 드러난 북한의 핵전략"(공저, 2024), "Japan's

Taiwan Policy in New Era of Alliance Dilemma: Multidimensional Hedging"(공저, 2023), 『전략적 경쟁시대 한반도 안보정세 분석 전망』(편저, 2021), "US-China Mutual Vulnerability: A South Korean Perspective"(2022), "한반도 미사일 방어의 딜레마: 북핵과 미중 핵 경쟁 사이에서"(2021) 등이 있다.

이왕휘 아주대학교 정치외교학과 교수

런던정경대(LS)에서 국제정치학 박사학위, 서울대학교에서 외교학 석사 및 학사학위를 취득했다. 주요 연구 분야는 국제정치경제, 미중전략경쟁, 경제안보이며, 주요 공저로는 "한국안보의 이해"(2025), "미중 경제전쟁과 한국"(2024) 등이 있다.

이정환 서울대학교 정치외교학부 교수

미국 버클리 소재 캘리포니아주립대학교에서 정치학 박사학위를 취득했다. 국민대학교 일본학연구소 전임연구원과 국제학부 교수를 역임했다. 현재는 서울대학교 국제문제연구소 연구위원과 미래전연구센터 부센터장을 겸하고 있다. 주요 관심 분야는 현대 일본의 정치경제 및 외교안보 정책이다. 최근 연구로는 "일본 '적극적 평화주의'의 전략론과 규범론"(2024), "일본의 경제안보정책과 일본형 산업정책의 유산"(2024) 등이 있다.

김흥규 아주대학교 정치외교학과 교수

미국 미시간(University of Michigan)대학에서 정치학 박사학위, 서울대학교에서 국제정치학 석사 및 학사학위를 취득했다. 경향신문 [김흥규 외교만사] 정기 기고자이며, 청와대, 외교부, 국방부, 통일부, 국회 등에서 두루 정책자문을 역임했다. 현재는 아주대학교 미중정책연구소 소장과 (사)플라자 프로젝트 이사장을 맡고 있다. 주요 연구 분야는 미중 관계, 중국 외교안보와 정책결정, 북중관계이며, 주요 논문으로는 "신국제질서와 한국외교전략"(2021, 공저), "중국의 정책결정과 중앙-지방관계"(2007) 등이 있다.

최윤정 세종연구소 수석연구위원

이화여자대학교에서 국제학 석사와 박사학위를 취득하였으며, 대외경제정책연구원, 대한무역투자진흥공사에서 인도와 아세안을 연구하였다. 인도태평양이라는 전략적 공간 및 이에 대한 주요국의 전략을 국제정치·경제, 과학기술(ICT) 등 다양한 관점에서 접근하여 비교, 분석한다. 최근에는 국제질서의 대전환기 나머지(The Rest) 국가들의 부상에 주목하여, "글로벌 사우스 과학기술 수준과 국제협력 평가"(2024), "글로벌 사우스와 경제안보"(2023), "'글로벌 사우스'와 한국외교"(2023) 등 다양한 각도에서 글로벌 사우스의 전략적 함의를 연구하고 있다. 그 외 "South Korea-India-ASEAN: Economic Cooperation, Trade and Investment, Supply Chain Networks – A Korean Perspective"(2024), "Order in Tension: Competing Perspectives and Strategies in the Indo-Pacific"(2024), "On the Korea-ASEAN Cooperation in a New Era of U.S.-China Collision"(2023), "인도태평양 통상질서의 변화: IPEF를 중심으로"(2022), "강대국 충돌과 중간국의 외교적 선택: 파키스탄 외교전략의 재구성과 함의"(2021), "아세안 외교전략 재조명: 네트워크 이론의 적용과 실제"(2021) 등 다수의 저서와 논문을 집필하였다.

장세호 국가안보전략연구원 연구위원
러시아 상트페테르부르크국립대학교에서 정치학 박사학위, 조선대학교에서 정치학 석사학위, 조선대학교에서 제어계측공학 학사학위를 취득했다. 주요 연구 분야는 러시아의 권력엘리트, 대외정책, 대외관계, 한러관계이며, 주요 저역서로 『탈공산주의 다민족 국가들의 정체성 정책』, 『푸틴 4기 행정부 고위관료 인선: 사회적 배경과 정치적 함의』, 『2020년 러시아의 헌법 개정: 정치적 배경과 함의』 등이 있다.

김태균 서울대학교 국제대학원 교수
영국 옥스포드대학교에서 사회정책학 박사학위와 국제관계학 석사학위, 미국 존스홉킨스대학교에서 국제관계학 박사학위, 서울대학교에서 국제협력 석사학위와 사회학 학사학위를 취득했다. 주요 연구 분야는 국제개발, 글로벌사우스, 국제정치사회학이며, 주요 논문으로는 "Navigating South Korea's Development Studies: A Compressed Transformation"(2025), "Riding on the Interregnum: China's Belt and Road Initiative for the New Standard of Civilization"(2024) 등이 있다.

권기수 한국외국어대학교 국제지역대학원 부교수
한국외국어대학교에서 포르투갈어와 중남미 지역학을 전공하고, 같은 대학에서 경제학 박사학위를 취득했다. 대외경제정책연구원(KIEP)에서 오랜 기간 중남미 경제를 연구했으며, 주요 연구 분야는 중남미 및 브라질의 경제와 산업정책, 중남미 경제통합, 한-중남미 경제 관계 등이다. 주요 논문으로는 "남미공동시장(MERCOSUR)의 역내무역 성과 분석"(2024), "브라질 룰라 3기 정부의 신산업정책의 주요 특징에 관한 연구"(2024) 등이 있다.

**김강석** 한국외국어대학교 아랍어과 조교수
한국외국어대학교에서 정치학 박사학위, 서울대학교에서 외교학 석사학위, 한국외국어대학교에서 문학사, 정치학사를 획득했다. 주요 연구 분야는 중동 국제관계, 중동 외교사이며, 주요 논문으로는 "이스라엘-하마스 전쟁의 배경과 주요 쟁점"(2024), "Emerging China's Challenge to the United States in the Gulf and Implications for South Korea"(2021) 등이 있다.

**장지향** 아산정책연구원 수석연구위원, 지역연구센터장
미국 텍사스 오스틴대학교에서 정치학 박사학위, 한국외국어대학교에서 정치학 석사학위와 문학사 학사학위를 받았다. 주요 연구 분야는 중동 정치경제, 정치, 이슬람, 비교 민주주의와 독재, 극단주의 테러와 안보, 국제개발협력 등이며, 대표 연구로는 『최소한의 중동 수업』(2023), 『중동 독재 정권의 말로와 북한의 미래』(2018), *The Arab Spring: Will It Lead to Democratic Transitions?*(2013), "Islamic Fundamentalism", *International Encyclopedia of the Social Sciences*(2008) 등이 있다.

**최경준** 건국대학교 정치외교학과 조교수
미국 워싱턴대학교(University of Washington, Seattle)에서 정치학 박사학위, 서울대학교 외교학과에서 석사 및 학사학위를 취득했다. 주요 연구 분야는 경제안보, 지역통합, 동남아 지역질서 등이며, 주요 논문으로는 "미-중 갈등과 동남아시아: 베트남, 미얀마, 필리핀의 대응전략과 중간국 외교"(2020), "ASEAN 통합의 역내-외적 제약요인: 지역정치와 미-중 갈등 속 중심성의 위기"(2023), "인도네시아의 글로벌 사우스 외교: 위협과 종속의 분산을 통한 다극 질서의 모색"(2025) 등이 있다.

**박기철** 숙명여자대학교 글로벌협력전공 겸임교수
육군사관학교와 US Army CBRN School을 졸업하고 고려대학교 정치외교학과에서 정치학 박사학위를 받았다. 청와대, 국방부, 합참, 육군본부에서 대량살상무기 대응

담당으로 근무하였다. 현재 국방부 군비통제검증단 자문위원, 법무법인 효천 상임고문, 서울대학교 아시아연구소 방문연구원으로 활동 중이다. 주요 연구 분야는 레짐이론, 레짐효과성, 글로벌 안보협력이며, 주요 저서와 논문으로 "The United Nations, Indo-Pacific and Korean Peninsula: An Emerging Security Architecture"(2023), "The ROK-US EDSCG Evaluations and Issues"(2022) 등이 있다.

**김흥종** 아산정책연구원 객원선임연구위원
서울대학교에서 경제학 학사·석사·박사 학위를 취득했다. 대외경제정책연구원(KIEP) 원장, 한국태평양경제협력위원회 의장(KOPEC), 한국APEC학회와 한국EU학회 및 아시아태평양EU학회 회장, 고려대학교 특임교수를 역임했다. 주요 연구 분야는 대외경제, 경제안보, 국제통상, 글로벌사우스이며, 주요 저서로는 『혁신경제 4.0』(공저, 2025), 『한국경제, 전환의 시간 I』(공저, 2025) 등이 있다.

**김치욱** 울산대학교 국제관계학과 교수
미국 텍사스대(오스틴)에서 정치학 석사 및 박사학위, 서울대학교 외교학과에서 정치학 학사학위를 취득했다. 주요 연구 분야는 국제정치경제, 중견국 외교, 정치제도이며, 주요 논문으로는 "아시아 초국적 자본이동의 정치경제"(2024), "글로벌 보호무역 네트워크의 구조와 정책적 시사점"(2022) 등이 있다.

# The Rise of Global South and Changes of International Politics



## Part I: Great Power Politics and the Global South



## Part II: Global South and the Expansion of BRICS

The Rise of Global South and Changes of International Politics
Edited by Shin, Beom-Shik

Publisher: Sahoipyoungnon Academy Co., Inc., 2025
56 World Cup buk-ro 6-gil, Mapo-gu, Seoul, 03993, Korea
http://www.sapyoung.com
ISBN 979-11-6707-200-9 93340